BONNER BEITRÄGE ZUR KIRCHENGESCHICHTE

Herausgegeben von

Gabriel Adriányi, Ernst Dassmann, Eduard Hegel,
Bernhard Stasiewski

Band 11

DIE BEZIEHUNGEN DES VATIKANS ZU POLEN WÄHREND DES II. WELT-KRIEGES

von

MANFRED CLAUSS

2 Karten

1979

BÖHLAU VERLAG KÖLN WIEN

Imprimatur. Coloniae, die 7 februarii 1979
Jr.-Nr. 83 323 I 75
+ Hubert Luthe, vic. eplis.

Dieser Band wurde
seitens der Herausgeber redaktionell betreut
von Bernhard Stasiewski

CIP-Kurztitelaufnahme der Deutschen Bibliothek

Clauss, Manfred:
Die Beziehungen des Vatikans zu Polen während des II. [Zweiten] Weltkrieges / von Manfred Clauss. — Köln, Wien: Böhlau, 1979.
(Bonner Beiträge zur Kirchengeschichte; Bd. 11)
ISBN 3-412-04678-7

D 5

Satz und Druck: Walter Pieper, Würzburg
BuchbinderischeVerarbeitung: K. Triltsch, Würzburg

Printed in Germany
ISBN 3 412 04678 7

VORWORT

Als 1965 der erste Band der ‚Actes et Documents du Saint Siège' erschien, wurden vatikanische Dokumente der jüngsten Vergangenheit erstmals in größerem Maße zugängig. Herr Professor Dr. Dr. Bernhard Stasiewski regte eine Auswertung dieses reichhaltigen Quellenmaterials an und empfahl die Untersuchung der vatikanisch-polnischen Beziehungen während des II. Weltkrieges. Durch seine bereitwillige Hilfe und Förderung konnte ich das Vorhaben realisieren. Dafür möchte ich meinem verehrten Lehrer an dieser Stelle herzlich danken.

Das wesentliche Quellenmaterial für diese Arbeit beinhaltet der dritte Band der ADSS, in dem sich Dokumente über die kirchliche Lage in Polen und in den baltischen Ländern befinden. Diese Akten eignen sich deshalb in besonderem Maße für eine Analyse der vatikanisch-polnischen Beziehungen, da sie nicht nur die päpstlichen Schreiben, sondern auch zahlreiche Schriftstücke der polnischen Bischöfe enthalten [1]. Hinzu treten Dokumente, die, obgleich sie unmittelbar zusammengehören, in den übrigen Bänden publiziert sind. Neben diesem Nachteil ist zu beklagen, daß viele Akten fehlen [2]. So stehen z. B. in Band 8, der zusammen mit Band 6 und 9 die karitativen Bemühungen des Heiligen Stuhles behandelt, 581 publizierten Dokumenten 645 unpublizierte gegenüber. Leider erwies es sich als unmöglich, im Vatikan selbst diese Akten einzusehen.

Auch in Polen war es nicht möglich, in den Archiven zu arbeiten. Anfragen bei den Bischöflichen Ordinariaten ergaben, sofern sie beantwortet wurden, daß kein Material vorhanden sei oder daß keine Möglichkeit bestehe, es an Ort und Stelle einzusehen [3].

---

1) Dies ist zweifellos ein Fortschritt gegenüber ADSS 2; vgl. R. Lill, Akten I, S. 496.

2) Vgl. S. Camerani, Pio XII, S. 254 und J. H. Crehan, Papal Diplomacy, S. 242.

3) So in Danzig, Gnesen, Kattowitz, Kielce, Krakau, Lodsch, Lubaczów, Lublin, Pelplin, Płock, Posen, Przemyśl und Tschenstochau. — Vgl. C. Falconi S. 6, der erwähnt, daß in Polen kaum Material über Pius XII. und seine Beziehungen zu dem besetzten Land vorhanden ist. — J. Kłoczowski behandelt das Archivmaterial bis einschließlich des 19. Jahrhunderts.

Die vorliegende Untersuchung wurde im Juli 1976 von der Katholisch-Theologischen Fakultät der Universität Bonn als Dissertation angenommen. Für die Veröffentlichung in den ‚Bonner Beiträgen zur Kirchengeschichte', wofür ich den Herausgebern herzlich danke, wurde sie leicht erweitert.

Dank gebührt an dieser Stelle Monsignore Szczepan Wesoły, Titularbischof von Dragonara, Rom, Herrn Dr. Józef Liszka, Kattowitz, Herrn Dr. Jan Związek, Tschenstochau, und Herrn Witold Jemielity, Łomża, die mir bei der oft schwierigen Beschaffung der Literatur behilflich waren. Mündliche Auskünfte erteilte mir der ehemalige Generalvikar von Kattowitz, Prälat Franz Wosnitza, Köln.

Schließlich danke ich Herrn Professor Dr. Dr. Josef Lenzenweger, Wien, der mir zahlreiche Hinweise für diese Arbeit gab und sie gefördert hat. Ebenso gilt mein Dank Herrn Dr. Hans-Jürgen Brandt, Bochum, für seine Hilfe.

Die Erzdiözese Köln und der Verband der Diözesen Deutschlands haben mir für die Druckkosten einen namhaften Zuschuß zur Verfügung gestellt; dafür bin ich besonders zu Dank verpflichtet.

Berlin, Pfingsten 1978 Manfred Clauss

INHALT

QUELLEN UND LITERATUR

Abosch, Heinz, Pie XII et Hitler, in: L'Année politique et économique 37 (1964), S. 213–225 [zit.: H. Abosch [1]].

Acta Apostolicae Sedis. Commentarium officiale, 1 (1909), ff. [zit.: AAS].

Actes et Documents du Saint Siège relatifs à la seconde guerre mondiale. 1. Le Saint Siège et la guerre en Europe (mars 1939 — août 1940). — 2. Lettres de Pie XII aux évêques allemands [2]. — 3. Le Saint Siège et la situation religieuse en Pologne et dans les Pays Baltes. — 4. Le Saint Siège et la guerre en Europe (juin 1940 — juin 1941). — 5. Le Saint Siège et la guerre mondiale (juilliet 1941 — octobre 1942). — 6. Le Saint Siège et les victimes de la guerre (mars 1939 — décembre 1940). — 7. Le Saint Siège et la guerre mondiale (novembre 1942 — décembre 1943). — 8. Le Saint Siège et les victimes de la guerre (janvier 1941 — décembre 1942). — 9. Le Saint Siège et les victimes de la guerre (janvier — décembre 1943), Vatikanstadt 1965–75 [zit.: ADSS].

Adolph, Walter, Der Brief des Kardinalstaatssekretärs Maglione an Reichsaußenminister Joachim von Ribbentrop vom 2. 3. 1943. Dokumente zur Politik des Heiligen Stuhles während des zweiten Weltkrieges, in: Wichmann-Jahrbuch 8 (1954), S. 8–24 [zit.: W. Adolph, Brief].

Adolph, Walter, Im Schatten des Galgens. Zum Gedächtnis der Blutzeugen in der nationalsozialistischen Kirchenverfolgung, Berlin 1953 [zit.: W. Adolph, Schatten].

Adolph, Walter, Sie sind nicht vergessen. Gestalten aus der jüngsten deutschen Kirchengeschichte, Berlin 1972 [zit.: W. Adolph, Gestalten].

Adolph, Walter, Verfälschte Geschichte. Antwort an Rolf Hochhuth (mit Dokumenten), Berlin 1963 [zit.: W. Adolph, Geschichte].

Adolph, Walter, Ziel und Taktik der Kirchenpolitik Hitlers, insbesondere gegenüber der Katholischen Kirche, in: Wichmann-Jahrbuch 11/12 (1957/58), S. 131–142 [zit.: W.Adolph, Ziel].

Adriányi, Gabriel, Fünfzig Jahre ungarische Kirchengeschichte 1895–1945 (Studia Hungarica 6), Mainz 1974.

Akten zur deutschen auswärtigen Politik 1918–1945. Aus dem Archiv des deutschen Auswärtigen Amtes. Serie D (1937–1945) Bd. VI–XIII (1. 3. 1939 – 11. 12. 1941), Baden-Baden – Frankfurt 1956–70. — Serie E (1941–1945) Bd. I–IV (12. 12. 1941 – 31. 12. 1942), Frankfurt/M.–Göttingen 1969–75 [zit.: ADAP].

Albrecht, Dieter, Der Notenwechsel zwischen dem Heiligen Stuhl und der deutschen Reichsregierung. II: 1937–1945 (Veröffentlichungen der Kommission für Zeitgeschichte, Reihe A 10), Mainz 1969 [zit.: D. Albrecht, Notenwechsel].

Albrecht, Dieter, Die Politische Klausel des Reichskonkordats in den deutsch-vatikanischen Beziehungen 1936–1943, in: Festschrift für Max Spindler zum 75. Geburtstag, hrsg. v. Dieter Albrecht, Andreas Kraus, Kurt Reindel, München 1969, S. 793–823 (abgedruckt in: Kirche S. 128–170) [zit.: D. Albrecht, Klausel].

---

1) Arbeiten von Autoren, die nur einmal vertreten sind, werden wie in diesem Beispiel nur unter dem Namen des Autors zitiert.

2) Vgl. die deutsche Ausgabe: B. Schneider, Briefe.

Alessandrini, Federico, Pio XII e la difesa di Roma, in: Capitolium 39 (1964), S. 320–325.

Annuario Pontificio per l'anno 1945, Vatikanstadt 1945 [zit.: Annuario].

Aperçu sur l'œuvre du Bureau d'informations Vatican. 1939–1946, Vatikanstadt 1948 [zit.: Aperçu].

Arndt, Ino, Das Frauenkonzentrationslager Ravensbrück, in: Studien zur Geschichte der Konzentrationslager (Schriftenreihe der Vierteljahrshefte für Zeitgeschichte 21), Stuttgart 1970, S. 93–129.

Aster, Sidney, 1939. The Making of the Second World War, London 1973.

Baran, Stefan, Mytropolyt Andrej Šeptyćkyj, München 1947.

Beck, Joseph, Dernier Rapport. Politique polonaise 1926–1939, Paris 1951.

Becker, Josef, Der Vatikan und der II. Weltkrieg, in: Geschichte in der Gegenwart, Festschrift für Kurt Kluxen; hrsg. v. Ernst Heinen und Hans-Julius Schoeps, Paderborn 1972, S. 301–317 (abgedruckt in: Kirche S. 171–193).

Bendiscioli, Mario, La S. Sede, la situazione religiosa in Polonia e paesi Baltici 1939–1945, la guerra in Europa, 1940 – giugno 1941 in atti e documenti della Segretaria di Stato papale, in: Humanitas 23 (1968), S. 967–976.

Bibliografia wojny wyzwoleńczej narodu polskiego 1939–1945. Problematyka wojskowa, materiały z lat 1939–1967, hrsg. v. Krystyna Szczepańska und Bożena Zielińska (Polski czyn zbrojny w II wojnie światowej 6), Warschau 1973 [zit.: Bibliografia].

Biegański, Witold, Polska emigracja na Węgrzech w latach 1939–1940. Rola emigracji wojennej, in: Najnowsze dzieje polski. Materiały i studia z okresu II wojny światowej 12 (1968), S. 33–69.

Bierschenk, Theodor, Die deutsche Volksgruppe in Polen 1934–1939 (Beihefte zum Jahrbuch der Albertus-Universität Königsberg/Preussen 10), Kitzingen 1954.

Biskupski, Stefan, Danina krwi . . . (O stratach wśród duchowieństwa w czasie wojny z danymi statystycznymi, dotyczącymi poszczególnych diecezji), in: Ateneum Kapłańskie 45 (1946), S. 92–94 [zit.: St. Biskupski, Danina].

Biskupski, Stefan, Un évêque martyr. Mgr. Michel Kozal, Vanves 1946 [zit.: St. Biskupski, Évêque].

Biuletyn głównej komisji badania zbrodni hitlerowskich w Polsce 8–9, Warschau 1956–57 [zit.: Biuletyn].

Blet, Pierre, Pio XII e il terzo Reich, in: CivCatt 116, 2 (1965), S. 251–258.

Bojarska, Barbara, Eksterminacja inteligencji polskiej na Pomorzu Gdańskim (wrzesień — grudzień 1939), Posen 1972.

Borowczyk, Stanisław Józef, Diecezja Łomżyńska, jej dzieje i straty w II wojnie światowej, in: Kuźnica Kapłańska 3, 12–13 (1955), S. 32–39.

Borowski, Wojciech, Duchowieństwo niemieckie w okupowanej Polsce, in: Miesięcznik literacki 1, 3 (1966), S. 94–101 [zit.: W. Borowski, Duchowieństwo].

Borowski, Wojciech, Obowiązek niemieckiego biskupa. Duchowieństwo niemieckie i okupacja Polski 1939—1945, Warschau 1966 [zit.: W. Borowski, Obowiązek].

Borschak, Elie, Un prélat Ukrainien. Le métropolite Cheptyckyj (1865–1944), Paris 1946.

Breyer, Richard, Das Deutsche Reich und Polen 1932–1937. Außenpolitik und Volksgruppenfragen (Marburger Ostforschungen 3), Würzburg 1955.

Broszat, Martin, Nationalsozialistische Polenpolitik 1939–1945, Stuttgart 1961.

Buchheim, Hans, Glaubenskrise im Dritten Reich. Drei Kapitel nationalsozialistischer Religionspolitik, Stuttgart 1953.

Bučko, Giovanni, Il metropolita Andrea Szeptyckyj, grande figura della chiesa cattolica ucraina, Rom 1954.

Bussmann, Walter, Der Papst und die Diktatur, in: Der Monat 15, 176 (1963), S. 16–21 [zit.: W. Bussmann, Papst].
Bussmann, Walter, Pius XII. an die Deutschen Bischöfe, in: Hochland 61 (1969), S. 61–65 [zit.: W. Bussmann, Pius XII.].

Camerani, Sergio, La S. Sede dal luglio 1941 all'ottobre 1942, in: Il Risorgimento 22 (1970), S. 68–72 [zit.: S. Camerani, La S. Sede].
Camerani, Sergio, La S. Sede e la seconda guerra mondiale, in: Il Risorgimento 18 (1966), S. 113–118 [zit.: S. Camerani, S. Sede].
Camerani, Sergio, Pio XII e la Polonia, in: Il Risorgimento 19 (1967), S. 254–258. — 20 (1968), S. 140–143 [zit.: S. Camerani, Pio XII].
Castelli, Giulio, Storia segreta di Roma città aperta, Rom 1959.
Cavalli, Fiorello, Il card. Domenico Tardini segretario di Stato di Sua Santità, in: CivCatt 112, 4 (1961), S. 367–382 [zit.: F. Cavalli, Tardini].
Cavalli, Fiorello, La Santa Sede contro le deportazioni degli ebrei dalla Slovacchia durante la seconda guerra mondiale, in: CivCatt 112, 3 (1961), S. 3–18 [zit.: F. Cavalli, Santa Sede].
Cavalli, Fiorello, L'attività diplomatica della Santa Sede per l'incolumità di Roma nella seconda guerra mondiale, in: CivCatt 113, 4 (1962), S. 535–545 [zit.: F. Cavalli, L'attività].
Chadwick, Owen, The Papacy and World War II, in: JEH 18 (1967), S. 71–79; 19 (1968), S. 227–231.
Charles-Roux, François, Huit ans au Vatican (1932–1940), Paris 1947.
Chiocchetta, Pietro, La Santa Sede e la seconda guerra mondiale, in: ED 18 (1965), S. 455—473.
Chojnacki, Wł[adysław] – Pospieszalski, K[arol] M[arian] – Serwański, E[dward], Materiały do bibliografii okupacji hitlerowskiej w Polsce 1939–1945. Uzupełnienia za lata 1944–1953, Warschau 1957.
Cianferra, Camille M., The War and the Vatican, London 1945.
Ciano, Galeazzo, Diario 1939–1943. I–II, Mailand 1946.
Clauss, Manfred, Der Besuch Ribbentrops im Vatikan, in: ZKG 87 (1976), S. 54–64.
Codex iuris canonici, Pii X pontificis maximi iussu digestus Benedicti papae XV auctoritate promulgatus, Freiburg–Regensburg 1922 [zit.: CIC].
Conrad, Walter, Der Kampf um die Kanzeln. Erinnerungen und Dokumente aus der Hitlerzeit, Berlin 1957.
Conway, John S., Der deutsche Kirchenkampf. Tendenzen und Probleme seiner Erforschung an Hand neuerer Literatur, in: VjZG 17 (1969), S. 423–449 [zit.: J. S. Conway, Kirchenkampf].
Conway, John S., Die nationalsozialistische Kirchenpolitik 1933–1945. Ihre Ziele, Widersprüche und Fehlschläge, München 1969 [zit.: J. S. Conway, Kirchenpolitik].
Conway, John S., The Silence of Pope Pius XII, in: The Review of Politics 27 (1965), S. 105–131 (abgedruckt in: C. F. Delzell, Papacy, S. 79–108) [zit.: J. S. Conway, Silence].
Conway, John S., The Vatican, Great Britain, and Relations With Germany, in: The Historical Journal 16 (1973), S. 147–167 [zit.: J. S. Conway, Vatican].
Conzemius, Victor, Églises chrétiennes et totalitarisme national-socialiste, in: RHE 63 (1968), S. 437–503, 868-948 (als Monographie unter dem gleichen Titel erschienen, Löwen 1968) [zit.: V. Conzemius, Églises].
Conzemius, Victor, Pius XII and Nazi Germany in Historical Perspective, in: Historical Studies 7 (1969), S. 97–124 [zit.: V. Conzemius, Pius XII].
Coppini, Camillo, Impressioni personali su atti e documenti della Santa Sede relativi al secondo conflitto mondiale (1939–45), Assisi 1968.

Corish, Patrick J., The Holy See and the Second World War, in: Studies 55 (1966), S. 82–96.

Crehan, Joseph H., Papal Diplomacy 1939–1940, in: The Month 221 (1966), S. 241–245 [zit.: J. H. Crehan, Papal Diplomacy].

Crehan, Joseph H., Papal Diplomacy 1941–1942, in: The Month 229 (1970), S. 215–221 [zit.: J. H. Crehan, Diplomacy].

Curvers, Alexis, Pie XII, le pape outragé, Paris 1964.

Cyprian, Tadeusz — Sawicki, Jerzy, Nazi Rule in Poland 1939–1945, Warschau 1961.

Czubatyj, Nicholas D., Ukraine Between Poland and Russia, in: The Review of Politics 8 (1946), S. 331–353.

Dallin, Alexander, Deutsche Herrschaft in Russland 1941–1945. Eine Studie über Besatzungspolitik, Düsseldorf 1958.

Darricau, Raymond, L'action de Pie XII en faveur de la paix durant la seconde guerre mondiale d'après les archives du Vatican, in: Revue d'histoire diplomatique 83 (1969), S. 171–180.

Delzell, Charles F., Pius XII and Mussolini's Italy at the Outbreak of World War II, in: Annali del'istituto italiano per gli studi storici 1 (1967/68), S. 385–414 [zit.: C. F. Delzell, Pius XII].

Delzell, Charles F., Pius XII, Italy, and the Outbreak of War, in: Journal of Contemporary History 2, 4 (1967), S. 137—161 [zit.: C. F. Delzell, Italy].

Delzell, Charles F., The Papacy and Totalitarianism Between the Two World Wars, New York – London 1974 [zit.: C. F. Delzell, Papacy].

Denkschrift Himmlers über die Behandlung der Fremdvölkischen im Osten (Mai 1940), in: VjZG 5 (1957), S. 194–198 [zit.: Denkschrift].

Deresiewicz, Janusz, Okupacja niemiecka na ziemiach polskich włączonych do Rzeszy (1939–1945). Studium historyczno-gospodarcze, Posen 1950.

Deuerlein, Ernst, Friedensbemühungen des Hl. Stuhles 1938/39, in: StdZ 164 (1958/59), S. 321–334.

Devos, Roger, Le Saint-Siège et la seconde guerre mondiale. Notes d'après les Actes et Documents du Vatican, in: Esprit et Vie 79 (1969), S. 40–48, 190–197, 755–759.

Das Diensttagebuch des deutschen Generalgouverneurs in Polen 1939–1945, hrsg. v. Werner Präg und Wolfgang Jacobmeyer (Quellen und Darstellungen zur Zeitgeschichte 20), Stuttgart 1975 [zit.: Diensttagebuch].

Diplomat in Berlin 1933–1939. Papers and Memoirs of Józef Lipski, Ambassador of Poland, hrsg. v. Wacław Jędrzejewicz, New York–London 1968 [zit.: Diplomat].

Discorsi e Radiomessaggi di Sua Santità Pio XII. I–V, Rom o. J. [zit.: Discorsi].

Dobisch, Klaus, Rez.: ADSS 1 und 2, in: DLZ 90 (1969), S. 340–343.

Documenta Occupationis Teutonicae. I–VI, Posen 1945–58 [zit.: DOT].

Documents on British Foreign Policy 1919–1939. Third Series. 3–9 (1938–1939), London 1950–54 [zit.: DBFP].

Documents on Polish-Soviet Relations 1939–1945. I–II, London 1961–67 [zit.: Documents].

Domagała, Jan, Ci, którzy przeszli przez Dachau (Duchowni w Dachau), Warschau 1957.

Drozd, Józef, † Andreas Šeptyckyj, Metropolita Leopoliensis, Praeses Academiae Velehradensis 1910–1939, in: AcAcVel 18 (1947), S. 92–102.

Drozdowski, Marian M., The National Minorities in Poland 1918–1939, in: Acta Poloniae Historia 22 (1970), S. 226–251.

Duclos, Paul, Le Vatican et la seconde guerre mondiale, Paris 1955.

Eborowicz, Wacław, Prymas Hlond we wrześniu 1939. Z dziennika kardynała, in: Homo Dei 27, 6 (1958), S. 926–930.

Eisenblaetter, Gerhard, Grundlinien der Politik des Reiches gegenüber dem Generalgouvernement 1939–1945 (Diss. Phil.), Frankfurt 1969.

Wielka Encyclopedia Powszechna. 1–12, Warschau 1967 [zit.: Encyclopedia].

Engelbert, Kurt, Adolf Kardinal Bertram — Fürsterzbischof von Breslau (1914–1945), in: ArSKG 7 (1949), S. 7–37.

Epstein, Klaus, The Pope, the Church, and the Nazis, in: Modern Age 9, 1 (1964/65), S. 83–94.

Facchinetti, Władysław, Pius XII i Polska w latach 1939–1945, London 1954.

Falconi, Carlo, Das Schweigen des Papstes. Eine Dokumentation, München 1966.

Fechner, Helmuth, (Hrsg.), Deutschland und Polen 1772–1945 (Ostdeutsche Beiträge aus dem Göttinger Arbeitskreis 27), Würzburg 1964.

Flynn, George Q., Franklin Roosevelt and the Vatican: The Myron Taylor Appointment, in: CHR 58 (1972/73), S. 171–194.

Foreign Relations of the United States. Diplomatic Papers. 1939–1945, Washington 1956–67 [zit.: FRUS].

François-Poncet, André, Botschafter in Rom 1938–1940, Berlin–Mainz 1962.

The French Yellow Book. Diplomatic Documents (1938–1939). Papers relative to the events and negotiations which preceded the opening of hostilities between Germany on the one hand, and Poland, Great Britain and France on the other, London–Melbourne 1940 [zit.: The French Yellow Book].

Friedländer, Saul, Pius XII. und das Dritte Reich. Eine Dokumentation, Hamburg 1965.

Gafenco, Grigore, Europas letzte Tage. Eine politische Reise im Jahre 1939, Zürich 1946.

Ganse, Franz-Georg, Adolf Kardinal Bertram, Fürsterzbischof von Breslau. Ein Beitrag zu seiner Biographie aus Anlaß seines 20. Todestages am 6. Juli 1965, ergänzt durch persönliche Erinnerungen, in: Beiträge zur schlesischen Kirchengeschichte. Gedenkschrift für Kurt Engelbert, hrsg. v. Bernhard Stasiewski, Köln–Wien 1969, S. 530–541.

Geheime Reichssache. Papst Pius XII. hat nicht geschwiegen, hrsg. v. Jenö Levai, Köln 1966 [zit.: Geheime Reichssache].

The German New Order in Poland, London 1942 [zit.: The German New Order].

Giordani, Igino, Pio XII. Un grande Papa, Turin 1961 [zit.: I. Giordani, Pio XII].

Giordani, Igino, Vita contro morte. La Santa Sede per le vittime della seconda guerra mondiale, Mailand 1956 [zit.: I. Giordani, Vita].

Giovannetti, Alberto, Der Vatikan und der Krieg, Köln 1961 [zit.: A. Giovannetti, Vatikan].

Giovannetti, Alberto, Roma città aperta, Mailand 1962 [zit.: A. Giovannetti, Roma].

Golachowski, Stefan, Materiały do statystyki narodowościowej Śląska opolskiego z lat 1910–1939, Posen–Breslau 1950.

Gordillo, Maurizio, Un grande apostolo dell'unità della chiesa. Il metropolita Andrea Szeptyckyj, in: CivCatt 112, 3 (1961), S. 474–483.

Gottschalk, Joseph, Breslauer Diözesanpfarrer im Konzentrationslager Dachau 1940–45, in: ArSKG 25 (1967), S. 298–305.

Graf, Pedro, Dunkle Kapitel der deutschen Kirchengeschichte, in: Zeitschrift für Politik 15 (1968), S. 476–480.

Graham, Robert A., Come e perché' Hitler bloccò il Vaticano in Russia, in: CivCatt 123, 4 (1972), S. 241–252, 435–442 [zit.: R. A. Graham, Hitler].

Graham, Robert A., La strana condotta di E. von Weizsäcker ambasciatore del Reich in Vaticano, in: CivCatt 121, 2 (1970), S. 454–471 [zit.: R. A. Graham, Condotta].
Graham, Robert A., The Pope and Poland in the World War II, London 1968 [zit.: R. A. Graham, Pope].
Grenzmann, Wilhelm, Der umstrittene Papst. Zu Rolf Hochhuths Drama „Der Stellvertreter", in: Orientierung 27 (1963), S. 106–110.
Gumkowski, Janusz — Leszczyński, Kazimierz, Okupacja hitlerowska w Polsce, Warschau 1963.
Gürtler, Paul, Nationalsozialismus und evangelische Kirche im Warthegau. Trennung von Staat und Kirche im nationalsozialistischen Weltanschauungsstaat (Arbeiten zur Geschichte des Kirchenkampfes 2), Göttingen 1958.

Haas, Reimund, Kirchlicher Widerstand unter nationalsozialistischem Totalitarismus, in: Politische Studien 26 (1975), S. 175–184.
Haffner, Franz, Zur Politik des Vatikans im zweiten Weltkrieg, in: Klerusblatt 51 (1971), Beilage II, S. 1–38.
Halecki, Oscar, Eugenio Pacelli: Pope of Peace, New York 1951 [zit.: O. Halecki, Pacelli].
Halecki, Oscar, The Holy See and the Religious Situation in Central Europe 1939–1945, in: CHR 53 (1967/68), S. 393–410 [zit.: O. Halecki, Holy See].
Halecki, Oscar, The Holy See and the War in Europe, in: CHR 52 (1965/66), S. 246—250 [zit.: O. Halecki, War].
Halecki, Oscar, Watykan a Polska, in: Wiadomości Polskie polityczne i literackie 1942, 39, S. 2 [zit.: O. Halecki, Watykan].
Harrigan, William M., Pius XII's Efforts to Effect a détente in German-Vatican Relations. 1939–1940, in: CHR 49 (1963/64), S. 173–191.
Herzfeld, Hans, Zur Problematik der Appeasement-Politik, in: Geschichte und Gegenwartsbewußtsein. Historische Betrachtungen und Untersuchungen. Festschrift für Hans Rothfels, hrsg. v. Friedrich Hiller v. Gaertringen, Göttingen 1963, S. 161–197 (abgedruckt in: Kriegsbeginn S. 237–284).
Hildebrand, Klaus, Deutsche Außenpolitik 1933–1945. Kalkül oder Dogma?, Stuttgart 1971.
Hill, Leonidas E., The Vatican Embassy of Ernst von Weizsäcker, 1943–1945, in: The Journal of Modern History 39 (1967), S. 138–139.
Hillgruber, Andreas, Staatsmänner und Diplomaten bei Hitler. Vertrauliche Aufzeichnungen über Unterredungen mit Vertretern des Auslandes. 1939–1944. I–II, Frankfurt/M 1967–70.
Hohenstein, Alexander, Wartheländisches Tagebuch aus den Jahren 1941/42 (Quellen und Darstellungen zur Zeitgeschichte 8), Stuttgart 1961.
Homze, Edward L., Foreign Labor in Nazi Germany, Princeton 1967.
Horak, Stefan, Poland and Her National Minorities. 1919–39, New York 1961 [zit.: S. Horak, Poland].
Horak, Stefan, Poland's International Affairs 1919–1960. A Calendar of Treaties, Agreements, Conventions, and other International Acts, with Annotations, References, and Selections From Documents and Texts of Treaties (Russian and East European Series 31), Bloomington 1964 [zit.: S. Horak, Affairs].
Hughes, John J., The Silence of Pius XII, in: JQR 63 (1972/73), S. 80–85.

Jäckel, Eberhard, Zur Politik des Heiligen Stuhles im Zweiten Weltkrieg. Ein ergänzendes Dokument, in: GWU 15 (1964), S. 33–46.
Jastak, H., Ks. Biskup Okoniewski. Kazania okolocznościowe w obronie polskości Pomorza, jego ludu i polskiego morza, Warschau 1952.

Jastrzębski, Włodzimierz, Hitlerowskie wysiedlenia z ziem polskich wcielonych do Rzeszy 1939–45 (Badania nad okupacją niemiecką w Polsce 9), Posen 1968.
Jedin, Hubert, Kardinal Adolf Bertram, in: Schlesisches Priesterjahrbuch 1 (1960), S. 11–21.
Jemielity, Witold, Martyrologium księży diecezji Łomżyńskiej 1939–1945, in: Rozporządzenia urzędowe Łomżyńskiej kurii diecezjalnej 36, 8–9 (1974), S. 42–60 [zit.: W. Jemielity, Martyrologium].
Jemielity, Witold, Seminarium Łomżyńskie w latach 1939–1945, in: Rozporządzenia urzędowe Łomżyńskiej kurii diecezjalnej 36, 5–7 (1974), S. 44–45 [zit.: W. Jemielity, Seminarium].
Jeske, Reinhold, Die Germanisierungspolitik des deutschen Faschismus gegenüber Polen, in: Zeitschrift für Geschichtswissenschaft 12 (1964), S. 994–1003.
Jesusek, Wacław, Męczenski koniec arcybiskupa Antoniego Juliana Nowowiejskiego, Płock 1947.
Jurkiewicz, Jarosław, Watykan a Polska w okresie międzywojennym 1918–1939, Warschau 1958.

Kaps, Johannes, Die katholische Kirchenverwaltung in den deutschen Diözesen östlich der Oder/Neisse, in: ArSKG 13 (1955), S. 280–289.
Kardynał Bertram a polskość Śląska opolskiego, hrsg. v. Wacław Sobański, Posen–Warschau 1959 [zit.: Kardynał].
Katholische Kirche im Dritten Reich. Eine Aufsatzsammlung zum Verhältnis von Papsttum, Episkopat und deutschen Katholiken zum Nationalsozialismus 1933–1945, hrsg. v. Dieter Albrecht, Mainz 1976 [zit.: Kirche].
Kempner, Benedicta Maria, Priester vor Hitlers Tribunalen, München 1966.
Kempner, Robert M. W., Das Dritte Reich im Kreuzverhör, München-Eßlingen 1969.
Kent, George O., Pope Pius XII and Germany: Some Aspects of German-Vatican Relations, 1933–1943, in: AHR 70 (1964/65), S. 59–78.
Kleßmann, Christoph, Die Selbstbehauptung einer Nation. Nationalsozialistische Kulturpolitik und polnische Widerstandsbewegung im Generalgouvernement 1939–1945 (Studien zur modernen Geschichte 5), Düsseldorf 1971 [zit.: C. Kleßmann, Selbstbehauptung].
Kleßmann, Christoph, Nationalsozialistische Kirchenpolitik und Nationalitätenfrage im Generalgouvernement (1939–1945), in: Jahrbücher für Geschichte Osteuropas 18 (1970), S. 575–600 [zit.: C. Kleßmann, Kirchenpolitik].
Kłoczowski, Jerzy, Archives de l'Église en Pologne, in: La Pologne au XIIIe Congrès International des Sciences Historiques à Moscou, Warschau 1970, S. 183–199.
Kordt, Erich, Wahn und Wirklichkeit. Die Außenpolitik des Dritten Reiches. Versuch einer Darstellung, Stuttgart 1948.
Korolevskij, Cyrille, Métropolite André Szeptyckyj. 1865–1944 (Opera Theologicae Societatis Scientificae Ucrainorum 16–17), Rom 1964.
Kosicki, Jerzy — Kozłowski, Wacław, Bibliografia piśmiennictwa polskiego za lata 1944–1953 o hitlerowskich zbrodniach wojennych, Warschau 1955.
Kraków pod rządami wroga 1939–1945, Krakau 1946 [zit.: Kraków].
Krausnick, Helmut, Hitler und die Morde in Polen. Ein Beitrag zum Konflikt zwischen Heer und SS um die Verwaltung der besetzten Gebiete, in: VjZG 11 (1963), S. 196–209.
Kriegsbeginn 1939. Entfesselung oder Ausbruch des Zweiten Weltkrieges?, hrsg. v. Gottfried Niedhart (Wege der Forschung 374), Darmstadt 1976 [zit.: Kriegsbeginn].
Kriegspropaganda 1939–1941. Geheime Ministerkonferenzen im Reichspropagandaministerium, hrsg. v. Willi A. Boelcke, Stuttgart 1966 [zit.: Kriegspropaganda].

Kuhn, Axel, Hitlers außenpolitisches Programm, Stuttgart 1970.

Kuhn, Walter, Das Deutschtum in Polen und sein Schicksal in Kriegs- und Nachkriegszeit, in: Osteuropa-Handbuch Polen, hrsg. v. Werner Markert, Köln–Graz 1959, S. 138–164.

The Nazi Kultur in Poland, London 1945 [zit.: The Nazi Kultur].

Kupisch, Karl, Rez.: ADSS 3, in: ZKG 79 (1968), S. 428–429.

Kusnierz, Bronisław, Stalin and the Poles. An Indictment of the Soviet Leaders, London 1949.

Lattermann, Arnold, Der Reichsgau Wartheland, in: Deutsche Monatshefte 8 (1942), S. 282–301.

Leflon, Jean, L'action diplomatico-religieuse de Benoît XV en faveur de la paix durant la première guerre mondiale, in: Benedetto XV, i cattolici e la prima guerra mondiale, Rom 1963, S. 53–70.

Leiber, Robert, Pio XII e gli ebrei di Roma 1943–1944, in: CivCatt 112, 1 (1961), S. 449–458. — deutsch: Pius XII. und die Juden in Rom 1943–1944, in: StdZ 167 (1960/61), S. 428–436 [zit.: R. Leiber, Pio XII].

Leiber, Robert, Pius XII. †, in: StdZ 163 (1958/59), S. 81–100 (abgedruckt in: Kirche S. 103—127) [zit.: R. Leiber, Pius XII. †].

Leiber, Robert, Pius XII and the Third Reich, in: Look, May 17 (1966), S. 36–50 [zit.: R. Leiber, Pius XII].

Leiber, Robert, Der Vatikan und das Dritte Reich, in: Politische Studien 14 (1963), S. 293–298 [zit.: R. Leiber, Vatikan].

Leiber, Robert, Soll das Andenken an Pius XII. geschändet werden? Zum Schauspiel von Rolf Hochhuth: „Der Stellvertreter", in: Schweizerische Kirchenzeitung 131 (1963), S. 145–148 [zit.: R. Leiber, Andenken].

Lenz, [Johann Maria], Christus in Dachau. Ein religiöses Volksbuch und ein kirchengeschichtliches Zeugnis, Wien 1956.

Lewy, Guenter, Die katholische Kirche und das Dritte Reich, München 1965

L'Huillier, Fernand, La politique du Vatican dans la crise mondiale, in: RHdxG 16, 3 (1966), S. 1–22 [zit.: F. L'Huillier, Politique].

L'Huillier, Fernand, Le Vatican dans la crise mondiale, in: RHdxG 7, 4 (1959), S. 1–15 [zit.: F. L'Huillier, Vatican].

Liedtke, Antoni, Zarys dziejów diecezji Chełmińskiej, in: Nasza przeszłość 34 (1971), S. 59–116 [zit.: A. Liedtke, Zarys].

Liedtke, Antoni, Straty teologicznej myśli polskiej podczas wojny: Środowisko pelplińskie, in: Ateneum Kapłańskie 46 (1947), S. 214–227, 321–342 [zit.: A. Liedtke, Straty]

Lill, Rudolf, Vatikanische Akten zur Geschichte des zweiten Weltkrieges, in: QFIAB 46 (1966), S. 488–506 (I). — 54 (1974), S. 556–581 (II) [zit.: R. Lill, Akten I und II].

Lill, Rudolf, Vatikanische Akten zur Geschichte des zweiten Weltkrieges, in: GWU 18 (1967), S. 221–233 [zit.: R. Lill, Geschichte].

Linck, Hugo, Der Kirchenkampf in Ostpreussen 1933—1945. Geschichte und Dokumentation, München 1968.

Lista strat kultury polskiej (1. IX. 1939 – 1. III. 1946), Warschau 1947 [zit.: Lista].

Liszka, Józef, Polen in Deutschland 1871–1939. Ein Beitrag zur Geschichte der Seelsorge an Polen, in: Priesterjahrheft 1975, S. 26–36.

L'Opera della Santa Sede per la pace nel primo anno di pontificato di S.S. Pio PP XII. Testi e documenti, Mailand 1940 [zit.: L'Opera].

Lubicz, Jerzy — Woliński, Józef, Polityka okupanta hitlerowskiego wobec wyznań religijnych w Polsce w latach 1939–1945, in: Biuletyn 9 (1957), S. 71–112 und Tafel 3.

Lukacs, John, The Diplomacy of the Holy See During World War II, in: CHR 60 (1974), S. 271–278.

Łuczak, Czesław, Polscy robotnicy przymusowi w trzeciej Rzeszy podczas II wojny światowej, Posen 1974.

Maccarrone, Michele, Il nazionalsocialismo e la Santa Sede, Rom 1947.

Madajczyk, Czesław, Polityka III Rzeszy w okupowanej Polsce. I–II, Warschau 1970 [zit.: Cz. Madajczyk, Polityka].

Madajczyk, Czesław, Die deutsche Besatzungspolitik in Polen (1939—1945), Wiesbaden 1967 [zit.: Cz. Madajczyk, Besatzungspolitik].

Madajczyk, Czesław, Generalna Gubernia w planach hitlerowskich, Warschau 1961 [zit. Cz. Madajczyk, Generalna].

Madajczyk, Czesław, Kościół a polityka okupanta na ziemiach polskich, in: Dzieje Polski a współczesność, Warschau 1966, S. 286–311 [zit.: Cz. Madajczyk, Kościół].

Manthey, Franz, Konstantin Dominik. Ein heiligmäßiger Weihbischof von Kulm (Westpr.), Hildesheim 1964 [zit.: F. Manthey, Dominik].

Manthey, Franz, Polnische Kirchengeschichte, Hildesheim 1965 [zit.: F. Manthey, Kirchengeschichte].

Maroń, Franciszek — Gwóźdź, Hilary, Rez.: J. Sziling, Polityka, in: Śląskie studia historyczno-teologiczne 5 (1972), S. 326–358.

Martini, Angelo, Appelli alla Santa Sede dalla Polonia durante la seconda guerra mondiale, in CivCatt 113, 2 (1962), S. 3–14 [zit.: A. Martini, Appelli].

Martini, Angelo, Il Cardinale Tardini e la seconda guerra mondiale, in: CivCatt 119, 2 (1968), S. 108–118 [zit.: A. Martini, Cardinale].

Martini, Angelo, Il Vicario. Una tragedia cristiana?, in: CivCatt 114, 2 (1963), S. 313–325 [zit.: A. Martini, Vicario].

Martini, Angelo, La Santa Sede e gli ebrei della Romania durante la seconda guerra mondiale, in: CivCatt 112, 3 (1961), S. 449–463 [zit.: A. Martini, Ebrei].

Martini, Angelo, La Santa Sede e la guerra in Europa dal giugno 1940 al giugno 1941, in: CivCatt 119, 1 (1968), S. 8–22 [zit.: A. Martini, Santa Sede].

Martini, Angelo, La Santa Sede e la guerra secondo i documenti degli archivi vaticani, in: CivCatt 116, 4 (1965), S. 521–535 [zit.: A. Martini, La Santa Sede].

Martini, Angelo, Polonia 1939: Prima tappa di una guerra crudele, in: CivCatt 111, 2 (1960), S. 353–371 [zit.: A. Martini, Polonia].

Martini, Angelo, Silenzi e parole di Pio XII per la Polonia durante la seconda guerra mondiale, in: CivCatt 113, 2 (1962), S. 237–249 [zit.: A. Martini, Silenzi].

Martini, Angelo, Un procedimento letterario sconcertante, in: CivCatt 123, 1 (1972), S. 244–247 [zit.: A. Martini, Procedimento].

Le martyre du clergé polonais 1939–1945, in: La vie catholique en Pologne 4 (1966), S. 48–54 [zit.: Le martyre].

Materiały do dziejów diecezji Częstochowskiej. Katolicki kościół parafialny dla polaków powiatu wieluńskiego. Dzieje pracy duszpasterskiej pod okupacją niemiecką od 18. X. 1941 do 18. I. 1945, hrsg. v. Józef Kubica, in: Wiadomości diecezjalne 24–31 (1957), S. 162–172 [zit.: Materiały].

Męclewski, Edmund, Biologiczne straty Polski w 2 wojnie światowej, in: Kronika 35–36 (1965), S. 1 und 4.

Męczeństwo duchowieństwa Pomórskiego 1939–1945. Straty wojenne diecezji Chełmińskiej, Pelplin 1947 [zit.: Męczeństwo].

Mękarski, Stefan, Die Südostgebiete Polens zur Zeit der deutschen Besatzung (Juni

1941 — Juni 1943), in: Jahrbücher für Geschichte Osteuropas 16 (1968), S. 381–428.

Mercier, Paul, Pie XII devant l'histoire, in: Études 336 (1972), S. 457—459.

Messe, Giovanni, La guerra al fronte russo. Il corpo spedizioni italiano (C. S. I. R.), Mailand 1964[5].

Messerschmidt, Manfred, Aspekte der Militärseelsorgepolitik in nationalsozialistischer Zeit, in: Militärgeschichtliche Mitteilungen 1 (1968), S. 63–105 [zit.: M. Messerschmidt, Militärseelsorgepolitik I].

Messerschmidt, Manfred, Zur Militärseelsorgepolitik im Zweiten Weltkrieg, in: Militärgeschichtliche Mitteilungen 2 (1969), S. 37–85 [zit.: M. Messerschmidt, Militärseelsorgepolitik II].

Meysztowicz, Valérien, L'Église catholique en Pologne entre les deux guerres (1919–1939), Vatikanstadt 1944.

Miccoli, Giovanni, Sulle relazioni fra Santa Sede e Terzo Reich, in: Belfagor 20 (1965), S. 253–322.

Ministero degli affari esteri italiano. Commissione diplomatica. Documenti diplomatici italiani. Ottava serie (1935–1939). XII–XIII (23. 5. – 3. 9. 1939), Rom 1952–53 [zit.: DDI].

Moszyński, Remigiusz — Policha, Leopold, Lublin w okresie okupacji (1939–1944), Lublin 1964.

Mourin, Maxime, Le Vatican et L'U. R. S. S., Paris 1965.

Musioł, Teodor, Dachau 1933–1945. Wydanie drugie poprawione i uzupełnione, Kattowitz 1971.

Nawrocki, Stanisław, Policja hitlerowska w tzw. kraju Warty w latach 1939–1945 (Badania nad okupacją niemiecką w Polsce 10), Posen 1970.

Nobécourt, Jacques, „Le vicaire" et l'histoire, Paris 1964.

Nowakowski, Zygmunt, Głos potępionego, in: Wiadomości polskie polityczne i literackie 1942, 12, S. 3 [zit.: Z. Nowakowski, Głos].

Nowakowski, Zygmunt, Watykan i Warthegau, in: Wiadomości polskie polityczne i literackie 1942, 42, S. 2 [zit.: Z. Nowakowski, Watykan].

Official Documents Concerning Polish-German and Polish-Soviet Relations 1933–1939. Republic of Poland. Ministry for Foreign Affairs, London 1940 [zit.: Official Documents].

Okupacja i ruch oporu w dzienniku Hansa Franka, I–II, Warschau 1970 [zit.: Okupacja].

L'Osservatore Romano. Giornale quotidiano politico religioso [zit.: OR].

Pacuszka, Czesław, Papież a Polska (Przyczynek do stosunku papieża Piusa XII do Polski w czasie drugiej wojny światowej), Płock 1946.

Padellaro, Nazareno, Pius XII., Bonn 1952.

Papée, Kazimierz, Pius XII a Polska 1939–1949. Przemówienia, listy, komentarze, Rom 1954.

Papeleux, Louis, La diplomatie vaticaine à l'heure des victoires de Hitler, in: RHdxG 25, 2 (1975), S. 27—56.

Papież Pius XII a Polska. Przemówienia i listy papieskie, o. O. 1946 [zit.: Papież].

Pavalkis, Victor, The Attitude of the Vatican Toward the German Church Policy in Lithuania During Its Occupation (1941–1944), in: Journal of Baltic Studies 4 (1973), S. 130–134 [zit.: V. Pavalkis, Attitude].

Pavalkis, Victor, The Catholic Church in the Baltic States and the Holy See. 1939–1945, in: The Baltic Review 38 (1971), S. 54–64 [zit.: V. Pavalkis, Church].

The Persecution of the Catholic Church in German-Occupied Poland, London 1941 [zit.: The Persecution].
Petersen, Ib Damgaard, Nogle synspunkter på årsagsforløbet ved udbruddet af 2. Verdenskrig, in: Historisk tidsskrift, 12. Reihe, 3 (1968/69), S. 129–154.
Picker, Henry, Hitlers Tischgespräche im Führerhauptquartier 1941–42, Stuttgart 1963.
Pieradzka, Krystyna, Terror hitlerowski i rządy Gestapo w Krakowie 1939–45, in: Kraków w latach okupacji 1939–1945. Studia i materiały (Rocznik Krakowski 31), Krakau 1957, S. 225–256.
Pietrzykowski, Jan, Hitlerowcy w powiecie Częstochowskim 1939–1945 (Śląski instytut naukowy w Katowicach), Kattowitz 1972 [zit.: J. Pietrzykowski, Hitlerowcy].
Pietrzykowski, Jan, W obliczu śmierci. Przyczynki do historii Częstochowy w okresie hitlerowskiej okupacji (Śląski instytut naukowy w Katowicach), Kattowitz 1966 [zit.: J. Pietrzykowski, W obliczu].
Pincherle, Alberto, Intorno a Pio XII (A proposito di alcune pubblicazioni recenti), in: Rivista di storia e letteratura religiosa 4 (1968), S. 55–133 [zit.: A. Pincherle, Pio XII].
Pincherle, Alberto, La S. Sede nella II guerra mondiale, in: RSCI 28 (1974), S. 595–616 [zit.: A. Pincherle, S. Sede].
Piotrowski, Stanisław, Hans Franks Tagebuch, Warschau 1963.
Pirożyński, Marian, Problem powołań kapłańskich, in: Homo Dei 16 (1947), S. 95–100.
Poland in the British Parliament 1939–1945. I–III, New York 1946–62 [zit.: Poland].
Poliakov, Léon, The Vatican and the Jewish Question, in: Commentary 10 (1950), S. 439–449.
Polityka kościoła katolickiego ..., in: Życie i myśl 5 (1966), S. 94–128 [zit.: Polityka].
Polonius, Von Hlond zu Wyszyński. Ein polnischer Bericht über ein Jahrzehnt Kirchenverfolgung, in: Wort und Wahrheit 12, 5 (1957), S. 349–357 [zit.: Polonius].
Pomykało, Wojciech, Emisariusze Piusa XII, in: Argumenty 32 (1965), S. 1–2.
Popiołek, Kazimierz, Śląsk w oczach okupanta, Kattowitz 1958.
Popiołek, Kazimierz — Sobański, Wacław, Der letzte Germanisierungsversuch in Westoberschlesien (Deutsche Zeugnisse 4), Warschau 1958.
Pospieszalski, Karol Marian, Le statut du peuple polonais sous l'occupation allemande, in: RHdxG 10 (1960), S. 1–20 [zit.: K. M. Pospieszalski, Statut].
Pospieszalski, Karol Marian, Nazi Terror in Poland 1939–1945, in: Polish Western Affairs 5, 1 (1964), S. 65–91 [zit.: K. M. Pospieszalski, Terror].
Pospieszalski, Karol Marian, Polska pod niemieckiem prawem 1939–1945, Posen 1946 [zit.: K. M. Pospieszalski, Polska].
Pospieszalski, Karol Marian, Poznań pod okupacją hitlerowską, in: Przegląd zachodni 9, 6–8 (1953), S. 403–430 [zit.: K. M. Pospieszalski, Poznań].
Potocki, Stanisław, Położenie mniejszości niemieckiej w Polsce 1918–1939, Danzig 1969.
Prittie, Terence, Deutsche gegen Hitler. Eine Darstellung des deutschen Widerstands gegen den Nationalsozialismus während der Herrschaft Hitlers, Tübingen 1965.
Prokoptschuk, Gregor, Der Metropolit. Leben und Wirken des großen Förderers der Kirchenunion Graf Andreas Scheptytzkyj, München 1955.
Der Prozess gegen die Hauptkriegsverbrecher vor dem Internationalen Militärgerichtshof, Nürnberg 14. 11. 1945 – 1. 10. 1946, 1–42, Nürnberg 1947–49 [zit.: IMG].
Purdy, William A., Die Politik der katholischen Kirche, Gütersloh 1967.

Question de Vilna. Documents diplomatiques de conflict Polono-Lithuanienne 1918–1921, Kaunas 1924 [zit.: Question].

Radoński, Karol, Papież a Polska, in: Wiadomości polskie polityczne i literackie 1942, 46, S. 6.

Randall, Alec, Pius XII, Germany and Poland, in: The Tablet 222 (1968), S. 32–33.

Rassinier, Paul, L'opération „Vicaire“. Le rôle de Pie XII devant l'histoire, Paris 1965.

Reifferscheid, Gerhard, Das Bistum Ermland und das Dritte Reich (Bonner Beiträge zur Kirchengeschichte 7), Köln–Wien 1975 [zit.: G. Reifferscheid, Ermland].

Reifferscheid, Gerhard, Der Vatikan, Polen und die baltischen Länder während des Zweiten Weltkrieges. Zur neuesten Publikation des päpstlichen Staatssekretariats, in: Zeitschrift für die Geschichte und Altertumskunde des Ermlandes 31/32 (1967/68), S. 419–434 [zit.: G. Reifferscheid, Vatikan].

Rhode, Gotthold, Kleine Geschichte Polens, Darmstadt 1965 [zit.: G. Rhode, Geschichte].

Rhode, Gotthold, Nationalistisches Polentum und Katholizismus, in: Jahrbuch des Osteuropa-Instituts zu Breslau 1 (1940), S. 73–110 [zit.: G. Rhode, Polentum].

Richter, Helmut, Aus dem Tagebuch eines schlesischen Pfarrers 1945, in: Beiträge zur schlesischen Kirchengeschichte. Gedenkschrift für Kurt Engelbert, hrsg. v. Bernhard Stasiewski (Forschungen und Quellen zur Kirchen- und Kulturgeschichte Ostdeutschlands 6), Köln–Wien 1969, S. 552–570.

Roche, Georges — Saint Germain, Philippe, Pie XII devant l'histoire, Paris 1972.

Roos, Hans, Polen in der Besatzungszeit, in: Osteuropa-Handbuch Polen, hrsg. v. Werner Markert, Köln–Graz 1959, S. 167–193 [zit.: H. Roos, Polen].

Roos, Hans, Polen und Europa. Studien zur polnischen Außenpolitik 1931–1939 (Tübinger Studien zur Geschichte und Politik 7), Tübingen 1957 [zit.: H. Roos, Europa].

Rusiński, Władysław, Położenie robotników polskich w czasie wojny (1939–1945) na terenie Rzeszy i „Obszarów Wcielonych“ (Badania nad okupacją niemiecką w Polsce 6), Posen 1955.

Sabisch, Alfred, Dokumente zu den Reisen des Kattowitzer Bischofs Adamski im oberschlesischen Teil des Erzbistums Breslau im Mai und Juni 1945, in: ArSKG 30 (1972), S. 171—201.

Samulski, Robert, Kardinal-Bertram-Bibliographie, in: ArSKG 7 (1949), S. 189–265.

Sandfuchs, Wilhelm, Der Heilige Stuhl und der Krieg in Europa, in: Klerusblatt 46 (1966), S. 59–61.

Scheinmann, Michail Markovič, Der Vatikan im zweiten Weltkrieg, Berlin/O 1954.

Schieder, Wolfgang, Pius XII. im II. Weltkrieg, in: HZ 207 (1968), S. 346–356.

Schnabel, Reimund, Die Frommen in der Hölle. Geistliche in Dachau, Frankfurt/M 1966.

Schneider, Burkhart, Die Briefe Pius XII. an die deutschen Bischöfe 1939–1944 (Veröffentlichungen der Kommission für Zeitgeschichte bei der Katholischen Akademie in Bayern, Reihe A 4), Mainz 1966 [zit.: B. Schneider, Briefe].

Schneider, Burkhart, Der Friedensappell Pius' XII. vom 24. August 1939, in: AHP 6 (1968), S. 415—424 [zit.: B. Schneider, Friedensappell].

Schneider, Burkhart, Der Heilige Stuhl und Polen während der Kriegsjahre, in: StdZ 180 (1967), S. 18–32 [zit.: B. Schneider, Heilige Stuhl].

Schneider, Burkhart, Pius XII. an die deutschen Bischöfe, in: StdZ 177 (1966), S. 252–266 [zit.: B. Schneider, Bischöfe].

Schneider, Burkhart, Pius XII. Friede, das Werk der Gerechtigkeit (Persönlichkeit und Geschichte 47), Göttingen 1968 [zit.: B. Schneider, Pius XII.].

Schöppe, Lothar, Konkordate seit 1800. Originaltext und deutsche Übersetzung der geltenden Konkordate, Frankfurt/M 1964.

Seidl, Alfred, Die Beziehungen zwischen Deutschland und der Sowjetunion 1939–1941, Tübingen 1949.

Serwański, Edward, Hitlerowska polityka narodowościowa na Górnym Śląsku 1939–1945, Warschau 1963 [zit.: E. Serwański, Polityka].

Serwański, Edward, Język Polski na Śląsku w czasie okupacji hitlerowskiej, in: Przegląd zachodni 9, 1–3 (1953), S. 263–281 [zit.: E. Serwański, Język].

Siebert, Ferdinand, Italiens Weg in den Zweiten Weltkrieg, Frankfurt/M–Bonn 1962.

Siegler, Heinrich v., Aufriß der Außenpolitik Polens 1918–1945 und der Ausbruch des zweiten Weltkrieges, Bonn–Wien–Zürich 1960.

Sigmann, Jean, Le Saint-Siège et la seconde guerre mondiale, in: Annales ESC 22 (1967), S. 849–863.

Sikora, Józef, Tak mówi historia. Z dziejów antypolskiej polityki watykanu, Warschau 1954.

Śmigiel, Kazimierz, Walka władz hitlerowskich z katolickim kultem religijnym na terenie archidiecezji gnieźnieńskiej w latach 1939–1945, in: Studia historyczne 2 (1968), S. 251–387 [zit.: K. Śmigiel, Walka].

Śmigiel, Kazimierz, Władze kościelne na polskich ziemiach inkorporowanych do Rzeszy niemieckiej 1939–1945, in: Prawo kanoniczne 14 (1971), S. 149–167 [zit.: K. Śmigiel, Władze].

Śmigiel, Kazimierz, Z dziejów wielkopolskich seminariów duchownych w latach 1939–1945, in: Roczniki teologiczno-kanoniczne 20 (1973), S. 77–81 [zit.: K. Śmigiel, Dziejów].

Stachnik, Richard, Danziger Priesterjahrbuch 1920–1945. 1945–1965, Hildesheim 1965.

Stasiewski, Bernhard, Tausend Jahre polnischer Kirchengeschichte, in: Kirche im Osten 10 (1967), S. 48–67 [zit.: B. Stasiewski, Tausend Jahre].

Stasiewski, Bernhard, Der Katholizismus in der slawischen Welt bis 1914, in: Handbuch der Kirchengeschichte, hrsg. v. Hubert Jedin. Bd. VI: Die Kirche in der Gegenwart. 2. Halbbd.: Die Kirche zwischen Anpassung und Widerstand (1878 bis 1914), Freiburg–Basel–Wien 1973, S. 171–194 [zit.: B. Stasiewski, Katholizismus].

Stasiewski, Bernhard, Katholische Kirche und Nation in Polen, in: Polen — nicht nur Touristenland, Bonn 1975, S. 15–22 [zit.: B. Stasiewski, Katholische Kirche].

Stasiewski, Bernhard, Die römisch-katholische Kirche, in: Osteuropa-Handbuch Polen, hrsg. v. Werner Markert, Köln–Graz 1959, S. 103–108 [zit.: B. Stasiewski, Kirche].

Stasiewski, Bernhard, Die Kirchenpolitik der Nationalsozialisten im Warthegau 1939–1945, in: VjZG 7 (1959), S. 46–74 [zit.: B. Stasiewski, Kirchenpolitik].

Stehle, Hansjakob, Nachbar Polen, Frankfurt/M. 1968 [zit.: H. Stehle, Polen].

Stehle, Hansjakob, Die Ostpolitik des Vatikans 1917–1975, München 1975 [zit.: H. Stehle, Ostpolitik].

Steinert, Marlis G[ertrud], Les origines de la seconde guerre mondiale, Paris 1974.

Stopniak, Franciszek, Kościoł w Polsce wobec żydów w latach II wojny światowej, in: Roczniki teologiczno-kanoniczne 22 (1975), S. 197–208.

Święcicki, W[alerian], Papież Pius a Polska, Lucerna 1942.

Szembek, Jean, Journal 1933–1939, Paris 1952.

Sziling, Jan, Dzieje Chełmna i powiatu w okresie okupacji hitlerowskiej (1939–1945), in: Dzieje Chełmna i jego regionu. Zarys monograficzny, hrsg. v. Marian Biskup, Thorn 1968, S. 313–339 [zit.: J. Sziling, Dzieje].

Sziling, Jan, Polityka okupanta hitlerowskiego wobec kościoła katolickiego 1939–1945

tzw. okregi Rzeszy: Gdańsk-Prusy Zachodnie, kraj Warty i regencja Katowicka (Badania nad okupacją niemiecką w Polsce 11), Posen 1970 [zit.: J. Sziling, Polityka].
Szołdrski, Wacław, Martyrologium duchowieństwa polskiego pod okupacją niemiecką w latach 1939–1945. Martyrologium cleri polonici sub occupatione germanica 1939–1945, in: Sacrum Poloniae Millenium 11 (1965), S. 7–477.

Tardini, Domenico, Pius XII. Als Oberhirte, Priester und Mensch, Freiburg 1961.
Targ, Alojzy, Śląsk w okresie okupacji niemieckiej (1939–1945), Posen 1946.
Triller, Alfons, Zur „polnischen Sprache" in der Diözese Breslau. Besonders seit dem 18. Jahrhundert, in: Beiträge zur schlesischen Kirchengeschichte. Gedenkschrift für Kurt Engelbert, hrsg. v. Bernhard Stasiewski (Forschungen und Quellen zur Kirchen- und Kulturgeschichte Ostdeutschlands 6), Köln–Wien 1969, S. 344–365.

Veneruso, Danilo, Pio XII e la seconda guerra mondiale, in: RSCI 22 (1968), S. 506–553.
Vnuk, František, Collapse of Czecho-Slovakia in Vatican Documents, in: Slovanian Studies 5 (1965), S. 239–252.
Volk, Ludwig, Die Fuldaer Bischofskonferenz von der Enzyklika „Mit brennender Sorge" bis zum Ende der NS-Herrschaft, in: StdZ 178 (1966), S. 241–267 (abgedruckt in: Kirche S. 66–102).

Waga, Julian: Szkolnictwo miasta Krakowa w latach okupacji niemieckiej 1939–45, in: Rocznik Krakówski 31 (1949/57), S. 23–84.
Wall, Donald D., The Reports of the Sicherheitsdienst on the Church and Religious Affairs in Germany. 1939–1944, in: Church History 40 (1971), S. 437–456.
Warszawski, Józef, I veri autori dell'azione antipapale in Polonia durante la seconda guerra mondiale, in: CivCatt 116, 3 (1965), S. 540–551 [zit.: J. Warszawski, Autori].
Warszawski, Józef, Una prima tappa della lotta contro Pio XII nella Polonia durante la seconda guerra mondiale, in: CivCatt 116, 2 (1965), S. 435–446 [zit.: J. Warszawski, Una prima tappa].
Warszawski, Józef, Una tappa imprevista nella lotta contro Pio XII in Polonia durante la seconda guerra mondiale, in: CivCatt 116, 3 (1965), S. 313–324 [zit.: J. Warszawski, Una tappa].
Warszawski, Józef, Akcja antypapieska w Polsce podczas II wojny światowej, London 1965 [zit.: J. Warszawski, Akcja].
Waszak, Stanisław, Bilans walki narodowościowej rządów Greisera, in: Przegląd zachodni 2 (1946), S. 481–510.
Waszkiewicz, Zofia, Polityka Watykanu wobec Polski podczas drugiej wojny światowej i stosunek do niej polskiego episkopatu, in: Zapiski historyczne 26, 1 (1971), S. 47–74.
Weiler, Eugen, Die Geistlichen in Dachau sowie in anderen Konzentrationslagern und in Gefängnissen, Mödling 1972.
Weinzierl, Erika, Der Heilige Stuhl, Polen und die baltischen Länder im Zweiten Weltkrieg, in: Römische Historische Mitteilungen 11 (1969), S. 236–239 [zit.: E. Weinzierl, Polen].
Weinzierl, Erika, Das Selbstverständnis der päpstlichen Autorität bei Pius XII., in: Wort und Wahrheit 25 (1970), S. 35–45 [zit.: E. Weinzierl, Selbstverständnis].
Weizsäcker, Ernst v., Erinnerungen, München–Leipzig–Freiburg 1950.
Winter, Eduard, Der Vatikan und der deutsche Imperialismus im Zweiten Weltkrieg, in: Der deutsche Imperialismus und der Zweite Weltkrieg. Bd. 3: Der deutsche Im-

perialismus während des Zweiten Weltkrieges und seine militärische, wirtschaftliche und moralisch-politische Niederlage, Berlin/O 1962, S. 37–44.

Wojciechowski, Marian, Die polnisch-deutschen Beziehungen 1933–1938 (Studien zur Geschichte Osteuropas 12), Leiden 1971.

Woodward, Llewellyn, British Foreign Policy in the Second World War. I–III, London 1970–71.

Wothe, Franz Josef, Carl Maria Splett Bischof von Danzig. Leben und Dokumente, Hildesheim 1965.

Wosnitza, Franz, Bischöfe aus dem Raum des Kattowitzer Bistums, in: Beiträge zur schlesischen Kirchengeschichte. Gedenkschrift für Kurt Engelbert, hrsg. v. Bernhard Stasiewski (Forschungen und Quellen zur Kirchen- und Kulturgeschichte Ostdeutschlands 6), Köln–Wien 1969, S. 214–232.

Wspomnienia. Ks. bp. Stanisław Łukomski, in: Rozporządzenia urzędowe Łomżyńskiej kurii diecezjalnej 36, 5–7 (1974), S. 58–65. — 36, 8–9 (1974), S. 37–42 [zit.: Wspomnienia].

Zahn, Gordon L., Die deutschen Katholiken und Hitlers Kriege, Graz–Wien–Köln 1965.

Ziegler, Janet, Répertoire international des bibliographies publiées de 1945 à 1965 sur la seconde guerre mondiale, in: RHdxG 16, 3 (1966), S. 69—80.

Związek, Jan, Straty diecezji Częstochowskiej w okresie okupacji hitlerowskiej (1939–1945), in: Częstochowskie Studia Teologiczne 2 (1974), S. 315–366 [zit.: J. Związek, Straty].

Związek, Jan, Działalność wydawnicza kurii diecezjalnej w Częstochowie, in: Częstochowskie Studia Teologiczne 2 (1974), S. 105–144 [zit.: J. Związek, Działalność].

ABKÜRZUNGEN

AAS	Acta Apostolicae Sedis
AcAcVel	Acta Academiae Velehradensis
ADAP	Akten zur Deutschen Auswärtigen Politik
ADSS	Actes et Documents du Saint Siège
AHP	Archivum Historiae Pontificiae
AHR	The American Historical Review
Anm.	Anmerkung
arm.	armenisch
ArSKG	Archiv für schlesische Kirchengeschichte
Bd.	Band
bzw.	beziehungsweise
ca.	circa
CHR	The Catholic Historical Review
CIC	Codex Iuris Canonici
CivCatt	La Civiltà Cattolica
DBFP	Documents of the British Foreign Policy
DDI	Documenti Diplomatici Italiani
ders.	derselbe
d. h.	das heißt
DLZ	Deutsche Literaturzeitung
Dok.	Dokument
DOT	Documenta Occupationis Teutonicae
Dr.	Doktor
ebd.	ebenda
Ecc.	Eccellenza
Ecc.mo(s)	Eccellentissimo(s)
ED	Euntes Docete
Em.mo(s)	Eminentissimo(s)
E. V. (R.)	Eccellenza (Eminenza) Vostra (Reverendissima)
Exc.	Excellence
ff.	folgende
FRUS	Foreign Relations of the United States
Gestapo	Geheime Staatspolizei
GWU	Geschichte in Wissenschaft und Unterricht
hl.	heilig(e)
Hrsg.	Herausgeber
hrsg.	herausgegeben
HZ	Historische Zeitschrift
IMG	Internationaler Militärgerichtshof
JEH	The Journal of Ecclesiastical History
JQR	The Jewish Quarterly Review
lat.	lateinisch
Nr.	Nummer
o. J.	ohne Jahr(esangaben)

o. O.	ohne Ort(sangaben)
OR	L'Osservatore Romano
QFIAB	Quellen und Forschungen aus italienischen Archiven und Bibliotheken
rev.ma (o)	reverendissima (o)
Rez.	Rezension
RHdxG	Revue d'histoire de la deuxième guerre mondiale
RHE	Revue d'histoire ecclésiastique
RSCI	Rivista di storia della chiesa in Italia
S.	Seite
S. E.	Sua Eccellenza, Sua Eminenza
Sig.	Signore
S. J.	Societas Jesu
SS	Schutzstaffel
St.	Saint, Sankt
StdZ.	Stimmen der Zeit
S.V.D.	Societas Verbi Divini
u. a.	unter anderem
un.	uniert
usw.	und so weiter
v.	von
V.E. (R.)	Vostra (Eccellenza) Eminenza (Reverendissima)
vgl.	vergleiche
VjZG	Vierteljahrshefte für Zeitgeschichte
Weihb.	Weihbischof
z. B.	zum Beispiel
zit.	zitiert
ZKG	Zeitschrift für Kirchengeschichte
[ ]	Der in eckiger Klammer stehende Text ist eine Erklärung, Hinzufügung oder Bemerkung, die das Zitat nicht enthält.

EINLEITUNG

1. Die kirchenpolitische Situation der Republik Polen am Vorabend des II. Weltkrieges

Die katholische Kirche spielte in der polnischen Geschichte seit den Teilungen eine wichtige Rolle für die Erhaltung der nationalen Identität. ‚Polak' und ‚katolik' wurden allmählich synonyme Begriffe [1]. „Die Symbiose Christentum – Kirche – Staat bestand in Polen von Anfang an und wurde eigentlich nie gesprengt", schrieben 1965 die polnischen Bischöfe an ihre deutschen Mitbrüder [2]. Deshalb stellte die katholische Kirche in den Jahren der Wiedererrichtung des polnischen Staates dank ihrer fast tausendjährigen Überlieferung die stärkste im Polentum wirkende geistige Kraft dar.

Auch in der wiederhergestellten Republik war der Katholizismus eng mit Staat und Politik verflochten. Die katholische Religion wurde in der Verfassung von 1921 ausdrücklich als die ‚Religion der überwiegenden Mehrheit des Volkes' erklärt, Polen in der Konstitution von 1935 als ‚katholischer Staat' bezeichnet [3]. Nach der Volkszählung von 1931 gab es in Polen einschließlich Ost-Oberschlesiens und Mittellitauens etwa 20,67 Millionen Katholiken; das waren 64,8 % der Gesamtbevölkerung. In den Jahren 1919 bis 1925 vollzog sich der kirchliche Zusammenschluß der Landesteile, der nicht ohne Schwierigkeiten vor sich ging. 1919 wurden neun Bischofsstühle neu besetzt; 1920 kam die Diözese Lodsch hinzu. Die Grundlage der kirchlichen Neuordnung bildete dann das Konkordat, das am 10. Februar 1925 abgeschlossen wurde [4].

Neben drei alte erzbischöfliche Stühle — Gnesen/Posen, Warschau und Lemberg — traten zwei neue in Krakau und Wilna; ferner wurden die neuen Diözesen Tschenstochau, Łomża und Pińsk geschaffen. Die Apostolische Administratur Oberschlesien wurde in das Bistum Katto-

---

1) Vgl. H. Stehle, Polen, S. 90–95.
2) Zitiert bei B. Stasiewski, Katholische Kirche, S. 15.
3) Vgl. hierzu und zum folgenden B. Stasiewski, Kirche, S. 103.
4) Siehe unten S. 3.

witz umgewandelt und in die Kirchenprovinz Krakau eingegliedert. Zwischen 1918 und 1939 stieg die Zahl der Bischöfe von 23 auf 51, die der Priester um 43 % auf 12.940; die Zahl der Pfarreien wurde zwischen 1928 und 1939 von 6.541 auf 7.713 vermehrt [5].

Das innerkirchliche und religiöse Leben prägte die tiefe Frömmigkeit der überwiegenden Mehrheit der Nation. Neben einer Vermehrung der Pfarreien war die Arbeit der katholischen Aktion [6], die 1939 in 21 männlichen und 20 weiblichen Diözesanverbänden 621.805 Mitglieder zählte, der Garant für die seelsorgerische Betreuung der Gläubigen. Diese seelsorglichen Bemühungen wurden durch die soziale Arbeit der Caritas und der Vinzenzvereinigungen zusammen mit zahlreichen Ordensgemeinschaften untermauert. Es kennzeichnet den Erfolg dieser Arbeit, daß die Marianische Kongregation 1935 mit 86.000 Mitgliedern an dritter Stelle der Welt hinter den Vereinigten Staaten und Deutschland stand.

Mit der katholischen Presse [7], die über eine eigene Nachrichtenagentur, die ‚Katolicka Agencja Prasowa', verfügte, besaß der polnische Episkopat ein wirksames Mittel der Verkündigung. Mit Sonntagsblättern, Zeitschriften für Männer, Frauen und Jugendliche und den Presseorganen der Orden standen dem Presseapostolat der Kirche in Polen 1939 über 250 Zeitungen und Zeitschriften zur Verfügung. In der katholischen Universität Lublin, die 1918 mit Hilfe privater Stiftungen gegründet worden war und 1933 Gleichberechtigung mit den staatlichen Universitäten erhielt, besaß das wissenschaftliche Leben der Kirche ein anerkanntes Zentrum.

Auf dem Hintergrund dieser kirchlichen Situation manifestierte sich der Katholizismus im gesamten öffentlichen Leben. Das zeigt sich z. B. darin, daß der Mutter Gottes als ‚Königin der Krone Polens' der 3. Mai, der eine der beiden polnischen Nationalfeiertage, als kirchlicher Feiertag gewidmet war. Diese auf allen kirchlichen Gebieten positive Entwicklung wurde durch den Ausbruch des II. Weltkrieges jäh unterbrochen.

---

5) Vgl. W. Meysztowicz S. 35–36.
6) Ebd. S. 63–73.
7) Ebd. S. 59–61.

2. Die Beziehungen des Vatikans zur Republik Polen und zum polnischen Katholizismus[8]

Die Grundlage der Beziehungen zwischen dem Heiligen Stuhl und Polen bildete das Konkordat, das am 10. Februar 1925 abgeschlossen wurde[9]. Dieses Konkordat kam auf der einen Seite den nationalpolitischen Forderungen der Polen entgegen, in dem es die Regierung gegen die Verwendung von ausländischen oder als staatsfeindlich geltenden Priestern sicherte und festlegte, daß kein Kirchensprengel von einem Bischof außerhalb der Staatsgrenzen abhängen durfte[10]. Auf der anderen Seite stand dem Heiligen Stuhl die Ernennung aller Bischöfe ohne Kapitelwahl nach vorheriger Anfrage beim Staatspräsidenten zu. Der Religionsunterricht war an allen öffentlichen Schulen außer an den Hochschulen obligatorisch.

Trotz zeitweiliger Spannungen zwischen der Kirche und dem polnischen Staat — wie z. B. wegen der Enteignungs- und Zerstörungsaktion gegen die orthodoxe Kirche in der Gegend von Lublin 1938 — kann das Verhältnis des Heiligen Stuhles zu Polen als gut bezeichnet werden.

An dieser Stelle sei ein Wort zu den Trägern der ‚vatikanischen' Politik erlaubt. Im Mittelpunkt der Betrachtung steht durchweg Pius XII.[11]. Er hat aufgrund seiner Erfahrungen als Diplomat in Deutschland und als Kardinalstaatssekretär viele Aktionen des Vatikans selbst veranlaßt und geleitet. Aus dem Kreis von Mitarbeitern, der den Papst umgab, treten in den vatikanischen Dokumenten nur wenige hervor. An ihrer Spitze stand der Kardinalstaatssekretär Luigi Maglione. Er hatte sich als Nuntius in der Schweiz und in Frankreich als hervorragender Diplomat erwiesen. Daneben waren die beiden nächsthöchsten Beamten des Staatssekretariats — der Sekretär für außerordentliche kirchliche Angelegenheiten, Domenico Tardini, und Giovanni Battista Montini, Substitut für die ordentlichen, d. h. innerkirchlichen, Angelegenheiten — maßgeblich an den Entscheidungen beteiligt[12].

---

8) Vgl. J. Jurkiewicz.

9) Einen französischen und deutschen Text sowie Hinweise auf weitere Publikationen bietet L. Schöppe S. 319–334. — Literatur zum Konkordat bei B. Stasiewski, Kirche, S. 104 Anm. 1.

10) Siehe unten S. 143 mit Anm. 28.

11) J. Becker S. 302.

12) Vgl. W. Sandfuchs S. 59.

HAUPTTEIL

I. DER AUSBRUCH DES II. WELTKRIEGES: DER VATIKAN UND POLEN IN DEN LETZTEN MONATEN VOR DEM KRIEG

Die diplomatischen Bemühungen der letzten Monate vor Ausbruch des II. Weltkrieges sind gründlich untersucht worden [1]. Dennoch lohnt eine Analyse der päpstlichen Aktivitäten, da sie sich fast ausschließlich auf ein Ziel konzentrierten: Der Vatikan wollte den Gegensatz zwischen Deutschland und Polen überbrücken. Diese deutsch-polnischen Auseinandersetzungen bildeten auch später das Kernproblem in den Beziehungen des Vatikans zu Polen während des Krieges. Daher ist eine erneute Betrachtung der vatikanischen Diplomatie in der Zeit vor Kriegsbeginn aufschlußreich, zumal sich hieran das Verhältnis zu Polen in einem ersten Ansatz beleuchten läßt [2].

1. Vom Beginn des Pontifikats Pius XII. bis zum Friedensappell vom 24. August 1939

Einen Überblick über die Krisensituation im Frühjahr 1939 gab ein Bericht des Nuntius Filippo Cortesi aus Warschau [3]. Am 18. März schilderte er die Lage in Polen und die Spannungen zwischen diesem Land und dem Deutschen Reich. Polen fieberte den Ereignissen entgegen, die sich durch Pressenotizen, Aktivitäten der Regierung und Truppenbewegungen an der Grenze andeuteten. Deutschland hatte an Polen mehrere Forderungen gerichtet, wie die „Rückkehr Danzigs zum Reich, exterritoriale Eisenbahn- und Autoverbindung zwischen Ostpreußen und dem

---

1) Zur Literatur zum Problem ‚Ausbruch des II. Weltkrieges': S. Aster; F. L'Huillier, Vatican, S. 1–6; Kriegsbeginn; I. D. Petersen; M. G. Steinert; J. Ziegler.

2) Zur vatikanischen Diplomatie: P. J. Corish S. 82–85; C. F. Delzell, Italy, S. 137–150; ders., Pius XII., S. 387–399; F. L'Huillier, Politique; A. Martini, La Santa Sede, S. 521–526; J. Sigmann S. 849–854; D. Veneruso; ADSS 1, Introduction, S. 8–48. — Der Abschnitt bei G. Roche — P. Saint Germain S. 109–182 ist wie die gesamte Darstellung unbrauchbar; vgl. dazu A. Martini, Procedimento, und P. Mercier.

3) ADSS 1 Nr. 4 vom 18. 3. 1939 S. 101–102.

Reich" und dafür eine „deutsche Garantie des Korridors" geboten[4]. Polen hatte dagegen an den Nichtangriffspakt von 1934 erinnert[5] und festgestellt, daß es kein deutsches Territorium beanspruche[6]. Cortesi berichtete ferner von der Stimmung in Warschau, wo stets darauf hingewiesen werde, daß die Unabhängigkeit Polens bewahrt werden müsse. Das Land hoffe auf die Unterstützung des Westens, ebenso auf die mäßigende Einwirkung Italiens auf Deutschland. Auch in der Folgezeit blieb Cortesi eine wichtige Informationsquelle für den Vatikan[7].

Die Bemühungen des Papstes, den Frieden zu erhalten, wurden in diesen Monaten des Jahres 1939 von vielen Ländern gewünscht und gefördert. Die Vereinigten Staaten baten Pius XII., den Friedensappell des amerikanischen Präsidenten, Franklin D. Roosevelt[8], an den deutschen Reichskanzler, Adolf Hitler, und den italienischen Duce, Benito Mussolini, zu unterstützen. In der Antwort[9], die Maglione durch den Apostolischen Delegierten in Washington, Amleto Cicognani, übermitteln ließ, wurde schon ein Tatbestand genannt, der im folgenden häufiger auftreten sollte. Maglione war der Ansicht, daß die damaligen Beziehungen des Vatikans zu Deutschland es nicht erlaubten, sich direkt an Hitler zu wenden[10].

Da dem Heiligen Stuhl eine Lösung durch eine Intervention bei Hit-

---

4) ADAP D VI Nr. 61 vom 21. 3. 1939 S. 60. Es handelt sich um eine Aufzeichnung des Reichsaußenministers, Joachim v. Ribbentrop, über ein Gespräch mit dem polnischen Botschafter, Józef Lipski; vgl. Official Documents Nr. 61 vom selben Tag und Diplomat S. 495–524.

5) M. Wojciechowski S. 119–166. Der Nichtangriffspakt wurde am 28. 4. 1939 von Hitler aufgekündigt.

6) Zur polnischen Außenpolitik dieser Zeit: H. Roos, Europa, S. 376–397.

7) Die Mahnungen Magliones an Cortesi, laufend neue Informationen zu liefern, zeigen, wie sorgfältig die Lage in Polen im Vatikan beobachtet wurde: ADSS 1 Nr. 6 vom 1. 4. 1939 S. 104.

8) Der Sekretär der ‚National Catholic Welfare Conference', Michael J. Ready, übergab dem Apostolischen Delegierten in Washington, Amleto Cicognani, eine Kopie der Mitteilung Roosevelts und bat ihn im Namen von Unterstaatssekretär Sumner Welles, die Unterlagen an den Papst weiterzuleiten: ADSS 1 Nr. 9 vom 15. 4. 1939 S. 111 und Nr. 10 vom 15. 4. 1939 S. 112; dazu G. Q. Flynn S. 177–178 und O. Halecki, War, S. 249–250. Der Text der Botschaft Roosevelts an Hitler und Mussolini: FRUS 1939 I vom 14. 4. 1939 S. 130–133 und ADAP D VI Nr. 200 vom 15. 4. 1939 S. 202–204. Auch die französische Regierung bat den Papst, Roosevelt zu unterstützen: ADSS 1 Nr. 12 vom 16. 4. 1939 S. 114.

9) ADSS 1 Nr. 13 vom 18. 4. 1939 S. 114 und Nr. 14 vom 20. 4. 1939 S. 115; vgl. F. L'Huillier, Politique, S. 10.

10) ADSS ebd. S. 114: „Santo Padre ... è dolente che attuali relazioni Santa Sede con la Germania non permettano S. Sede intervenire direttamente presso Hitler".

ler also inopportun erschien, setzte er den Hebel bei Mussolini an. Der Jesuitenpater Pietro Tacchi Venturi suchte am 1. Mai Mussolini auf, um ihm Vorstellungen des Papstes für eine Friedenskonferenz zu erläutern [11]. Mussolini ließ sich von der Idee einer Konferenz der fünf Mächte Frankreich, Deutschland, Italien, England und Polen überzeugen, riet allerdings, die Chancen für das Zustandekommen eines solchen Treffens erst bei den betreffenden Regierungen zu sondieren.

Dies geschah in einem gleichzeitigen Schritt der Nuntien in Paris, Berlin, Warschau und des Apostolischen Delegierten in London, die Maglione anwies, die Regierungen zu befragen, wie sie zu einer Konferenz über die folgenden zwei Probleme ständen [12]: Beilegung der Differenzen zwischen Deutschland und Polen sowie zwischen Frankreich und Italien [13]. Diese Aufforderung an die Nuntien erging in vier gleichlautenden Schreiben. Interessant ist, daß das Telegramm, das für Cortesi in Warschau bestimmt war, einen Zusatz enthielt: Der Nuntius sollte den polnischen Außenminister, Józef Beck, bitten, in seiner zu erwartenden Rede [14] ruhig und gemäßigt aufzutreten [15].

In dieser Phase der vatikanisch-polnischen Beziehungen zeigte sich schon, daß der Vatikan bereit war, der polnischen Regierung gegenüber deutlicher seine Wünsche zum Ausdruck zu bringen, als er es je gegenüber der Reichsregierung tat. Einen solchen Appell an die deutsche Adresse sprach der Papst nie aus.

Die Antworten auf die päpstliche Initiative waren allesamt negativ.

---

11) ADSS 1 Nr. 18 vom 2. 5. 1939 S. 118–119. Zu dem Plan für diese Konferenz vgl.: J. Becker S. 308–309; C. F. Delzell, Italy, S. 140–144; E. Deuerlein S. 326–333; A. Martini, Polonia, S. 355–359.

12) Die Aufgabe Pius XII. erinnert an diejenige, die er 1917 zu lösen hatte, als er Nuntius in Bayern war. Damals sollte er Österreich mit Italien und Frankreich mit Deutschland aussöhnen. Auch 1917 versuchte der Vatikan, die miteinander streitenden Parteien in einer Konferenz zusammenzuführen; vgl. B. Schneider, Pius XII., S. 12–16.

13) ADSS 1 Nr. 19 vom 3. 5. 1939 S. 120. Der rumänische Außenminister, Grigore Gafenco, berichtet von einem Gespräch, das er Anfang Mai mit Maglione führte. Dabei betonte Maglione, daß der Vatikan besonders darauf hoffe, die Verhandlungen Paris-Rom zu einem guten Ende zu führen. Dies sei ein Punkt, wo eine Intervention mit guten Absichten noch von einigem Nutzen sein könnte: G. Gafenco S. 189–190.

14) Die Rede war für den 5. 5. 1939 angekündigt.

15) Der Zusatz für Polen lautete: „Ella [d. h. Cortesi] poi non mancherà di far presente, nel modo che crederà più opportuno, a cotesto sig. Ministro degli Esteri che espressioni calme e moderate suo prossimo discorso potrebbero recare un prezioso contributo alla pacificazione degli animi"; ADSS 1 Nr. 19 vom 3. 5. 1939 S. 120.

Die Regierungen wollten aber zu dem Vorschlag nicht direkt nein sagen und brachten daher die Ablehnung in ‚Etappen' vor. Am Beispiel Frankreichs läßt sich dies am besten zeigen. Aus Paris war zunächst zu erfahren, die Regierung habe den Eindruck, daß es günstiger sei, die Einladung Pius XII. aufzuschieben [16]. Dann berichtete der Nuntius, Valerio Valeri, daß Frankreich erst die Antwort aus Großbritannien und Polen abwarten wolle, bevor es sich entscheide [17]. In einem Gespräch mit dem französischen Außenminister, Georges Bonnet, erfuhr er dann, Frankreich glaube, der päpstliche Appell könne den Eindruck von Schwäche im Gefüge der demokratischen Staaten erwecken. Da sich der Papst auch an totalitäre Regierungen richte, sei ein solcher Aufruf nicht sinnvoll. Am Abend rief Bonnet Valeri an und teilte ihm eine noch unentschlossenere Antwort mit [18]. Der Grund für diese Veränderung darf sicherlich in einem Besuch des englischen Botschafters in Paris, Eric Phipps, gesucht werden, der in der Zwischenzeit bei Bonnet gewesen war und ebenfalls abgeraten hatte [19].

Abschlägige Bescheide trafen im Vatikan auch aus London [20], Berlin [21]

16) ADSS 1 Nr. 22 vom 5. 5. 1939 S. 123.

17) ADSS 1 Nr. 25 vom 5. 5. 1939 S. 124.

18) ADSS 1 Nr. 26 vom 5. 5. 1939 S. 125–127.

19) Vgl. DBFP III 5 Nr. 298 vom 27. 4. 1939 S. 347. Es handelt sich um ein Telegramm von Phipps an den britischen Außenminister, Lord Edward Wood Halifax, aus dem hervorgeht, daß Frankreich und England glaubten, die Probleme mit Italien auf direktem Wege lösen zu können. Damit fiel ein Diskussionspunkt für die von Pius XII. vorgeschlagene Konferenz fort.

20) London wollte sich erst mit Paris und Warschau beraten: ADSS 1 Nr. 23 vom 5. 5. 1939 S. 123; vgl. DBFP III 5 Nr. 385 vom 5. 5. 1939 S. 439–440. Der gleiche Bescheid erging durch den britischen Gesandten beim Vatikan, Godolphin F. Osborne: ADSS 1 Nr. 27 vom 6. 5. 1939 S. 127–128; vgl. DBFP III 5 Nr. 418 vom 8. 5. 1939 S. 467: „It was clearly the idea of the Cardinal Secretary of State, acting as an Italian rather than as a Vatican official", schrieb Osborne. Aus englischer Sicht sah die Konferenz wie folgt aus: Italien fungiert als Schiedsrichter zwischen Deutschland und Polen, Deutschland als Schiedsrichter zwischen Frankreich und Italien und England als Oberschiedsrichter. Abschließend wurde dem Vatikan die Ansicht von Lord Halifax mitgeteilt, Hitler wolle eine solche Konferenz gar nicht. ADSS 1 Nr. 31 vom 6. 5. 1939 S. 134. — Vgl. J. S. Conway, Vatican, S. 152–154.

21) Auch Hitler mußte sich zunächst mit seinen Bündnispartnern absprechen: ADSS 1 Nr. 28 vom 6. 5. 1939 S. 128; vgl. ADAP D VI Nr. 341 vom 18. 5. 1939 S. 374 Punkt 15. In einem Gespräch mit dem Nuntius in Berlin, Cesare Orsenigo, ging er kaum auf die Konferenz ein: ADAP ebd. Nr. 331 vom 10. 5. 1939 S. 352–354; vgl. K. Hildebrand S. 86–93. Hitlers Meinung nach hing alles allein von Polen ab: ADSS 1 Nr. 29 vom 6. 5. 1939 S. 129–132; vgl. C. F. Delzell, Pius XII, S. 391–393. Wie festgelegt Hitlers Absicht, Polen anzugreifen, war, zeigt A. Kuhn S. 250–266.

und Rom [22] ein. Negativ war schließlich auch die Antwort aus Warschau. Zwar berichtete Cortesi zunächst, der polnische Außenminister sei persönlich positiv eingestellt [23]; dann sprach sich die polnische Regierung nach Rücksprache mit London [24] aber gegen den Plan des Papstes aus [25]. Noch am selben Tag informierte Maglione die vatikanischen Vertreter in 13 Staaten Europas sowie Nord- und Südamerikas über das Scheitern der vom Papst geplanten Konferenz zur Beilegung der Konflikte in Mitteleuropa [26].

Eine Analyse dieser Vorgänge unternahm der amerikanische Unterstaatssekretär Sumner Welles in einem Gespräch mit Howard J. Carroll [27]. Seiner Meinung nach waren hauptsächlich Frankreich und Polen gegen eine Konferenz, da sie fürchteten, Konzessionen machen zu müssen — Polen dachte dabei an Gebietsabtretungen an Deutschland, Frankreich an solche an Italien —, während England im Grunde nicht betroffen war; diese Bemerkungen dürften zutreffend sein. Mussolini, der ursprünglich den Plan des Papstes begrüßt hatte, war damit einverstanden gewesen, über die deutsch-polnischen Probleme zu verhandeln. Da in

22) ADSS 1 Nr. 36 vom 9. 5. 1939 S. 138. Der italienische Botschafter beim Vatikan, Bonifacio Pignatti, teilte Maglione mit, daß die Außenminister von Italien und Deutschland, Galeazzo Ciano und Joachim v. Ribbentrop, bei ihrem Zusammentreffen in Mailand einen solchen Schritt des Papstes für verfrüht gehalten hätten. Zu der gemeinsamen deutsch-italienischen Ablehnung: F. Siebert S. 170–173. — M. M. Scheinmann S. 72 schreibt zu der Konferenz: „Die faschistischen Regierungen Italiens und Deutschlands standen diesem Vorschlag des Papstes äußerst wohlwollend gegenüber"; als Beleg zitiert er die ‚Prawda' vom 11. 5. 1939. Diese eine Aussage genügt, um die Arbeitsweise und die Tendenz seines Werkes zu charakterisieren. In die gleiche Richtung zielt die Arbeit von E. Winter; vgl. R. A. Graham, Hitler, S. 440–441.

23) ADSS 1 Nr. 32 vom 8. 5. 1939 S. 134 und Nr. 34 vom 9. 5. 1939 S. 135–136.

24) Vgl. DBFP III 5 Nr. 426 vom 9. 5. 1939 S. 475—476. Der britische Botschafter in Warschau, Howard W. Kennard, teilte seiner Regierung mit: „M. Beck told me today that he had now been authorised by his Government to state that the Polish Government would prefer the alternative suggested by you [d. h. Lord Halifax], namely, that the Pope should offer his good offices. M. Beck feels that a conference without due preparation might possibly do more harm than good and he therefore proposes to inform the Vatican with due courtesy that he considers a conference would be inopportune".

25) ADSS 1 Nr. 37 vom 10. 5. 1939 S. 139.

26) ADSS 1 Nr. 38 vom 10. 5. 1939 S. 139–140. Es handelte sich um: England, Polen, Deutschland, Frankreich, USA, Kanada, Schweiz, Spanien, Ungarn, Jugoslawien, Portugal, Brasilien und Argentinien.

27) Carroll war stellvertretender Sekretär der ‚National Catholic Welfare Conferenze'; der Bericht Carroll's an Cicognani: ADSS 1 Nr. 45 vom 16. 5. 1939 S. 147–148.

dem päpstlichen Vorschlag aber zusätzlich Gespräche über die französisch-italienischen Differenzen angekündigt waren, erlosch sein Interesse sofort. Auch Frankreich war an einer derartigen Lösung der Probleme mit Italien nicht interessiert, verwies aber auf die Notwendigkeit, über die deutsch-polnischen Streitpunkte zu verhandeln. Eine Vermittlung des Papstes zwischen Deutschland und Polen schlug der britische Vertreter beim Heiligen Stuhl, Godolphin F. Osborne, nach Absprache mit Frankreich vor [28].

In diese Richtung gingen in den folgenden Monaten die Bemühungen der vatikanischen Diplomatie; Pius XII. bot seine Dienste für bilaterale Gespräche an. Die Auskünfte, die Nuntius Cesare Orsenigo in Deutschland einholte, waren nichtssagend oder entmutigend. Während der Staatssekretär im Auswärtigen Amt, Ernst v. Weizsäcker, auf die noch nicht bereinigten Differenzen zwischen Deutschland und seinem östlichen Nachbarn hinwies und gleichzeitig betonte, daß noch kein Krieg drohe [29], erläuterte Reichsaußenminister Joachim v. Ribbentrop dem Nuntius gegenüber die Chancen des Reichs in einem möglichen Krieg, indem er von einem ‚bis zu den Zähnen bewaffneten Deutschland' schwärmte [30]. Gegenüber einer derartigen Auffassung war mit beschwichtigenden Appellen wenig auszurichten. Deshalb war eine Bemerkung Orsenigos in diesem Gespräch mit Ribbentrop symptomatisch, weil sie die Richtung der vatikanischen Aktivitäten — wenn auch ungewollt klarlegte: Orsenigo hoffte nämlich, es könne Stück für Stück zu einer relativen Ruhe kommen, falls Polen jeden unvorsichtigen Schritt vermeide [31].

In diesen Tagen zog Maglione, wie aus Notizen vom 20. Mai zu entnehmen ist, eine Art Zwischenbilanz. Er fürchtete, daß sich der Konflikt nicht mehr lokalisieren lasse und ein Weltkrieg unvermeidlich sei. Es solle dennoch versucht werden, mäßigend auf Deutschland und Polen einzuwirken, wobei er hoffte, daß wenigstens Italien noch Einfluß auf Hitler habe. In einem Gespräch mit dem französischen Botschafter beim

---

28) ADSS 1 Nr. 41 vom 13. 5. 1939 S. 142. Osborne schrieb am 29. 5. 1939 an Lord Halifax: „Poland is a Catholic country and the Vatican can probably dispose of considerable influence but I doubt whether this would avail much against excited nationalism in a moment of crisis"; DBFP III 5 Nr. 661 S. 719.

29) ADSS 1 Nr. 40 vom 12. 5. 1939 S. 141–142.

30) ADSS 1 Nr. 47 vom 17. 5. 1939 S. 152.

31) Ebd. S. 152–153: „... se la Polonia evita ogni passo imprudente, si possa ancora arrivare a poco a poco ad una relativa tranquillità".

Heiligen Stuhl, François Charles-Roux, sprach sich Maglione dafür aus, daß Frankreich Warschau zur Besonnenheit mahne [32]. Wenige Tage später erhielt der Vatikan durch Tacchi Venturi die Nachricht, Mussolini halte den Krieg für unvermeidbar; er könne keinerlei Mäßigung auf Hitler ausüben [33]. Wenn Mussolini nichts mehr bei Hitler erreichen konnte — dem Papst war dies sicherlich nicht möglich —, dann mußte sich der Vatikan bemühen, wenigstens in Polen seinen Einfluß geltend zu machen. Hier, so hoffte die Kurie, würden die Mahnungen des Papstes gehört werden [34].

In den folgenden Wochen leitete die päpstliche Diplomatie daher alle irgendwie günstig klingenden Nachrichten sofort nach Polen weiter. Italiens Außenminister, Galeazzo Ciano, äußerte in einem Gespräch mit dem Nuntius in Italien, Francesco Borgongini Duca, die Gefahr für den Frieden sehe er darin, daß Polen, aus Furcht angegriffen zu werden, eine Tollheit begehe [35]. Daraufhin wurde der Nuntius in Warschau sofort benachrichtigt. Cortesi sollte der polnischen Regierung vertraulich mitteilen, der Heilige Stuhl sei aus zuverlässiger Quelle informiert, Deutschland habe keine Absicht, Polen anzugreifen [36]. Gleichzeitig wurde die Regierung erneut zur Klugheit und Mäßigung in ihren Handlungen ermahnt [37]. Die hier zitierte ‚zuverlässige Quelle' war Ciano [38]. Es zeigt sich, wie der Vatikan jede Gelegenheit aufgriff, um doch noch den Konflikt zu verhindern; gerade der Vergleich mit den resignierend klingenden Notizen Magliones vom 20. Mai kann das verdeutlichen. War aber Mussolini, der den Krieg für unvermeidbar hielt, keine ‚zuverlässige Quelle'? [39]

Bei dem Versuch, Polen zur Mäßigung zu mahnen, gingen die päpst-

---

32) ADSS 1 Nr. 50 vom 20. 5. 1939 S. 157; vgl. Nr. 53 vom 29. 5. 1939 S. 160–161.

33) Dies geht aus Notizen des Sekretärs der Kongregation für außerordentliche kirchliche Angelegenheiten, Domenico Tardini, hervor: ADSS 1 Nr. 57 vom 6./7. 6. 1939 S. 170–171.

34) Borgongini Duca führte in einem Schreiben an Maglione aus: „La Polonia ascolta il Papa, quindi sulla Polonia bisognerebbe che Sua Santità facesse opera di persuasione"; ADSS 1 Nr. 62 vom 14. 6. 1939 S. 177.

35) Ebd.: „L'unico pericolo, a suo [d. h. Ciano] credere, è costituito dalla Polonia. la quale, per il timore di essere attaccata, può fare qualche pazzia da un momento all'altro, con conseguenze irreparabili per tutti".

36) „Da fonte attendibile": ADSS 1 Nr. 64 vom 16. 6. 1939 S. 178.

37) Siehe oben S. 6.

38) Maglione berichtete Borgongini Duca, Polen sei über sein Gespräch mit Ciano informiert worden: ADSS 1 Nr. 71 vom 23. 6. 1939 S. 186.

39) Siehe oben Anm. 34.

lichen Bemühungen mit denen Großbritanniens parallel. England hatte sich bereit erklärt, in Krisenfällen wegen Polen sofort mit dem Heiligen Stuhl in Verbindung zu treten [40].

Ein weiterer Anhaltspunkt, an den der Vatikan eilends anknüpfte, ergab sich während einer Unterredung zwischen Weizsäcker und Orsenigo. Einige Diplomaten hatten Orsenigo gegenüber die Ansicht vertreten, möglicherweise könne der Vatikan durch einen Appell an Polen den Krieg aufschieben. Als dann auch Weizsäcker vom großen Einfluß des Heiligen Stuhles auf die polnische Bevölkerung und den katholischen Klerus sprach, sah Orsenigo darin offensichtlich einen Hinweis [41]; in gleicher Weise war dies im Vatikan der Fall [42]. Die Kurie nahm diesen Fingerzeig sogar so wörtlich, daß sie jetzt nicht wie bisher an die polnische Regierung appellierte, sondern an den polnischen Klerus. In einem Schreiben an den Primas von Polen, Kardinal August Hlond, forderte Maglione ihn auf, mäßigend auf die Bevölkerung und die Geistlichen einzuwirken [43]. Auch als Bischof Stanisław Adamski von Kattowitz den Gebrauch der deutschen Sprache für alle religiösen Funktionen verbot, mahnte Maglione zur Ruhe, damit ein weiteres Anwachsen der Spannungen vermieden werde [44].

2. Vom 24. August bis zum Kriegsbeginn [45]

In den folgenden Wochen war die vatikanische Diplomatie in ihren Anstrengungen um den Frieden zur Passivität verurteilt. Die Aussich-

---

40) ADSS 1 Nr. 67 vom 21. 6. 1939 S. 181; vgl. DBFP III 6 Nr. 32 vom 12. 6. 1939 S. 32.

41) ADSS 1 Nr. 70 vom 23. 6. 1939 S. 185–186.

42) Aufgrund des Berichtes von Orsenigo wollte Pius XII. eine neue Depesche nach Polen senden; vgl. eine Notiz von Tardini. ADSS 1 Nr. 76 vom 28. 6. 1939 S. 192–193.

43) Maglione teilte Orsenigo mit, daß er etwas unternehmen wolle: ADSS 1 Nr. 77 vom 28. 6. 1939 S. 193 und Nr. 80 vom 1. 7. 1939 S. 194–195. — Die Telegramme an Hlond: Nr. 78 vom 30. 6. 1939 S. 193 und Nr. 79 vom 1. 7. 1939 S. 194. — Zu der Publikation in den ADSS 1 ist anzumerken, daß bei den Dokumenten Nr. 76–79 sämtliche Hinweise nicht stimmen.

44) ADSS 1 Nr. 92 vom 22. 7. 1939 S. 212–213. Siehe unten S. 159 ff.

45) Zu der vatikanischen Diplomatie in diesem Zeitraum vgl. R. Darricau S. 171–176, der folgendes Urteil fällt: „Durant huit jours encore, il [d. h. Pius XII.] agit méthodiquement“; S. 174. — In zwei Berichten für die britische Regierung gab die Kurie einen kurzen Überblick über ihre Friedensbemühungen seit Mitte August: ADSS 1 Nr. 218 vom 13. 11. 1939 S. 330–332 und Nr. 219 vom 16. 11. 1939 S. 333.

ten, einen Krieg verhindern zu können, verringerten sich von Tag zu Tag. Aus englischen[46] und französischen[47] Quellen war zu erfahren, daß eine Besetzung Danzigs durch die Deutschen, denen Danzig nur als Vorwand gelte[48], der ‚casus belli' sei. England und Frankreich würden Polen militärisch helfen; dies war auch der deutschen Regierung mitgeteilt worden[49]. Zwar setzte Maglione auch die italienische Regierung von diesen Nachrichten in Kenntnis[50], aber der Vatikan unternahm keinen Versuch mehr, über Italien auf Deutschland einzuwirken. Osborne schilderte in einem Telegramm an den britischen Außenminister, Lord Edward Wood Halifax, ein Gespräch mit Maglione, den sein sonst stets ausgeprägter Optimismus verlassen habe und der die Lage äußerst kritisch einschätze[51].

Mitte August[52] trafen im Vatikan Informationen aus Warschau ein, wonach die Massierung von motorisierten deutschen Einheiten an der Grenze zu beobachten sei[53]. Maglione ließ sofort über Cortesi anfragen, was das Staatssekretariat tun könne[54]. Polen hatte auf diese Frage keine Antwort[55]. Während die Truppenkonzentrierungen an der Grenze

---

46) Vgl. ADSS 1 Nr. 83 vom 4. 7. 1939 S. 197; Nr. 110 vom 22. 8. 1939 S. 228–229 = DBFP III 7 Nr. 126 vom 22. 8. 1939 S. 117–118; DBFP III 6 S. 304 Anm. 2. Die englische Regierung machte dem Vatikan gegenüber mehrmals klar, daß die Annahme, England und Frankreich würden ihren Verpflichtungen bei einem Angriff auf Polen nicht nachkommen, eine gefährliche Illusion sei.

47) Vgl. ADSS 1 Nr. 84 vom 4. 7. 1939 S. 198–200; Nr. 106 vom 20. 8. 1939 S. 224–225; Nr. 107 vom 20. 8. 1939 S. 226.

48) Vgl. ADSS 1 Nr. 96 vom 16. 8. 1939 S. 214–215.

49) Vgl. eine Note der französischen Regierung: ADAP D VI Nr. 602 vom 1. 7. 1939 S. 692. „Modifier le ‚statu quo' à Dantzig, provoquerait une résistance armée de la Pologne, ferait jouer l'accord franco-polonais et obligerait la France à porter immédiatement assistance à la Pologne".

50) ADSS 1 Nr. 85 vom 7. 7. 1939 S. 200–201.

51) DBFP III 7 Nr. 65 vom 18. 8. 1939 S. 63.

52) In dieser Zeit kursierten Meldungen über eine angebliche deutsche Initiative. Am 16. 8. 1939 notierte Tardini, daß der englische Botschafter und der holländische Internuntius wegen einer Pressenotiz angefragt hätten: ADSS 1 Nr. 97 S. 215–217. In dieser Notiz war davon die Rede, daß von der deutschen und italienischen Botschaft beim Heiligen Stuhl identische Informationen an das Staatssekretariat gegeben worden seien, wonach Italien und Deutschland glaubten, daß Europa auf eine Krise zugehe. Beide Staaten schlügen daher ein Drei-Punkte-Programm vor, das Pius XII. unterstützen solle. Die Meldung erwies sich als falsch: Nr. 98 vom 16. 8. 1939 S. 217; Nr. 99 vom 17. 8. 1939 S. 217; Nr. 104 vom 19. 8. 1939 S. 222.

53) ADSS 1 Nr. 94 vom 14. 8. 1939 S. 213.

54) ADSS 1 Nr. 95 vom 15. 8. 1939 S. 214.

55) ADSS 1 Nr. 102 vom 18. 8. 1939 S. 220–221. Vgl.: Nr. 132 vom 26. 8. 1939 S. 249–250 und DBFP III 7 Nr. 372 vom 27. 8. 1939 S. 301.

anhielten, konnte vorläufig nur die weitere Entwicklung abgewartet werden. So wundert es nicht, daß Cortesi erneut einen Appell zur Ruhe in Warschau überreichte. Gleichzeitig wurde der polnischen Regierung versichert, daß der Heilige Stuhl wohlwollende Gefühle für die polnische Nation hege [56].

Englische Kreise brachten in dieser Zeit zum Ausdruck, daß sie auf einen Appell des Papstes an die Vernunft hofften, um einen plötzlichen Gewaltakt zu verhindern [57]. Als Lord Halifax am 22. August und Osborne einen Tag später [58] diesen Vorschlag wiederholten, wurde der berühmte Friedensappell vom 24. August vorbereitet [59]. Einen Tag zuvor war der deutsch-sowjetische Nichtangriffspakt unterzeichnet worden. Der Appell enthielt die oft zitierten Worte: „Nulla è perduto con la pace. Tutto può esserlo con la guerra“ [60]. Dies war kein Aufruf zu einem Frieden um jeden Preis, sondern Pius XII. war der Überzeugung, daß es nicht abzusehen war, wann und wo der einmal begonnene Krieg enden werde [61]. Es war eine unüberhörbare Mahnung, ein letzter öffentlicher Versuch des Papstes, den Gang der Ereignisse aufzuhalten.

Dieser 24. August war einer der hektischsten unter den kritischen letzten Tagen des August 1939. Die Liste der Besucher, die Tardini an diesem Vormittag empfing, verdeutlicht dies [62]. Um 9.45 Uhr traf der französische Botschafter ein und teilte mit, Deutschland werde heute oder morgen Polen angreifen. Er hoffe, daß der Vatikan nach erfolgtem Angriff die Agression verurteile. Der englische Botschafter überreichte

---

56) „... che Sua Santità animata sentimenti paterna benevolenza verso Polonia“: ADSS 1 Nr. 108 vom 22. 8. 1939 S. 227. Siehe oben S. 6 und 10.

57) ADSS 1 Nr. 101 vom 17. 8. 1939 S. 219. Lord Halifax machte zwei Vorschläge: 1. „A secret approach ... to the principal Powers for the opening of diplomatic exchanges“. 2. „A public approach to the Powers, urging them to find a pacific solution“. Da die erste Möglichkeit vom Vatikan bereits einmal vergeblich erprobt worden war, blieb nur die zweite übrig. Siehe Anm. 58.

58) Lord Halifax: „But I should hope that even then His Holiness might think fit to make a last appeal to reason, with all the weight and influence that he commands“; ADSS 1 Nr. 110 vom 22. 8. 1939 S. 229. – Osborne: Nr. 111 vom 23. 8. 1939 S. 229–230.

59) Die Darstellung von B. Schneider, Friedensappell, analysiert diesen Aufruf ausführlich, so daß hier einige kurze Bemerkungen genügen. Auch Schneider (S. 416) vertritt die Ansicht, daß hauptsächlich die Anregungen des englischen Gesandten beim Heiligen Stuhl den Ausschlag für den Appell gegeben haben.

60) ADSS 1 Nr. 113 vom 24. 8. 1939 S. 232; vgl. dazu E. Weinzierl, Selbstverständnis, S. 36.

61) J. Becker S. 307 vergleicht die Einstellung des Papstes mit derjenigen des englischen Premierministers Neville Chamberlain; vgl. H. Herzfeld.

62) ADSS 1 Nr. 116 vom 24. 8. 1939 S. 239–240.

um 10.30 Uhr Auszüge eines Briefes des englischen Premierministers, Neville Chamberlain, an Hitler vom 22. August, in dem dieser der deutschen Seite klargemacht hatte, England werde einer gewaltsamen Lösung der deutsch-polnischen Probleme durch das Reich mit Gewalt begegnen [63]. Eine Stunde später war der Sekretär der italienischen Botschaft im Vatikan. Er versicherte, wie Mussolini schon früher [64], daß jetzt, besonders nach dem deutsch-russischen Abkommen, der Krieg nicht mehr zu verhindern sei. Der polnische Botschafter, der um 12.15 Uhr vorsprach, sah wie sein französischer und italienischer Kollege den Kriegsfall als unmittelbar bevorstehend an und bat die Kurie lediglich darum, den deutschen Angriff zu verurteilen.

An diesem Tag übermittelte Orsenigo einen Bericht über die Lage in Deutschland [65]. Wieder entfachte er einen Funken der Hoffnung in Rom, als er von der Meinung eines nicht genannten Diplomaten berichtete [66], der angeregt hatte, der Heilige Stuhl solle zwischen Polen und Deutschland wegen der jeweiligen Minderheiten vermitteln. Durch Osborne erfuhr das Kardinalstaatssekretariat, daß der englische Botschafter in Warschau den Außenminister, Beck, aufgefordert hatte, Kontakt mit der deutschen Regierung aufzunehmen [67]. Einen Tag später machte Orsenigo erneut den Vorschlag, vielleicht könne Polen auf Vermittlung des Heiligen Stuhles erklären, es sei bereit, Zwischenfälle zu vermeiden, wenn das Reich die gleiche Einsatzbereitschaft versichere [68]. Auch der italienische Botschafter riet im Laufe eines Gesprächs mit Tardini, die Kurie solle alles tun, was sie bei den Polen unternehmen könne [69]. Aufgrund dieser Anregungen wandte sich der Vatikan erneut an die polnische Regierung: Aus diplomatischen Kreisen verlaute, vielleicht sei eine Einigung mit Deutschland möglich, falls Polen in Danzig nachgebe [70].

---

63) Zum Brief Chamberlains: DBFP III 7 Nr. 145 vom 22. 8. 1939 S. 127–128 = ADAP D VII Nr. 200 vom 24. 8. 1939 Anlage S. 180–181. Am 23. 8. 1939 erfolgte die Anweisung an Osborne, den Vatikan zu informieren: DBFP III 7 Nr. 175 S. 149.

64) Siehe oben S. 10.

65) ADSS 1 Nr. 117 vom 24. 8. 1939 S. 240–241.

66) Es handelte sich um den belgischen Botschafter in Berlin, Jacques Davignon: ADSS 1 Nr. 145 vom 29. 8. 1939 S. 257.

67) ADSS 1 Nr. 120 vom 25. 8. 1939 S. 242.

68) ADSS 1 Nr. 123 vom 25. 8. 1939 S. 243–244. Pius XII. bemerkte zu dem Telegramm des Berliner Nuntius, daß er es für sinnvoll halte, seinen Inhalt der polnischen Regierung mitzuteilen.

69) ADSS 1 Nr. 127 vom 26. 8. 1939 S. 247. Vgl. DBFP III 7 Nr. 192 vom 23. 8. 1939 S. 157–158.

70) Pius XII. sprach in seinem Telegrammentwurf vorsichtig von der Möglichkeit

Cortesi sollte den Polen diesen Standpunkt vorsichtig verdeutlichen, ohne in die polnischen Lebensbedingungen einzugreifen [71]. In einem zweiten Telegramm bat Maglione ihn, bei der polnischen Regierung eine Erklärung zu erreichen, daß sie die Mißhandlungen der Deutschen in Polen aufgebe; der Nuntius in Berlin hatte mitgeteilt, Deutschland werde daraufhin das gleiche tun [72].

Am selben Tage sprach der polnische Botschafter im Vatikan vor. Er bat, der Heilige Stuhl möge bei einem Angriff der Deutschen auf Polen betonen, auf wessen Seite die Gerechtigkeit und Moral stehe [73]. Als eine Reaktion auf dieses Ersuchen ist der Zusatz in dem zweiten Telegramm an Cortesi zu verstehen, in dem der Papst den Polen seine väterliche Liebe versicherte. Diese Art der Reaktion auf die während des Krieges des öfteren vorgebrachten Forderungen nach Verurteilung der deutschen Agression wird sich wiederholen [74].

Polen erklärte sich in seiner Antwort auf die päpstlichen Vorschläge zwar allgemein bereit, trotz der Provokationen ruhig zu bleiben, lehnte aber eine einseitige Erklärung zu dem Minderheitenproblem ab [75]. Wegen der bekannten Haltung Hitlers — Polen erinnerte an die Antwort Hitlers an Chamberlain auf dessen Schreiben vom 22. August [76] — fürchtete sich die polnische Regierung davor, Konzessionen zu machen. Die Kurie solle besser beide Seiten auffordern, die Aktionen gegen die Minderheiten zu beenden. Leider konnte dieser Vorschlag der polnischen Regierung nicht in die Tat umgesetzt werden, da der Krieg bald darauf allen Verhandlungen ein Ende machte. Es wäre aber interessant zu wissen, ob der Vatikan einen solchen Vorschlag an beide Staaten

---

einer Entspannung: „Se la Polonia desse qualche soddisfazione per Danzica, potrebbe aprirsi una via a una distensione“; ADSS 1 Nr. 127 vom 26. 8. 1939 S. 247. Maglione verschärfte den Text und sprach von einer möglichen Einigung: „Se ... Danzica, sarebbe probabile giungere ad una intesa“; Nr. 128 vom 26. 8. 1939 S. 247. Vgl. C. F. Delzell, Italy, S. 148.

71) „... senza entrare nel merito degli interessi ritenuti vitali dalla Polonia“: ADSS 1 Nr. 128 vom 26. 8. 1939 S. 247–248.

72) ADSS 1 Nr. 133 vom 26. 8. 1939 S. 250–251.

73) ADSS 1 Nr. 131 vom 26. 8. 1939 S. 249.

74) Siehe unten S. 17 f.

75) ADSS 1 Nr. 135 vom 27. 8. 1939 S. 252 = Appendice V Nr. 2 S. 535 und ADSS 1 Nr. 136 vom 27. 8. 1939 S. 252–253 = Appendice V Nr. 3 S. 536; vgl. J. Beck S. 212–213.

76) Hitler hatte mit allem Nachdruck die deutschen Interessen vertreten und die unbedingte deutsche Kriegsbereitschaft betont, falls für das Reich die „nationalen Interessen oder gar seine Ehre“ in Gefahr seien: ADAP D VII Nr. 201 vom 23. 8. 1939 S. 183.

gleichzeitig, d. h. auch an Hitler, gemacht hätte. Zunächst berichtete Tardini an Orsenigo, der von ihm vorgetragene Gedanke sei nicht realisierbar [77].

Nach einem Gespräch Tacchi Venturis mit Mussolini [78] am 29. August entwickelte sich der letzte Versuch der Kurie, im deutsch-polnischen Konflikt zu vermitteln [79], indem sie sich wieder an Polen wandte. Mussolini hatte folgende Gedanken vorgetragen: Danzig solle an das Reich zurückgegeben werden, und dann könnten deutsch-polnische Verhandlungen über folgende drei Komplexe stattfinden:

1. Verkehrserleichterungen für Polen zum Hafen von Danzig,
2. Frage des Korridors,
3. Problem der jeweiligen Minderheiten.

Dieser Plan, bzw. die Aufforderung, ihn durch den Heiligen Stuhl übermitteln zu lassen, hat im Vatikan eine lebhafte Diskussion ausgelöst. Bisher hatte die Kurie stets jeden Versuch und jedes irgendwie Erfolg verheißende Projekt bereitwillig unterstützt. Jetzt überlegte sie aber, ob sie sich bei der Weiterleitung dieser Empfehlung nicht selbst kompromittierte. Ein aufschlußreiches Schreiben Tardinis an Maglione gibt einen Einblick in die Überlegungen im Vatikan [80]. Tardini hieß den Rat Mussolinis zwar gut, sah aber mehrere Gefahren für den Heiligen Stuhl:

1. Der Vatikan spielt das Spiel Hitlers; denn wenn dieser erst einmal Danzig geschluckt hat, beginnt der Konflikt von neuem um ein anderes Objekt [81].

---

77) ADSS 1 Nr. 139 vom 28. 8. 1939 S. 254. Cortesi machte am 28. 8. 1939, vermutlich nach Aufforderung aus polnischen Kreisen, nochmals den Vorschlag, Pius XII. solle die deutsche und polnische Regierung auffordern, die jeweiligen Minderheiten zu respektieren: ADSS 1 Nr. 142 S. 255–256 = Appendice V Nr. 4 S. 536. Maglione teilte den Plan Orsenigo mit: Nr. 146 vom 29. 8. 1939 S. 257. Orsenigo antwortete, ohne daß zu erfahren ist, auf welche Informationen er seine Aussage gründete, eine solche Kontrolle könne für Deutschland nur eine internationale sein: Nr. 150 vom 29. 8. 1939 S. 260.

78) ADSS 1 Nr. 148 vom 29. 8. 1939 S. 258–259.

79) Durch diesen Plan wurde ein anderes Projekt hinfällig. Osborne hatte dem Heiligen Stuhl geraten, Polen folgendes mitzuteilen: Der polnische Korridor und das benachbarte Gebiet sollten wie Monaco oder Liechtenstein unabhängig von neutralen Mächten verwaltet werden; ADSS 1 Nr. 134 vom 26. 8. 1939 S. 251. Darüber hatte Maglione zunächst Orsenigo informiert: Nr. 147 vom 29. 8. 1939 S. 258. Durch den Kriegsausbruch erübrigte sich eine Antwort auch zu diesem Plan.

80) ADSS 1 Nr. 152 vom 30. 8. 1939 S. 262–263. Vgl. P. Chiocchetta S. 461–462.

81) In einem Gespräch mit dem italienischen Botschafter beim Vatikan gab Tardini zu, daß Hitler mit Danzig nicht zufrieden sein werde: „Il Monsignore [d. h. Tardini]

2. Der Heilige Stuhl hilft mit, ein neues ‚München‘ vorzubereiten [82].

3. Es sieht so aus, als ob die Kurie von Mussolini delegiert worden sei.

Trotz dieser schwerwiegenden Einwände glaubte Tardini doch nicht, völlig auf den Versuch verzichten zu sollen. Allerdings waren seiner Meinung nach mehrere Punkte zu beachten, um die eben beschriebenen Gefahren zu vermeiden:

1. Der Heilige Stuhl muß sich des schweren Opfers bewußt sein, das er von den Polen fordert.

2. Das Opfer dient nicht nur Polen allein, sondern der gesamten Welt.

3. Die Lösung, die den Polen mitgeteilt wird, muß von Garantien begleitet sein: Frieden und Bewahrung Polens und das Versprechen, ähnliche Situationen zu vermeiden [83].

Nach Abwägen dieser Bedenken entschloß sich Maglione, Cortesi damit zu beauftragen, die polnische Regierung über die Vorschläge, die aus einer ‚kompetenten Quelle' stammten [84], zu informieren. Maglione glaubte, Hitler hätte auch diejenigen Nationen, die ihn bisher unterstützten, gegen sich, falls er dieses Angebot ablehne. Die im Vergleich zu früheren Schreiben an die polnische Regierung vorsichtig gefaßte Formulierung, der Heilige Vater glaube in seiner besonderen Liebe zu Polen, daß er diesen Plan dem Präsidenten nicht vorenthalten dürfe, zeigt, wie wohl der Vatikan wußte, was er den Polen zumutete [85]. Über das Vorgehen wurde auch der britische Botschafter beim Heiligen Stuhl, Osborne, informiert, der sich zufrieden zeigte [86].

---

ha replicato osservando essere ormai evidente che la cessione di Danzica al Reich non sarebbe considerata sufficiente“; DDI VIII 13 Nr. 270 vom 25. 8. 1939 S. 174.

82) Frankreich hatte schon bei der Mai-Konferenz — siehe oben S. 5–8 — ein ‚zweites München‘ befürchtet: ADSS 1 Nr. 73 vom 26. 6. 1939 S. 188. Zu ähnlichen Bedenken Großbritanniens: DBFP III 5 Nr. 385 vom 3. 5. 1939 S. 439–440. Vgl. P. Chiocchetta S. 459–460 und V. Conzemius, Églises, S. 466.

83) Diese Diskussion innerhalb des Kardinalstaatssekretariats zeigt, daß die Kurie keinesfalls „kaum ein Jahr nach München darauf brennt, noch einmal dasselbe Experiment zu machen“, wie S. Friedländer S. 33 schreibt.

84) „Da fonte competente“: ADSS 1 Nr. 153 vom 30. 8. 1939 S. 263.

85) Ebd. S. 263–264: „Il Santo Padre, mentre il pericolo di guerra è sempre più imminente, nel Suo specialissimo affetto verso la Polonia, crede di non poter astenersi dal far pervenire tale comunicazione a cotesto [d. h. an den polnischen] Ecc. mo Presidente“.

86) ADSS 1 Nr. 154 vom 30. 8. 1939 S. 264; vgl. DBFP III 7 Nr. 526 vom 30. 8. 1939 S. 403–404. Die vom Vatikan weitergeleitete Lösung der deutsch-polnischen Frage lief im wesentlichen auf deutsche Vorschläge hinaus, die Weizsäcker schon im

Ohne die Antwort der polnischen Regierung abzuwarten, schlug Maglione aufgrund der einlaufenden schlechten Nachrichten [87] dem Papst eine Botschaft an Deutschland, Polen, Frankreich, Italien, England und die Vereinigten Staaten vor [88]. Pius XII. gab darin seiner Hoffnung Ausdruck, daß die laufenden Verhandlungen zu einer gerechten und friedlichen Lösung führen könnten, wie sie die ganze Welt herbeisehne. Er bat die Regierungen Deutschlands und Polens jeden Zwischenfall, der die gespannte Lage verschärfen würde, zu vermeiden. Großbritannien, Frankreich und Italien rief er auf, seinen Appell zu unterstützen [89]. Dieser Aufruf wurde noch am selben Tag den Botschaftern der betreffenden Länder übermittelt [90].

An diesem letzten Augusttag überschlugen sich die Ereignisse wie im übrigen Europa so auch im Vatikan. Es liefen z. T. widersprüchliche Nachrichten beim Heiligen Stuhl ein [91]. Cortesi äußerte aus Warschau telegraphisch seine Bedenken, dem polnischen Präsidenten den Vorschlag des Heiligen Stuhles zu überbringen, da es wie ein Vorgehen zugunsten Deutschlands aussehe [92]. Umgehend erfolgte die Aufforderung Magliones, den Plan endlich der polnischen Regierung zu unterbreiten; das einzige Motiv des Papstes sei seine besondere Liebe zu Polen und die Sorge vor dem Krieg [93]. Kurz vor Mitternacht teilte der Warschauer Nuntius mit, er habe seinen Auftrag ausgeführt; sein Tele-

März 1939 als „überholt und unzureichend" bezeichnet hatte. Sie waren ebenfalls von der polnischen Regierung abgelehnt worden; vgl. F. Siebert S. 323—324.

87) Cortesi berichtete aus Warschau, daß sich dort die Bevölkerung auf den Krieg vorbereite: ADSS 1 Nr. 158 vom 30. 8. 1939 S. 267–269.

88) ADSS 1 Nr. 159 vom 31. 8. 1939 S. 270. Vgl. ein Telegramm von Charles-Roux an Bonnet: The French Yellow Book Nr. 310 vom 31. 8. 1939 S. 309 und F. Charles-Roux S. 332–334.

89) ADSS 1 Nr. 160 vom 31. 8. 1939 S. 271: „Le Souverain Pontife ne veut pas renoncer à l'espoir que les négociations en cours puissent aboutir à une solution juste et pacifique, telle que le monde entier ne cesse de l'implorer. Sa Sainteté supplie, par conséquent, au nom de Dieu, les Gouvernements d'Allemagne et de Pologne de faire ce qui leur est possible afin d'éviter tout incident, et de s'abstenir de prendre toute mesure susceptible d'aggraver la tension actuelle. Elle prie les Gouvernements d'Angleterre, de France et d'Italie d'appuyer Sa demande".

90) ADSS 1 Nr. 161 vom 31. 8. 1939 S. 271–272. Maglione informierte auch die vatikanischen Vertreter in Bern, S. Sebastián und Den Haag über die Demarche des Papstes.

91) Aus französischen Kreisen war zu erfahren, daß Italien zum Krieg bereit sei: ADSS 1 Nr. 168 vom 31. 8. 1939 S. 276. — Valeri berichtete, daß London die Lage weniger pessimistisch beurteile: Nr. 169 vom 31. 8. 1939 S. 276.

92) ADSS 1 Nr. 165 vom 30. 8. 1939 S. 274 = Appendice V Nr. 5 S. 537; siehe oben S. 16 f.

93) ADSS 1 Nr. 166 vom 31. 8. 1939 S. 275 = Appendice V Nr. 6 S. 537.

gramm traf am 1. September in Rom ein [94]. Eine Antwort auf diesen Vorschlag konnte von der polnischen Regierung nicht mehr gegeben werden [95].

Die Reaktionen auf den Friedensappell Pius XII. erfolgten in den ersten Septembertagen. Frankreich [96], England [97] und Belgien [98] unterstützten seinen Vorschlag; die Schweiz dankte für seine Initiative und bedauerte, daß die Neutralität des Landes eine öffentliche Förderung verbot [99]. Die Antwort der deutschen Regierung auf den päpstlichen Appell ging am 1. September im Vatikan ein: „Der Führer dankt Seiner Heiligkeit für seine gestrige Botschaft. Wie Seine Heiligkeit aus den inzwischen eingelaufenen Meldungen ersehen haben wird, haben die Ereignisse leider die von Deutschland erhoffte friedliche Lösung unmöglich gemacht“ [100]. Die Antwort der polnischen Regierung überbrachte ihr Botschafter, Kazimierz Papée, am 14. des Monats. Sie bedauerte, daß der Appell des Papstes Deutschland nicht an einer brutalen Agression gegen Polen gehindert habe [101].

Zu Anfang dieses Kapitels wurde gesagt, daß in den letzten Monaten vor Beginn des II. Weltkrieges in den vatikanisch-polnischen Beziehungen viele Aspekte nachzuweisen sind, die während des gesamten Krieges das Verhältnis der beiden Seiten bestimmten [102].

F. L'Huillier hat in einer Analyse der vatikanischen Diplomatie unmittelbar vor Kriegsausbruch drei Prinzipien aufgestellt, nach denen sich die Politik der Kurie ausrichtete:

---

94) ADSS 1 Nr. 170 vom 31. 8. 1939 S. 276 = Appendice V Nr. 7 S. 538 (dort irrtümlich mit Nr. 167 gleichgesetzt). Eine Aufzeichnung des Gesprächs von Cortesi mit dem polnischen Unterstaatssekretär im Außenministerium, Jan Szembek: J. Szembek S. 499–500.

95) Cortesi berichtete lediglich, daß die polnische Regierung ihn gebeten habe, das Schreiben des Papstes veröffentlichen zu dürfen. Er hatte dies mit dem Hinweis auf die Vertraulichkeit der Angelegenheit abgelehnt: ADSS 1 Nr. 181 vom 3. 9. 1939 S. 285–286.

96) ADSS 1 Nr. 171 vom 1. 9. 1939 S. 277; vgl. Nr. 179 und 180 vom 2. 9. 1939 S. 284–285.

97) ADSS 1 Nr. 173 vom 1. 9. 1939 S. 278–279.

98) ADSS 1 Nr. 177 vom 1. 9. 1939 S. 281.

99) ADSS 1 Nr. 174 und 175 vom 1. 9. 1939 S. 279–280.

100) ADSS 1 Nr. 176 vom 1. 9. 1939 S. 280 = D. Albrecht, Notenwechsel, Nr. 28 S. 94–95 (mit Hinweisen auf weitere Publikationen).

101) ADSS 1 Nr. 201 vom 14. 9. 1939 S. 304: „Le Gouvernement Polonais exprime son grand regret que le noble message du Saint Père n'a pas empêché l'Allemagne de procéder le lendemain à une agression brutale contre le territoire polonais“.

102) Siehe oben S. 4.

1. Der Vatikan vermied eine direkte Intervention bei der deutschen Regierung.

2. Der Vatikan intervenierte bei der italienischen Regierung.

3. Der Vatikan war bereit, seine Anstrengungen für den Frieden zu verdoppeln, aber er weigerte sich, konkrete Lösungen oder ein echtes Programm zu empfehlen [103].

Das auf den vorigen Seiten Dargelegte hat die ersten beiden Thesen L'Huilliers bestätigt. Die führenden Personen im Vatikan wußten, daß sie mit Deutschland über viele Fragen schon längst nicht mehr sprechen konnten; dies schränkte die Möglichkeiten des Heiligen Stuhles stark ein [104]. Er hat daher versucht, auf den Bündnispartner Hitlers, auf Mussolini, einzuwirken [105]. Sowenig der Vatikan eine Möglichkeit sah, mit dem Reich verhandeln zu können, umso mehr — dies hat L'Huillier übersehen — glaubte er, in der polnischen Regierung einen verhandlungsbereiten Gesprächspartner zu finden. Daraus folgte, daß die Kurie den Polen öfter Opfer und Nachgeben abverlangte als den Deutschen. Den Polen schlug der Heilige Stuhl zwar von sich aus keine konkreten Lösungen vor [106], aber er übermittelte bereitwillig detaillierte Vorschläge, so gering auch die Chancen einer Realisierung waren.

In mehreren Schreiben der französischen und englischen Regierung trugen diese in den Wochen vor Ausbruch des Krieges die Forderung an den Vatikan heran, wenn Deutschland schon nicht zu den vom Papst vorgeschlagenen Verhandlungen bereit sei, solle Pius XII. wenigstens klarstellen, von welcher Seite die Agression ausgehe, d. h. er solle Hitler öffentlich verurteilen [107]. Auf diese Problematik wird am Schluß eingegangen, da im Verlauf des Krieges — praktisch seit dem

---

103) F. L'Huillier, Politique, S. 10.

104) Eine indirekte Mahnung an Orsenigo, die deutsche Regierung zur Mässigung zu bewegen, enthielt ein Telegramm Magliones: „Non ho bisogno di aggiungere che la Santa Sede è sicura che da parte della Germania si manterranno la calma e la prudenza necessarie in momenti così delicati"; ADSS 1 Nr. 80 vom 1. 7. 1939 S. 195. Inwieweit Orsenigo der Aufforderung nachgekommen ist, läßt sich nicht ermitteln.

105) Ende Mai notierte sich Maglione: „Per la causa della pace sarebbe molto utile se il Capo del Governo italiano, S. E. il sig. Mussolini, usasse della sua grande influenza sul cancelliere Hitler ed il Governo germanico per ottenere che la questione di Danzica sia trattata con la calma . . ."; ADSS 1 Nr. 53 vom 29. 5. 1939 S. 160–161.

106) Maglione schrieb an Osborne: „En ce qui concerne la tension germano-polonaise . . . le Saint-Siège n'a jamais jugé ni ne juge opportun de proposer, de sa propre initiative, aux deux Gouvernements intéressés une solution concrète du problème"; ADSS 1 Nr. 90 vom 15. 7. 1939 S. 210.

107) Siehe oben S. 13 f.

ersten Tag [108] — immer wieder eine Stellungnahme des Papstes gefordert wurde [109]. Auch in dieser Frage bestimmte die Reaktion des Vatikans auf ein solches Verlangen, nämlich in der Regel dessen Nichtbeachten, seine zukünftige Haltung. Hierbei tauchte bereits das Argument auf, die Kurie müsse an die 40 Millionen Katholiken in Deutschland denken [110].

---

108) Vgl. ADSS 1 Nr. 171 vom 1. 9. 1939 S. 277. Siehe unten S. 172.

109) Die Ansicht von S. Camerani, S. Sede, S. 114, eine Kritik des Papstes an den deutschen Methoden hätte einen Konflikt mit Italien hervorgerufen, ist für die Zeit vor dem Krieg abzulehnen.

110) Diese Erklärung gab Tardini dem französischen Botschafter: ADSS 1 Nr. 144 vom 28. 8. 1939 S. 257. Sie findet sich auch in einem Telegramm Osbornes an Lord Halifax: DBFP III 7 Nr. 611 vom 31. 8. 1939 S. 453. Offensichtlich hatte Osborne die Angabe von seinem französischen Kollegen erhalten.

II. DIE ENTWICKLUNG IM BESETZTEN POLEN VOM 1. SEPTEMBER 1939 BIS ZUM 8. MAI 1945

1. Die Religionspolitik des Deutschen Reiches

Nach der militärischen Besetzung Polens im September 1939 wurde ein großer Teil des Landes unter der allgemeinen Bezeichnung ‚eingegliederte Ostgebiete' dem Reich angeschlossen [1]. Aus dem Restgebiet entstand das Generalgouvernement, das vorläufig nicht annektiert wurde. Die eingegliederten Ostgebiete umfaßten etwa 92.000 km^2 mit einer Bevölkerung von 9,6 Millionen. Sie wurden in mehrere Verwaltungsgebiete aufgeteilt: in den Reichsgau Wartheland, den Reichsgau Danzig-Westpreußen, den Regierungsbezirk Zichenau, der der Provinz Ostpreußen angegliedert wurde, und den Regierungsbezirk Kattowitz, der zunächst zur Provinz Schlesien kam. Er bildete seit 1941 den Kern des Gaus und der Provinz Oberschlesien.

Die Richtlinien der deutschen Religionspolitik in den besetzten Ostgebieten charakterisieren folgende Leitsätze: „Nationalsozialistische und christliche Auffassungen sind unvereinbar. Die christlichen Kirchen bauen auf der Unwissenheit der Menschen auf und sind bemüht, die Unwissenheit möglichst weiter Teile der Bevölkerung zu erhalten. ... Aus der Unvereinbarkeit n[ationalsozialistischer] und chr[istlicher] Auffassungen folgt, daß eine Stärkung bestehender und jede Förderung entstehender christlicher Konfessionen von uns abzulehnen ist" [2]. Da eine weitgehende Identität zwischen Polentum und Katholizismus bestand, richtete sich das Hauptaugenmerk der nationalsozialistischen Kirchenpolitik auf die katholische Kirche. Nach den ersten Maßnahmen gegen die Kirche und ihre Vertreter, die im gesamten besetzten Gebiet mit gleicher Heftigkeit durchgeführt wurden, nahm die kirchliche Entwicklung in den einzelnen Gebieten einen unterschiedlichen Verlauf.

---

1) Zur allgemeinen Politik des Deutschen Reiches in Polen: M. Broszat; C. M. Cianferra S. 194–196; Cz. Madajczyk, Polityka — besonders II, S. 176–212; K. M. Pospieszalski, Statut; ders., Terror. — Vgl. die Karten (in Rückentasche).

2) Geheimer Erlaß des Chefs der Parteikanzlei, Martin Bormann, vom 6./7. 6. 1941 für die Gauleiter: IMG Bd. 35 Dok. 075 D S. 9 und 11.

a) Warthegau[3]

aa) Die Entwicklung vom September 1939 bis zum Herbst 1941

Kurze Zeit nach Beendigung des Polenfeldzugs wurde durch einen Erlaß Hitlers über die Gliederung und Verwaltung der Ostgebiete vom 8. Oktober 1939 der ‚Reichsgau Posen' gebildet und dem Deutschen Reich zugeschlagen. Drei Monate später erhielt er seine endgültige Bezeichnung als ‚Reichsgau Wartheland'. Er umfaßte den größten Teil des von den Deutschen besetzten polnischen Territoriums. In diesem Gebiet von 46.000 km^2 mit etwa 4,6 Millionen Einwohnern lebten zunächst nur 340.000 Deutsche, meist ‚Volksdeutsche', da sie vor dem 1. September 1939 die polnische Staatsbürgerschaft besessen hatten. Diese Zahl erhöhte sich während des Krieges durch Einweisungen aus dem Altreich, durch 245.000 Rücksiedler aus dem Baltikum und Gebieten Westrußlands[4] sowie durch Unterbringung Deutscher aus luftgefährdeten Gebieten auf fast eine Million[5]. Zum Reichsgau Wartheland gehörten ganz oder zum größten Teil die Erzdiözese Gnesen-Posen, die Diözesen Lodsch und Włocławek sowie kleinere Teile der Erzdiözese Warschau und der Diözesen Tschenstochau und Płock[6].

Die Leitung des Warthegaus lag beim Gauleiter und Reichsstatthalter, zu dem am 26. Oktober 1939 der ehemalige Präsident des Danziger Senats, der SS-Obergruppenführer Arthur Greiser, bestellt wurde. Von Anfang an verstand Greiser, der mit außerordentlichen Vollmachten versehen war, das ihm politisch und staatlich anvertraute Gebiet als „rechtsfreien Raum"[7], den er „im Sinne der Gedanken der künfti-

---

3) Zu der deutschen Kirchenpolitik im Warthegau: D. Albrecht, Klausel, S. 812–819; M. Broszat S. 163–176; J. S. Conway, Kirchenpolitik, S. 326–342; P. Gürtler; J. Lubicz — J. Woliński S. 80–95; A. Martini, Polonia, S. 365–367; A. Pincherle, Pio XII, S. 105–131; B. Stasiewski, Kirchenpolitik; J. Sziling, Polityka, S. 157–197; ADSS 3, Introduction, S. 30–38. Ausführliche Berichte über die Lage der Kirche im Warthegau: The Persecution S. 3–11 (Gnesen), S. 12–19 (Posen) — auszugsweise in deutscher Übersetzung bei C. Falconi S. 125–134 —, S. 20–34, 57–60 (Włocławek), S. 63—65 (allgemein).

4) A. Lattermann S. 299 gab ihre Zahl mit rund 175 000 an.

5) Vgl. B. Stasiewski, Kirchenpolitik, S. 49. — Zu den Polendeportationen: St. Nawrocki.

6) Lodsch: Nur 26 Pfarreien des Bistums Lodsch fielen an das Generalgouvernement: ADSS 3 Nr. 286 vom 20. 7. 1941 S. 418 und The Persecution S. 52–54. — Tschenstochau: Zu dem Schicksal der Gebiete der Diözese im Warthegau vgl. J. Związek, Straty, S. 327–328 und 350–361.

7) Vgl. P. Gürtler S. 37–43: Die Rechtssetzungsbefugnis des Reichsstatthalters im „rechtsfreien Raum".

gen Reichsverfassung“ zu formen habe [8]. Den Ausspruch Greisers, daß sich im Warthegau, „in diesem jungfräulichen Aufbaugebiet des deutschen Ostens, zum ersten Mal die Möglichkeit bietet zu einer staatlichen Neuordnung, die dem nationalsozialistischen Prinzip in allen Zügen des öffentlichen Lebens entspricht“ [9], bezieht P. Gürtler zu Recht als „vor allem gegen die katholische und evangelische Kirche gerichtet“ [10]. Unterstützt wurde Greiser von dem Regierungspräsidenten August Jäger, der von Anfang an die Vertretung Greisers in der Zivilverwaltung übernahm. In dieser Eigenschaft war er u. a. für alle kirchenpolitischen Belange zuständig.

Zu der Vorbereitung einer völligen staatlichen Neuordnung im Warthegau gehörte der bewußt durchgeführte Kampf gegen die Kirche, bzw. „gegen die Gebundenheit an irgendeine Religions- oder Sektenanhänglichkeit“ [11]. Bei dieser Abtrennung der Kirche vom Staat vertrat Greiser den Standpunkt, sein Gau sei direkt dem Führer unterstellt. Somit galt ihm die Parteikanzlei als letzte Instanz für Kirchenfragen und nicht der Reichsminister für kirchliche Angelegenheiten.

Die kirchenfeindlichen Maßnahmen begannen im Warthegau — wie in den anderen von Deutschen besetzten Gebieten — damit, daß die Bischöfe zur Flucht gezwungen, bzw. verhaftet wurden. Kardinal August Hlond, Primas von Polen, floh mit der polnischen Regierung und dem Warschauer Nuntius vor den deutschen Truppen ins Ausland. Die Verwaltung von Gnesen übernahm der Generalvikar, Edouard van Blericq, Weihbischof Valentin Dymek leitete für Hlond Posen [12]. Bischof Włodzimierz Jasiński von Lodsch wurde zunächst inhaftiert und gefoltert, und es dauerte lange, bis er die Leitung der Diözese wieder übernehmen konnte [13], bevor er 1941 endgültig verhaftet wurde [14]. Das gleiche Schicksal erlitten Bischof Antoni Julian Nowowiejski und der Weihbischof, Leon Wetmański, in Płock; die Verwaltung hielt Gene-

8) ‚Ostdeutscher Beobachter‘, Posen, 26. 10. 1941, Nr. 297; zit. nach B. Stasiewski, Kirchenpolitik, S. 51.

9) Ebd. S. 51.

10) P. Gürtler S. 143 mit Anm. 384. Es ist im folgenden stets von der katholischen Kirche die Rede, doch gilt das hier ausgeführte ebenso für die evangelischen Kirchen.

11) ‚Ostdeutscher Beobachter‘, Posen, 3. 8. 1941, Nr. 213; zit. nach B. Stasiewski, Kirchenpolitik, S. 52.

12) ADSS 3 Nr. 13 vom 22. 9. 1939 S. 76–81. Dieses Gedächtnisprotokoll Tardinis über eine Unterredung mit Hlond bietet einen guten Überblick über die kirchliche Situation in Polen nach den ersten drei Kriegswochen.

13) ADSS 3 Nr. 94 vom 13. 1. 1940 S. 192 und S. 217 Anm. 1.

14) ADSS 3 Nr. 283 vom 8. 7. 1941 S. 414–415.

ralvikar Stanisław Figielski aufrecht [15]. Auch die Diözesen Warschau und Włocławek wurden von Weihbischöfen verwaltet [16].

Diese Schwierigkeiten in der Verwaltung der Bistümer waren einer wirksamen Abwehr der Eingriffe des Reichsstatthalters in die Seelsorge hinderlich. Aus allen Diözesen des Warthegaus gingen in den ersten Monaten der deutschen Besatzung Nachrichten in Rom oder bei Orsenigo in Berlin ein, in denen von Kirchenschließungen, Deportationen und Verhaftungen von Priestern und Gläubigen die Rede war. In besonderem Maße war im Warthegau Posen betroffen. Hier befanden sich der Sitz der katholischen Aktion in Polen und die Zentren vieler katholischer Institutionen, karitativer Einrichtungen, Vereinigungen und Verlage [17].

Zu den Mitteln der Unterdrückung der katholischen Kirche gehörte die Schließung der Gotteshäuser. Diese wurden teilweise völlig versiegelt oder für andere Zwecke benutzt — so 396 von 441 Kirchen in der Erzdiözese Posen [18] — oder zumindest während der Woche geschlossen [19]. B. Stasiewski führt das Beispiel der Stadt Posen an, wo von 30 Kirchen nur zwei geöffnet waren, 22 versiegelt und sechs als Lagerräume dienten — als Möbellager, Musikschule, Reitschule, Buchsammelstelle und Werkstatt für Kulissenmalerei [20]. Dasselbe Schicksal er-

---

15) ADSS 3 Nr. 190 vom 10. 8. 1940 S. 286. Der Bericht Orsenigos zeigt, wie schlecht die Berliner Nuntiatur über die Vorgänge im Warthegau informiert war: „Frattanto però ho appreso che il governo della diocesi [d. h. Płock] è affidato a un „Kreispfarrer", cioè a un decano o vicario foraneo, che si chiama Figielski".

16) Warschau: ADSS 3 Nr. 13 vom 22. 9. 1939 S. 77. — Włocławek: Nr. 163 vom 1. 7. 1940 S. 264. — Zu der Regelung der Verwaltung der polnischen Diözesen siehe unten S. 137–155.

17) Vgl. The Persecution S. 14–17, 106–107; ADSS 3 Nr. 381 vom 26. 5. 1942 S. 582; K. M. Pospieszalski, Poznań. — Zu dem Schicksal der katholischen Verlage in Polen vgl. J. Związek, Działalność, S. 121–122.

18) B. Stasiewski, Kirchenpolitik, S. 65. Im gesamten Warthegau waren von 1942 bis 1945 nur 29 Kirchen geöffnet: 11 für deutsche, 17 für polnische Katholiken, eine für beide Gruppen gemeinsam: K. Śmigiel, Walka, S. 280; zu dem gesamten Problem: ebd. S. 276–282.

19) In einem in den ADSS 3 nur auszugsweise wiedergegebenen Schreiben berichtete Dymek aus Posen: „Fideles possunt adire ecclesias diebus dominicis tantum intra horas 9–11"; ADSS 3 S. 215 Anm. 3. – Dies schilderte auch der ‚Raporto sytuacji' unter Punkt V 14, teilweise abgedruckt bei J. Warszawski, Una prima tappa, S. 436—437. Vgl. ferner: ADSS 3 Nr. 51 vom 25. 11. 1939 S. 132; Nr. 114 vom 13. 2. 1940 S. 217; J. Sziling, Polityka, S. 141–150.

20) B. Stasiewski, Kirchenpolitik, S. 65. — Vgl. ein Protestschreiben Orsenigos an Ribbentrop: ADSS 3 Nr. 304 vom 9. 9. 1941 S. 454–455 = ADAP D XIII 1 Nr. 272 vom 2. 9. 1941 S. 359; ferner A. Hohenstein S. 256.

fuhren mehrere Bischofshäuser, in denen nach dem Einmarsch der deutschen Truppen die Gestapo ihr Hauptquartier errichtete [21]. Manchmal gaben sich die deutschen Stellen noch die Mühe und begründeten die Kirchenschließungen als ‚baupolizeilich' notwendig [22]; oft genug verzichteten die Behörden sogar auf diesen Vorwand.

Mit den Kirchenschließungen gingen Verhaftungen und Deportationen von Priestern parallel. Dieser Angriff richtete sich zunächst gegen die Spitze des Klerus, gegen Bischöfe, Weihbischöfe und Generalvikare, um die Verwaltung lahmzulegen [23], dann aber auch gegen breite Schichten der Geistlichkeit. Zunächst verweigerten die Behörden den Priestern, die vor den Deutschen aus ihren Pfarreien geflohen waren, die Rückkehr in ihre alten Stellen [24]. Aus allen Diözesen, die im Warthegau lagen, wurden bald Verhaftungen von Geistlichen gemeldet [25].

Dieselben Methoden wurden auch gegenüber der polnischen Bevölkerung angewandt. Zunächst lief eine Welle von Repressalien gegen Intellektuelle an, von denen Tausende verhaftet wurden [26]; dann wurden breite Schichten der Bevölkerung deportiert. Auf diese Weise sollte das Verhältnis der Deutschen im Warthegau zu den polnischen Einwohnern ‚aufgebessert' werden. Aus der Diözese Lodsch sei ein Beispiel angeführt: Hier entfernten die Behörden bis Anfang 1940 10.000 Polen, um Platz für Deutsche aus den baltischen Ländern und Wolhynien zu schaffen [27].

Parallel zu den Verhaftungs- und Terrormaßnahmen gegen die Kirche liefen seit der Gründung des Warthegaus Gesetzgebungsmaßnahmen, die alle darauf abzielten, die Kirche allmählich völlig zu beseitigen.

---

21) Włocławek: ADSS 3 Nr. 163 vom 1. 7. 1940 S. 264. — Posen: Nr. 472 von Ende Januar 1943 S. 730. — Siehe unten Anm. 23.

22) ADSS 3 Nr. 112 vom 8. 2. 1940 S. 214: „Ecclesia archicathedralis Posnaniensis a gubernio civili („baupolizeilich") clausa est". Weitere Beispiele: Nr. 398 vom 28. 7. 1942 S. 611; The German New Order S. 361–362, 365; The Persecution S. 3, 12.

23) In Lodsch z. B. wurden die bischöflichen Gebäude sequestriert und die Akten der Diözesankurie sowie diejenigen des Gerichts weggeschafft: ADSS 3 Nr. 286 vom 20. 7. 1941 S. 417–418.

24) Die deutsche Regierung teilte Orsenigo auf seine diesbezügliche Anfrage mit, es gelte als generelle Regel, daß niemand, der sich aus den besetzten Gebieten entfernt habe, zurückkehren dürfe: ADSS 3 Nr. 56 vom 30. 11. 1939 S. 138.

25) Siehe unten S. 156 ff.

26) ADSS 3 Nr. 133 vom 20. 4. 1940 S. 236–237.

27) ADSS 3 S. 217 Anm. 1; vgl. Nr. 163 vom 1. 7. 1940 S. 263–265 über Włocławek. — Zu der Deklassierung und Dezimierung der polnischen Bevölkerung: K. M. Pospieszalski, Polska; St. Waszek; J. Deresiewicz.

Schon die erste diesbezügliche Regelung des Reichsstatthalters, der durch eine Verordnung vom 18. Dezember 1939 das Reichssammlungsgesetz vom 5. November 1934 auch im Warthegau zur Anwendung brachte [28], führte erhebliche Einschränkungen für die Kirche mit sich.

Am 14. März 1940 kam eine Verordnung heraus, die die Kirche noch weiter zurückdrängen sollte. Der Vatikan erfuhr von dieser sowie weiteren Schritten durch Kardinal Adolf Bertram von Breslau, der im April 1941 einen detaillierten Bericht über die Lage im Warthegau nach Rom sandte und dabei die wichtigsten Dokumente in Abschriften übermittelte [29].

Die Verordnung vom 14. März betraf die Erhebung von Beiträgen durch religiöse Vereinigungen und Religionsgesellschaften [30]; sie knüpfte an Bestimmungen über die Kirchenbeiträge im Reichsgau Sudetenland und in Österreich vom Mai 1939 an [31]. In ihr war nicht mehr von einzelnen Kirchen die Rede, sondern nur noch von ‚religiösen Vereinigungen und Religionsgesellschaften', deren Deckung des Sach- und Personalbedarfs geregelt wurde. In den einzelnen Paragraphen wurde die Beitragsleistung auf volljährige Mitglieder beschränkt und eine Abrechnung beim Regierungspräsidenten verlangt. Der Paragraph fünf beseitigte jeden Anspruch religiöser Vereinigungen auf Zuschüsse seitens des Staates, der Gemeinden und öffentlicher Patrone [32]. Bertram sah in dieser Verordnung den Versuch einer quasi Enteignung der Kirche mit dem klaren Ziel, nur noch ‚kirchliche Vereine' zuzulassen [33].

Als zweite ‚Verordnung' unter dem Datum des 14. März erschien bei Bertram eine Anweisung Greisers über die Trennung von Kirche und Staat in 13 Punkten [34]. B. Stasiewski weist in seiner Darstellung über die Kirchenpolitik der Nationalsozialisten im Warthegau darauf hin, daß eine Veröffentlichung der Verordnung weder unter diesem noch

---

28) B. Stasiewski, Kirchenpolitik, S. 52.

29) ADSS 3 Nr. 267 vom 14. 4. 1941 S. 392–398; vgl. J. Związek, Straty, S. 353.

30) Vgl. P. Gürtler S. 43–47.

31) Ebd. S. 44 mit Anm. 99 und 100.

32) ADSS 3 Nr. 267 vom 14. 4. 1941 Dok. II S. 394–396 = P. Gürtler Dok. 5 S. 192–193.

33) ADSS ebd. S. 393; vgl. P. Gürtler S. 45 mit Anm. 105. Es entsprach ebenso den staatlichen Intentionen, daß durch diese und weitere Verordnungen „der Papst ... keinerlei Einwirkungen auf die katholische Kirche im Warthegau ausüben" sollte: vgl. B. Stasiewski, Kirchenpolitik S. 54 mit Anm. 37.

34) ADSS 3 Nr. 267 vom 14. 4. 1941 Dok. I S. 393–394. Vgl.: P. Gürtler S. 47–51; A. Martini, Appelli, S. 5; K. Śmigiel, Walka, S. 257–261.

unter einem späteren Datum nachweisbar ist[35]. Er fand allerdings in mehreren bischöflichen Archiven Abschriften dieser Verlautbarung, deren Formulierung wahrscheinlich von der Parteikanzlei stammte; eine solche Abschrift übermittelte Bertram 1941 dem Heiligen Stuhl. Wegen ihrer Wichtigkeit sollen die 13 Punkte, die seit März 1940 im Warthegau in Kreisen der Parteileitung und der Umgebung des Reichsstatthalters zirkulierten, in der Fassung, die Bertram hat, hier vorgelegt werden[36]:

1. Es gibt keine Kirche[a] mehr im [b]staatsrechtlichen Sinne, nur[c] noch religiöse Kirchengesellschaften im Sinne von Vereinen.

2. Die Leitung liegt nicht in Händen von Behörden, [d]sondern es gibt nur noch Vereinsvorstände[e].

3. Aus diesem Grunde gibt es auf diesem Gebiete keine Gesetze Verfügungen und[f] Erlasse mehr.

4. Es bestehen keine Beziehungen mehr zu Gruppen außerhalb des [g]Gaues. Auch keine rechtlich[h] finanzielle oder dienstliche Bindung an die Reichskirche.

5. Mitglieder können nur Volljährige durch eine schriftliche Beitrittserklärung werden; sie werden also nicht hineingeboren, sondern müssen erst bei Volljährigkeit ihren Beitritt erklären. Es gibt keine Landes-, Volks- oder Territorialkirchen. Wer vom Altreich neu[i] in den Warthegau zieht, muß sich auch erst schriftlich neu eintragen lassen.

6. Alle konfessionellen Untergruppen, Nebenorganisationen (Jugendgruppen) sind aufgehoben und verboten.

7. Deutsche und Polen dürfen nicht mehr zusammen in einer Kirche sein (Nationalitätenprinzip)[j].

8. In den Schulen darf kein Konfirmandenunterricht abgehalten werden.

9. Es dürfen außer dem Vereinsbeitrag keine finanziellen Zuschüsse geleistet werden.

---

35) B. Stasiewski, Kirchenpolitik, S. 53 mit Anm. 93.

36) In einem Bericht an Hlond vom Mai 1942 faßte Maglione die 13 Punkte in kurzen Schlagworten zusammen: ADSS 3 Nr. 381 vom 26. 5. 1942 S. 584. — Der hier vorgelegte Text Bertrams weicht an folgenden Stellen von demjenigen bei Gürtler (S. 48–50) ab: a Kirchen; b-c staatlichen Sinne, sondern es gibt nur; d-e sondern von Vereinsvorständen; f oder; g-h Gaues, auch keine rechtliche; i om.; j Dies tritt für den Nationalsozialismus zum ersten Male in Kraft; k-l außer den Kulträumen besitzen; m Die Vereine; n om.; o-p om.; q aufgehoben; r die Geistlichen.

10. Die Vereine dürfen kein Eigentum, wie Gebäude, Häuser, Felder, Friedhöfe [k] haben, außer den Kulträumen [l].

11. Sie [m] dürfen sich ferner [n] nicht in der Wohlfahrtspflege betätigen. Dies steht einzig und allein der NSV [o] (Nationalsozialistische Volkswohlfahrt) [p] zu.

12. Alle Stifte und Klöster werden aufgelöst [q], da diese der deutschen Sittlichkeit und der Bevölkerungspolitik nicht entsprechen.

13. In den Vereinen dürfen sich Geistliche [r] nur aus dem Warthegau betätigen. Dieselben sind nicht hauptamtlich Geistliche, sondern müssen einen Beruf haben [37].

„Diese 13 Forderungen enthalten die wesentlichen Elemente der nationalsozialistischen Kirchenpolitik im Warthegau“ [38]. Die Maßnahmen der folgenden Jahre zeigten die richtungweisende Bedeutung der Leitsätze, deren Verwirklichung bald nach der Konstituierung des Warthegaus begonnen hatte [39]. So waren in der eben geschilderten Verordnung über die Erhebung von Kirchenbeiträgen [40] die Punkte eins bis fünf und neun schon ganz oder teilweise durchgesetzt worden [41].

Die Verwirklichung dieser Pläne schritt in der Folgezeit rasch voran. Während eine Verfügung vom 24. September 1940 über die planwirtschaftliche Erfassung und Ausrichtung der Anstalten der freien Wohlfahrtspflege praktisch die kirchlichen Vereine, Stiftungen und karitativen Anstalten auflöste [42], schränkte ein Erlaß über die Duldung von kontessionellen kirchlichen Veranstaltungen vom 24. Oktober des Jahres Gottesdienste, Beichten sowie die religiöse Erziehung der Jugendlichen erheblich ein, und zwar in den Gebieten, die nicht geschlossen oder überwiegend deutsch waren und in denen kein Geistlicher deut-

---

37) Zu der Änderung des Punktes 13 vgl. P. Gürtler S. 50 mit Anm. 119.

38) B. Stasiewski, Kirchenpolitik, S. 55

39) So auch P. Gürtler S. 118.

40) Siehe oben S. 27.

41) Die 13 Punkte wurden Vertretern des Posener Konsistoriums am 10. 7. 1940 zum erstenmal offiziell vorgetragen. „Bei der Erörterung dieser Frage wurde — wie mehrfach im Laute der Unterredung — auf die katholische Kirche hingewiesen: Der Vatikan habe Stellung gegen das Deutsche Reich genommen, Hlond arbeite in Rom, zum mindesten technisch vom Vatikan unterstützt. Die katholische Kirche des Warthegaus werde vom Vatikan unabhängig sein“. Diese Sätze finden sich in den Akten des evangelischen Oberkirchenrates Berlin: B. Stasiewski, Kirchenpolitik, S. 54 mit Anm. 36.

42) Diese Verordnung verwirklichte die Punkte 6, 11 und 12 der 13 Punkte. Der Text der Verordnung: P. Gürtler Dok. Nr. 10a S. 213.

scher Volkszugehörigkeit tätig war[43]. Die letztgenannte Verordnung diente neben der generellen Beschränkung der Kirche dazu, die in Punkt sieben der oben genannten 13 Punkte aufgeführte Trennung der Nationalitäten voranzutreiben.

Anfang 1941 verstärkte der Gauleiter seine Bemühungen, die Kirche zur Annahme der Rechtsform eines privaten Vereins zu zwingen. Mit einem Reskript vom 6. Februar verbot er Kirchenkollekten, öffentliche Sammlungen und ähnliche Veranstaltungen ohne staatliche Genehmigung[44]. Am 15. März erging eine Verordnung, nach der Kollekten nur noch von Vereinen durchgeführt werden durften[45].

Nachdem Kardinal Bertram diese Maßnahmen erläutert hatte, appellierte er an den Heiligen Stuhl, damit dieser klare Richtlinien für die betroffenen Diözesen erlasse, bzw. bei den deutschen Stellen interveniere. Er war der Meinung, nur der Vatikan könne den Polen helfen. Ein Protest gegen das Vorgehen im Warthegau erschien ihm umso notwendiger, da dort erprobt werde, was später im gesamten Deutschen Reich praktiziert werden solle[46]. Aus dem Warthegau selbst war Bertram von dem Domherrn Joseph Paech informiert worden, daß die Gauleitung nicht mit kirchlichen Stellen außerhalb desselben verhandeln wolle. Paech bat Bertram daraufhin, sich für „eine klare und Richtung weisende Antwort“ des Heiligen Stuhles einzusetzen[47]. Bertram befürwortete diese Bitte und regte an, daß der Vatikan Schritte bei der deutschen Regierung unternehme.

Im Sommer 1941 folgten weitere Maßnahmen Greisers. In einem Schreiben an die Reichskanzlei vom 6. Mai 1941 stellte der Gauleiter die Lage folgendermaßen dar: „Was die Reste der kirchlichen Gebilde anlangt, so hat überhaupt nach nationalsozialistischen Rechtsbegriffen die Kirche aufgehört, eine öffentliche rechtliche Säule der deutschen Gemeinschaft zu sein“ [48]. Im selben Monat verweigerte Greiser den früheren katholischen Diözesanbehörden die Anerkennung und verbot ferner

---

43) ADSS 3 Nr. 267 vom 14. 4. 1941 Dok. III S. 396–397.

44) Ebd. Dok. IV S. 397; vgl. B. Stasiewski, Kirchenpolitik, S. 55.

45) ADSS ebd. Dok. V S. 397; vgl. einen Bericht Orsenigos: ADSS 5 Nr. 70 vom 10. 9. 1941 S. 195.

46) Vgl. dazu die bei B. Stasiewski, Kirchenpolitik, S. 46–49, zitierten Äußerungen Hitlers und die Stellungnahmen Greisers, der den Warthegau als Experimentierfeld bezeichnete (ebd. S. 57).

47) ADSS 3 Nr. 267 vom 14. 4. 1941 S. 398.

48) Zit. bei M. Broszat S. 169.

Eingaben polnischer Kirchenbehörden oder Priester[49]. Es durfte keine Gemeinde mehr geben, die aus Gläubigen deutscher und polnischer Nationalität bestand. Polnische Priester durften keine Gottesdienste in deutschen Gemeinden abhalten und umgekehrt. An Kirchen, die mit einem deutschen Geistlichen besetzt waren, mußte ein Schild mit der Aufschrift ‚Für Polen verboten' angebracht werden[50].

Auf Grund dieser Einschränkungen entschloß sich die Kurie nach längeren Überlegungen, zu den Vorgängen im Warthegau Stellung zu nehmen. Orsenigo überreichte im August 1941 Staatssekretär Weizsäcker ein Memorandum über den Warthegau[51]. Er betonte dabei, welche Mißstände für die Kirche dort herrschten und faßte die Gravamina in fünf Punkten zusammen:

1. Die Kirchen sind z. T. geschlossen, meist nur sonntags geöffnet; außerdem haben die polnischen Katholiken keinen freien Zutritt zu den Gotteshäusern[52]. Zu diesem Punkt machte Orsenigo im September einen Zusatz, in dem er sich über weitere Kirchenschließungen beschwerte, von denen er erst in der Zwischenzeit erfahren hatte[53].

2. Der Geschäftsgang der bischöflichen Ordinariate ist ständig behindert[54].

3. Viele Ordensleute sind vertrieben worden; zahlreiche Klöster mußten an bürgerliche Vereine abgegeben werden[55].

4. In diesem Punkt ging Orsenigo auf den Erlaß vom 6. Februar 1941 ein[56]. Er wies darauf hin, daß das Kollekten- und Sammlungsrecht im Kirchenrecht verankert sei, das vor dem I. Weltkrieg auch im Warthegau anerkannt war.

5. Es widerspreche ebenfalls dem katholischen Recht, daß die Unabhängigkeit der religiösen Vereinigungen von der kirchlichen Hierarchie gefordert werde.

---

49) Vgl. J. S. Conway, Kirchenpolitik, S. 334.

50) In Konstantynów wurde dieses Schild unterhalb der Inschrift ‚Kommet her zu mir alle' angebracht: P. Gürtler S. 141 mit Anm. 382. Vgl. auch: A. Hohenstein S. 21; J. Sziling, Polityka, S. 164–165.

51) ADSS 3 Nr. 291 vom 17. 8. 1941 S. 426—428.

52) Vgl.: P. Gürtler S. 121 und B. Stasiewski, Kirchenpolitik, S. 55–56. Das Verbot war vom 26. 5. 1941. Greiser untersagte jeglichen Verkehr zwischen Deutschen und Polen und schränkte den Gottesdienst für Polen weiter ein.

53) ADSS 3 Nr. 304 vom 9. 11. 1941 S. 454–455.

54) Siehe unten S. 138. Orsenigo führte einzelne Beispiele wie Gnesen, Posen, Włocławek usw. an.

55) Vgl. The Persecution S. 9–10, 17–18, 41–42, 49–50.

56) Siehe oben S. 30.

Orsenigo betonte, diese Maßnahmen beeinträchtigten eine gedeihliche Seelsorge und appellierte an die Einsicht des Staates, der das geistige und materielle Wohl aller wünsche. Er setzte seine Hoffnung auf Außenminister Ribbentrop, an den er im Namen des Heiligen Stuhles die Forderung richtete, die Freiheit der Kirche im Warthegau wiederherzustellen [57].

ab) Die Verordnung vom 13. September 1941 [58]

Bevor eine Antwort der deutschen Regierung einging, berichtete der Berliner Nuntius Mitte September 1941 von einem weiteren Vorgehen Greisers gegen die Kirchen. Bei der neuen Maßnahme handelte es sich um die ‚Verordnung über religiöse Vereinigungen und Religionsgesellschaften im Reichsgau Wartheland' vom 13. September 1941, die nach Meinung des Gauleiters dem rechtlosen Zustand der Kirchen ein Ende machen sollte [59]. Es war dies zweifellos die einschneidendste Verordnung über religiöse Vereinigungen im Warthegau. In § 1 wurde u. a. „die römisch-katholische Kirche deutscher Nationalität im Reichsgau Wartheland" als juristische Person des privaten Rechts definiert. Diese Vereinigung sollte an die Stelle der Rechtsperson der römisch-katholischen Kirche treten, wie sie am 1. September 1939 im Warthegau existiert hatte.

Orsenigo bat den Heiligen Stuhl um eine baldige Stellungnahme, die er eine Woche später erhielt. Maglione forderte ihn auf, energisch gegen die neue Verordnung Greisers zu protestieren [60]. Die Bitte Orsenigos, die Kurie solle ihm mitteilen, wie er sich zu der neuen Attacke gegen die Kirche zu verhalten habe, zeigt die Hilflosigkeit des Nuntius in Berlin gegenüber derartigen Vorgängen. Es ist allerdings zu bedenken, daß das Auswärtige Amt bis zu dieser Zeit keinerlei Antwort auf das Memorandum Orsenigos vom August des Jahres gegeben hatte. Auch der Kurie war nicht klar, was konkret gegen die Maßnahmen im

57) Offensichtlich knüpfte sich diese Hoffnung Orsenigos daran, daß Ribbentrop im März 1940 eine Audienz bei Pius XII. gehabt und somit wenigstens nach außen hin ein gewisses Interesse an guten Beziehungen zur katholischen Kirche dokumentiert hatte. Zum Ribbentrop-Besuch im Vatikan am 11. 3. 1940 vgl. M. Clauss.

58) Vgl.: P. Gürtler S. 72–87 und J. Sziling, Polityka, S. 118–122.

59) ADSS 3 Nr. 305 vom 14. 9. 1941 S. 456–457. —Text der Verordnung: P. Gürtler Dok. Nr. 39 S. 260–264. Literatur bei B. Stasiewski, Kirchenpolitik, S. 56 Anm. 52. Vgl. M. Broszat S. 171, der diese Verordnung das „Grundgesetz der Entkirchlichung" nennt.

60) „V.E.R. protesti energicamente": ADSS 3 Nr. 308 vom 20. 9. 1941 S. 461.

Warthegau zu tun sei. Als die Tragweite der neuen Verordnung voll erkannt worden war, versuchte sie nach anfänglichem Zögern mit gesteigerter diplomatischer Aktivität eine Veränderung der Verhältnisse im Warthegau zu erreichen [61]. Orsenigo teilte dem Auswärtigen Amt mit, daß die von Greiser geforderten Vereine nicht eingerichtet werden könnten. Er versuchte, mit Weihbischof Dymek in Kontakt zu treten, was aber nicht gelang. In einer Note an das Auswärtige Amt vom 29. September wies Orsenigo darauf hin, der Heilige Stuhl habe erheblich zur Befriedung der Lage im Warthegau beigetragen und getrennte Pfarrkirchen für Deutsche und Polen zugelassen. Er wandte sich erneut gegen die vom Gauleiter errichteten privaten Religionsgemeinschaften. In einem Schreiben an Maglione erklärte Orsenigo allerdings, der Protest werde wahrscheinlich keinen Erfolg haben. Greiser unterstehe direkt dem Führer und habe von ihm alle Vollmachten für die Organisation des Warthegaus. Der Nuntius erläuterte dabei Greisers Ausspruch vom ‚Warthegau als Experimentierfeld für das gesamte Reich'; seiner Meinung nach regiere Greiser wie ein ‚Satrap', unberührt von den Verwaltungsinstanzen [62]. Orsenigo schlug vor, die Kurie solle jemanden delegieren, um direkt mit Greiser zu verhandeln.

Weitere Reaktionen auf die Verordnung vom 13. September liegen in zwei Berichten aus dem Warthegau selbst vor [63]. Weihbischof Dymek und Generalvikar Blericq bestätigten in ihrem Schreiben, aus dem die Sorge um das Wohl der Kirche unter der deutschen Besatzung sprach, die schon mehrfach erwähnte Feststellung, daß der Warthegau das Experimentierfeld für ein umfassendes Vorgehen gegen die Kirche in Deutschland darstelle. Die Hauptschwierigkeit für den Heiligen Stuhl sahen sie darin, daß dieses Gebiet nicht dem Konkordat unterworfen

[61]) Orsenigo berichtete über seinen Protest an Maglione: ADSS 3 Nr. 313 vom 1. 10. 1941 S. 469–470. In der Verbalnote an das Außenministerium, die Orsenigo in einer Abschrift beifügte (ebd. S. 471 = ADAP D XIII 2 Nr. 368 vom 29. 9. 1941 Anlage S. 483) hieß es: „Gegen diese Verordnung, die sich über die bestehende zuständige kirchliche Hierarchie hinwegsetzt ... erhebt der Apostolische Nuntius energischen Protest und ersucht um Aufhebung obenerwähnter Verordnung".

[62]) „Un gauleiter, che si sente intangibile presso gli organi governativi e responsabile unicamente davanti al Führer, ... può disporre come un satrapo ed i poveri Polacchi e Tedeschi, che vi abitano, sentono tutta la loro impotenza": ADSS ebd. S. 470.

[63]) Orsenigo sandte die Berichte an Maglione: ADSS 3 Nr. 315 vom 7. 10. 1941 S. 473–479. — Zu einer Stellungnahme Bertrams zu der Verordnung vgl. sein Schreiben an die Oberhirten der deutschen Diözesen vom 5. 3. 1943: W. Borowski, Obowiązek, Dok. Nr. 16.

war [64]. Die deutsche Seite habe auf jeden Fall die Absicht, die deutschen und polnischen Katholiken zu trennen. Deshalb schlugen Dymek und Blericq von sich aus vor, jeweils eine Diözese für deutsche und polnische Katholiken einzurichten. Es war dies ihrer Meinung nach die einzig brauchbare Maßnahme, um aus den Schwierigkeiten herauszuführen, die sich aus den Verordnungen der deutschen Behörden ergeben hatten.

Auch die Domherrn Albert Steuer und Joseph Paech und der Franziskanerpater Hilarius Breitinger, die den zweiten Bericht verfaßt hatten, schlugen wie die beiden polnischen Prälaten vor, sich den von deutscher Seite geschaffenen Gegebenheiten anzupassen [65]. Sie gingen davon aus, daß die außergewöhnlichen Maßnahmen gegen die Kirche auch ebensolche der Kirche nach sich ziehen müßten. Sie baten daher erneut [66] um einen deutschen Administrator für die deutschen Katholiken im Warthegau. Die bisherigen bischöflichen Kommissare waren von den polnischen Ordinarien abhängig; aber gerade dies machte ihre Arbeit aussichtslos. Die drei Priester glaubten, eine deutsche Autorität unabhängig von den polnischen Bischöfen könne mildernd auf die Verordnung vom 13. September einwirken [67]. Sie waren ferner der Überzeugung, daß Greiser die Kirche zerschlagen wolle und Proteste dagegen sinnlos seien. Da die Bestimmungen der Verordnung staatsrechtliche Bedeutung hatten, schlugen sie vor, daß die katholische Kirche die neue Rechtsform annehme, um wenigstens die Prinzipien der Hierarchie zu retten. Selbst als Körperschaft des Privatrechts stehe die Kirche besser da als im Augenblick ohne jede Rechtsform. Der Vatikan solle daher einen deutschen Priester mit den Rechten eines Apostolischen Administrators für die deutschen Katholiken im Warthegau ernennen.

Seltsam mutet in dem Schreiben der drei Geistlichen die Bitte an, Rom solle gegen die Maßnahmen im Warthegau protestieren, obwohl sie vorher klargestellt hatten, daß jeder Protest sinnlos sei. Darin spiegelt sich die Unsicherheit wider, mit der sie der Politik Greisers gegenüberstanden. Die Zielrichtung von Steuer, Paech und Breitinger war jedenfalls klar. Sie wollten erstens im Warthegau eine selbständige deutsche Kirche neben einer eventuell noch bestehenden polnischen ein-

---

64) Siehe unten S. 84–88.

65) ADSS 3 Nr. 315 vom 7. 10. 1941 S. 476–479.

66) Am 15. 2. 1941 hatten sie diesen Wunsch bereits einmal geäußert.

67) Das Schicksal der evangelischen Kirchen im Warthegau, bei denen dem Gauleiter deutsche Verhandlungspartner gegenüberstanden, widerlegte diese Vermutung

richten; hierzu ist zu sagen, daß der Vatikan bereits einer Trennung von polnischen und deutschen Katholiken entgegen dem CIC 216 § 4 zugestimmt hatte [68]. Zweitens plädierten sie für die Annahme der von Greiser festgelegten Rechtsform, da sie hofften, auf diese Weise die Hierarchie retten zu können — ein Argument, das im Vatikan zweifellos beachtet wurde.

Die Entscheidung fiel dem Heiligen Stuhl nicht leicht. Die Ernennung von Apostolischen Administratoren — einen für die deutschen und einen für die polnischen Katholiken — hätte die von den Deutschen beabsichtigte Trennung der Nationalitäten verstärkt und einen gefährlichen Präzedenzfall geschaffen. Die Konzessionen, die die Kurie machte, waren schließlich keineswegs so weitgehend, wie Steuer, Paech und Breitinger es gewünscht hatten. Die Direktiven der Verhandlungen über den Warthegau teilte Maglione am 15. Oktober Orsenigo mit [69]. Der Vatikan fand sich damit ab, daß Greiser weder dem Auswärtigen Amt noch dem Kirchenministerium, sondern unmittelbar der Parteizentrale unterstand. Deshalb sollte Orsenigo direkt bei Hitler gegen die Zustände im Warthegau intervenieren. Die bereits einmal begonnene Linie der Trennung der deutschen und polnischen Katholiken wurde fortgesetzt. Der Vatikan ernannte Paech zum Apostolischen Administrator für die deutschen Katholiken des Warthegaus; insofern kam er den Wünschen der deutschen und polnischen Geistlichen entgegen. Breitinger löste im Frühjahr 1942 Paech ab; danach wurde Dymek zum Apostolischen Administrator für die Polen ernannt [70]. Mit dieser Regelung schuf der Vatikan keineswegs die Diözesen ab; es ging lediglich darum, die religiöse Betreuung der Gläubigen zu ermöglichen. Die Kurie erkannte daher die Regelung der Verordnung vom 13. September nicht an [71]. Deshalb durfte Paech zwar mit Greiser im Namen der deut

68) CIC 216 § 4: „Non possunt sine speciali apostolico indulto constitui paroeciae pro diversitate sermonis seu nationis fidelium in eadem civitate vel territorio degentium, nec paroeciae mere familiares aut personales".

69) ADSS 3 Nr. 319 vom 15. 10. 1941 S. 484–486.

70) ADSS 3 Nr. 381 vom 26. 5. 1942 S. 576–578. — Zu den Ernennungen vgl. A. Martini, Appelli, S. 10–12.

71) Da die Aufteilung der Jurisdiktion nach Nationalitäten besonders die Diözesen Gnesen und Posen betraf, beauftragte Maglione im Mai 1942 den Nuntius in Vichy, Valeri, damit, Kardinal Hlond die Entscheidung des Heiligen Stuhles mitzuteilen. Er fügte ein Promemoria bei, das die Maßnahmen des Vatikans in bezug auf die Regelungen Greisers erläuterte: „Con questo provvedimento [d. h. der Einsetzung zweier Apostolischer Administratoren] la Santa Sede non ha inteso sopprimere e non ha di fatto soppresso le diocesi, il territorio delle quali è compreso, in tutto o in parte, nel

schen Katholiken verhandeln, allerdings nicht im Namen des Heiligen Stuhles[72]. Dadurch vermied der Vatikan den Eindruck, er erkenne die deutsche Verwaltung im Warthegau an. Paech sollte erreichen, daß die Katholiken mit dem Heiligen Stuhl vereint und von ihm abhängig der Hierarchie unterworfen blieben. Gestand der Staat das nicht zu, dann konnten die Katholiken einer Vereinigung, wie Greiser sie vorgeschrieben hatte, nicht angehören.

Damit hatte Maglione die Grenzen der Verhandlungsbereitschaft des Vatikans festgelegt. Das völlige Nachgeben gegenüber den Forderungen Greisers hätte die Loslösung der katholischen Kirche im Warthegau von Rom bedeutet und damit einen Präzedenzfall nicht nur für die weitere Entwicklung im Deutschen Reich, sondern auch in anderen Ländern geschaffen. Da zu dieser Zeit schon abzusehen war, daß ein Ende der deutschen Maßnahmen gegen die Kirche nicht bevorstand, konnte allenfalls durch eine verschleppende Verhandlungsführung ein Bestehen der augenblicklichen Lage erreicht werden. Rom war bereit, die Trennung von deutschen und polnischen Katholiken zuzulassen, wenn dies eine bessere Seelsorge als bisher ermöglichte; darüber hinaus blieb der Vatikan hart.

ac) Die letzten Kriegsjahre

Ungeachtet aller Proteste setzte Greiser seinen Kampf gegen die Kirche fort[73]. Am 3. Oktober 1941 konfizierte Greiser durch eine neue Verordnung alle kircheneigenen Friedhöfe ersatzlos und unterstellte sie für die Zukunft staatlichen Behörden[74]. Ein weiteres Gesetz beschränkte

---

Wartheland; non ha in modo alcuno approvato le disposizione dell'Ordinanza del 13 settembre 1941, e neppure ha riconosciuto il principio della separazione tra Tedeschi e Polacchi, che — così come è concepito ed attuato dall' autorità civile — suona offesa alla carità cristiana ed alla cattolicità della Chiesa. La Santa Sede ha solamente voluto rendere possibile nelle attuali circostanze l'assistenza religiosa dei fedeli"; ADSS ebd. S. 578.

72) Demzufolge teilte Breitinger in seinem Anschreiben zu dem Satzungsentwurf der katholischen Kirche — siehe unten Anm. 85 — Greiser mit, daß er mit der „Ausarbeitung der Satzung von keiner kirchlichen Stelle beauftragt" worden sei. Sie sei auch „nicht von kirchlicher Stelle genehmigt worden"; er allein trage die volle Verantwortung für ihren Inhalt. Vgl. B. Stasiewski, Kirchenpolitik, S. 67 mit Anm. 111. — Zu den Verhandlungen vgl. D. Albrecht, Klausel, S. 816–819.

73) B. Stasiewski, Kirchenpolitik, S. 58.

74) J. S. Conway, Kirchenpolitik, S. 336 und P. Gürtler Dok. Nr. 41 S. 269–271. In dieser Verordnung wurden auch getrennte Bestattungen von Deutschen und Polen vorgeschrieben. War in einer Gemeinde kein eigener Friedhof für Polen vorhanden, so mußte auf dem deutschen Friedhof eine gesonderte, umzäunte Abteilung für

die wirtschaftliche Grundlage der Kirche auf die Beiträge ihrer Mitglieder [75]. Paech teilte dazu in einem Schreiben an Maglione mit, damit sei das gesamte Vermögen der Kirche im Warthegau verloren; nur „nicht polnisches Vermögen", das kaum nachzuweisen war, blieb erhalten [76]. Die Kirche war jetzt gezwungen, Gotteshäuser zu mieten. Paech hatte den Nuntius in Berlin gebeten, dagegen zu protestieren. Orsenigo lehnte dies ab, da schon alle vorigen Proteste erfolglos, ja unbeantwortet geblieben waren. Daraufhin wandte sich der Apostolische Administrator an Pius XII. Doch auch die Antwort Magliones zeigte Resignation; die Kurie hatte bereits mehrmals in Berlin interveniert, ohne etwas zu erreichen [77].

Nach einer Serie von verwaltungstechnischen Maßnahmen startete Greiser im Oktober 1941 die ‚Aktion zur Zerschlagung der polnischen katholischen Kirche im Reichsgau Wartheland' [78]. An zwei Tagen wurden „schlagartig alle polnischen Geistlichen verhaftet und ins KZ gebracht [79], mit Ausnahme derjenigen, die von den Landräten und Kreisleitern als unbedingt notwendig bezeichnet wurden. Den Landräten war es anheimgestellt, in jedem Kreis zwei polnische Geistliche für die Seelsorge der polnischen Bevölkerung zurückzubehalten, wenn dem Landrat dies als notwendig erschien" [80]. Die meisten Landräte machten von diesem Zugeständnis Gebrauch, während andere erklärten, polnische Geistliche seien nicht mehr notwendig. Außerdem durfte jeder Kreis im Warthegau nur eine polnische Kirche behalten [81].

Polen eingerichtet werden, die auch einen abgetrennten Eingang hatte. Vgl. K. Śmigiel, Walka, S. 299–302.

75) Vgl. P. Gürtler Dok. Nr. 47 S. 282–285.

76) ADSS 3 Nr. 339 vom 8. 12. 1941 S. 509.

77) ADSS 3 Nr. 354 vom 14. 2. 1942 S. 530–532.

78) ADSS 3 Nr. 443 vom 18. 11. 1942 S. 679; vgl. M. Broszat S. 173.

79) A. Hohenstein S. 188 notierte unter dem Datum vom 9. 9. 1941, daß die Gestapo alle polnischen Geistlichen in ‚Schutzhaft' genommen habe. Nach Beginn des Feldzugs gegen die Sowjetunion hatte der Reichsführer SS und Chef der deutschen Polizei, Heinrich Himmler, eine Anordnung über die Festnahme staatsfeindlicher Elemente vom 27. 8. 1941 herausgegeben. Danach waren „samtliche ketzerische Pfarrer, deutschfeindliche Tschechen und Polen, sowie Kommunisten und ähnliches Gesindel grundsätzlich auf längere Zeit einem Konzentrationslager" zuzuführen (ebd.).

80) J. S. Conway, Kirchenpolitik, S. 338. A. Hohenstein S. 129 berichtete am 16. 5. 1941 von einem Vorschlag seines zuständigen Landrats und Kreisleiters, der lautete, die Kirche des Ortes abzureißen und die Steine zum Bauen zu verwenden.

81) ADSS 3 Nr. 398 vom 28. 7. 1942 S. 611–613; vgl. einen Bericht des Erzbischofs von Krakau, Adam Stefan Sapieha: Nr. 323 vom 3. 11. 1941 S. 490. — Die deutschen Stellen fürchteten jede Ansammlung von Polen. Greiser betonte in einer

Breitinger mußte bald darauf eingestehen, daß seine Hoffnungen auf Verbesserungen für die Kirche nicht eingetreten waren. „Es gibt ganze Kreise, die kein Priester zur Ausübung der Seelsorge betreten kann", schrieb er [82]. Gleichzeitig begannen die deutschen Behörden, auf ihre Beamten und Angestellten Druck auszuüben und ihren Austritt aus der Kirche zu erzwingen [83]. Die Belastung für die polnischen Katholiken war jedoch ungleich größer, da die Gauleitung glaubte, auf die Polen keinerlei Rücksicht mehr nehmen zu müssen.

Inzwischen hatten die Katholiken — wie die evangelischen Kirchen [84] — Greiser eine Satzung für die von ihm eingerichtete juristische Person privaten Rechts ‚römisch-katholische Kirche deutscher Nationalität im Reichsgau Wartheland' zur Genehmigung vorgelegt [85].

Ein Bericht des Apostolischen Administrators für die deutschen Katholiken, Breitinger, vom Juli 1942 zeigte, wie unsicher die führenden katholischen Kreise bei der Verhandlungsführung mit Greiser waren [86]. Breitinger überlegte, ob er die Verhandlungen fortführen oder abbrechen, nachgeben oder festbleiben sollte. Ferner diskutierte er die Konsequenzen des Nachgebens bzw. eines Abbruchs der laufenden Gespräche mit dem Reichsstatthalter. Letztlich wollte er aber so lange weiterverhandeln, wie Greiser keine Forderungen stellte, die dem Wesen der katholischen Kirche widersprachen. Daß dieses schon längst geschehen war, war zweifellos auch Breitinger bewußt. In diesem Ringen der kirchlichen Stellen zeigt sich die ganze Tragik der Lage. Obwohl sie fast sicher waren, daß keine Erfolge erzielt werden konnten, klammerten sie

---

Rede vom 20. 3. 1943, Gottesdienste seien umso gefährlicher, da dort bei der Versammlung ein Geistlicher, also ein führender Intellektueller, anwesend sei, der die Versammelten in der Hand habe: DOT 4 S. 252–253. Vgl. A. Hohenstein S. 186.

82) ADSS 3 Nr. 398 vom 28. 7. 1942 S. 611. Eine weitere Maßnahme gegen die Geistlichkeit stellte die Polenstrafrechtsverordnung vom 4. 12. 1941 dar. Katholische Priester, „die das deutsche Aufbauwerk ernsthaft gefährden", konnten von einem Standgericht abgeurteilt werden: B. M. Kempner S. 10.

83) Vgl. A. Hohenstein S. 207–208 und P. Gürtler S. 150–156. Hohenstein schilderte das Verfahren wie folgt: Der Ortsgruppenleiter erschien am 29. 10. 1941 und legte ein Blatt vor, auf dem Hohenstein unterschreiben sollte, daß er aus der Kirche im Altreich ausgetreten sei und sich als ‚gottgläubig' erkläre. Ferner sollte er sich verpflichten, „einer der beiden Kirchen des Warthegaues nicht beizutreten". Der Ortsgruppenleiter drohte Sanktionen an, falls er nicht bereit sei zu unterschreiben.

84) P. Gürtler S. 88–116.

85) Die deutsche katholische Kirche im Warthegau reichte am 25. 4. 1942 ihre Satzungen ein: ADSS 3 S. 844 Anm. 1; W. Borowski, Obowiązek, S. 148—151; B. Stasiewski, Kirchenpolitik, S. 59 mit Anm. 70.

86) ADSS 3 Nr. 398 vom 28. 7. 1942 S. 608–615.

sich an jede noch so geringe Hoffnung. Breitinger wollte in seinen Gesprächen zunächst die Interessen der zahlenmäßig schwächeren deutschen Katholiken vertreten, da „nur auf diesem Wege die Erfordernisse des katholischen Lebens den Staatsbehörden gegenüber rechtlich begründet werden können“ [87]. Danach werde es für die Polen eventuell eher möglich sein, ähnliche Forderungen zu stellen.

Die Verhandlungen zogen sich über Monate hin [88]. Der Reichsstatthalter beharrte unnachgiebig auf seinen Forderungen, die Breitinger ablehnte, obgleich ihm für den Fall, daß die Gespräche scheitern sollten, die Einlieferung nach Dachau angedroht worden war [89]. In seiner Haltung wurde er durch ein Schreiben des Kardinalstaatssekretärs an Orsenigo ausdrücklich bestärkt [90].

Anfang Oktober 1942 hatte Breitinger die Gelegenheit, dem Nuntius persönlich Bericht zu erstatten, als er wegen eines Verhörs von der Polizei nach Berlin zitiert worden war [91]. Die Verhandlungspositionen waren inzwischen völlig festgefahren. Deshalb griff der Vatikan zu einem von ihm selten eingesetzten Mittel: Er versuchte, über seine offiziellen Beziehungen zur deutschen Regierung Druck auszuüben. Der deutschen Botschaft beim Heiligen Stuhl ließ die Kurie mitteilen, sie sei wegen der Situation im Warthegau nicht mehr in der Lage, ihre bisher streng geübte Zurückhaltung aufrechtzuerhalten [92]. Die Kurie spielte dabei auf

---

87) Ebd. S. 615.

88) Siehe oben Anm. 85. Nach mehreren Besprechungen mit Greiser reichte Breitinger am 15. 9. 1942 seine Vorschläge erneut ein. Am 23. 4. 1943 ließ Greiser der katholischen Kirche sowie der Posener und Litzmannstädter Kirche und den separierten Lutheranern staatliche Satzungsvorschläge mit Begleitschreiben zugehen. Danach gingen die Verhandlungen weiter, bis sich herausstellte, daß Greiser an einem ernsthaften Kompromiß nicht interessiert war: ADSS 3 Nr. 417 vom 24. 9. 1942 S. 644–645 mit Anm. 1.

89) Ebd. S. 645.

90) ADSS 3 Nr. 393 vom 14. 7. 1942 S. 603–604 und Nr. 419 vom 29. 9. 1942 S. 646; vgl. Nr. 420 vom 2. 10. 1942 S. 648.

91) Am 25. 7. 1942 hatte Breitinger ein Pastoralschreiben versandt, das von der Gestapo abgefangen worden war. Sie hatte ihn mit einer Geldstrafe belegt und ihm für die Zukunft verboten, weitere Pastoralschreiben zu versenden, ohne sie vorher der Polizeizensur zu unterwerfen: ADSS 3 Nr. 420 vom 2. 10. 1942 S. 647 mit Anm. 3.

92) ADSS 3 Nr. 419 vom 29. 9. 1942 S. 646. Maglione forderte von Orsenigo: „Vostra Eccellenza faccia presente competenti autorità che Santa Sede ha finora usato massima longanimità ed arrendevolezza in merito situazione religiosa Warthegau. Ma di fronte aggravarsi situazione Santa Sede non potrebbe più oltre tacere“. Das Kardinalstaatssekretariat teilte der deutschen Botschaft beim Heiligen Stuhl mit: „Se, come si teme, in seguito a nuove misure della Luogotenenza [d. h. der Gauleitung im

ihre bisherige Bereitschaft an, keine öffentlichen Proteste über die Lage in Polen zu verbreiten [93]. Doch es war zu erwarten, daß auch diese Schritte ohne Erfolg blieben, da dem Nuntius schon längere Zeit mitgeteilt worden war, er sei nur für das Altreich zuständig [94].

Breitinger schrieb in seinem nächsten Bericht, die deutsche Seite versichere zwar offiziell, eine Loslösung von der römisch katholischen Kirche werde für die Kirche im Warthegau nicht vorbereitet, aber inoffiziell sei zu hören, „daß man nur auf die Persönlichkeit warte, die endlich den Mut habe, mit Rom zu brechen“ [95]. Breitinger bot Pius XII. als letztes Mittel zwei Möglichkeiten an, um noch eine annehmbare Rechtsgrundlage zu erreichen und einer geregelten Seelsorge näherzukommen:

1. „Die katholische Bevölkerung des Warthelandes wirft immer wieder die Frage auf, ob der Papst nicht helfen kann und warum er schweigt. Sie wartet sehnsüchtig auf eine Erklärung Eurer Heiligkeit zu unserer religiösen Notlage“ [96].

Breitinger glaubte, daß ein Protest des Papstes bei der deutschen Regierung Erfolg haben werde. Er dachte dabei wohl an einen öffentlichen Protest, da er über die zahlreichen diplomatischen Schritte beim Auswärtigen Amt unterrichtet war.

2. Er schlug vor, „das hiesige Gebiet in seiner kirchlichen Verwaltung an einen Metropolitanverband im Altreich anzugliedern“ [97].

Obgleich Breitinger die Schwierigkeiten einer solchen Angliederung kannte, wäre sie seiner Meinung nach ein öffentlicher Beweis dafür gewesen, daß die Katholiken des Warthegaus von den übrigen Gläubigen der Kirche niemals getrennt werden konnten. Das Schicksal so vieler Katholiken hinge auch nicht mehr von ihm allein ab, sondern der gesamte deutsche Episkopat hätte die schwere Verantwortung mitgetragen [98]. Diese Vorschläge waren von der ungewöhnlichen Belastung des Apostolischen Administrators diktiert, die ihm sein Amt aufbürdete und

---

Warthegau], la situazione dovesse aggravarsi ancora più, la Santa Sede, per dovere del suo ministero, si troverebbe costretta ad uscire — e lo farebbe, per quanto a malincuore — da quell'attitudine di riserbo che finora ha mantenuto“; ADSS 3 Nr. 424 vom 8. 10. 1942 S. 653 = IMG Bd. 32 Dok. 3263-PS S. 92–93.

93) Siehe unten S. 81 f.

94) Siehe unten S. 87 f.

95) ADSS 3 Nr. 444 vom 23. 11. 1942 S. 682.

96) Ebd. S. 683.

97) Ebd. S. 684.

98) Siehe unten S. 149.

die in der letztgenannten Begründung anklingt. In den Verhandlungen mit Greiser war er völlig auf sich alleingestellt und auch allein gelassen, da Rom sich offiziell heraushielt.

Weitere Nachrichten aus dem Warthegau von November und Dezember 1942 bzw. Januar 1943 brachten keine neuen Aspekte [99]; die Lage verschlechterte sich immer mehr [100]. In dieser festgefahrenen Situation entschloß sich der Heilige Stuhl zu einem erneuten Protest bei der deutschen Regierung [101]. W. Adolph zählt den Brief des Kardinalstaatssekretärs vom 2. März 1943 mit Recht „zu den klassischen Dokumenten der Politik des Heiligen Stuhles während des zweiten Weltkrieges" [102]. Die Reaktion der deutschen Seite, die sich weigerte, das Schreiben überhaupt entgegenzunehmen, wirkte auf den Vatikan lähmend. Es dauerte über ein halbes Jahr, bis aus Rom wieder eine Anweisung den Warthegau betreffend erging. Maglione erteilte über Orsenigo an Breitinger die Order, die Verhandlungen mit Greiser abzubrechen. Es hatte keinen Sinn mehr [103].

Die Nachrichten aus dem Warthegau — wie aus dem gesamten polnischen Gebiet — wurden immer seltener [104]. Im November 1943 bat Maglione den Nuntius in Berlin, ihm Informationen über den Warthegau zukommen zu lassen, da die Mitteilungen aus Polen selbst völlig ausblieben [105]. Doch auch Orsenigos Quellen versiegten. Anfang 1945 notierte Maglione, seit fast zwei Jahren sei nichts mehr über die religiöse Lage in Polen zu erfahren [106].

Die bis Ende 1943 energisch vorangetriebenen Bemühungen zur Neu-

99) Berichte Orsenigos: ADSS 3 Nr. 445 vom 27. 11. 1942 S. 685–686; Nr. 451 vom 18. 12. 1942 S. 700–701; Nr. 455 vom 5. 1. 1943 S. 706.

100) „Cultus divinus in dioecesi mea [d. h. Włocławek] fere omnino iam est abolitus", schrieb Bischof Karol Radoński: ADSS 3 Nr. 392 vom 10. 7. 1942 S. 602.

101) Zu den Protesten des Vatikans bei den deutschen Behörden vgl. E. Jäckel S. 36.

102) W. Adolph, Brief, S. 8; siehe unten S. 88–95.

103) ADSS 3 Nr. 545 vom 16. 11. 1943 S. 844–845. Breitinger hatte am 2. 11. 1943 Maglione über seine Antwort an Greiser zu dessen Satzungsentwurf — siehe oben Anm. 88 — informiert. Zu diesem Schreiben notierte Tardini am 12. 11. 1943: „Lasciar cadere. E meglio non trattar più"; ebd. S. 844 Anm. 1.

104) Siehe unten S. 71.

105) ADSS 3 Nr. 545 vom 16. 11. 1943 S. 845: „A proposito del Warthegau rilevo che si fanno sempre più rare le notizie relative ai cattolici polacchi. Vostra Eccellenza mi farà cosa ben gradita se potrà farmi sapere qualcosa dell'attuale situazione ... dei cattolici in diocesi ... nel Warthegau".

106) ADSS 3 Nr. 591 vom 12. 2. 1945 S. 897: „Da quasi due anni si manca di notizie; rarissime prima, ora assolutamente nulla".

ordnung der kirchlichen Verhältnisse des Warthegaus gerieten in den letzten eineinhalb Kriegsjahren aus verschiedenen Gründen ins Stokken[107]. Die Kriegslage verschlechterte sich von Monat zu Monat, so daß auch viele Sachbearbeiter in den Staats- und Parteidienststellen zum Wehrdienst einberufen wurden und somit die Kontinuität bei den amtlichen Stellen unterbrochen war. Ferner machte sich der zunehmende Gegensatz zwischen dem Chef der Parteikanzlei, Martin Bormann, und Greiser in Fragen der Kirchenpolitik bemerkbar[108]. Nicht zuletzt hatte auch die entschiedene Ablehnung der Kirchen — sowohl der katholischen wie auch der evangelischen — den Reichsstatthalter in der sich zuspitzenden Krisensituation von weiteren Maßnahmen auf religiösem Gebiet abgehalten. Die Opposition der Gläubigen, die durch einen immer größer werdenden Zustrom von Evakuierten verstärkt wurde, ließ ein entschiedeneres Vorgehen nicht mehr ratsam erscheinen. Als die deutsche Bevölkerung am 20. und 21. Januar 1945 Posen überstürzt räumen mußte und die Stadt nach kurzer Verteidigung in die Hände der sowjetischen Truppen fiel, war das Ende der nationalsozialistischen Kirchenpolitik im Reichsgau Wartheland, dem ‚Mustergau', gekommen[109].

Das Ergebnis, das Rom nach fünf Jahren deutscher Herrschaft im Warthegau vorfand, war ein Scherbenhaufen. Die Hierarchie war zerschlagen, der Klerus bis auf Reste dezimiert. Die Gotteshäuser waren zum größten Teil geschlossen, die religiöse Betätigung — und dies galt vor allem für die polnische Bevölkerung — war in jeder nur denkbaren Weise behindert.

Der Heilige Stuhl hatte der Entwicklung im Warthegau bis auf wenige Ausnahmen nur tatenlos zusehen können. Rom machte Kompromisse, gab hier und da nach, um einen immer geringer werdenden Bereich von Seelsorge zu garantieren. Nur als Greiser praktisch die völlige Aufgabe aller katholischen Prinzipien verlangte, blieb der Vatikan hart. Die immer wieder vorgetragenen Proteste auf diplomatischer Ebene waren ebenso erfolglos, wie die Drohung der Kurie, sich wegen der Verhältnisse im Warthegau an die Weltöffentlichkeit zu wenden. Wäh-

---

107) Symptomatisch dafür war, daß es nicht mehr zu einer Entgegnung zu den von den evangelischen Kirchen erhobenen Einsprüchen gegen den Satzungsentwurf des Gauleiters von dessen Seite kam: P. Gürtler S. 113–114.

108) B. Stasiewski, Kirchenpolitik, S. 60.

109) Einen Bericht über die letzten Monate vor Kriegsende gab Weihbischof Władysław Szlagowski aus Warschau: ADSS 3 Nr. 589 vom 17. 1. 1945 S. 894–895.

rend im Altreich und in den anderen polnischen Gebieten noch eine gewisse Kompromißbereitschaft der deutschen Seite zu erkennen war, wurde im Warthegau der Plan einer total staatlich gelenkten Kirche so konsequent wie nirgendwo sonst durchgeführt. Hier mußte daher der aktive Beitrag des Heiligen Stuhles für die religiöse Entwicklung so gering bleiben wie in keinem anderen polnischen Gebiet.

b) Oberschlesien, Danzig-Westpreußen, Ostpreußen

Die in diesem Kapitel gemeinsam behandelten Gebiete unterschieden sich innerhalb der Gruppe der ‚eingegliederten Ostgebiete' vom Reichsgau Wartheland dadurch, daß sie enger als dieser an das Altreich angeschlossen waren [110]. Obwohl räumlich nicht zusammenhängend, läßt sich in den Provinzen Ostpreußen und Oberschlesien sowie im Reichsgau Danzig-Westpreußen eine mehr oder weniger einheitliche Kirchenpolitik der deutschen Behörden feststellen [111].

Zu der Provinz Oberschlesien gehörte die Diözese Kattowitz sowie Teile der Erzdiözese Krakau und der Diözesen Kielce und Tschenstochau, zu Ostpreußen der größte Teil der Diözese Warschau. Der Reichsgau Danzig-Westpreußen schließlich umfaßte die Diözese Kulm und Teile von Płock [112] und der Erzdiözese Gnesen.

In einer der ersten Noten zwischen der Reichsregierung und dem Kardinalstaatssekretariat über die Lage in Polen machte die deutsche Botschaft konkrete Vorschläge für die Verwaltung der polnischen Diözesen Gnesen-Posen, Kulm-Pelplin und Kattowitz. Sie nannte für jedes Gebiet einen deutschen Bischof, der es mitverwalten sollte, da, wie sie angab, die polnischen Bischöfe geflohen seien [113]. Diesem Ansinnen gab der Vatikan nicht statt. Erstens waren die Pläne für die Verwaltung einzelner Diözesen in Rom noch nicht so weit gediehen, und zweitens

110) Zur Kirchenpolitik der Deutschen in diesen Gebieten: M. Broszat S. 157–163; J. Lubicz J. Woliński S. 95–99; K. Popiołek, Śląsk; J. Sziling, Polityka. — Zu dem Gebiet der Diözese Tschenstochau vgl. J. Związek, Straty, S. 325–327 und 340–349.

111) Als einheitliches Gebiet faßte sie auch Maglione in seinem Schreiben an Ribbentrop vom 2. 3. 1943 auf; siehe unten S. 91.

112) Es ist hier festzuhalten, daß in den vatikanischen Quellen kaum Nachrichten über die Diözese Płock vorliegen, weder aus der Diözese selbst noch von anderer Seite. Vgl.: The German New Order S. 349 und The Persecution S. 55–56. — Zum Schicksal der evangelischen Kirchen in diesem Gebiet: H. Linck.

113) Siehe unten S. 138 f. und 190 f.

lagen bislang keine Berichte aus Polen selbst vor, wenigstens nicht aus Kulm und Kattowitz [114].

Als die ersten Nachrichten aus Kattowitz eintrafen [115], registrierte die Kurie zunächst mit Erleichterung, daß Bischof Stanisław Adamski seine Diözese nicht verlassen hatte; hier fiel also die Frage einer eventuell neu zu regelnden Verwaltung fort. Wie der Bischof war auch der Klerus fast vollzählig auf seinem Posten geblieben [116]. Da die Diözese Kattowitz innerhalb der deutschen Grenzen von 1918 lag, wurde das Gebiet als vollständig deutsch behandelt und einer schnellen Germanisierung unterzogen [117]. Als wichtigste Maßnahme diente dabei die Einführung der deutschen Sprache in Schulen, Kirchen und Behörden [118]. Orsenigo war zuversichtlich, daß Bischof Adamski die Diözese gut leiten werde, da es bisher keine Anzeichen dafür gebe, daß die deutschen Stellen — abgesehen von der Sprachenfrage — weiter in die Belange der Kirchen eingreifen wollten.

Die Angaben des Auswärtigen Amtes über die Flucht polnischer Bischöfe stimmten nur teilweise. Der Bischof von Kattowitz war im Amt geblieben, hingegen hatte der Bischof von Kulm, Stanisław Wojciech Okoniewski, seine Diözese verlassen, Weihbischof Konstanty Dominik war erkrankt [119].

In Westpreußen gingen die Behörden gegen die polnische Intelligenz besonders hart vor; von ihr blieb nur ein kleiner Teil verschont [120]. Einer der brutalsten Eingriffe in die bischöflichen Ordinariate und Kapitel richtete sich gegen das Domkapitel von Pelplin, dessen Mitglieder am 20. Oktober 1939 in einem Wald bei Pelplin ermordet und verscharrt wurden [121]. Die Gebäude der bischöflichen Kurie wurden mit einer

---

114) Zu Gnesen-Posen siehe oben S. 24 f.

115) Adamski hatte einen Geistlichen zu Orsenigo gesandt; dieser erstattete dann Maglione Bericht: ADSS 3 Nr. 37 vom 3. 11. 1939 S. 112–116; vgl. The Persecution S. 44–52.

116) ADSS ebd. S. 113: Von etwa 700 Priestern waren 60 zunächst geflohen, von ihnen kehrten 40 bald wieder auf ihre Stellen zurück.

117) Vgl. R. Jeske; Cz. Madajczyk, Polityka I, S. 287–506; E. Serwański, Polityka.

118) Zum Sprachenproblem siehe unten S. 224–233; vgl. K. Popiołek — W. Sobański S. 39 und E. Serwański, Język.

119) ADSS 3 Nr. 51 vom 25. 11. 1939 S. 132; vgl. B. Bojarska S. 97.

120) Vgl.: B. Bojarska; M. Broszat S. 45; A. Liedtke, Zarys, S. 112–116; J. Sziling, Dzieje, S. 313–339; ADSS 3 Nr. 96 vom 14. 1. 1940 S. 195; The Persecution S. 37–44. — Siehe unten Anm. 125.

121) Vgl. B. Bojarska S. 106 Anm. 37 und F. Manthey, Dominik, S. 17 zum ‚Sacco di Pelplin'.

Polizeischule belegt, der Dom geschlossen. Die Deutschen besetzten fast alle Pfarrhäuser, enteigneten die Krankenhäuser und kirchlichen Anstalten und vertrieben die Ordensschwestern. Als Vorwand galt der Gestapo eine Rede Kardinal Hlonds im Vatikansender, in der er, wie sie behauptete, die polnische Bevölkerung zum Widerstand aufgerufen habe [122]. Von den 690 Weltpriestern der Diözese Kulm wurden etwa zwei Drittel verhaftet, die übrigen konnten untertauchen. Diese Priester wurden z. T. in das Generalgouvernement ausgesiedelt, nur wenige später freigelassen; 214 von ihnen wurden nachweislich in den Monaten Oktober/November 1939 ermordet [123]. In einem Bericht des Leiters des Einsatzkommandos der Sicherheitspolizei und des Sicherheitsdienstes in Bromberg an das Reichssicherheitshauptamt vom 20. Oktober 1939 hieß es dazu: „In den westpreußischen Städten wurden von der Geheimen Staatspolizei und vom Selbstschutz Aktionen durchgeführt, um die polnischen Lehrer zu verhaften und in das Zuchthaus Krone abzutransportieren. Es ist geplant, die radikalen polnischen Elemente zu liquidieren. Außerdem wurden in letzter Zeit planmäßig Aktionen durchgeführt, bei denen vor allem Angehörige der polnischen Intelligenzschicht festgenommen wurden. ... Ein Großteil der katholischen Geistlichkeit ist infolge der bekannten radikal-polnischen Haltung beseitigt“ [124]. Von dem Ergebnis dieses Vorgehens berichtete Orsenigo; kaum mehr als 20 Priester waren im Amt [125]. Orsenigo hatte daher den Bischof von Danzig, Carl Maria Splett, beauftragt, wenigstens einige Priester in die Diözese Kulm zu senden, damit die notwendigsten seelsorgerischen Funktionen ausgeführt werden konnten. Da die amtlichen Stellen die klare Absicht hatten erkennen lassen, daß sie die bisherige Hierarchie soweit wie möglich

---

122) Am 21. 9. 1939 hatte Kardinal Hlond über den Vatikansender eine Botschaft an die polnische Nation gesandt, deren italienischer Text der ‚Osservatore Romano‘ in der Nummer vom 2./3. 10. 1939 abdruckte. Der von der Gestapo offenbar beanstandete Abschnitt lautete: „Polacchi proteggetevi dall'empietà. Separatevi nettamente e con forte spirito cristiano dal diluvio ateo, se non volete che in esso la Polonia affondi. Anche questa volta la fede sarà il rifugio dello spirito polacco e del pensiero polacco fra il diluvio senza Dio. Abbiate per questo soprattutto molta cura della gioventù. Rifate le vostre chiese. State attaccati e soggetti ai vostri Vescovi e sacerdoti“.

123) Męczeństwo bringt eine namentliche Aufzählung aller Opfer; vgl. R. Stachnik S. 37 und A. Liedtke, Straty.

124) Zitiert bei M. Broszat S. 45.

125) Splett gab in seinem ersten Bericht über Kulm eine Zahl von 35–40 Priestern an, die noch im Amt seien: ADSS 3 Nr. 96 vom 14. 1. 1940 S. 195; vgl. The German New Order S. 322; The Persecution S. 38; siehe oben Anm. 120.

ausschalten wollten und wegen der sehr ungünstigen Nachrichten Orsenigos, beschloß Pius XII., die Verwaltung der Diözese Kulm dem Bischof von Danzig zu übertragen[126].
Auch im Reichsgau Danzig-Westpreußen waren bald die Ansätze einer Germanisierungspolitik festzustellen. Eine Reihe der polnischen Einwohner, deren Anteil an der Gesamtbevölkerung 90 % betrug, wurde nach und nach in das Reich deportiert, dort z. T. in Arbeitslager gebracht, oder ins Generalgouvernement umgesiedelt[127]. Seit der Ernennung Bischof Spletts zum Apostolischen Administrator hatte sich die Zahl der Geistlichen in der Diözese wieder auf 140 erhöht, allerdings verboten die staatlichen Behörden alle Predigten in polnischer Sprache. Splett drückte aber gegenüber dem Papst die Hoffnung aus, daß es trotz aller Schwierigkeiten „durch kluges Verhandeln mit dem Herrn Reichsstatthalter in Danzig gelingen wird, wenigstens alle größeren Pfarreien seelsorglich zu betreuen[128].

In Kattowitz schienen sich die Spannungen zwischen der Regierung und dem Bischof zu verringern[129], als dieser einen deutschen Generalvikar, Franz Strzyż, ernannt hatte[130]. Während sich die Behörden bisher geweigert hatten, irgendein Schreiben des Bischofs zu beantworten, kam es jetzt zu einem Gespräch zwischen Strzyż und dem deutschen Sektionschef für kirchliche Angelegenheiten in Schlesien. Es sei nicht Ziel der deutschen Behörden, so wurde Strzyż mitgeteilt, ein kirchenfeindliches Programm zu verwirklichen, sondern auf kirchlichem Gebiet die deutschen Interessen zu vertreten. Dem Bischof wurde vorgeschlagen, er solle den vertriebenen oder geflohenen Priestern raten, auf ihre Benefizien zu verzichten, um dann deutsche Priester einsetzen zu können[131]. Ferner sollten das Kapitel wie auch alle anderen kirchlichen In-

---

126) Siehe unten S. 141 f.

127) ADSS 3 Nr. 75 vom 22. 12. 1939 S. 163. Vgl. J. Gumkowski — K. Leszczyński S. 145–161; W. Jastrzebski S. 112–131.

128) ADSS 3 Nr. 96 vom 14. 1. 1940 S. 196.

129) Orsenigo schilderte im Dezember 1939 die Tätigkeit Adamskis: „Stanislao Adamski ... governa la sua diocesi come di consueto"; ADSS 3 Nr. 68 vom 15. 12. 1939 S. 149. Adamski selbst bezeichnete die Lage als „tollerabile": Nr. 100 vom 17. 1. 1940 S. 202.

130) ADSS 3 Nr. 100 vom 17. 1. 1940 S. 200–201. Dazu: W. Borowski, Obowiązek, S. 164–165 und F. Wosnitza S. 222.

131) ADSS ebd. S. 201. Vgl. einen Bericht Adamskis aus der gleichen Zeit: „Magistratus rogabunt ab ipsis [d. h. von den Priestern], ut suis beneficiis renuntient, Ordinario vero imponent, ut renuntiationem eorum acceptet beneficiumque sive liberae collationis sive iuris patronatus concursu paroeciali praehabito sacerdoti-

stitutionen eine deutsche Majorität erhalten. Adamski gelang es in der Folgezeit, einige der inhaftierten Geistlichen freizubekommen; bald konnten auch die karitativen Einrichtungen wieder arbeiten [132].

Kurze Zeit nach dieser ‚Ruhepause' setzten in der Diözese Kattowitz neue Verfolgungen ein [133]. Zu der ersten größeren Verhaftungsaktion kam es im Frühjahr 1940 unmittelbar vor dem polnischen Nationalfeiertag [134]. Bereits im Mai mußte der Berliner Nuntius von neuen Maßnahmen berichten [135]; diesmal dauerte die Verhaftungswelle über mehrere Wochen hin an [136]. Zur gleichen Zeit schränkte die Regierung auch den Gebrauch der polnischen Sprache weiter ein, die jetzt für nahezu alle religiösen Funktionen verboten war; allerdings durfte die Beichte noch in polnischer Sprache gehört werden [137]. Die Kirche gab diesen Forderungen nach, um die ohnehin schwierige Lage nicht noch weiter zu verschärfen. Im Herbst 1940 wurden vereinzelt kirchliche Gebäude sequestriert und das Seminar von Kattowitz aufgelöst [138].

Parallel mit der Entwicklung in Oberschlesien verboten die Behörden auch im Reichsgau Danzig-Westpreußen den Gebrauch der polnischen

---

bus alienae dioecesis conferat eorum incardinatione perpetrata"; ADSS 3 Nr. 95 vom 13. 1. 1940 S. 193.

132) ADSS 3 Nr. 128 vom 30. 3. 1940 S. 232.

133) Orsenigo drückte in zwei Schreiben an Maglione seine Befürchtungen darüber aus, daß sich die deutschen Behörden auf die Dauer nicht mit einem polnischen Bischof in Kattowitz zufrieden geben würden; daher sei irgendwann mit der Entfernung Adamskis zu rechnen: ADSS 3 Nr. 109 vom 27. 1. 1940 S. 211 und Nr. 118 vom 24. 2. 1940 S. 222.

134) M. Broszat S. 161 mit Anm. 2. Bei dieser ersten Verhaftung wurden Geistliche, die als ‚meistbelastet' galten, in ein Konzentrationslager gebracht. Um die vorher festgelegte ‚Sollzahl' zu erreichen, nahm die Polizei auch ‚unbelastete' Priester fest, da einige der auf der Liste stehenden Geistlichen untergetaucht waren.

135) ADSS 3 Nr. 139 vom 18. 5. 1940 S. 242; Orsenigo fügte seinem Bericht mehrere Namenlisten von verhafteten Geistlichen bei. Demnach waren am 30. 4. 1940

im Gefängnis	22 Priester
im Konzentrationslager	7 Priester
vertrieben	14 Priester.

Weitere fünf Geistliche mußten bis zum 1. 6. 1940 die Diözese Kattowitz verlassen haben. Damit waren von den insgesamt 380 Diözesanpriestern 48 vertrieben oder verhaftet; weitere drei waren im Gefängnis umgekommen. — Zu der Verhaftungswelle in Schlesien im April/Mai 1940: A. Targ S. 31–48; Targ behandelt die Verfolgungen der Geistlichen nur kursorisch S. 44–46. — Später erhöhte sich die Zahl der verhafteten oder ausgewiesenen Priester auf etwa 120. Der Verlust konnte allerdings durch Neuweihen, Rückkehr der Religionslehrer zur Seelsorge und Ordenspriester ersetzt werden: ADSS 3 Nr. 280 von Juni 1941 S. 411.

136) ADSS 3 Nr. 143 vom 28. 5. 1940 S. 246–247.

137) ADSS 3 Nr. 157 vom 22. 6. 1940 S. 260 und Nr. 211 vom 7. 10. 1940 S. 308.

138) ADSS 3 Nr. 208 vom 2. 10. 1940 S. 303; siehe unten S. 166.

Sprache in der Kirche; hier durfte auch keine Beichte mehr polnisch gehört werden[139]. In Danzig-Westpreußen gingen diesen Maßnahmen ebenfalls mehrere Verhaftungswellen voraus[140], die z. T. als direkte Reaktion auf das Beichthören in polnischer Sprache durchgeführt wurden[141].

Ein Beispiel für den Gebrauch der deutschen Sprache waren die Briefe von Bischof Adamski, der seit deren Einführung seine Berichte nach Berlin in deutscher Sprache schrieb[142]. Adamski kam den Interessen der Besatzungsmacht auch dadurch entgegen, daß er in seiner Diözese zwei deutsche Priester zu Ehrendomherren ernannte; in diesem Sinne war die Verleihung des Prälatentitels durch Pius XII. an den neuen Generalvikar Strzyż gemeint[143].

Trotz dieses Entgegenkommens vertrieb der neue Gauleiter, Fritz Bracht, Bischof Adamski und Weihbischof Juliusz Bieniek zu Beginn des Jahres 1941 aus ihrer Diözese und ließ mehrere Domkapitulare und Ordinariatsräte verhaften[144]. Orsenigo hatte diese Entwicklung lange vorhergesehen[145]. Beide Bischöfe gingen nach Warschau ins Exil[146]. Nachdem die deutschen Behörden dieses Ziel erreicht hatten, konnte das religiöse Leben einigermaßen geregelt weiterlaufen. Adamski hatte — wie Splett für Kulm — dem polnischen Klerus empfohlen, sich in die Volkslisten aufnehmen zu lassen, was durch ein freizügig gehandhabtes Eindeutschungsverfahren in Oberschlesien und Westpreußen möglich war. Die Bischöfe hatten erkannt, daß es in erster Linie um den Bestand der Kirche ging und konnten so in größerem Maße als im Warthegau Kirche und Gottesdienst für die polnische Bevölkerung erhalten. Neben den regelmäßigen Meßfeiern lief auch der Religionsunter-

---

139) ADSS 3 Nr. 211 vom 7. 10. 1940 S. 308; siehe unten S.162–165.

140) Nach den Erschießungen von Oktober/November 1939 wurden von Anfang 1940 bis 1942 in Kulm noch dreimal Priester in größerer Zahl verhaftet und insgesamt 130 von ihnen ins Konzentrationslager gebracht: M. Broszat S. 161 mit Anm. 5.

141) ADSS 3 Nr. 207 vom 1. 10. 1940 S. 301 und Nr. 229 vom 4. 12. 1940 S. 337. — Zu den besonderen Problemen des Sprachenverbots in Danzig-Westpreußen siehe unten S. 162–165.

142) Das erste Schreiben Adamskis an Pius XII. war lateinisch verfaßt (ADSS 3 Nr. 95 vom 13. 1. 1940 S. 193–194), die folgenden Briefe an Orsenigo (ADSS 6 Nr. 217 vom 21. 5. 1940 S. 324; ADSS 3 Nr. 231 vom 6. 12. 1940 S. 342–345) und Maglione (ADSS 3 Nr. 280 von Juni 1941 S. 410–412; Nr. 472 von Ende Januar 1943 S. 728–731; Nr. 527 von Ende Juni 1943 S. 818–821) in deutscher Sprache.

143) ADSS 3 Nr. 231 vom 6. 12. 1940 S. 342–343.

144) F. Wosnitza S. 222; siehe unten S. 138 f. und 191.

145) Siehe oben Anm. 133.

146) ADSS 3 Nr. 280 von Juni 1941 S. 410–412.

richt in den Schulen weiter, wenngleich z. T. von Laienlehrern erteilt und somit weitgehend der kirchlichen Kontrolle entzogen[147]. Die Enteignung der 65 Ordenshäuser in der Diözese war Ende Januar 1941 unter Berufung auf die Polenvermögensordnung vom 17. September 1940 fast vollständig durchgeführt[148]; ihre Bewohner hatten in der Regel in Privatwohnungen Unterkunft gefunden und übten ihre Tätigkeiten weiter aus.

Nach einer längeren Nachrichtenpause traf Mitte 1942 die alarmierende Mitteilung aus Kattowitz in Rom ein, daß die deutschen Behörden in dem betreffenden Gebiet das religiöse System einführen wollten, das zu dieser Zeit im Warthegau bestand[149]. Vorbereitet worden war dieser Schritt bereits durch einen Erlaß vom 24. Juni 1941, in dem die Regierung den deutschen Priestern unter Strafe der Einweisung in ein Konzentrationslager verboten hatte, sich mit der Seelsorge der polnischen Katholiken zu befassen[150]. Die polnischen Priester wurden nach Ansicht der Behörden nicht mehr alle für die Seelsorge benötigt und daher 50 von ihnen in Umschulungslager gebracht, aus denen, wie der Erzbischof von Krakau, Stefan Sapieha, vermutete, kaum jemand zurückkehre[151]. Die Regierung strebte eine gemeinsame kirchliche Verwaltung für den gesamten östlichen Teil Oberschlesiens an[152]. Demnach sollte in diesem Gebiet die katholische Kirche in eine polnische und eine deutsche aufgeteilt werden und die deutsche Kirche dabei eine privatrechtliche Stellung wie im Warthegau einnehmen[153]; dasselbe war für die Diözese Kulm und für die Provinz Ostpreußen geplant[154]; dort führten die Behörden die Trennung auch am konsequentesten durch[155].

---

147) Ebd. S. 411.

148) Adamski berichtete darüber nach Rom: ADSS 3 Nr. 280 von Juni 1941 S. 412 (er gab irrtümlich als Datum den 17. 10. 1940 an); vgl. M. Broszat S. 161 mit Anm. 4.

149) Der Erzbischof von Krakau, Stefan Sapieha, unterrichtete Maglione über diese Pläne: ADSS 3 Nr. 386 vom 9. 6. 1942 S. 590. Vgl. einen Bericht Orsenigos: Nr. 395 vom 15. 7. 1942 S. 606 mit Anm. 2.

150) Kardinal Bertram von Breslau informierte über die Sitzung der Fuldaer Bischofskonferenz von 1942, die gegen diese Anordnung protestiert hatte: ADSS 3 Nr. 447 vom 7. 12. 1942 S. 690. Auch Sapieha hatte dagegen Protest eingelegt: Nr. 499 vom 2. 5. 1943 S. 784.

151) ADSS 3 Nr. 386 vom 9. 6. 1942 S. 590.

152) Zu diesem Gebiet Oberschlesiens gehörten Teile der Erzdiözese Krakau sowie der Diözesen Tschenstochau und Kielce: ADSS ebd.

153) Siehe oben S. 32–36.

154) ADSS 3 Nr. 395 vom 15. 7. 1942 S. 606. Vgl. ein Schreiben des Chefs der Parteikanzlei, Martin Bormann, an den späteren Reichsminister für die besetzten Ostgebiete, Alfred Rosenberg, vom 24. 6. 1940, das den ‚Entwurf einer Verordnung

Der Plan für Oberschlesien und Danzig-Westpreußen wurde wieder fallengelassen [156]. Die Kirchenfragen traten hinter den politischen und wirtschaftlichen immer weiter zurück. Seit Mitte 1943 trafen keine Berichte mehr über die Provinz Oberschlesien in Rom ein, weder von Adamski noch von Sapieha oder Orsenigo. Die letzte Nachricht aus einem dieser eingegliederten Ostgebiete kam von Bischof Splett, der im Oktober 1944 einen Lagebericht über die von ihm mitverwaltete Diözese Kulm sandte [157]. Dort lief das kirchliche Leben, unter den bestehenden Umständen, geordnet ab. Gottesdienste wurden regelmäßig besucht, gleiches ließ sich über den Sakramentenempfang sagen. Die seelsorgerische Betreuung der Gläubigen war nicht zuletzt durch den Einsatz von Priestern von außerhalb der Diözese Kulm möglich geworden [158]. Um den Geistlichen bei ihrer schwierigen Aufgabe zu helfen, hatte Bischof Splett in der gesamten Diözese einen ‚Priestersamstag' eingeführt, der regelmäßig stattfinden konnte.

Maglione schrieb in seinem Brief an Ribbentrop vom 2. März 1943 [159], daß in den sogenannten ‚eingegliederten Ostgebieten' die Lage der Kirche derjenigen im Warthegau ähnlich sei, was die Seminare, karitativen Anstalten, katholische Aktion und die Trennung von deutschen und polnischen Katholiken angehe [160]. Diese Charakterisierung der Lage

über die Rechtsverhältnisse der Religionsgesellschaften und religiösen Vereinigungen im Reichsgau Danzig-Westpreußen' enthält: IMG Bd. 25 Dok. 066-PS S. 125–128.

155) ADSS 3 Nr. 438 vom 3. 11. 1942 S. 670–671 mit Anm. 1.; vgl. Nr. 449 vom 13. 12. 1942 S. 697.

156) In Oberschlesien gab es — zumindest nach dem Ergebnis der Volksabstimmung — zuwenig polnische Katholiken, um eine polnische Kirche zu etablieren. Dies war, wie der ehemalige Generalvikar von Kattowitz, Franz Wosnitza, mir mitteilte, sein Hauptargument gewesen, um die Versuche der Behörden, zwei Nationalkirchen einzurichten, zu unterlaufen. Vgl. die Statistik bei F. Maroń — H. Gwóźdź S. 328–330, die kaum Polen ausweist.

157) ADSS 3 Nr. 582 vom 14. 10. 1944 S. 881–883. Ein Bericht Spletts vom 12. 12. 1942 über Kulm ist in den ADSS nicht abgedruckt; vgl. die Antwort Pius XII.: ADSS 2 Nr. 99 vom 12. 2. 1943 S. 301–304. — Einen Eindruck über die Zustände in den letzten Wochen der deutschen Herrschaft in Schlesien gibt H. Richter S. 552–570.

158) Unter anderem waren in Kulm Geistliche aus Köln, Danzig, dem Ermland und zeitweise aus Südamerika tätig: ADSS 3 Nr. 582 vom 14. 10. 1944 S. 881. Splett ging in diesem Bericht ausführlich auf die große Beteiligung der Gläubigen an der Heiligen Beichte ein (S. 882). Er wollte damit zeigen, daß das Verbot der polnischen Sprache für die Beichte — siehe unten S. 162–165 — kaum Einfluß auf die Beichtpraxis hatte. F. J. Wothe S. 16 bestätigt, daß die Seelsorge in Kulm aufrechterhalten werden konnte.

159) Siehe unten S. 88–95.

160) „Nelle province dichiarate annesse al Reich tedesco ... la situazione è molto

war völlig berechtigt. Dennoch läßt sich — wie z. B. in der Diözese Kattowitz — feststellen, daß das religiöse Leben, auch für die polnische Bevölkerung, ausgeprägter war als im Warthegau.

c) Generalgouvernement[161]

Das Generalgouvernement bildete mit seinen 93.871 km² und 12,108 Millionen Einwohnern den größten Komplex unter den verschiedenen deutschen Interessengebieten, in die Polen aufgeteilt war. Mit Erlaß vom 1. August 1941 kam der Distrikt Galizien mit 48.336 km² und 4,855 Millionen Einwohnern dazu. Das Generalgouvernement umfaßte — ganz oder zum größten Teil — die Erzdiözesen Warschau und Krakau sowie die Diözesen Siedlce, Lublin, Kielce, Tschenstochau, Sandomierz, Tarnów und kleinere Gebiete von Łomża und Przemyśl und seit 1941 die Erzdiözese Lemberg[162].

Mit dem Führererlaß vom 26. Oktober 1939 über die ‚Verwaltung der besetzten polnischen Gebiete' wurde dem Hitler unmittelbar unterstellten Generalgouverneur die selbständige Leitung sämtlicher Verwaltungszweige im Generalgouvernement eingeräumt. Während einer Besprechung in der Reichskanzlei am 17. des Monats hatte Hitler dem Generalgouverneur mehrere Aufgaben gestellt[163]. Militärisch sollte das Gebiet als vorgeschobenes Glacis dienen und einen unbezwingbaren Ostwall an der Weichsel bilden. In der Volkstumspolitik diente das Generalgouvernement als Sammelbecken für „Juden, Polacken und Gesindel“[164], von denen die übrigen eingegliederten Gebiete gesäubert werden sollten. Zusätzlich wollten die Nationalsozialisten im Generalgouvernement selbst, wie in den anderen polnischen Gebieten, die Intelligenz als Führungsschicht zerschlagen. Die Hauptaufgabe des Gebietes in wirtschaftlicher

---

simile a quella sopra descritta [d. h. im Warthegau] per quanto riguarda i seminari, l'uso della materna lingua polacca nelle sacre funzioni, le opere pie, le associazioni di Azione Cattolica, la separazione dei fedeli a seconda delle nazionalità“: ADSS 3 Nr. 480 vom 2. 3. 1943 S. 750.

161) Zum Generalgouvernement vgl.: M. Broszat S. 68–84, 177–192; G. Eisenblaetter; Cz. Madajcik, Generalna. — Zur Kirchenpolitik im Generalgouvernement: C. Kleßmann, Kirchenpolitik; Cz. Madajcik, Kościół, S. 295–299; J. Związek, Straty, S. 323–325 und 328–340, besonders zu der Situation der Diözese Tschenstochau.

162) Zu der Politik der Deutschen in den Südostgebieten Polens: St. Mękarski; ADSS 3 Nr. 406 vom 29. – 31. 8. 1942 S. 625–629 (dazu G. Reifferscheid, Vatikan, S. 427–428); Nr. 507 vom 24. 5. 1943 S. 795–796; Nr. 529 vom 12. 7. 1943 S. 822–824.

163) Vgl. G. Eisenblaetter S. 66–72.

164) Ebd. S. 67.

Hinsicht war die Beschaffung billiger Arbeitskräfte. Das polnische Volk sollte zu einem bloßen Helotenvolk herabgedrückt werden, das den führenden Deutschen nur seine Arbeitskraft zur Verfügung zu stellen hatte[165]. Diese Aufgabe war nach Hitlers ausdrücklicher Weisung ohne den Perfektionismus deutscher Verwaltung, wie er etwa im Warthegau aufgebaut wurde, zu erfüllen: „Kein Musterbezirk, nicht sanieren, finanzieren, organisieren“ [166]. Die deutschen Behörden wollten die Polen sich selbst überlassen und sich auf Sicherung, Kontrolle und straffe Befehlsführung beschränken.

Hitler betraute mit der Leitung des Generalgouvernements den Reichsminister Hans Frank, dessen Amt des Generalgouverneurs gleichsam den Rang einer eigenen Regierung beanspruchen konnte. Zum Sitz dieser Regierung wählte Frank im November 1939 die Königsburg des Wawel in Krakau, wo er sich als von Hitler über Polen eingesetzter Lehnskönig betrachtete[167]. Neben der Verwaltung liefen im Generalgouvernement die Befugnisse oder angemaßten Zuständigkeiten der Wehrmacht und Polizei parallel, die sich in einem ständigen Konkurrenzkampf mit ihr befanden. Diese Konkurrenz äußerte sich in allen Lebensgebieten; besonders auf dem Sektor der Strafverfolgung machte sich die Eigenmächtigkeit von SS und Polizei bemerkbar[168]. „Im ganzen war diese Rivalität letztlich nur Spiegelbild der prinzipiellen Unstimmigkeit, die darin lag, daß das besetzte polnische Gebiet und seine Bevölkerung einerseits mit Mitteln der Verwaltung geordnet und für die kriegswirtschaftlichen Bedürfnisse Deutschlands benutzt, andererseits aber, nach der Maxime einer zerstörerischen völkisch-nationalistischen Weltanschauung unterdrückt, seiner nationalpolitischen Eigenart beraubt und sozial und biologisch deklassiert werden sollte“ [169]. Dazu kam, daß Frank — im Gegensatz zu

---

165) Vgl. Denkschrift S. 195–198.

166) So Hitler bei einer Besprechung am 17. 10. 1939 in der Reichskanzlei, bei der u. a. der Generalgouverneur, Hans Frank, der Chef der deutschen Polizei, Heinrich Himmler, und der spätere Chef der Parteikanzlei, Martin Bormann, anwesend waren: IMG Bd. 26 Dok. 864-PS S. 377–383 = DOT 6 S. 27–30. Zu den Teilnehmern an der Unterredung vgl. H. Krausnick S. 202 Anm. 30.

167) Vgl. M. Broszat S. 71.

168) Reinhard Heydrich, Chef der Sicherheitspolizei und des Sicherheitsdienstes, erklärte die fehlende Koordination bei dem Vorgehen in Polen in einem Aktenvermerk für Himmler mit der großen Zahl der durchzuführenden Liquidierungen, die in Polen alles bisherige Maß sprengten. Das Dokument ist abgedruckt bei H. Krausnick S. 206–207. Vgl. K. M. Pospieszalski, Statut, S. 9.

169) M. Broszat S. 79–80; vgl. C. Kleßmann, Selbstbehauptung, S. 32–43.

Greiser — sich nicht der uneingeschränkten Rückendeckung Hitlers erfreute [170].

Obwohl es im Generalgouvernement kein antikirchliches Programm wie im Warthegau gab [171], kam es doch zu den ‚üblichen' Ausschreitungen. So schrieb Heinrich Himmler, Chef der deutschen Polizei, an den Leiter der Zivilverwaltung in Radom [172], „daß ein größerer Teil der Intelligenz, wie Pfarrer und Lehrer, aus Sicherheitsgründen erschossen werden" müßten.

Es war für die katholische Kirche im Generalgouvernement ein glücklicher Umstand, daß der Erzbischof von Krakau, Stefan Sapieha, sich im Sommer 1939 hatte überreden lassen, sein bereits gestelltes Rücktrittsgesuch zurückzuziehen [173]. Er war während der Kriegszeit die führende Persönlichkeit der polnischen Katholiken und trug mit zu der relativ günstigen Lage der katholischen Kirche im Generalgouvernement bei. Die Deutschen beließen ihn unbehindert auf seinem Erzbischofsstuhl. In zwei Diözesen im Generalgouvernement verhaftete die Polizei Bischöfe, so in Lublin Bischof Marian Leon Fulman und Weihbischof Władysław Goral [174]. Beide wurden wegen unerlaubten Waffenbesitzes zum Tode

170) Zu der Stellung Franks: M. Broszat S. 80–84 und G. Eisenblaetter S. 235–303.

171) Frank wollte seine Polenpolitik so einrichten, daß sie auf die Dauer nicht alle Völker abschreckte, sich den deutschen „imperialen Regierungsmaßnahmen" zu widersetzen. „Die Kirchenpolitik muß von uns selbstverständlich mit der Behutsamkeit geführt werden, die die Kriegslage fordert"; Frank in einer Arbeitssitzung am 25. 2. 1940, vgl. Diensttagebuch S. 119.

172) G. Eisenblaetter S. 68 (das Schreiben war vom 27. 10. 1939); vgl. C. Kleßmann, Selbstbehauptung, S. 43–47. — Zu Himmlers Direktiven: K. M. Pospieszalski, Statut, S. 9–12. — Zu den Verhaftungen der Intellektuellen im Generalgouvernement vgl. J. Pietrzykowski, W obliczu, der allerdings nicht auf die Priester eingeht.

173) Am 2. 2. 1939 schrieb Sapieha an Pius XI., er sei 72 Jahre alt und seine Kräfte erlaubten es ihm nicht mehr, eine Diözese zu leiten; daher bat er den Papst, seinen Rücktritt zu genehmigen: ADSS 3 Nr. 1 vom 2. 2. 1939 S. 67. Wegen des Todes Pius XI. am 10. 2. 1939 sandte Sapieha seinen Brief nicht mehr ab, sondern überreichte ihn Pius XII. bei einem Besuch in Rom im April des Jahres. Maglione informierte daraufhin den Nuntius in Warschau, Cortesi, und bat ihn um seine Ansicht zu dem Rücktrittsgesuch: Nr. 2 vom 28. 4. 1939 S. 67–68. Cortesi, der von den Fähigkeiten des Erzbischofs überzeugt war, gelang es während einer persönlichen Unterredung mit dem Erzbischof, diesen zu überreden, sein Gesuch zurückzuziehen, da es in der augenblicklichen schwierigen Situation, in der Polen sich befinde, nicht sinnvoll sei, den Bischofsposten zu verlassen: Nr. 3 vom 16. 5. 1939 S. 68–69.

174) ADSS 3 Nr. 66 vom 14. 12. 1939 S. 147 und Nr. 82 vom 30. 12. 1939 S. 175–176. — Zu weiteren Verhaftungen in Lublin: The Persecution S. 93 und 110.

verurteilt, dann zu mehreren Jahren Haft begnadigt [175]. Für einige Zeit war auch der Kapitularvikar von Siedlce, Czesław Sokołowski, inhaftiert [176]. In allen anderen Diözesen blieb die Verwaltung intakt [177].

Bei einem Vergleich der Nachrichten, die aus dem Warthegau und aus dem Generalgouvernement in Rom eingingen, ist ein Unterschied festzustellen. Während dort von Verfolgungen, von einem nackten Existenzkampf der Kirche berichtet wurde, waren die Beschwerden der Bischöfe aus dem Generalgouvernement weitgehend anderer Natur. Auffallend war, daß aus einigen Diözesen nur selten Berichte eintrafen, z. B. aus Sandomierz, Lublin, Tarnów, Tschenstochau und Kielce. Typisch für die Nachrichten aus diesen Gebieten war eine Notiz des Bischofs Stanisław Adamski aus Kattowitz von Anfang 1943, der einen kurzen Überblick über die Lage des Klerus in Polen gab: „In Lemberg, Przemysl, Tarnow, Krakau sind keinerlei Änderungen. Ordinarii und Auxiliares sind gesund und normal tätig. Dasselbe in Krakau und Luck (Luceoria), ebenso in Sandomir, Kielce und Czenstochau“ [178].

Zu Beginn der deutschen Besatzung gab es auch im Gebiet des Generalgouvernements Verhaftungen von Priestern, wie in Warschau, wo die Behörden etwa 300 ohne Angabe von Gründen einkerkerten, um sie bald darauf bis auf zehn wieder freizulassen [179]. Ansonsten wurden fast nur die Militärgeistlichen verhaftet [180]. Charakteristisch für die Lage der Geistlichen ist eine Nachricht aus Kielce, in der davon die Rede ist, daß die Diözese 17 Priester verloren habe; Bischof Czesław Kaczmarek bemerkte dazu, das sei nichts im Vergleich zu anderen Diözesen [181]. Im Generalgouvernement wurden auch Kirchen geschlossen [182], das religiöse

---

175) ADSS 3 Nr. 83 vom 30. 12. 1939 S. 176–177 und Nr. 85 vom 3. 1. 1940 S. 179–182. Vgl. St. Piotrowski S. 185; siehe unten S. 139.

176) ADSS 3 Nr. 66 vom 14. 12. 1939 S. 147 sowie Nr. 83 und 85 (siehe oben Anm. 175); bei M. Broszat S. 159 irrtümlich Kolowski genannt. — Zu seiner Freilassung: Nr. 255 vom 1. 3. 1941 S. 374–375.

177) Siehe unten S. 191 ff.

178) ADSS 3 Nr. 472 von Ende Januar 1943 S. 730. — Zu dem deutschen Vorgehen gegen die Kirche in Tschenstochau vgl. Materiały.

179) ADSS 3 Nr. 33 vom 23. 10. 1939 S. 107; vgl. Nr. 85 vom 3. 1. 1940 S. 180.

180) Dies war z. B. in Krakau der Fall: ADSS 3 Nr. 115 vom 17. 2. 1940 S. 218. Dort wurden auch 26 Jesuiten und Franziskaner eingekerkert; vgl. Cz. Madajczyk, Besatzungspolitik, S. 9–13.

181) „Ciò che . . . è un nulla in confronto di altre diocesi“: ADSS 3 Nr. 356 vom 15. 2. 1942 S. 536.

182) Vgl. G. Eisenblaetter S. 157. — Zu der Lage in Krakau während des Krieges vgl. Kraków und K. Pieradzka S. 225–256.

Leben konnte dennoch zunächst fast wie vor dem Kriege verlaufen[183]. Dies war auch der Gesamttenor des ersten ausführlichen Berichts von Sapieha[184].

Den größten Eingriff in das kirchliche Leben stellte die Schließung der Priesterseminare im gesamten Gebiet dar[185]. Großes Aufsehen hatte das Vorgehen der Polizei gegen die Professoren der Universität Krakau erregt, die am 5. November 1939 sämtlich nach Oranienburg gebracht worden waren[186]. Orsenigo schlug in einem Schreiben an Maglione im Oktober 1940 vor, eine Bischofskonferenz im Generalgouvernement abzuhalten, damit die Bischöfe gemeinsam ihre Probleme besprechen könnten[187]. Maglione befürwortete diesen Plan und verwarf gleichzeitig Bedenken des Berliner Nuntius, ein solches Zusammentreffen werde als implizite Anerkennung der deutschen Verwaltungsgebiete verstanden[188]. Diese Zusammenkunft des Episkopats fand im November 1940 statt. Die Bischöfe besprachen hauptsächlich eine Verordnung des Generalgouverneurs über die Priesterseminare. Da durch seine Anordnung die Neuaufnahme der Studenten in die Seminare sehr erschwert war, protestierten die Bischöfe unter Führung Sapiehas energisch gegen die Maßnahme Franks.

183) „Auf diesem kirchlichen Gebiete ist bisher nichts wichtigeres geschehen", schrieb der Weihbischof von Przemyśl, Grzegorz Lakota, an Orsenigo über das religiöse Leben in dem zum Generalgouvernement gehörenden Teil der Diözese: ADSS 3 Nr. 64 vom 9. 12. 1939 S. 145.

184) ADSS 3 Nr. 115 vom 17. 2. 1940 S. 218: „Nella vita puramente ecclesiastica fin adesso ci hanno lasciato nel governo generale una certa libertà. Le funzioni nelle chiese sono come di solito".

185) Siehe unten S. 165–171.

186) Die einzige Ausnahme war Professor Michał Godlewski: ADSS 3 Nr. 68 vom 15. 12. 1939 S. 149. Unter den Professoren befanden sich nach einer Mitteilung Sapiehas neun Priester: Nr. 115 vom 17. 2. 1940 S. 218; zwölf Namen umfaßte die Liste, die Hlond an Maglione gesandt hatte und die dieser an Orsenigo weiterleitete, damit er sich um die Freilassung der Professoren kümmere: ebd. Anm. 2. Auf Intervention Sapiehas wurden Ende Januar 1940 zunächst die über 60 Jahre alten Professoren aus dem Konzentrationslager Oranienburg entlassen. Ein weiterer Teil konnte Mitte Februar nach Polen zurückkehren. „Die Freilassung wurde wohl insbesondere durch die Interventionen Italiens und der Kurie bewirkt": G. Eisenblaetter S. 166. Vgl. ADSS 6 Nr. 142 vom 3. 2. 1940 S. 231–232; Nr. 146 vom 10. 2. 1940 S. 235; Nr. 151 vom 17. 2. 1940 S. 239–240; K. M. Pospieszalski, Terror, S. 83–84.

187) ADSS 3 Nr. 208 vom 2. 10. 1940 S. 302–303.

188) ADSS 3 Nr. 221 vom 1. 11. 1940 S. 323. Orsenigo hatte gleichfalls vorgeschlagen, ein Zentralbüro des Episkopats im Generalgouvernement einzurichten; dazu schrieb Maglione: „Né si vede come con la creazione di tale Organo si verrebbe a riconoscere, sia pure implicitamente, l'invasore; in realtà altro non si intende fare e altro non si farebbe che provvedere alla situazione del momento". Später ist über diesen Plan nichts mehr in Erfahrung zu bringen.

Im Generalgouvernement entstanden weitere Schwierigkeiten, als die dortigen deutschen Katholiken versuchten, für sich eigene Gotteshäuser zu erhalten. Die Behörden lehnten den gemeinsamen Gottesdienstbesuch von Deutschen und Polen aufs entschiedenste ab. Frank sprach sich sogar gegen jede kirchliche Betätigung der Deutschen im Generalgouvernement aus. Er sah die katholische Kirche und besonders den polnischen Klerus — die ‚Eingeborenenclique', wie er ihn nannte — als nützlich zur Unterdrückung der polnischen Bevölkerung an. Demzufolge lehnte er jegliche religiöse Aktivität für die Deutschen ab. „Das hat es auch nie gegeben, daß ein führendes Kolonialvolk die Religion der Eingeborenen annimmt; es ist noch keinem Engländer eingefallen, in einem indischen Tempel zu verkehren oder zu einem Medizinmann zu laufen" [189].

Aus diesem Grunde wurde in den im April 1940 erlassenen ‚Grundsätzen für das Verhalten der Deutschen in Polen' die strikte Trennung der beiden Volksgruppen in allen Bereichen des kirchlichen Lebens gefordert und gleichzeitig garantiert, daß „den Deutschen aller Bekenntnisse deutsche Seelsorger jederzeit zur Verfügung" stehen sollten [190]. Im Hinblick auf diese Anordnungen hatten die deutschen Katholiken in Krakau beantragt, daß ihnen eine der zentral gelegenen Kirchen der Stadt zum ausschließlichen Gebrauch überlassen werde [191]. Sie argumentierten, daß die Polen bereits des öfteren versucht hätten, den deutschen Gottesdienst zu stören. Durch den ‚Vertrauensmann' für kirchliche Angelegenheiten bei der Regierung des Generalgouvernements, den Franziskanerpater Odilo [192], war diese Bitte schon im Juli 1941 an Sapieha herangetragen worden, der aber darauf hingewiesen hatte, daß die Bereitstellung einer

---

189) Rede Franks in Lemberg vor politischen Leitern am 1. 8. 1942: zit. bei C. Kleßmann, Kirchenpolitik, S. 583; vgl. Diensttagebuch S. 531–536.

190) ‚Grundsätze für das Verhalten der Deutschen in Polen, aus dem Amt des Generalgouverneurs vom 24. 4. 1940': DOT 6 S. 382.

191) ADSS 3 Nr. 300 vom 2. 9. 1941 S. 445–447. An diesem Schreiben Orsenigos werden die Divergenzen deutlich, die zwischen dem Berliner Nuntius und dem Erzbischof von Krakau bestanden. Mit großer Ausführlichkeit schilderte Orsenigo das Verhalten Sapiehas beim Empfang der Delegation der deutschen Katholiken, als diese ihm das oben geschilderte Ansinnen vortrugen. Orsenigo stellte das seiner Ansicht nach ungeschickte Verhalten Sapiehas dabei genauestens dar. Sapieha zeige sich zu unnachgiebig gegenüber den deutschen Forderungen; vgl. Nr. 231 vom 6. 12. 1940 S. 343. — Zu den Vorwürfen Sapiehas über Orsenigo siehe unten S. 98.

192) Zur Person von Pater Odilo, Josef Gerhard, vgl. ADSS 3 S. 431 Anm. 2 mit den Ergänzungen ADSS 9 S. 85 Anm. 3. Pater Odilo war am 1. 4. 1942 verhaftet worden — etwa gleichzeitig mit zwei Sekretären Sapiehas; siehe unten S. 58 Anm. 205 — und befand sich seit dem 12. 8. 1942 in Dachau; dazu E. Weiler S. 251 Nr. 640.

Pfarrkirche zum exklusiven Gebrauch einer Nationalität der Sondergenehmigung des Heiligen Stuhles bedürfe [193]. Orsenigo bat Maglione, dem Erzbischof die Erlaubnis zu erteilen, da sonst zu befürchten sei, daß die deutschen Katholiken im Generalgouvernement einen eigenen Apostolischen Administrator verlangen würden [194].

In einem längeren Bericht vom November 1941 zog Sapieha eine Zwischenbilanz nach zwei Jahren deutscher Besatzung [195]. Die Verfolgungen auf religiösem Gebiet hatten zugenommen. Sie waren umso gravierender, da sie sich mit nationalistischen Verfolgungen verbanden. Die Maßnahmen der deutschen Behörden, die darauf abzielten, die Verbindung religiöser und nationalistischer Elemente im kirchlichen Leben zu lösen, sollten die katholische Kirche so weit wie möglich entpolitisieren. Deshalb schafften sie z.B. mehrere kirchliche Feiertage ab: Der 3. Mai durfte nicht länger als Feiertag ‚Beatae Mariae Virginis, patronae rei publicae Poloniae' begangen werden. Abgeschafft worden war der 16. August als ‚Actio gratiarum pro victoria super bolschevicos 1920', der 10. Oktober als ‚Actio gratiarum pro victoria Chocimensi', der 11. November als Jahrestag der Wiederherstellung der Republik [196]. Verboten wurde u. a. auch das Kirchenlied ‚Serdeczna Matko', weil auf seine Melodie auch die inoffizielle Nationalhymne ‚Boże coś Polskę' gesungen werden konnte; der Schluß der Hymne lautete: ‚Die Freiheit des Vaterlandes gib uns bitte zurück, oh Herr!' [197]. Grundsätzlich untersagte eine Verordnung vom 11. Mai 1942 „Formulierungen, die sich auf den nicht mehr bestehenden polnischen Staat beziehen" [198].

Als Beispiel für ein einigermaßen funktionierendes kirchliches Leben trotz dieser Maßnahmen kann die Lage in der Diözese Kielce gelten, für die aus dem Jahre 1942 ein Bericht vorliegt [199]. Kielce hatte, wie bereits

---

193) Sapieha hatte auf CIC 216 § 4 verwiesen; siehe oben S. 35.

194) Zu der Frage, ob der Hinweis auf CIC 216 § 4 berechtigt war, vgl. die Bemerkungen Tardinis zum oben erwähnten Schreiben Orsenigos: ADSS 3 Nr. 300 vom 2. 9. 1941 S. 447 mit Anm. 1.

195) ADSS 3 Nr. 323 vom 3. 11. 1941 S. 489–491.

196) Vgl. ADSS 3 Nr. 321 vom 26. 10. 1941 S. 487; Nr. 323 vom 3. 11. 1941 S. 490; ADSS 8 Nr. 206 vom 21. 11. 1941 S. 353. Dazu C. Kleßmann, Kirchenpolitik, S. 582.

197) Zur nationalpolitischen Tradition der Lieder in Polen: F. Manthey, Kirchengeschichte, S. 260; K. Śmigiel, Walka, S. 339.

198) C. Kleßmann, Kirchenpolitik, S. 582.

199) Die Nachrichten übermittelte Bischof Kaczmarek in einem Schreiben an Maglione: ADSS 3 Nr. 348 vom 25. 1. 1942 S. 524–525. Ein weiterer Bericht ging von

erwähnt[200], 17 Priester verloren. Dafür waren aber 95 Geistliche, die aus verschiedenen Gebieten Polens vertrieben worden waren, in den Pfarreien der Diözese untergekommen und in der Seelsorge tätig. Bischof Kaczmarek hatte sogar in allen Dekanaten seiner Diözese Exerzitien für seine ca. 400 Priester durchführen können. Dank einer Geldspende des Heiligen Stuhles konnte er auch die karitativen Maßnahmen ausweiten[201].

Unter welchen Belastungen der polnische Episkopat und die polnischen Katholiken dennoch standen, zeigt ein Brief Sapiehas vom Frühjahr 1942[202]. Dieses Schreiben hat als eines der wenigen Dokumente aus dem besetzten Polen aus zwei Gründen in mehreren Darstellungen Beachtung gefunden[203]. Der erste Grund liegt in der Art und Weise, wie dieser Brief Sapiehas in die Hände des Papstes kam. Der Erzbischof hatte das Original des Briefes am 28. Februar 1942 geschrieben und es am 15. April persönlich an einen Feldgeistlichen eines Lazarettzuges des Malteserordens, Pirro Scavizzi, im Beisein seines Weihbischofs, Stanisław Rospond, und eines Universitätsprofessors, Michał Godlewski, übergeben[204]. Scavizzi sollte den Brief nach Rom bringen. Am darauffolgenden Tag ließ Sapieha ihn bitten, den Brief zu verbrennen. Der Erzbischof befürchtete, daß sein Schreiben in die Hände der Deutschen fallen könne, die daraufhin möglicherweise alle Bischöfe und noch andere Personen erschießen würden. Diese Angst Sapiehas lag z. T. darin begründet, daß kurze Zeit vorher zwei seiner Sekretäre verhaftet worden waren[205]. Scavizzi gehorchte der Anordnung des Erzbischofs und verbrannte das Schreiben; vorher fertigte er allerdings eine Kopie an, die er im Sommer 1942 Pius XII. übergeben konnte.

Der zweite Grund für die Resonanz, die dieser Brief gefunden hat, liegt in seinem Inhalt. Deutlich wie in kaum einem anderen Schreiben aus Polen umriß Sapieha die Situation des polnischen Volkes: Unsere Lage ist

---

Cortesi ein, der aber seine Kenntnisse ebenfalls von Kaczmarek hatte: Nr. 356 vom 15. 2.. 1942 S. 536–537.

200) Siehe oben S. 54.

201) Siehe unten S. 112.

202) ADSS 3 Nr. 357 vom 28. 2. 1942 S. 539–541.

203) V. Conzemius, Pius XII, S. 118; R. Darricau S. 179; R. Devos S. 194; R. A. Graham, Pope, S. 51–52.

204) Offensichtlich hatte Sapieha das Schreiben schon lange zurückgehalten, da er keinen zuverlässigen Überbringer hatte. Zu den Schwierigkeiten für die polnischen Bischöfe, Post nach Rom zu senden, siehe unten S. 64.

205) ADSS 3 Nr. 294 vom 23. 8. 1941 S. 431 Anm. 2. Die beiden Sekretäre waren Anfang April 1942 verhaftet worden.

tragisch bis zum äußersten. Wir sind fast aller Menschenrechte beraubt. Wir sind der Grausamkeit von Personen ausgesetzt, die in den meisten Fällen ohne eine Spur von menschlichen Gefühlen sind. Wir leben in der ständigen, schrecklichen Angst, alles durch Flucht, Deportation oder Einweisung in die sogenannten Konzentrationslager zu verlieren, aus denen nur wenige lebend zurückkehren. Wir sind durch Gesetz fast aller Dinge beraubt, die wir zum täglichen Leben brauchen, denn die uns zustehenden Rationen reichen nicht aus, um uns mit dem notwendigsten zu versorgen[206].

Die Klagen von Sapieha waren völlig berechtigt und der von ihm gegebene Situationsbericht traf zweifellos auf das gesamte von Deutschland besetzte polnische Gebiet zu. Wichtig ist an diesem Schreiben auch, daß die Begleitumstände deutlich machten, wie selten solche ‚echten' Lageberichte vom polnischen Episkopat abgesandt wurden. Die Bischöfe behandelten hauptsächlich kirchliche Probleme und ließen die katastrophale Allgemeinlage unberücksichtigt, da sie stets befürchten mußten, daß eines ihrer Schreiben den deutschen Behörden in die Hände fiel und dann Konsequenzen für den Schreiber und für Unbeteiligte zu erwarten waren.

Im Laufe der Jahre 1942/1943 gingen mehrere Hinweise in Rom ein, aus denen zu entnehmen war, daß das kirchliche Leben im Generalgouvernement, zumindest äußerlich, seinen gewohnten Gang ging, wenngleich die allgemeine Lage durch den Krieg Deutschlands gegen die UdSSR für die polnische Bevölkerung weitere Verfolgungen und Ein-

---

206) „Conditio enim nostra est sane valde tragica: omnibus fere juribus humanis privati, crudelitati hominum, maxima ex parte quolibet sensu humano destitutorum, expositi sub terrore horribili continuo vivimus in periculo permanenti omnia amittendi in casu evasionis aut deportationis, incarcerationis in „castra concentrationis" dicta, e quibus pauci vivi redeunt ... Ex lege iis, quae victui sunt, necessaria fere penitus privati sumus, cum ea quae nobis legaliter conceduntur, ne minimis quidem vitae necessitatibus sufficiant": ADSS 3 Nr. 357 vom 28. 2. 1942 S. 539–540 — Zur Erläuterung der letzten Bemerkung Sapiehas sei eine Episode angeführt, die sich im Sommer 1943 ereignete. Frank hatte damals alle hohen kirchlichen Würdenträger des Generalgouvernements zu einem Empfang auf den Wawel geladen. Es ging ihm darum, die katholische Kirche zu einer antibolschewistischen Kundgebung zu überreden. Die Bischöfe wurden u. a. mit Kaviar, Lachs, Wild und Champagner bewirtet. Frank ließ anschließend durchblicken, daß er mit einer Gegeneinladung rechne. Diese erfolgte wenige Monate später durch den Erzbischof von Krakau. Zu Beginn dieses ‚Festessens' erklärte Sapieha seinen Gästen, er könne ihnen leider nur das vorsetzen, was jedem Polen seit nunmehr vier Jahren als Ration zustehe: eine Scheibe Brot, etwas Marmelade und Ersatzkaffee. Vgl. C. Kleßmann, Kirchenpolitik, S. 585–586; ferner Poland Bd. 2 S. 49: Hier ist eine Liste mit dem Brot-, Fleisch- und Fettverbrauch — pro Person — der im Krieg stehenden Staaten abgedruckt. Polen steht dabei mit Abstand an letzter Stelle.

schränkungen mit sich brachte [207]. Auch in dieser Zeit verschaffte sich Sapieha bei seinen Amtsbrüdern Anerkennung dadurch, daß er dem Generalgouverneur gegenüber beständig auf die Mißstände hinwies [208].

Anläßlich der 25-jährigen Wiederkehr der Bischofsweihe Pius XII. konnte der Apostolische Administrator von Warschau, Stanisław Gall, im März 1942 ein Pastoralschreiben verschicken [209]. Gall rief in diesem Schreiben die Gläubigen dazu auf, anläßlich dieses Festtages für die katholische Welt, ihre Liebe zum Heiligen Vater zu bekunden. Leider ließen die Umstände zur Zeit keine Pilgerreise nach Rom zu; deshalb sollten die Gläubigen in den Gotteshäusern die Zugehörigkeit zum Papst in der liturgischen Feier dokumentieren. Er forderte die Priester auf, am 14. März die Messe für den Papst zu feiern und ermahnte die Gläubigen, dazu so zahlreich wie möglich zu erscheinen [210]. Gall trat in diesem Pastoralschreiben einer Propaganda entgegen, die seit längerer Zeit in Polen gegen Pius XII. in Gang gebracht worden war [211]. Mit der Darstellung der festen Bindungen der polnischen Katholiken an den Heiligen Stuhl entgegnete Gall der oft vorgetragenen Argumentation, Pius XII. kümmere sich nicht um Polen. Indem er die Schwierigkeiten für die polnischen Katholiken, die in Kontakt mit Rom treten wollten, darlegte, wies er

---

207) ADSS 3 Nr. 437 vom 28. 10. 1942 S. 669. Sapieha berichtete: „Verba haec cohortationis ac caritatis [d. h. ein Schreiben Pius XII.] congruenter eo temporis momento ad nos pervenerunt, quando adhuc atrocioribus plagis percutimur ac furens hostium invidia omne quodcumque excogitari aut verbis exprimi potest superare videtur". Vgl.: R. A. Graham, Pope, S. 46–47; A. Martini, Silenzi, S. 239.

208) Vgl. eine Äußerung Adamskis über Sapieha: ADSS 3 Nr. 472 von Ende Januar 1943 S. 730. Sapieha protestierte z. B. gegen die Judenvernichtungen — vgl. ein Schreiben an Frank vom 8. 11. 1942: L. Poliakov S. 442; dazu F. Stopniak S. 198–200 — und gegen seiner Ansicht nach unbegründete Festnahmen von Polen durch die Sicherheitspolizei: St. Piotrowski S. 187 zu einer Denkschrift Sapiehas vom 21. 11. 1942.

209) ADSS 3 Nr. 368 vom 25. 3. 1942 S. 556–558. Eine Kopie dieses Pastoralschreibens gelangte erst im August 1942 zu Cortesi, der sie dann Maglione zukommen ließ.

210) Den oben angeführten Anordnungen ließ Gall in seinem Schreiben noch weitere folgen. So sollten alle Erstkommunikanten angehalten werden, ihre Erstkommunion gemäß den Interessen des Heiligen Vaters zu begehen. Zum Gedenken an den Papst sollte das ‚Te Deum' gesungen und in allen Pfarrkirchen in die täglichen Gebete ein besonderes für den Papst aufgenommen werden, und zwar in polnischer Sprache. Bei der Aussetzung der Hostie sollte vor dem ‚Tantum ergo' in lateinischer Sprache das Gebet für Pius XII. eingefügt werden: „Oremus pro beatissimo Papa nostro Pio". Wenngleich die Polizeibehörden das Verlesen der hier aufgeführten Punkte nicht genehmigten, so konnte doch der oben wiedergegebene Haupt teil des Pastoralschreibens von den Kanzeln bekanntgegeben werden.

211) Siehe unten S. 178 f.

indirekt darauf hin, daß es für den Papst nahezu unmöglich war, sich zu der Kirche in Polen frei zu äußern.

Von einigen Bischöfen gingen im Frühjahr 1943 noch Glückwunschschreiben in Rom ein, in denen des vierten Jahrestages der Krönung Pius XII. gedacht wurde; zwei davon stammten von Bischöfen aus dem Generalgouvernement [212]. Seit Sommer 1943 versiegten die Quellen aus diesem Gebiet [213]. Der schon länger andauernde Krieg gegen die Sowjetunion und das seit der russischen Sommeroffensive vom Juni 1944 beginnende Zurückweichen der deutschen Truppen verhinderten jegliche ‚Polenpolitik' der deutschen Behörden [214]. Berichte über die Verwüstungen des Krieges durch die immer heftiger werdenden Bombenangriffe der einen oder der anderen Seite und die Sorgen um das reine Überleben ließen in den bischöflichen Schreiben die Schilderungen über die Lage der Kirche zurücktreten [215]. Mit Beginn der Winteroffensive, die am 12./14. Januar 1945 einsetzte und bis Mitte März das gesamte Gebiet Westpolens und Ostdeutschlands bis zur Oder in den sowjetischen Machtbereich brachte, war der Zusammenbruch der deutschen Besatzungsgewalt vollzogen. Krakau fiel am 18. Januar 1945, einen Tag nach Warschau, in sowjetische Hand.

Das Fazit der deutschen Kirchenpolitik im Generalgouvernement ist stets im Vergleich zu den anderen polnischen Gebieten zu sehen. Der Hauptgrund für die relative Schonung der katholischen Kirche lag darin, daß es hier kein kirchenpolitisches Konzept wie z. B. im Warthegau gab. Das Generalgouvernement sollte kein Mustergau werden; hier waren hauptsächlich wirtschaftliche Argumente für die Haltung der Regierung maßgebend. Wenn es so etwas wie Kirchenpolitik gab, dann insoweit, als die katholische Religion zwar grundsätzlich als unvereinbar mit den Prinzipien des Nationalsozialismus abgelehnt [216], gleichzeitig aber eingeräumt wurde, daß sie als herrschaftsstabilisierender Faktor und als Instru-

---

212) Aus Warschau: ADSS 3 Nr. 479 vom 22. 2. 1943 S. 741. — Aus Siedlce: Nr. 484 vom 19. 3. 1943 S. 762–763.

213) Siehe unten S. 71 Anm. 264 — Resignierend klang ein Schreiben Sapiehas von Anfang 1943: „Da noi la situazione non è cambiata. Speriamo nella misericordia del Signore, che questo anno sarà ultimo della guerra"; ADSS 3 Nr. 454 vom 3. 1 1943 S. 705.

214) Zu der Neuordnung der deutschen Polenpolitik: M. Broszat S. 187–192; G. Eisenblaetter S. 361–386.

215) Vgl. ein Schreiben des Generalvikars von Warschau, Władysław Szlagowski: ADSS 3 Nr. 589 vom 17. 1. 1945 S. 894—895.

216) Siehe oben S. 22.

ment zur Beeinflussung der polnischen Bevölkerung im Sinne der deutschen wirtschaftlichen und politischen Ziele zu gebrauchen war[217]. In Franks drastischer Sprache lautete dieses Argument: „Und wenn, wie behauptet wird, der Katholizismus tatsächlich eine Schande für ein Volk ist, um so mehr Katholizismus muß ich dem Polentum wünschen. Man kann nicht gleichzeitig sagen, der Katholizismus sei die größte Sünde auf der Welt, und die Polen davor behüten, daß sie ihn nicht bekommen. Deshalb habe ich auch nichts dagegen eingewendet, daß Tschenstochau wieder in Betrieb genommen wurde“ [218].

Im Generalgouvernement stand Frank in Erzbischof Sapieha eine furchtlose und unbeugsame Persönlichkeit der Kirche gegenüber. Sapieha wurde in der Zeit der deutschen Besatzung praktisch zum amtierenden Oberhaupt der Kirche in Polen. Dies zeigten die stetigen — wenngleich vergeblichen — Bemühungen Franks, ihn für seine Ziele zu gewinnen oder ihn wenigstens zu einer neutralen Haltung zu beeinflussen. Auch für den Vatikan trat Sapieha mit der Zeit immer deutlicher als Zentralfigur des polnischen Katholizismus hervor[219]. Die Wertschätzung des Erz-

217) Der gleiche Dualismus wie auf konfessionellem Gebiet galt auch für Nationalismus und Nationalbewußtsein. Den Nationalsozialisten widersprach jede Form von ausgeprägtem Eigenständigkeitsbewußtsein. Sie mußte mit allen Mitteln bekämpft werden, da sie dem politischen Ziel der völligen Unterwerfung und dem wirtschaftlichen Vorhaben, der Bildung eines Reservoirs von unintelligenten Arbeitskräften, zuwiderlief. Auf der anderen Seite forderten sie aber einen engstirnigen Nationalismus, da er möglicherweise dem Zusammenhalt der slawischen Völker entgegenhandeln und somit die Funktionsfähigkeit der deutschen Herrschaft fördern konnte. „Das Problem war somit, ein begrenztes nationales Eigenleben und Bewußtsein zu fördern und so keine Solidarität aller nichtdeutschen Gruppen entstehen zu lassen, gleichzeitig aber zu verhindern, daß sich die begrenzte Eigenständigkeit zu einem Nationalbewußtsein ausweitete, das Loyalität gegenüber der Besatzungsmacht nicht mehr zuließ“: C. Kleßmann, Kirchenpolitik, S. 579.

218) Diensttagebuch S. 489. — Frank sagte weiter in einer Regierungssitzung am 9. 12. 1942: „Freilich kann ein Gescheiter sagen: den Pfaffen traue ich nicht. Ich auch nicht! Wenn sie mir aber von der Kanzel herab helfen, die Ernteablieferung durchzuführen, dann ist das ein positiver Nutzen nicht des Polentums, nicht der Kirche, sondern des Reiches“; St. Piotrowski S. 187. Die Kooperation der Kirche mit den deutschen Stellen, die es zweifellos gab, hat der Generalgouverneur aber völlig überschätzt. Es war ihm keinesfalls gelungen, „nur mit Hilfe der Pfaffen die Ernte hereinzubringen . . . und vor allem dafür zu sorgen, daß polnische Arbeitskräfte ins Reich gingen“; ebd.

219) Vgl. Äußerungen Tardinis über Sapieha, die er im Mai 1942 machte: „Finora l'arcivescovo di Cracovia è stato il sostegno dell'episcopato e dei cattolici: la sua coraggiosa e ferma attitudine gli ha attirato le simpatie e la stima di tutti“; ADSS 3 Nr. 378 vom 18. 5. 1942 S. 569. Die Wertschätzung Sapiehas war auch außerhalb der Kirche groß. Vgl.: Poland Bd. 3 Nr. 26 vom 1. 2. 1945 S. 347; ADSS 6 Nr. 403 vom

bischofs unterstreicht, daß die Kurie ihm z. B. eine Verfügung für alle polnischen Ordinarien zustellte, damit er sie weiterleitete [220]. Mehrmals bat sie ihn um Rat [221] und übersandte ihm die wichtigsten Ansprachen des Papstes zu der Lage in Polen, weil nur er sie eventuell verbreiten konnte [222]. Abschließend ist aber festzustellen, daß die anerkennenswerte Leistung Sapiehas innerhalb der engen Grenzen Erfolg hatte, die die Regierung des Generalgouvernements ihm absteckte.

2. Die Religionspolitik der Sowjetunion [223]

Nach dem Scheitern der Verhandlungen zwischen der UdSSR und den Westmächten erfolgte am 23. August 1939 der Abschluß eines deutsch-sowjetischen Nichtangriffspakts und eines Teilungsvertrags, der als ‚Geheimes Zusatzprotokoll' bezeichnet wurde. In diesem Vertrag grenzten beide Staaten ihre Interessensphären für den Fall ab, daß der polnische Staat aufhöre zu existieren. Die Grenze der jeweiligen Interessengebiete sollte ungefähr durch die Linie der Flüsse Narew, Weichsel und San gebildet werden [224].

Diesem Abkommen gemäß entschloß sich die UdSSR, als die polnische Niederlage bald nach dem Einmarsch der deutschen Truppen erkennbar wurde, am 14. September 1939 dazu, das ihr zugefallene Gebiet militärisch zu okkupieren. In der Nacht vom 16. zum 17. September teilte sie der polnischen Regierung mit, daß sie sich genötigt sehe, den Einmarsch der Sowjetarmee zum Schutz der weißruthenischen und ukraini-

13. 12. 1940 S. 510; Diensttagebuch vom 4. 9. 1944 S. 901, polnisch: Okupacja 2 Nr. 227 S. 548. Siehe unten S. 73 Anm. 270.

220) ADSS 3 Nr. 450 vom 16. 12. 1942 S. 698–699.

221) ADSS 3 Nr. 474 vom 4. 2. 1943 S. 733; siehe unten S. 185. — Nr. 493 vom 3. 4. 1943 S. 774–776; siehe unten S. 156. Der Brief konnte Sapieha im Sommer 1943 nicht zugesandt werden. Aus dokumentarischen Gründen wurde ihm der Brief nach dem Krieg während eines Rombesuchs am 17. 2. 1946 übergeben. — Nr. 541 vom 6. 11. 1943 S. 835.

222) ADSS 3 Nr. 511 vom 4. 6. 1943 S. 802; siehe unten S. 186. — Nr. 531 vom 16. 7. 1943 S. 825. Auch dieser Brief konnte Sapieha nicht zugestellt werden; siehe oben Anm. 221 zu Nr. 493.

223) Vgl. J. Czubatyj S. 331–353; A. Pincherle, Pio XII, S. 114–117; G. Prokoptschuk S. 205–220. — H. Stehle, Ostpolitik, S. 217–223 geht auf die in dieser Arbeit nicht behandelten Einigungsbemühungen des Erzbischofs des unierten Ritus von Lemberg, Andrej Szeptyckyj, ein; dazu auch C. Korolevskij S. 351–401.

224) Vgl. A. Seidl S. 91 und ADAP D VII Nr. 228 und 229 vom 23. 8. 1939 S. 205–207.

schen Bevölkerung im östlichen Polen anzuordnen. In den Moskauer Verhandlungen zwischen dem Deutschen Reich und der UdSSR vom 28. September 1939 verzichtete die Sowjetunion zugunsten der Deutschen auf das Territorium zwischen Weichsel und Bug; dafür erhielt sie Litauen zu ihrem Einflußbereich. Am 10. Oktober 1939 trat die UdSSR von dem annektierten Territorium das Wilna-Gebiet an die Republik Litauen ab, wodurch diese die Stadt und einige Grenzgebiete erhielt.

a) 1939—1941

Die Einwohnerzahl des sowjetischen Besatzungsgebietes betrug — einschließlich des Wilna-Gebietes — etwas über 13 Millionen [225], davon waren etwa acht Millionen Katholiken, die je zur Hälfte dem griechischen und lateinischen Ritus angehörten [226]. Innerhalb des russischen Territoriums lagen die Erzdiözesen Wilna und Lemberg und die Diözesen Pińsk und Łuck sowie Teile von Przemyśl und Łomża.

Die UdSSR ließ in dem von ihr okkupierten Gebiet Wahlen durchführen, aus denen eine westukrainische und eine westweißruthenische Nationalversammlung hervorging, die in Lwiw (Lemberg) bzw. Bolostak (Białystok) zusammentrat. Es dauerte geraume Zeit, ehe die ersten Meldungen aus dem sowjetischen Besatzungsgebiet in Rom eintrafen. Auf offiziellem Wege war es kaum möglich, Nachrichten aus dem Gebiet zu senden, da alle Post nach Moskau gehen mußte, wo sie geöffnet und zensiert wurde [227]. Ein Beispiel für die Unsicherheit der Kenntnisse über die von den Russen besetzten Gebiete war die Meldung Kardinal Hlonds, der Erzbischof des unierten Ritus von Lemberg, Andrej Szeptyckyj, sei nach Rußland deportiert worden, die sich später als falsch erwies [228]. Der Bischof des lateinischen Ritus in Przemyśl, Franciszek Barda, schickte An-

225) Tardini führte in einer Notiz vom 22. 9. 1939 die Zahl von 10 Millionen Einwohnern an, die er einen Tag später auf 11 Millionen verbesserte: ADSS 3 Nr. 13 S. 77 und 80. Doch auch diese Angabe ist zu niedrig; vgl. H. Roos, Polen, S. 178 Anm. 29.

226) ADSS ebd. S. 77.

227) Der Erzbischof von Wilna, Romuald Jałbrzykowski, berichtete dies in einem Schreiben an den Beauftragten des Heiligen Stuhles in Kaunas, Giuseppe Burzio: ADSS 3 Nr. 73 vom 21. 12. 1939 S. 160. Nur bei einfachen Ansichtskarten bestand Hoffnung, daß sie ankamen: Nr. 79 vom 26. 12. 1939 S. 169. Wegen dieser Schwierigkeiten bat Szeptyckyj den Sekretär der Kongregation für die Ostkirchen, Kardinal Eugène Tisserant, einen an ihn gerichteten Brief nach Krakau zu senden. Von dort werde der Brief irgendwie nach Lemberg weitergeleitet werden. Dann schloß Szeptyckyj eine wichtige Bitte an: „Envoyez deux exemplaires"; ebd. S. 173.

228) ADSS 3 Nr. 26 vom 12. 10. 1939 S. 94.

fang November 1939 einen kurzen Bericht; dies war auch nur deshalb möglich, weil er sich in dem von den Deutschen besetzten Territorium seiner Diözese aufhielt [229]. Der kleinere Teil der Diözese mit etwa 250 000 Gläubigen war an die UdSSR gefallen, ebenso das Gebiet der Stadt, in dem sich Kathedrale, Bischofssitz und Seminar befanden; der übrige Teil mit ca. 900 000 Gläubigen gehörte zum Generalgouvernement. Da Bischof Barda nicht mehr in das sowjetische Gebiet der Stadt konnte, hatte er seinen Weihbischof, Adalbert Tomaka, dort mit der Leitung der Restdiözese beauftragt. Auch Bardas Informationen waren nicht ergiebig. Bekannt war ihm lediglich, daß der Bischofspalast als Wohnung für die Juden beschlagnahmt worden war, daß aber ansonsten die Geistlichen, von wenigen Ausnahmen abgesehen, mit den Gläubigen religiöse Freiheit genossen.

Einige Wochen später schilderte Orsenigo, der seine Kenntnisse von einem Priester hatte, der kürzlich aus Lemberg nach Berlin gekommen war, ähnliches [230]. Die Geistlichen konnten frei die religiösen Funktionen ausüben, und die Gläubigen waren in ihrem rein religiösen Leben wenig eingeengt. In Lemberg waren einige Gebäude beschlagnahmt worden. Der Konvent der Redemptoristen wurde z. B. den Juden als Wohnsitz zugewiesen. Nach Aussagen des Geistlichen wurden die Juden zunächst sehr zuvorkommend behandelt [231]. In dem Schreiben war auch von Geldforderungen die Rede, die die Sowjets der Kirche gestellt hatten [232].

Diesen ersten, teilweise noch recht günstig klingenden Nachrichten, folgten bald schlechtere. In einem Brief an den Beauftragten des Heiligen Stuhles in Kaunas, Giuseppe Burzio, beschrieb Erzbischof Romuald Jałbrzykowski von Wilna die Lage im russisch besetzten Teil seiner Diözese [233]. Auch hier durften die Pfarrer die Messe lesen; es war ihnen allerdings nicht mehr erlaubt, ihre Pfarrkinder außerhalb des Gottes-

229) ADSS 3 Nr. 39 vom 4. 11. 1939 S. 117. Barda bat Maglione in einem kurzen Schreiben, die Post an ihn nach Krakau zu senden, wohin er demnächst zu reisen hoffe. Gleichzeitig richtete er ein Schreiben an Pius XII.: Nr. 40 vom 4. 11. 1939 S. 117–119.

230) ADSS 3 Nr. 50 vom 25. 11. 1939 S. 131–132.

231) „In generale i meglio trattati in questi territori polacco-russi sono gli Ebrei, per i quali si fa anche scuola in lingua ebraica e si formano speciali gruppi militari di soli Ebrei; ebd. S. 131. Vgl. ferner ein Aide-mémoire der polnischen Botschaft beim Vatikan vom 10. 5. 1940: ‚Lwów sous l'occupation bolchévique'; ADSS 6 S. 400 Anm. 3.

232) Szeptyckyj hatte 600 000 złoty zahlen sollen, von denen er nur 35 000 aufbringen konnte: ADSS 3 Nr. 50 vom 25. 11. 1939 S. 131.

233) ADSS 3 Nr. 73 vom 21. 12. 1939 S. 160–161.

hauses aufzusuchen oder in benachbarte Pfarreien zu gehen, selbst nicht zu Sterbenden. Wer gegen diese Anordnung verstieß, dem drohte Gefängnisstrafe. Allmählich begannen die Sowjets, ihre atheistische Propaganda über das ganze eroberte Gebiet auszubreiten. Sie verboten den Religionsunterricht und ersetzten ihn durch eine atheistische Indoktrinierung. Dennoch war in dieser Anfangszeit der Besatzung eine Zunahme der religiösen Betätigung der Gläubigen festzustellen.

Erst im Frühjahr 1940 traf die erste ausführliche Nachricht aus Lemberg im Vatikan ein. Dieses Schreiben von Szeptyckyj war eine erschütternde Analyse der Lage in dem sowjetischen Gebiet; er schilderte die Situation der Bevölkerung und der Kirche. Die Sowjets hatten in wenigen Monaten ein System errichtet, bei dem alles ausgeschlossen war, was Nächstenliebe und Wohlwollen hieß [234]. Dadurch, daß mehrere Komitees, Repräsentanten aus Moskau und Kiew sowie eine Reihe von Büros mit verschiedenen Zuständigkeiten und sich oft überschneidenden Kompetenzen ausgestattet waren, verbreiteten sie Unsicherheit, die darauf angelegt war, die Bevölkerung in Angst und Schrecken zu versetzen und somit ständig unter Druck zu halten. Dazu kam, daß jede Anordnung gleichzeitig von der Androhung der Todesstrafe bei Nichtbefolgen begleitet war. Szeptyckyj schrieb: Alles, was von den Behörden ausgeht, scheint zum Ziel zu haben, den Menschen zu vernichten. In allen Handlungen manifestiert sich ein unglaublicher Haß gegen die Religion und die Priester, ja sogar gegen den Menschen überhaupt [235].

Alle Schulen waren zu Staatsschulen erklärt worden, in denen es keinerlei religiöse Unterweisung mehr gab, sondern stattdessen Schulung im Sinne des Marxismus-Leninismus. Die neugebildete Nationalversammlung hatte als eine ihrer ersten Maßnahmen beschlossen, alle Klöster aufzu-

---

234) ADSS 3 Nr. 79 vom 26. 12. 1939 S. 168–173; vgl. M. Gordillo S. 480–482. Aus dem Brief geht hervor, daß Szeptyckyj ihn erst nach dem 16. 1. 1940 absandte. Zu dieser Zeit arbeitete eine deutsche Kommission in Lemberg, der Szeptyckyj den Brief mitgeben konnte. Zu den Schwierigkeiten, Post aus dem Gebiet herauszubringen, siehe oben Anm. 227. Szeptyckyj hatte bereits am 10. 10. 1939 einen Brief an Kardinal Tisserant geschrieben. Wie bei vielen Dokumenten findet sich in den ADSS nur der Vermerk „non publiée" bei dem dazugehörenden Antwortschreiben Tisserants: Nr. 52 vom 27. 11. 1939 S. 134 Anm. 1. Dieses Schreiben Szeptyckyjs ist auszugsweise abgedruckt bei C. Korolevskij S. 356; vgl. H. Stehle, Ostpolitik, S. 218.

235) „Tout ce qui émane des autorités semble avoir pour but de vexer, ruiner, détruire, faire de la peine ... Dans tous les détails se manifeste une inimitié, une haine de la religion, du clergé, incroyable, on dirait même inimitié envers l'homme en général": ADSS 3 Nr. 79 vom 26. 12. 1939 S. 169 und 170.

lösen und sie ebenso zu verstaatlichen wie die übrigen Kirchengüter [236]. Requisitionen durch die Sowjetarmee waren an der Tagesordnung und sorgten ebenfalls für die Einschüchterung der Bevölkerung. Szeptyckyj konnte allerdings auch berichten, daß trotz aller Schwierigkeiten der Klerus noch arbeiten konnte, da ihn die Gläubigen unterstützten. Viele Priester wanderten aber in das von den Deutschen besetzte Gebiet aus, da sie dem psychischen Terror nicht länger gewachsen waren. In dem gesamten Zeitraum der bolschewistischen Besatzung, also in 22 Monaten, wurden in Galizien etwa 40 Priester inhaftiert oder verbannt. Ungefähr 100 hatten ihre Pfarreien verlassen und Schutz vor den Verfolgungen gesucht [237]. Für sie kam Ersatz aus den aufgelösten Ordenshäusern.

Die Belastung, der auch Szeptyckyj ausgesetzt war, läßt sich an dem Brief deutlich ablesen. Dafür spricht einmal die Bitte des Erzbischofs, der Papst möge ihn dazu ausersehen, für den Glauben und für die Einheit der Kirche zu sterben [238]. Weiter äußerte er den Wunsch, für die Sowjets in den kontemplativen Orden einen Exorzismus durchführen zu lassen, da sich das Verhalten dieser Menschen nur dadurch erklären lasse, daß eine Reihe von ihnen vom Teufel besessen sei.

Das Vorgehen der Russen in dem von ihnen besetzten polnischen Gebiet war demjenigen der Deutschen im Warthegau ähnlich. Sie wollten die katholische Kirche zunächst einschüchtern, um sie letztlich völlig zu beseitigen. Allerdings gingen die Sowjets nicht so ‚planvoll' vor wie die deutschen Behörden, sondern überließen die Hauptinitiative einzelnen Personen oder Institutionen, wobei der Terror, der dabei ausgeübt wurde, keinesfalls geringer war.

Der detaillierten Ausführung Szeptyckyjs folgten keine weiteren Nachrichten; so blieben die Vorgänge im östlichen Polen für längere Zeit wieder im Dunkeln. Deshalb erkundigte sich Maglione Anfang 1940 bei Kardinal Hlond, ob er etwas über den Bischof von Łomża, Stanisław Łukomski, in Erfahrung bringen könne, da er seit der Okkupation nichts von ihm gehört habe [239]. Hlond konnte zwar den Weg des Bischofs kurz

236) Vgl. G. Prokoptschuk S. 207–208. 237) Ebd. S. 211.

238) „J'ajoute encore une fois la demande, que j'avais présentée au Saint Père par l'entremise de Votre Eminence [d. h. Tisserant]; j'avais demandé, et je redemande, que Sa Sainteté daigne par sa bénédiction apostolique et paternelle me désigner, députer et déléguer à la mort pour la foi et l'Unité de l'Église": ADSS 3 Nr. 79 vom 26. 10. 1939 S. 172. Diese Bitte hatte Szeptyckyj bereits in seinem Schreiben an Kardinal Tisserant vom 10. 10. 1939 geäußert; siehe oben Anm. 234. Vgl. M. Gordillo S. 474 und G. Prokoptschuk S. 218.

239) ADSS 3 Nr. 84 vom 3. 1. 1940 S. 179.

nach der Besetzung eine zeitlang verfolgen, wußte aber nichts näheres über Łukomski, der inzwischen das Martyrium erlitten haben sollte. Doch diese Meldung war vorläufig ebenso ungewiß wie die über den Bischof von Pińsk, Kazimierz Bukraba, der geisteskrank in einem Irrenhaus leben sollte [240]. Charakteristisch für die Ungewißheit der Lage waren die Berichte über Bischof Łukomski. Nachdem Hlond, wie gerade erwähnt, mitgeteilt hatte, er habe das Martyrium erlitten, schrieb der Kardinal wenig später, Łukomski lebe noch und sei in seiner Diözese [241]. Ein halbes Jahr später wurde er wiederum totgesagt [242], bis dann Erzbischof Jałbrzykowski bestätigen konnte, daß Łukomski gesund sei und sich im russisch besetzten Teil seiner Diözese aufhalte [243].

Im Laufe des Jahres 1940 kamen weitere Nachrichten nach Rom, die das Bild aus den östlichen Teilen Polens etwas erhellten. Da diese Mitteilungen recht unterschiedlich waren, verbreiteten sie zugleich Unsicherheit. Dabei standen die Mitteilungen, die Orsenigo übersandte, im Kontrast zu denjenigen der polnischen Bischöfe, die aus ihren eigenen Diözesen berichteten. So machte Orsenigo positive Angaben über die Lage der Kirche im sowjetischen Besatzungsgebiet [244] und berichtete z. B., daß die katholischen Priester und orthodoxen Popen in vollständiger Freiheit die religiösen Funktionen in der Kirche ausüben könnten [245]. Orsenigo wußte, daß es anderslautende Berichte gab, die von Verfolgungen durch die Russen sprachen. Aber er hielt solche Äußerungen als tendenziös gegen die Deutschen gerichtet, die die Russen dazu aufgefordert hatten, das polnische Gebiet zu besetzen [246].

Solche Berichte über Verfolgungen gab es aber von den Bischöfen der

---

240) ADSS 3 Nr. 89 vom 7. 1. 1940 S. 187–188. Diese Information traf zu; siehe unten S. 194.

241) ADSS 3 Nr. 98 vom 16. 1. 1940 S. 198.

242) ADSS 3 Nr. 167 vom 15. 7. 1940 S. 269.

243) ADSS 3 Nr. 177 vom 21. 7. 1940 S. 278. Zu der Geschichte der Diözese Łomża im II. Weltkrieg: S. J. Borowczyk.

244) ADSS 3 Nr. 105 vom 19. 1. 1940 S. 205–207 und Nr. 144 vom 1. 6. 1940 S. 247–248. Garant für die Berichte des Nuntius war in beiden Fällen Prälat Peter Werhun; er war Apostolischer Visitator der Ukrainer in Deutschland. Sicherlich zwang ihn diese Stellung dazu, zumindest Anfang 1940 noch keine allzu kritischen Äußerungen über die Lage im östlichen Polen zu machen. Abgesehen von wenigen Ausnahmen, zu denen das hier angeführte Beispiel gehört, waren die Informationen Orsenigos zuverlässig; vgl. F. Vnuk S. 240.

245) ADSS ebd. S. 206 und 248.

246) „È opinione qui di utilizzare queste notizie per frenare le altre di carattere opposto, che tendono a dipingere la persecuzione russa assai più feroce, per aggravare la colpa dei Tedeschi, che invitarono i Russi ad occupare queste terre“: ebd. S. 248.

betroffenen Gebiete wie von Jałbrzykowski, der Vertreibungen von Priestern meldete [247]. Inzwischen wurden auch die Katholiken des orientalischen Ritus stärker unterdrückt. Die zu Anfang dieses Kapitels geschilderten Geldforderungen der Russen an die Kirchen gingen weiter. Jede Kirche mußte 100 000 Rubel aufbringen, was ihre finanziellen Möglichkeiten bei weitem überstieg. Konnten die Kirchen die Summe nicht zahlen, gab dies den Anlaß, sie zu schließen oder umzufunktionieren [248]. Auch hierin lag eine Parallele zu dem Vorgehen der Deutschen im Warthegau. Jałbrzykowski schilderte wie vorher Szeptyckyj den ungewöhnlichen Terror, der gegenüber der Bevölkerung ausgeübt wurde [249]. Hierzu sei eine Bemerkung aus einem kurzen Schreiben des Bischofs von Stanisławów angeführt: „Quid sunt bolscevici, impossibile est verbis enarrare“ [250].

Am 22. Juni 1941 begann Deutschland den Krieg gegen die Sowjetunion und eroberte bis zum Herbst des Jahres den gesamten östlichen Teil des polnischen Staates. Damit war für diese Gebiete zunächst eine Schreckensherrschaft von fast zwei Jahren beendet. Erzbischof Szeptyckyj zog im Herbst 1941 eine Bilanz dieser Jahre, in der er einige konkrete Zahlen nennen konnte [251]. Nach seiner Schätzung waren etwa eine halbe Million Menschen aus dem gesamten von den Russen besetzten Gebiet deportiert worden [252]. In den letzten Tagen der russischen Besatzung hatte der Terror nochmals gewütet; dabei waren allein in Lemberg 6 000 Gläubige getötet worden [253]. Einen Schwerpunkt der Verfolgungen

---

247) ADSS 3 Nr. 134 vom 5. 5. 1940 S. 238.

248) Zu den Geldforderungen: siehe oben S. 65; vgl. das Aide-mémoire der polnischen Botschaft beim Vatikan vom 10. 5. 1940 (siehe oben Anm. 231); ADSS 7 Nr. 138 vom 8. 3. 1943 S. 263. — Weihbischof Karol Niemira von Pińsk berichtete, daß dort z. B. Gotteshäuser in Kinos umgebaut wurden: ADSS 3 Nr. 149 vom 6. 6. 1940 S. 253.

249) ADSS 3 Nr. 134 vom 5. 5. 1940 S. 238. Vgl. ein Schreiben des Bischofs des lateinischen Ritus in Lemberg, Bolesław Twardowski, vom Frühjahr 1943, sein erstes nach Kriegsbeginn überhaupt: „Terrori autem isti, denuntiatio quae valde divulgata erat, quaeque principale constituebat medium tenendi populum in subiectione et oboedientia erga potestatem sovieticam, deserviebat“; ADSS 3 Nr. 482 vom 7. 3. 1943 S. 758.

250) ADSS 3 Nr. 289 vom 6. 8. 1941 S. 424.

251) ADSS 3 Nr. 297 vom 30. 8. 1941 S. 437–442 und Nr. 324 vom 7. 11. 1941 S. 491–493.

252) Ebd. S. 438 gab Szeptyckyj eine Zahl von 500 000 an, die er später — S. 491 — auf 400 000 änderte.

253) C. Korolevskij S. 360–363 druckt ein Schreiben Szeptyckyjs vom 16. 8. 1942 ab, ohne allerdings anzugeben, an wen es gerichtet war. Der Erzbischof ging darin ausführlich auf die Zeit zwischen dem 22. 6. 1941, dem Angriff der Deutschen auf

bildete die armenische Diözese von Lemberg[254]. Hier wurde fast die Hälfte aller Gläubigen deportiert; von den sieben Priestern war zeitweise nur noch einer im Amt, der die gesamte Diözese betreuen mußte. Auch die armenische Kirche war mit Geldforderungen unter Druck gesetzt worden.

Nach dem Abzug der Sowjets war ein deutliches Aufatmen zu verspüren. Szeptyckyj sah die Zeit einer harten Prüfung beendet, einer Prüfung, aus der die Kirche geläutert hervorgehe[255]. Der während der russischen Besatzung heimlich zum Bischof geweihte Józef Slipyj[256] schrieb an den Papst: „Periculum bolscevisticum ... feliciter superavi“[257].

Aus den vereinzelten Nachrichten[258], die während oder kurz nach der sowjetischen Besatzung geschrieben worden waren, klang oft die Genugtuung darüber durch, daß es den Russen nicht gelungen war, den Eifer der Gläubigen zu brechen[259]. Obwohl es zweifellos ihr Ziel gewesen

---

die Sowjetunion, und ihrem Einmarsch in Lemberg, die acht Tage dauerte, ein. In diesem Zeitraum erfolgten die 6 000 Ermordungen, von denen oben die Rede ist; ebd. S. 361. — Szeptyckyj machte in einem Brief vom 7. 11. 1941 folgende Angaben über Verluste des Klerus: 33 Priester waren deportiert oder gefangengenommen worden, 32 ermordet; ADSS 3 Nr. 324 S. 492. Siehe oben S. 67. — Vgl. B. Kusnierz S. 131–136.

254) ADSS 3 Nr. 297 vom 30. 8. 1941 S. 441–442.

255) „Nous sortons de cette dure épreuve purifiés et confirmés dans la sainte Foi. Nous pouvons donc dire ‚amen‘ pour tout ce que Dieu a fait, et Deo gratias pour tout ce qu'il a donné“: ADSS 3 Nr. 324 vom 7. 11. 1941 S. 493.

256) Slipyj war von Szeptyckyj zu seinem Koadjutor mit dem Recht der Nachfolge vorgeschlagen worden. Am 27. 11. 1939 autorisierte Kardinal Tisserant den Erzbischof, Slipyj zum Titularbischof von Serre zu weihen: „Sono molto lieto di annunciar Vi che potete considerare Vostro coadiutore e successore il Vostro diletto discepolo che mi avete ante volte nominato e lodato“; ADSS 3 Nr. 52 vom 27. 11. 1939 S. 135. Mit diesem verschleierten Text wollte Tisserant verhindern, daß der Name des Nachfolgers von Szeptyckyj, sollte der Brief abgefangen werden, vorzeitig bekannt wurde. Deshalb wurde Slipyj am 22. 12. 1939 in der Kapelle Szeptyckyjs nur im Beisein des Kapitels geweiht: ADSS 3 Nr. 79 vom 26. 12. 1939 S. 168; N. D. Czubatyj S. 351–353; C. Korolevskij S. 364.

257) ADSS 3 Nr. 288 vom 5. 8. 1941 S. 423.

258) Vgl. dazu ein Schreiben Magliones an den Bischof des lateinischen Ritus in Lemberg, Bolesław Twardowski: „Post eventus mensis Septembris anni 1939 communicationes inter Apostolicam Sedem et Exc.mos Ordinarios territorii poloni sub Russorum dominatione constituti rariores in dies factae sunt“; ADSS 3 Nr. 250 vom 6. 2. 1941 S. 368.

259) ADSS 3 Nr. 79 vom 26. 12. 1939 S. 171; Nr. 149 vom 6. 6. 1940 S. 253; Nr. 289 vom 6. 8. 1941 S. 424–425. — In einem Brief vom 16. 8. 1942 (siehe oben Anm. 253) schrieb Szeptyckyj: „Le communisme a été de cette manière la cause d'un très grand renouveau de la foi“; S. 362. Bischof Twardowski äußerte dazu: „Vita in dioecesi religiosa non solum suas non amisit vires, sed etiam magis crevit, firmata, consolidata, corroborataque est“; ADSS 3 Nr. 482 vom 7. 3. 1943 S. 758.

war, das Christentum mit der Zeit auszurotten [260], blieb die atheistische Propaganda selbst bei Kindern und Jugendlichen, die ihr u. a. wegen des fehlenden Religions- und Katechismusunterrichts am meisten ausgeliefert waren, ohne Erfolg [261].

b) 1944—1945

In den Dokumenten über die zweite Phase der russischen Okkupation Polens findet sich häufig die Notiz, daß kein Kontakt mehr mit den Diözesen bestand [262]. Nach der Kapitulation der deutschen Truppen in Stalingrad begann die russische Armee den Vormarsch gegen Westen. Damit brach die Verbindung zu den Diözesen Pińsk, Łuck, Przemyśl und Lemberg völlig ab [263]. Generell ist zu sagen, daß sich die Nachrichten aus Polen in den beiden letzten Kriegsjahren schlagartig verringerten [264]. Zudem veranlaßte eine Warnung Orsenigos an das Kardinalstaatssekretariat, es sei gefährlich zu erwähnen, daß Städte, die in deutscher Hand waren, von den Russen erobert worden seien, den Vatikan zur Vorsicht bei Erkundigungen über die betreffenden Gebiete [265]. Der einzige Bericht aus

---

260) „Il est bien certain que sous les bolcheviks nous étions tous quasi condamnés à mort; on ne dissimulait pas le désir de ruiner et de supprimer jusqu'aux dernières traces du christianisme“: ADSS 3 Nr. 297 vom 30. 8. 1941 S. 437.

261) „Pro maioritate methodus regendi sovietarum facta est efficax remedium contra propagationem communismi, quam ferventissimae et eloquentissimae contiones et exhortationes“, ADSS 3 Nr. 482 vom 7. 3. 1943 S. 761.

262) Weihbischof Adalbert Tomaka teilte Orsenigo mit: „Etenim omnis communicatio cum Dioecesi Luceoriensi, quae extra fines Generalis Gubernii est posita, jam dudum erat impedita, nunc autem perempta est totaliter“; ADSS 3 Nr. 555 vom 15. 2. 1944 S. 855. Vgl. auch Nr. 563 vom 13. 3. 1944 S. 865.

263) Tardini schrieb an den Apostolischen Delegierten in Washington, Cicognani: „Come Vostra Eccellenza rev.ma ben sa, Santo Padre è vivamente preoccupato per situazione religiosa in Polonia. Informazioni, sempre scarse, sono completamente cessate co entrata truppe russe“; ADSS 3 Nr. 592 vom 17. 2. 1945 S. 898.

264) Dies läßt sich allein durch die Anzahl der Dokumente belegen, die in den ADSS 3 für die einzelnen Jahre vorliegen:

15. 9. — 31. 12. 1939	79	Dokumente
1940	152	„
1941	108	„
1942	110	„
1. 6. — 31. 6. 1943	77	„
1. 7. — 31. 12. 1943	21	„
1944	39	„
1. 1. — 8. 5. 1945	14	„

Zu der Zahl für 1944 ist anzumerken, daß sich 13 Dokumente auf die Inhaftierung Kardinal Hlonds beziehen; siehe unten S. 94 f.

265) ADSS 3 Nr. 551 vom 8. 2. 1944 S. 851.

dem russisch besetzten Teil selbst stammte von Erzbischof Slipyj, der über den Tod Szeptyckyjs und die Beisetzungsfeierlichkeiten eine Nachricht an Pius XII. sandte [266].

Szeptyckyj hatte die deutsche Besatzung wie vorher die erste russische überstanden, ohne inhaftiert zu werden. Er hatte den Abzug der Deutschen als Befreiung von der Tyrannei begrüßt wie einige Jahre vorher den Abzug der sowjetischen Truppen [267]. Die Haltung der Sowjetarmee war 1944 zunächst derjenigen von 1939 völlig entgegengesetzt. Die Russen verboten zwar die Verbreitung religiöser Schriften und Bücher und ließen die Schulen säkularisiert, versuchten aber ansonsten den Eindruck einer durchgreifenden Änderung ihrer Politik gegenüber der Religion hervorzurufen. Sie ließen nicht nur den Gottesdienst zu, sondern machten auch die von den Deutschen geschlossenen Kirchen für die Gläubigen wieder zugänglich. Die Seminare wurden toleriert, Priester und Theologiestudenten von der Arbeitspflicht befreit. So konnte auch die Beisetzung Szeptyckyjs mit aller Feierlichkeit vor sich gehen. Slipyj zelebrierte am 5. November 1944 das Pontifikalamt in der Kathedrale von Lemberg im Beisein mehrerer Bischöfe. Bischof Adalbert Twardowski feierte eine Messe nach lateinischem Ritus [268]. An dem Trauerzug nahmen nicht nur 150 Priester, 70 Theologiestudenten, 130 Seminaristen und eine große Zahl von Gläubigen teil, sondern auch der Staatspräsident der ukrainischen Sowjetrepublik und Generalsekretär ihrer kommunistischen Partei, Nikita Chruschtschow, sowie hohe Offiziere der Roten Armee, Vertreter der Verwaltung und der Partei [269]. Die Sowjets wollten mit dieser Demonstration und ihrer Religionspolitik, die Bevölkerung des gerade eroberten Gebietes hinter sich bringen; besonders in Lemberg galt es, die Sympathien des ukrainischen Volkes für das bolschewistische Regierungssystem zu gewinnen. Auf das Ausland sollte diese neue Religionspolitik ebenfalls Eindruck machen. In diesem Sinne war ein vertraulicher Bericht der englischen Regierung über die religiöse Lage in Polen abgefaßt, die sie der Kurie zur Kenntnisnahme übermittelte. Demzufolge stimmten alle Berichte aus Polen darin überein, daß die katholische Kirche zuvor-

---

266) ADSS 3 Nr. 586 vom 19. 11. 1944 — zum genauen Datum, das die ADSS nicht angeben: G. Prokoptschuk S. 245, der das Dokument auch in deutsch abdruckt — S. 889.

267) Vgl. hierzu und zum folgenden: G. Prokoptschuk S. 243–244.

268) ADSS 3 Nr. 586 vom 19. 11. 1944 — zum Datum siehe oben Anm. 266 — S. 889.

269) Vgl.: J. Drozd S. 102; G. Prokoptschuk S. 244; H. Stehle, Ostpolitik, S. 269–271.

kommend behandelt werde; gerade gegenüber der Hierarchie übten die Behörden Rücksicht. So werde z. B. Erzbischof Sapieha von Krakau mit großer Ehrerbietung behandelt [270]. Auch der Sekretär der Apostolischen Delegation in Teheran, Pietro Pavani, meldete, daß die Kirchen in Polen offen seien und die Priester sich in Freiheit befänden. Er berichtete aber zugleich von Verfolgungen der Zivilbevölkerung [271]. Der im Londoner Exil lebende Bischof von Włocławek, Karol Radoński, warnte in einem Schreiben an den polnischen Botschafter beim Heiligen Stuhl davor, Polen an den Kommunismus fallen zu lassen. Radoński bat, seinen Brief an das Kardinalstaatssekretariat weiterzuleiten [272].

Es war schwierig, sich aus diesen wenigen Bruchstücken ein Bild über die Lage in Polen in den Jahren 1944/1945 zu machen. Maglione war der Meinung, daß es nur durch einen Apostolischen Visitator für Polen möglich sei, an Ort und Stelle genaueres zu erfahren. Es wurden auch Anstrengungen unternommen, von der Regierung der Vereinigten Staaten Unterstützung zu erhalten, um einen päpstlichen Beauftragten nach Polen zu senden [273]. Dies war eine der letzten päpstlichen Bemühungen um die polnische Kirche vor dem Ende des Krieges in Europa am 8. Mai 1945 [274].

---

270) „All reports agree that the Catholic Church is being very carefully handled in Poland. There is no interference with public worship and priests are not molested. The provisional authorities have also been at great pains to conciliate the Catholic hierarchy. For example, at a recent meeting in Cracow in honour of General Zymierski Archbishop Sapieha was treated with great honour and held up as a model Pole who had shown outstanding qualities in resisting the German invaders"; ADSS 3 Nr. 598 vom 23. 4. 1945 S. 902.

271) ADSS 3 Nr. 594 vom 28. 3. 1945 S. 899.

272) Documents II Nr. 84 vom 22. 1. 1944 S. 149–150. — Zu dem Vorgehen der Sowjets in dieser zweiten Phase vgl. B. Kusnierz S. 197–203.

273) ADSS 3 Nr. 591 vom 12. 2. 1945 S. 897 und Nr. 592 vom 17. 2. 1945 S. 898. Die USA sahen keine Möglichkeit, diesen Wunsch zu erfüllen.

274) Über die wahre Lage in Polen wurde der Vatikan erst nach Beendigung des Krieges informiert. Vgl. dazu ein Schreiben des Bischofs von Łuck, Adolf Szelążek, in dem er über seine Verhaftung und seinen Aufenthalt in russischen Gefängnissen berichtet. Er war auf Intervention der USA freigelassen worden: ADSS 3 Nr. 605 vom 26. 5. 1946 S. 916–921.

III. DIE OFFIZIELLEN AKTIVITÄTEN DES VATIKANS

1. Die Verhandlungen mit der deutschen Regierung

Da Polen während des II. Weltkrieges überwiegend von deutschen Truppen besetzt war, betraf auch ein bedeutender Teil der vatikanisch-deutschen Diplomatie die Probleme dieses Landes. In diesem Abschnitt sind im folgenden sowohl der direkte vatikanisch-deutsche Notenwechsel als auch die Unternehmungen des Berliner Nuntius bei der Reichsregierung einbezogen.

a) Die Proteste des Vatikans gegen die Kirchenpolitik in Polen

aa) Die ersten Kriegsjahre

Bald nach Kriegsbeginn bemühte sich die Kurie, Informationen von den deutschen Behörden über Polen zu erhalten. Einer der ersten Schritte in dieser Hinsicht war der Versuch, einen päpstlichen Abgesandten nach Polen zu senden [1]. Auf diese Weise sollte es möglich gemacht werden, sich ein genaues Bild der Lage in Polen zu verschaffen. Maglione schlug daher dem Berliner Nuntius, Cesare Orsenigo, vor, bei den Deutschen um die Erlaubnis anzufragen, daß der polnische Nuntius, Filippo Cortesi, der sich in Rumänien aufhielt, nach Polen reisen dürfe [2]. Überraschenderweise erhob sich zunächst von französischer Seite Widerstand gegen diesen Plan. Der französische Botschafter beim Heiligen Stuhl, François Charles-Roux, der von den Absichten des Kardinalstaatssekretärs erfahren hatte, sprach am 18. Oktober 1939 bei Tardini vor [3]. Er hatte zwei Einwände gegen das Projekt:

1) Cortesi müsse, um die Genehmigung zur Einreise nach Polen zu erhalten, mit Deutschland offiziell in Kontakt treten. Dies könne von

[1] Orsenigo schlug dies Maglione vor: ADSS 6 Nr. 86 vom 9. 10. 1939 S. 162. Vgl. ADSS 3 Nr. 88 vom 6. 1. 1940 S. 186.

[2] ADSS 6 Nr. 89 vom 14. 10. 1939 S. 164.

[3] ADSS 6 Nr. 91 vom 18. 10. 1939 S. 167.

deutscher Seite als Anerkennung der Okkupation durch die Kurie gewertet werden.

2) England und Frankreich würden einem derartigen Schritt Cortesis die gleiche Bedeutung zumessen.

Das Kardinalstaatssekretariat telegraphierte noch am selben Tage an Orsenigo, nicht an die Reichsregierung heranzutreten [4]. Das Telegramm kam allerdings zu spät. Orsenigo hatte bereits am 17. Oktober mit dem Staatssekretär im Auswärtigen Amt, Ernst v. Weizsäcker, gesprochen und eine hinhaltende Auskunft bekommen; bald darauf erfolgte die endgültige Absage [5]. So blieb auch ein Protest des polnischen Botschafters gegen das vatikanische Projekt ohne Bedeutung [6]. Der Versuch, einen Vertreter der Berliner Nuntiatur nach Polen zu senden, verlief ebenso erfolglos, da die Deutschen keine Einreisegenehmigung gewährten [7].

Ein geringer Teilerfolg war nur insofern zu verzeichnen, als ein Mitglied der Nuntiatur in Berlin, der Rat Carlo Colli, die Erlaubnis erhielt, im März 1940 das Archiv der Nuntiatur in Warschau nach Berlin zu überführen [8]. Andere Bemühungen wie diejenige, Pater Eduard Gehrmann, S. V. D., nach Włocławek und den Sekretär der Nuntiatur, Raffaele Forni, nach Krakau zu senden [9], oder die von Weihbischof Walenty Dymek und Generalvikar Edouard v. Blericq, nach Berlin zu reisen, um dort über die Lage im Warthegau zu verhandeln, schlugen fehl [10]. Orsenigo mußte der Kurie mitteilen, daß er generell keine Genehmigung erhalte, jemanden ins Generalgouvernement oder in den Warthegau zu senden, und daß keine polnischen Geistlichen aus dem Generalgouvernement ausreisen dürften [11].

---

4) Ebd. Anm. 4.

5) ADSS 6 S. 168 Anm. 2.

6) ADSS 6 Nr. 93 vom 19. 10. 1939 S. 168–169. — Ein Jahr später bat die polnische Botschaft den Vatikan, einen Delegierten nach Polen zu senden: ADSS 3 Nr. 227 vom 25. 11. 1940 S. 335.

7) Maglione hatte vorgeschlagen, den Nuntiaturrat Carlo Colli regelmäßig nach Polen zu schicken: ADSS 6 Nr. 112 vom 23. 11. 1939 S. 196 (siehe unten Anm. 8). Orsenigo wies darauf hin, daß bisher alle derartigen Anträge abgelehnt worden waren: Nr. 118 vom 9. 12. 1939 S. 204. Pius XII. und Maglione brachten die Angelegenheit gegenüber dem deutschen Außenminister, Joachim v. Ribbentrop, bei dessen Besuch in Rom erneut zur Sprache, wiederum ohne Erfolg. Vgl. M. Clauss S. 57 und 60.

8) ADSS 3 Nr. 99 vom 17. 1. 1940 S. 199 und Nr. 106 vom 23. 1. 1940 S. 207.

9) Gehrmann: ADSS 3 Nr. 126 vom 22. 3. 1940 S. 229–230. — Forni: ADSS 6 Nr. 118 vom 9. 12. 1939 S. 204.

10) ADSS 3 Nr. 235 vom 17. 12. 1940 S. 347–348. Vgl.: Nr. 207 vom 1. 10. 1940 S. 301; ADAP D XII 2 Nr. 474 vom 8. 5. 1941 S. 616; M. Broszat S. 165.

11) ADSS 3 Nr. 136 vom 8. 5. 1940 S. 239.

Orsenigo versuchte anschließend, über das Auswärtige Amt Informationen über polnische Diözesen oder einzelne Geistliche einzuholen. In einigen Fällen erhielt er Antwort. Wie viel, bzw. wie wenig der Nuntius mit derartigen Auskünften anfangen konnte, soll ein Beispiel verdeutlichen. Er hatte sich über die Lage in den Diözesen Lodsch, Płock und Włocławek erkundigt [12]. Das Auswärtige Amt versprach, Nachrichten über die betreffenden Gebiete einzuholen. Nach zwei Monaten teilte es über Płock folgendes mit:

1) In Płock wurde während des Krieges eine Kirche zerstört; dort stehen nur noch ein Gotteshaus und eine Kapelle zur Verfügung.

2) Bischof Antoni Julian Nowowiejski ist frei und hält sich in seiner Wohnung auf; sein hohes Alter erlaubt ihm aber nicht mehr auszugehen.

3) Die Leitung der Diözese liegt bei Weihbischof Leon Wetmański [13].

Die Bemerkung über die eine zerstörte Kirche konnte natürlich keinen Begriff von dem Ausmaß der Verfolgungen geben, die die Kirche in Płock zu erleiden hatte. Die Nachricht über Nowowiejski besagte im Klartext, daß der Ordinarius unter Hausarrest stand.

Immerhin erhielt der Vatikan durch solche — wenngleich nur sporadisch gegebenen Informationen — hin und wieder die Bestätigung für die Verhaftung oder den Tod einzelner polnischer Bischöfe [14].

Einen weiteren Komplex der vatikanischen Aktivitäten bildeten die Bemühungen um die Freilassung inhaftierter polnischer Bischöfe, Priester oder anderer Personen, bzw. darum, ihnen die Möglichkeit zur Rückkehr in ihre Heimat zu verschaffen. Die Rückkehr geflohener polnischer Bischöfe in ihre Diözesen lehnten die deutschen Behörden ebenso kategorisch ab [15] wie eine Anfrage Orsenigos nach Repatriierung von Polen,

---

12) ADSS 3 Nr. 94 vom 13. 1. 1940 S. 191–192.

13) Orsenigo berichtete über die Antwort der deutschen Behörden an Maglione: ADSS 3 Nr. 125 vom 16. 3. 1940 S. 229. — Vgl. auch die Nachricht des Auswärtigen Amtes über die Verhaftung des Bischofs und des Weihbischofs von Płock: Nr. 150 vom 8. 6. 1940 S. 254.

14) Informationen über: Bischof Włodzimierz Jasiński von Lodsch: ADSS 3 Nr. 117 vom 21. 2. 1940 S. 221; vgl. S. 468 Anm. 1. — Weihbischof Michał Kozal von Włocławek: siehe unten S. 152 mit Anm. 88. — Erzbischof Romuald Jałbrzykowski von Wilna: Nr. 353 vom 10. 2. 1942 S. 529–530; Nr. 376 vom 27. 4. 1942 S. 567–568. — Siehe oben Anm. 13.

15) Zu den Bemühungen des Vatikans in dieser Hinsicht: ADSS 3 Nr. 45 vom 19. 11. 1939 S. 126–127; Nr. 56 vom 30. 11. 1939 S. 138; siehe unten S. 138 f.; vgl. F. Haffner S. 25.

die sich in Frankreich aufhielten [16]. Als Orsenigo in einem Gespräch mit Weizsäcker für einen zum Tode verurteilten Polen eintrat, gab dieser ihm zu verstehen, er solle sich nicht um derartige Fälle kümmern, um die Sache, die er verteidigen wolle, nicht zu gefährden [17]. Aus einer derartigen Äußerung mußte der Schluß gezogen werden, daß Proteste in vielen Fällen nicht nur sinnlos, sondern gefährlich für denjenigen waren, dem geholfen werden sollte.

Interventionen um die Freilassung polnischer Bischöfe blieben ebenso erfolglos. Weder für Erzbischof Romuald Jałbrzykowski von Wilna [18], Bischof Włodzimierz Jasiński von Lodsch [19], Bischof Marian Leon Fulman von Lublin [20], Bischof Antoni Julian Nowowiejski von Płock [21], Weihbischof Michał Kozal von Włocławek [22], Weihbischof Władysław Goral von Lublin [23] oder Weihbischof Leon Wetmański von Płock [24] noch für die inhaftierten polnischen Geistlichen [25] oder andere Personen [26] war etwas zu erreichen. Da die Antworten des Auswärtigen Amtes auf die Anfragen und Verbalnoten des Vatikans, wenn sie überhaupt eintrafen, immer nichtssagender und stereotyper wurden, beschloß das Kardinalstaatssekretariat im Frühjahr 1942, seine Bemühungen in dieser

---

16) ADSS 6 Nr. 268 vom 30. 7. 1940 S. 373–374 und Nr. 287 vom 17. 8. 1940 S. 391–392.

17) ADSS 3 Nr. 77 vom 23. 12. 1939 S. 166.

18) ADSS 3 Nr. 353 vom 10. 2. 1942 S. 529–530; Nr. 376 vom 27. 4. 1942 S. 567–568, Nr. 379 vom 18. 5. 1942 S. 571; Nr. 380 vom 19. 5. 1942 S. 573; Nr. 466 vom 16. 1. 1943 S. 723.

19) ADSS 3 Nr. 121 vom 5. 3. 1940 S. 225; Nr. 340 vom 10. 12. 1941 S. 509–510; Nr. 360 vom 4. 3. 1942 S. 543–544

20) ADSS 3 Nr. 66 vom 14. 12. 1939 S. 147.

21) ADSS 3 Nr. 216 vom 23. 10. 1940 S. 316–17; Nr. 221 vom 1. 11. 1940 S. 324; Nr. 223 vom 13. 11. 1940 S. 328–329.

22) Siehe unten S. 150 ff.

23) ADSS 3 Nr. 148 vom 4. 6. 1940 S. 252; vgl. S. 297 Anm. 2.

24) ADSS 3 Nr. 150 vom 8. 6. 1940 S. 254; Nr. 156 vom 18. 6. 1940 S. 259; vgl. S. 406 Anm. 1; ADAP E I Nr. 218 vom 9. 2. 1942 S. 393–394.

25) Zu den Interventionen für polnische Geistliche vgl.: ADSS 3 Nr. 33 vom 23. 10. 1939 S. 107, S. 324 Anm. 3; ADSS 6 Nr. 359 vom 30. 10. 1940 S. 461; Nr. 366 vom 14. 11. 1940 S. 469; Nr. 395 vom 4. 12. 1940 S. 503–504; ADSS 3 Nr. 269 vom 20. 4. 1941 S. 399–400; ADSS 8 Nr. 555 vom 27. 11. 1942 S. 732–733; vgl. C. Falconi S. 152–153.

26) ADSS 6 Nr. 186 vom 7. 4. 1940 S. 287; ADSS 3 S. 324 Anm. 3; ADAP E II Nr. 138 vom 14. 4. 1942 S. 234; ADSS 8 Nr. 398 vom 17. 6. 1942 S. 559; Nr. 483 vom 21. 9. 1942 S. 657; Nr. 501 vom 6. 10. 1942 S. 674; ADSS 9 Nr. 442 vom 27. 11. 1943 S. 579. — Da Orsenigos Bemühungen nahezu vollständig erfolglos blieben, wandte sich Maglione auch an den Botschafter Italiens in Berlin, Dino Alfieri: ADSS 8 Nr. 526 vom 24. 10. 1942 S. 697–698.

Hinsicht einzuschränken[27]. Als der Berliner Nuntius sich für die verhafteten polnischen Professoren einsetzen wollte, teilte die Reichsregierung ihm bereits im März 1940 mit[28], daß seine Zuständigkeit sich nicht auf das polnische Gebiet erstrecke[29]. Das Auswärtige Amt gab als Ursache für die Erfolglosigkeit der Bemühungen der Nuntiatur u. a. die deutschfeindlichen Sendungen des Vatikansenders an[30]. Später nahm die deutsche Regierung eine Ansprache des englischen Kardinals Arthur Hinsley von Westminster zum Vorwand, um die Bitten des Heiligen Stuhles abzuschlagen[31]. Nur in einem Fall konnte Orsenigo einen Erfolg verzeichnen, als neun ukrainische Priester aus der Haft entlassen wurden[32]. Allerdings ist diese Ausnahme auf dem allgemeinen Hintergrund der damaligen deutschen Ukrainepolitik zu sehen, die zunächst den Ukrainern weit mehr entgegen kam als den Polen[33].

Ende Dezember 1939 berichtete Kardinal Hlond über eine Verordnung des Generalgouverneurs, Hans Frank, vom 15. November 1939 ‚über die Beschlagnahme des Vermögens des früheren polnischen Staates' für das Gebiet des Generalgouvernements, die u. a. die Kunstgegenstände betraf, die in Privat- oder Kirchenbesitz waren[34]. Am 24. Januar 1940 erging durch den Leiter der Kriegswirtschaft, Hermann Göring, eine weitere Verordnung ‚über die Beschlagnahme von privatem Vermögen im Generalgouvernement'[35]. Durch diese zuletzt genannte Maßnahme fiel alles

27) Vgl. eine Notiz Magliones: ADSS 3 Nr. 364 vom 19. 3. 1942 S. 547–548.

28) Siehe unten S. 85.

29) Orsenigo schrieb nach Rom: „Il Governo però in genere ammette il mio intervento in favore di Sacerdoti, e malvolentieri per i laici, facendomi quasi constatare che le mie mansioni non si estendono alla Polonia"; ADSS 3 Nr. 124 vom 9. 3. 1940 S. 228.

30) Orsenigo beschrieb die Haltung der Reichsregierung wie folgt: „Nei ministeri passa un'ondata di irritazione verso la Santa Sede, motivata dalla diffusione di notizie polacche poco grata al Governo germanico"; ADSS 3 Nr. 122 vom 8. 3. 1940 S. 226. Vgl. eine Notiz Montinis über ein Gespräch mit dem deutschen Botschaftsrat Fritz Menshausen: Nr. 108 vom 27. 1. 1940 S. 208–209; siehe unten S. 95 ff.

31) ADSS 3 Nr. 190 vom 10. 8. 1940 S. 286. Kardinal Hinsley hatte am 4. 8. 1940 eine Radioansprache im Britischen Rundfunk gehalten, die heftige Reaktionen in der deutschen Presse am 5. 8. auslöste. Zu den Diskussionen im Reichspropagandaministerium über die Rede vgl. Kriegspropaganda S. 446 unter dem Datum vom 5. 8. 1940.

32) ADSS 3 Nr. 141 vom 25. 5. 1940 S. 245.

33) Vgl. St. Mękarski S. 392–395 und S. 423–426 zu dem ukrainisch-polnischen Gegensatz.

34) ADSS 3 Nr. 80 vom 27. 12. 1939 S. 173–174. Zu dem Abbau von Kunst gegenständen aus den Kirchen vgl. The German New Order S. 365–369 und Cz. Madajczyk, Polityka II, S. 119–141.

35) Vgl. H. Roos, Polen, S. 175–176.

Vermögen, das am 1. September 1939 nicht Eigentum von Volksdeutschen gewesen war, an den deutschen Staat; nach Schätzung Hlonds gingen der Kirche dadurch ca. 45 000 Hektar Land mit Gebäuden und Inventar verloren [36]. Maglione versprach, sich umgehend für die Erhaltung der Kirchengüter bei der Reichsregierung einzusetzen und schaltete den Nuntius in Berlin ein [37].

Orsenigo baute seinen Protest zunächst unter Bezugnahme auf das Konkordat des Vatikans mit Polen auf. Daraufhin wies das Auswärtige Amt auf eine Ansprache Benedikts XV. vom 21. November 1921 hin und stellte fest, das polnische Konkordat sei als verfallen zu betrachten [38]. Benedikt XV. hatte in der erwähnten Stellungnahme Konkordate angesprochen, die mit Staaten abgeschlossen wurden, die durch einen Krieg verschwunden waren; solche Konkordate sollten als nicht mehr existent gelten [39]. Der Papst hatte aber einwandfrei eine genau definierte Situation genannt, die nach Ansicht Magliones auf Polen, das sich noch im Kriegszustand mit dem Deutschen Reich befand [40], nicht zutraf [41]. Orsenigo setzte nach diesem ersten Versuch seine Bemühungen fort, die Enteignungen wieder rückgängig zu machen [42].

Auf die deutschen Stellen machte das Argument des Berliner Nuntius, der auf das Recht der Kirche auf eigenes Vermögen gemäß Kanon 1499 des Codex iuris canonici verwies [43] ebensowenig Eindruck wie sein Hin-

---

36) ADSS 3 Nr. 119 vom 26. 2. 1940 S. 223–224.

37) ADSS 3 Nr. 120 vom 1. 3. 1940 S. 224; vgl. S. 282 Anm. 2.

38) ADSS 3 Nr. 186 vom 3. 8. 1940 S. 282.

39) AAS 13 (1921), S. 521–521.

40) Im Entwurf des Schreibens an Orsenigo, dessen Inhalt für das Auswärtige Amt bestimmt war, stand folgende Bemerkung: „... Polonia, la quale si trova ancora in stato di guerra con il Reich"; ADSS 3 S. 288 Anm. 2. Sie wurde zwar aus dem endgültigen Text gestrichen, aber dies änderte nichts daran, daß der Vatikan diese Ansicht gegenüber dem Reich vertrat; siehe unten S. 86. Zu der völkerrechtlichen Stellung Polens während des II. Weltkrieges: H. Roos, Polen, S. 170 mit Anm. 7.

41) ADSS 3 Nr. 192 vom 17. 8. 1940 S. 288.

42) ADSS 3 Nr. 232 vom 7. 12. 1940 S. 345; ADAP D XII 1 Nr. 183 vom 19. 3. 1941 S. 262–263; 2 Nr. 567 vom 29. 5. 1941 S. 762–763; ADSS 3 Nr. 301 vom 2. 9. 1941 S. 447 mit Anm. 1.

43) Orsenigo zitierte in seinem Schreiben an Außenminister Ribbentrop den Kanon in deutscher Übersetzung: „§ 1. Die Kirche hat wie jede andere Person die Befugnis Eigentum zu erwerben auf Grund aller von dem Naturrecht oder von dem positiven Recht anerkannten Erwerbsarten. — § 2. Das Eigentumsrecht über diese Güter steht unter der obersten Autorität des Apostolischen Stuhles jener juristischen Person zu, die dieselben rechtmäßig erworben hat"; ADSS 3 Nr. 301 vom 2. 9. 1941 S. 448 = ADAP D XIII 1 Nr. 255 vom 28. 8. 1941 S. 334–335.

weis auf die Artikel der Haager Konvention[44]: „Weil nun, wie auch in der oben erwähnten Verbalnote gesagt wird, die Haupttreuhandstelle-Ost diese Grundsätze [d. h. der Haager Konvention] durch die ausgesprochene Beschlagnahme des Vermögens der katholischen Kirche sowie der katholischen Stiftungen, Orden und Vereinigungen verletzt hat[45], erhebt der Apostolische Nuntius in Übereinstimmung mit der von der Kirche in ähnlichen Fällen eingehaltenen Stellung pflichtgemäßen Protest und verlangt, daß diese Beschlagnahme rückgängig gemacht werde“ [46]. In seiner Antwort wies das Auswärtige Amt alle Ausführungen des Nuntius zurück[47]. Das kanonische Recht sei rein innerkirchliches Recht und in den zur Sprache gebrachten Fällen ausschließlich das deutsche Recht maßgebend. Die Haager Landkriegsordnung finde auf die eingegliederten Gebiete keine Anwendung, da sie keine besetzten Gebiete im Sinne dieser Konvention seien. Deshalb wurde der Einspruch des Nuntius als unberechtigt abgewiesen. Obgleich Orsenigo selbst ein weiteres Vorgehen in Fragen der Kirchengüter für zwecklos hielt[48], setzte er die Versuche auf Anordnung Magliones fort[49]. Das Resultat war auch in den folgenden Jahren völlig negativ.

Unmittelbar nach Kriegsausbruch war Orsenigo in Berlin wegen der Verhältnisse in Polen, speziell im Warthegau, mit zahlreichen Eingaben und persönlichen Vorstellungen an die Reichsregierung herangetreten. Am 19. Januar 1940 stellte Weizsäcker fest: „Seit einiger Zeit kommt der Nuntius beinahe jede Woche einmal zu mir, um ein halbes Dutzend Verbalnoten oder Aufzeichnungen und wohl ebensoviele Erinnerungen an unerledigte Beschwerden vorzubringen. Wegen der schleppenden und vielfachen negativen Erledigung dieser Dinge gestalten sich die Gespräche

---

44) Orsenigo bezog sich auf die Artikel 46, 47, 55 und 56; ADSS 3 ebd. S. 449.

45) Weizsäcker bemerkte gegenüber Orsenigo zu dieser Stelle der Note, daß der Text mißverständlich sei, da das Auswärtige Amt eine Verletzung bestehender Rechtsgrundsätze nie zugegeben habe: ADAP D XIII 1 Nr. 255 vom 28. 8. 1941 S. 334 mit Anm. 1.

46) ADSS 3 Nr. 301 vom 2. 9. 1941 S. 449–450.

47) ADSS 3 Nr. 318 vom 14. 10. 1941 S. 483–484; vgl. ADAP D XIII 1 Nr. 260 vom 30. 8. 1941 S. 340.

48) ADSS 3 Nr. 339 vom 8. 12. 1941 S. 509.

49) Orsenigo hatte am 19. 2. 1942 (gemeint war wohl der 9. 2.; vgl. ADAP E I Nr. 219 vom 9. 2. 1942 S. 394–395) und am 18. 8. 1942 weitere vergebliche Versuche unternommen, eine Änderung der Einstellung der deutschen Regierung zur Frage der Kirchengüter in Polen zu erreichen. Er informierte darüber Maglione: ADSS 3 Nr. 433 vom 23. 10. 1942 S. 665—666 und Nr. 462 vom 13. 1. 1943 S. 718. Er betonte, wie aussichtslos seiner Ansicht nach die Bemühungen waren.

mit dem Nuntius oft wenig ergiebig. Der Hauptsorgenpunkt des Nuntius ist gegenwärtig der Zustand der Kirchenverhältnisse in Polen" [50]. Die hier beschriebenen Bemühungen hielten während der gesamten Kriegszeit an.

Aufgrund der Nachrichten Orsenigos über die Kirche im Warthegau und der Bitten des Breslauer Kardinals, Adolf Bertram, der einen „Schritt bei der höchsten Stelle im Deutschen Reiche möglich und opportun" nannte [51], übersandte Maglione dem Berliner Nuntius ein Promemoria mit einer Liste der schwerwiegendsten Angriffe gegen das Recht der Kirche im Warthegau [52].

Orsenigo richtete am 14. August 1941 ein Schreiben an Ribbentrop [53], in dem er die Beschwerden des Vatikans vortrug wie Anfang 1943 Maglione, wenngleich nicht so detailliert, wie es später der Kardinalstaatssekretär tat [54]. Anfang September ergänzte Orsenigo die Liste der Klagen über Kirchenschließungen [55]; am Ende des Monats ging er erneut auf die Verordnungen Greisers im Warthegau ein [56]. In den gleichlautenden Antworten auf die drei Protestschreiben bestätigte das Auswärtige Amt deren Empfang und behielt sich vor, „auf die Frage zurückzukommen, sobald sie im Benehmen mit den inneren Stellen geprüft worden" sei [57].

Ein Jahr später kam es erneut zu einer Welle von Protesten gegen die Religionspolitik des Gauleiters Greiser. Am 29. September 1942 wies Maglione Orsenigo an, er solle der deutschen Seite zu verstehen geben, daß der Geduld des Heiligen Stuhles, die dieser bisher trotz der schwierigen Lage in Polen geübt habe, Grenzen gesetzt seien [58]. Im Oktober des

---

50) Zitiert bei M. Broszat S. 164 Anm. 3; vgl. W. Bussmann, Papst, S. 20.

51) ADSS 3 Nr. 267 vom 14. 4. 1941 S. 398.

52) ADSS 3 Nr. 272 vom 31. 5. 1941 S. 405.

53) ADSS 3 Nr. 291 vom 17. 8. 1941 S. 426–428. Orsenigo sprach in seinem Schreiben an den Reichsaußenminister folgende fünf Punkte an: eingeschränkter Kirchenbesuch und Kirchenschließungen, Verhaftung von Bischöfen, Vorgehen gegen die Orden, Greisers Kirchenpolitik, Loslösung der Kirche im Warthegau von Rom.

54) Siehe unten S. 90 f.

55) ADSS 3 Nr. 304 vom 9. 9. 1941 S. 454–455 = ADAP D XIII 1 Nr. 272 vom 2. 9. 1941 S. 359.

56) ADSS 3 Nr. 313 vom 1. 10. 1941 S. 469–471 = ADAP D XIII 2 Nr. 368 vom 29. 9. 1941 S. 482–483; vgl. ADAP E II Nr. 160 vom 21. 4. 1942 S. 262–264.

57) ADSS 3 Nr. 451 vom 18. 12. 1942 S. 701.

58) ADSS 3 Nr. 419 vom 29. 9. 1942 S. 646. Maglione schrieb an den Nuntius: „Vostra Eccellenza faccia presente competenti autorità che Santa Sede ha finora usato massima longanimità ed arrendevolezza in merito situazione religiosa Warthegau. Ma di fronte aggravarsi situazione Santa Sede non potrebbe più oltre tacere". Siehe unten Anm. 60 und S. 83 mit Anm. 66.

gleichen Jahres überreichte der Sekretär der Kongregation für außerordentliche kirchliche Angelegenheiten, Silvio Sericano, dem deutschen Botschaftsrat, Fritz Menshausen, eine Aufzeichnung über die religiösen Verhältnisse im Warthegau. Maglione hatte in dieser Note die kritischen Gesichtspunkte des Vatikans erneut kurz zusammengefaßt und die bisherigen Versuche umrissen, die deutsche Seite auf die Mißstände im Warthegau aufmerksam zu machen. Die Aufzeichnung schloß mit der Bemerkung, daß der Heilige Stuhl, falls sich die Lage im Warthegau weiter zuspitze, gezwungen sei, aus seiner bisher geübten Reserve herauszugehen [59]. Das Nachspiel, das diese Aufzeichnung hatte, ist charakteristisch für die vatikanisch-deutschen Beziehungen zu dieser Zeit. Menshausen hatte das Schreiben noch im Beisein Sericanos durchgelesen und diesem anschließend erklärt, „ihm, Sericano, seien doch die dem Nuntius von Herrn Staatssekretär von Weizsäcker gemachten Mitteilungen bekannt, wonach aus den seinerzeit dargelegten Gründen die Erörterungen mit der Kurie auf Fragen beschränkt werden mußten, die sich auf das Altreich beziehen, das heißt auf das Reichsgebiet, wie es zur Zeit des Konkordatsabschlusses im Jahre 1933 bestand“ [60]. Dieses Verhalten Menshausens mißbilligte das Auswärtige Amt. Der deutsche Botschafter beim Vatikan, Diego von Bergen, beauftragte seinen Botschaftsrat, Sericano erneut aufzusuchen und ihm zu erklären, da das Schriftstück sich nicht auf das Altreich, sondern ausschließlich auf den Warthegau beziehe, „könne die Botschaft davon amtlich keine Kenntnis nehmen, müsse es vielmehr als nicht existent betrachten und sei daher auch nicht in der Lage, es an das Auswärtige Amt weiterzuleiten“ [61]. Sericano versuchte, Menshausens Argument zu entkräften [62]. Dieser lehnte aber jegliche weitere Erörterung des Problems ab [63].

59) „Se, come si teme, in seguito a nuove misure della Luogotenenza [d. h. im Warthegau], la situazione dovesse aggravarsi ancora più, la Santa Sede, per dovere del suo ministero, si troverebbe costretta ad uscire — e lo farebbe, per quanto a malincuore — da quell'attitudine di riserbo che finora ha mantenuto“: ADSS 3 Nr. 424 vom 8. 10. 1942 S. 653; siehe oben Anm. 58. — Zu den vatikanischen Drohungen vgl. G. Miccoli S. 307–308. Die Behauptung von D. Albrecht, Klausel, S. 825, daß mit diesem Schritt aus der Reserve heraus eine Dokumentation, wie sie dann in dem Brief vom 2. 3. 1943 erfolgte, gemeint gewesen sein soll und nicht etwa eine öffentliche Stellungnahme, ist unwahrscheinlich.

60) Telegramm Bergens an das Auswärtige Amt mit der Übersetzung der vatikanischen Aufzeichnung: ADAP E IV Nr. 30 vom 10. 10. 1942 S. 58–59.

61) Zitiert bei D. Albrecht, Notenwechsel, S. 133. Vgl. ADSS 3 Nr. 431 vom 22. 10. 1942 S. 660–661.

62) „Aggiungo che il punto di vista del Governo tedesco non è giuridicamente sostenibile; e dopo di avere brevemente riassunta la posizione presa dalla Segreteria

Die in dem Schriftstück ausgesprochenen Drohungen des Vatikans, die letztlich nicht wahrgemacht wurden, beeindruckten die Reichsregierung nicht. Ribbentrop schrieb am 13. Januar 1943 an Bergen, er solle der Kurie deutlich machen, daß Berlin nicht beabsichtige, die Lage gegenüber dem Vatikan zu verschärfen [64]. Wenn aber der Vatikan seinerseits damit drohe oder gar dazu übergehen wolle, politisch oder propagandistisch gegen Deutschland aufzutreten, so sei es selbstverständlich, daß dies die Reichsregierung zu einer entsprechenden Reaktion zwingen werde. Inhaltlich wiederholte Ribbentrop dies in einem Telegramm vom 24. Januar: „Man muß dem Vatikan im Zweifelsfalle unmißverständlich zum Bewußtsein bringen, daß sich eine Verschärfung der Beziehungen zwischen Deutschland und dem Vatikan sicherlich nicht etwa einseitig zum Nachteil Deutschlands auswirken würde, daß es der Reichsregierung vielmehr weder an wirksamem Propagandamaterial noch auch an der Möglichkeit tatsächlicher Maßnahmen fehlt, um jeden vom Vatikan gegen Deutschland versuchten Schlag entsprechend wirksam zu erwidern" [65].

Es ist kaum zu bezweifeln, daß diese massiven Drohungen der deutschen Regierung dazu beigetragen haben, daß der Vatikan seinerseits sein Vorhaben nicht wahrmachte [66]. Erfolglos wie die schriftlichen Pro-

---

di Stato con quella nota, rilevo che non si tratta, nel caso, di trattare con il Governo del Reich come parte contraente del Concordato, ma semplicemente come Governo di uno Stato che ha relazioni diplomatiche con la Santa Sede e che di fatto [im Original kursiv; der Vatikan lehnte die Ansicht der Reichsregierung ab, daß sie de iure die Souveränität in Polen habe — siehe unten S. 86] esercita la sovranità su territori nei quali vi sono grandissimi interessi religiosi": ADSS 3 Nr. 431 vom 22. 10. 1942 S. 660–661.

63) Menshausen wurde nach diesem Vorfall nach Berlin beordert und dort von Weizsäcker belehrt, wie er sich gegenüber Sericano hätte verhalten müssen. Danach wurde er auf Anordnung Ribbentrops auf einige Wochen beurlaubt, da, wie Ribbentrop sich ausdrückte, der Vatikan offenbar glaube, den Deutschen über Menshausen Drohungen zukommen lassen zu können; vgl. ADAP E IV Nr. 81 vom 21. 10. 1942 S. 132–133; D. Albrecht, Notenwechsel, S. 133.

64) Abgedruckt bei S. Friedländer S. 120. 65) Ebd. S. 120–121.

66) Der Vatikan vermied es in Zukunft, ähnliche Drohungen auszusprechen. Im Zusammenhang mit einem Protest gegen die Gefangennahme Kardinal Hlonds 1944 — siehe unten S. 94 — hatte Maglione eine Note entworfen, die Orsenigo zur Weitergabe übermittelt werden sollte: ADSS 3 Nr. 554 vom 14. 2. 1944 S. 854. Der Schluß dieser Note lautete: „Prego Vostra Eccellenza Reverendissima [d. h. Orsenigo] interessarsi con sollecitudine presso competenti Autorità facendo presente gravità fatto [d. h. die Verhaftung Hlonds] dolorosa sorpresa Santa Sede et possibili conseguenze, qualora Em.mo non venga subito rilasciato"; ebd. Anm. 1. Tardini änderte den Text in: „... fatto che non può lasciare indifferenti"; ebd. Der endgültig an Orsenigo übermittelte Text lautete: „... fatto che è molto doloroso per Santa Sede"; ebd. S. 854.

teste blieben auch mündliche Beschwerden Orsenigos gegenüber Weizsäcker. Unmittelbar nach dem eben erwähnten Vorfall suchte der Nuntius den Staatssekretär auf; über die Unterredung erstattete er Bericht. Nachdem Orsenigo ihm die Bedenken der Kirche gegenüber den Verordnungen Greisers erneut vorgetragen, habe Weizsäcker betont, daß die Unterredung zwischen ihnen nicht stattgefunden habe [67].

ab) Die Note vom 18. Januar 1942 [68]

Nach der Besetzung Polens und der Ernennung Bischof Carl Maria Spletts von Danzig zum Apostolischen Administrator von Kulm, die die Kurie der Reichsregierung erst nachträglich bekanntgab [69], diskutierte die deutsche Seite die Verbindlichkeit der ‚politischen Klausel' [70].

„Unter einer ‚Politischen Klausel' werden konkordatäre Bestimmungen über ein staatliches Erinnerungsrecht gegen Bischofskandidaten verstanden, die dem Staat unerwünscht sind" [70].

Die Anwendung der politischen Klausel hatte seit mehreren Jahren zu Auseinandersetzungen zwischen der Kurie und der Reichsregierung geführt [71]. Die deutsche Regierung forderte, daß ihr auch bei vorüber-

---

67) „Weizsäcker ... dopo aver dichiarato che la mia esposizione doveva aver carattere privato e non ufficiale ... mi ascoltò attentamente ... Il signor Segretario di Stato mi ascoltò attentamente, ma poi soggiunse ancora: ‚Si ricordi però che questa conversazione fra noi due non ha avuto luogo"; ADSS 3 Nr. 432 vom 23. 10. 1942 S. 662. Der Minutant, der für das Kardinalstaatssekretariat eine Zusammenfassung des Berichts anzufertigen hatte, bemerkte zu dem Verhalten Orsenigos: „Con tutto il rispetto: non mi pare che Mons. Nunzio abbia impostato la conversazione nei migliori termini"; ebd. S. 664. Maglione notierte dazu resignierend: „Ma che altro può ora fare?"; ebd.

68) ADSS 3 Nr. 347 vom 18. 1. 1942 S. 517–524 = D. Albrecht, Notenwechsel, Nr. 40 S. 116–123 mit deutscher Übersetzung S. 124–130 — dort finden sich Angaben über weitere Publikationen. — Zur Vorgeschichte der Note vgl. D. Albrecht, Notenwechsel, S. 113 Anm. 1 mit weiterer Literatur. — Zu den Vorüberlegungen gehörten Notizen Tardinis für die Kongregation für außerordentliche kirchliche Angelegenheiten: ADSS 5 Nr. 151 vom 27. 11. 1941 S. 316–318. — Zu der Reaktion des Auswärtigen Amtes: ADAP E I Nr. 209 vom 5. 2. 1942 S. 377–379.

69) Siehe unten S. 142.

70) D. Albrecht, Klausel, S. 794; dort auch die neueste Zusammenfassung der gesamten Problematik mit älterer Literatur.

71) Der Artikel 14 des Reichskonkordates bestimmte in Absatz 2: „Die Bulle für die Ernennung von Erzbischöfen, Bischöfen, eines Koadjutors cum jure successionis oder eines Praelatus nullius wird erst ausgestellt, nachdem der Name des dazu Ausersehenen dem Reichsstatthalter in dem zuständigen Lande mitgeteilt und festgestellt ist, daß gegen ihn Bedenken allgemein politischer Natur nicht bestehen"; AAS 25 (1933), S. 397.

gehender Besetzung von Bistümern vor der Ernennung Mitteilung gemacht werde, um etwaige Bedenken allgemein politischer Natur geltend machen zu können[72]. Sie wollte ferner die politische Klausel auf größere Personengruppen, also auch auf Administratoren, Kapitularvikare und andere Bistumsverweser und auf die von Deutschland seit 1933 eroberten und annektierten Gebiete — Österreich, Sudetenland, Protektorat Böhmen und Mähren, Memelgebiet, eingegliederte Ostgebiete — ausdehnen. Diesbezüglich wurden dem Vatikan schon seit 1940 Andeutungen gemacht[73].

Auf Vorschlag des Unterstaatssekretärs Ernst Woermann[74] entschloß sich das Auswärtige Amt, die Forderungen der Reichsregierung dem Vatikan in einer Verbalnote vorzulegen[75]. In dem Begleitschreiben an Bergen betonte Weizsäcker, daß „die Note im Benehmen mit dem Leiter der Parteikanzlei [d. h. Martin Bormann] festgelegt" worden sei[76]. Die Note mit den oben dargelegten Forderungen wurde von Menshausen am 29. August 1941 Tardini überreicht[77].

Die Antwort des Heiligen Stuhles auf die Note war ausführlich[78]. Das Kardinalstaatssekretariat ging nicht nur auf die von der Reichsregierung angesprochene Problematik ein, sondern behandelte gleichzeitig das Verhältnis des Heiligen Stuhles zum Dritten Reich und die Situation in Polen. Der Vatikan bedauerte, daß trotz aller Bemühungen seinerseits sich die Lage der Kirche im Reich zunehmend verschlechterte. Noch ernstere Vorkommnisse seien in den besetzten Gebieten zu beklagen; hierbei wurde ausdrücklich auf die Lage im Warthegau hingewiesen[79].

Das Verlangen der Reichsregierung, die politische Klausel auch auf

---

72) Zu derartigen Versuchen vgl. M. Maccarrone S. 219–221.

73) Vgl. ADSS 3 Nr. 30 vom 17. 10. 1939 S. 100; Nr. 92 vom 9. 1. 1940 S. 190 — siehe unen S. 144; ADSS 4 Nr. 374 vom 26. 5. 1942 S. 514–515. Hierher gehört auch die Auseinandersetzung zwischen dem Vatikan und der Reichsregierung um die Besetzung des Bischofsstuhles von Budweis. Die Kurie lehnte die Ernennung eines deutschen Kandidaten, wie sie Berlin forderte, ab. Vgl.: ADSS 4 Nr. 30 vom 24. 7. 1940 S. 90–91; Nr. 41 vom 9. 8. 1940 S. 103–104; Nr. 57 vom 24. 8. 1940 S. 123–125; Nr. 92 vom 21. 9. 1940 S. 156–159; Nr. 117 vom 16. 10. 1940 S. 186–188; Nr. 184 vom 19. 11. 1940 S. 277–278; Nr. 238 vom 17. 1. 1941 S. 347–351; D. Albrecht, Klausel, S. 804–805.

74) ADAP D XIII 1 Nr. 148 vom 24. 7. 1941 S. 176–177.

75) ADSS 3 Nr. 296 vom 29. 8. 1941 S. 435–436 = D. Albrecht, Notenwechsel, Nr. 38 S. 113–115 (dort Hinweise auf weitere Veröffentlichungen).

76) ADAP D XIII 1 Nr. 241 vom 25. 8. 1941 S. 313.

77) Zu der Übergabe vgl.: ADSS 5 Nr. 54 vom 29. 8. 1941 S. 160–162.

78) Siehe oben Anm. 68.

79) ADSS 3 Nr. 347 vom 18. 1. 1942 S. 520.

Apostolische Administratoren und auf die eingegliederten Gebiete auszudehnen, lehnte die Kurie ab. Erstens gehe sowohl aus dem Reichskonkordat wie aus den Länderkonkordaten klar hervor, daß das Vorrecht, gegen die Kandidaten Bedenken allgemein politischer Natur geltend machen zu können, ausdrücklich auf die Erzbischöfe, Bischöfe, Koadjutoren mit dem Recht der Nachfolge und auf Prälaten nullius beschränkt sei. Zweitens unterschied der Vatikan zwischen dem Altreich und den aufgrund militärischer Operationen besetzten oder angegliederten Gebieten; für die letzteren kämen Neuregelungen erst dann in Frage, wenn der Kriegszustand durch Friedensverträge zwischen den Beteiligten oder durch eine internationale Regelung formell beendet sei [80].

Der Heilige Stuhl unterschied also in seiner Note, welche die Reichsregierung nie beantwortete, zwischen dem Altreich, wo es konkordatäre Bestimmungen gab, und den neuen Reichsgebieten, wo es solche nicht gab. Diese Darlegung gab der deutschen Regierung den Vorwand, selbst die gleiche Unterscheidung zu treffen, und folglich die diplomatischen Beziehungen zum Vatikan auf das Gebiet des Altreichs zu beschränken [81]. Ferner war für die Reichsregierung entscheidend, daß der Vatikan die vakanten polnischen Bischofsstühle nicht oder nur provisorisch besetzt hatte und nicht bereit war, die neuen Grenzziehungen anzuerkennen, ehe nicht formelle Friedensverträge vorlagen. Hinzu kam, daß Greiser seine Kirchenpolitik im Warthegau losgelöst von dem Einfluß der für das Altreich zuständigen Ministerien und des Vatikans durchführen wollte [82].

Schon seit Frühjahr 1940 dokumentierte Greiser immer deutlicher die Absicht, dem Nuntius jede Einflußnahme auf die Kirche im Warthegau zu nehmen. Diesen Plan trieb er in der Folgezeit mit Hilfe der Parteikanzlei und gegen den Widerstand Weizsäckers, der dies dem Nuntius gegenüber indirekt zugab [83], voran [84].

---

80) „È, poi, per la Santa Sede medesima norma e prassi costante di diritto, di prudenza e di riguardo, determinata da altissimi principi morali e giuridici, di non procedere, quali che possano essere le richieste di accordi o prerogative da parte degli Stati, a innovazioni nella vita religiosa di un Paese, comunque occupato o annesso in seguito ad operazioni militari, se non quando, terminate le ostilità, il nuovo stato di cose sia formalmente riconosciuto nei trattati di pace o dai competenti organismi internazionali eventualmente esistenti": ebd. S. 523. — Siehe auch unten S. 147 f. zu der Haltung der Kurie gegenüber den Forderungen Litauens.

81) Vgl. zum folgenden D. Albrecht, Notenwechsel, S. 123 Anm. 1.

82) Siehe oben S. 40.

83) Vgl. ADSS 3 Nr. 315 vom 7. 10. 1941 S. 473.

84) Vgl. ADAP E 1 Nr. 105 vom 7. 1. 1942 S. 192–193 = D. Albrecht, Notenwechsel, Nr. 7* S. 221–222. Greiser hatte in einem Schreiben an Weizsäcker die Zu-

Hitler entschied im Juni 1942 durch einen Führerbefehl [85], der in fünf Punkten zusammengefaßt allen betroffenen Behörden als ‚Geheime Reichssache' ausgehändigt wurde:

„1) Der Führer wünscht nicht, daß die Beziehungen zur katholischen Kirche reichseinheitlich zusammengefaßt bzw. vertreten werden.

2) Beziehungen zum Vatikan unterhält Deutschland ausschließlich für das Altreich, d. h. für den Teil des Reiches, für den das Konkordat von 1933 gezeichnet worden ist.

3) Obwohl das Konkordat in vielen Punkten überholt ist, betrachtet es der Führer als offiziell bestehend [86].

4) Indem der Vatikan der Deutschen Regierung mitgeteilt hat, daß er für die Dauer des Krieges keine politischen Gebietsveränderungen anerkennen könne, hat er sich automatisch außerhalb jeder offiziellen Verbindung mit den nach September 1939 angeschlossenen oder besetzten Gebieten gestellt. Der Führer wünscht aber, daß dasselbe Verhältnis auch in Bezug auf das frühere Österreich und die übrigen vor September 1939 angeschlossenen Gebiete hergestellt wird.

5) Zuständig für diese Gebiete: von deutscher Seite: die ordentlichen Vertreter des Reiches, also z. B. Reichsprotektor, Gouverneur, Reichskommissar und Reichsstatthalter; von kirchlicher Seite: die örtlichen Vertreter der Kirche, also z. B. Kardinäle, Bischöfe usw. In diesen Gebieten würden also keine diplomatischen oder politischen Verbindungen mit dem

ständigkeit des Nuntius für den Warthegau abgelehnt. Weizsäcker sah aber in diesem Ersuchen des Nuntius eine gewisse Anerkennung der Eingliederung dieses polnischen Gebietes in das Deutsche Reich durch die Kurie. Eine Ablehnung der Bitte könne Zweifel bei der Kurie erwecken, was die Zugehörigkeit des Warthegaus zum Reich betreffe; diesem läge aber an einer „möglichst weitgehenden Festlegung fremder Regierungen auf die von uns geschaffenen territorialen Zustände", schrieb Weizsäcker; S. 193. Vgl. ADAP D XIII 2 Nr. 547 vom 5. 12. 1941 S. 780–781. — Zu der Rolle Bormanns: ADAP E 1 Nr. 263 vom 20. 2. 1942 S. 495 — D. Albrecht, Notenwechsel, Nr. 8* S. 222. Die Reichskanzlei teilte die Auffassung von Greiser und der Parteikanzlei: „Eine Stärkung des polnischen Klerus, die die Einflußnahme des Nuntius und die von ihm betriebene Einsetzung eines polnischen Bischofs im Warthegau notwendigerweise zur Folge haben würde, sei uns unerwünscht". Vgl. M. Broszat S. 169.

85) Zu den vorbereitenden Unterredungen vgl. ADAP E II Nr. 261 vom 2. 6. 1942 S. 448–449.

86) Die endgültige Fassung dieses Punktes stammt von Ribbentrop. Ursprünglich lautete sie: „Obwohl das Konkordat auf beiden Seiten in vielen Fällen nicht mehr eingehalten wird, betrachtet es der Führer als offiziell bestehend"; D. Albrecht, Notenwechsel, Nr. 11* vom 11. 6. 1942 S. 225 mit Anm. 2.

Vatikan zugelassen werden. Hieraus ergibt sich, daß ausschließlich das Auswärtige Amt Verbindung mit dem Vatikan unterhält" [87].

Mit diesem Führerbefehl war dem Vatikan jede offizielle Möglichkeit, sich um Polen zu kümmern, sogar jeder Protest bei der deutschen Regierung verwehrt. Greiser war mit seinem Konzept, im Warthegau allein und ausschließlich mit den dortigen Katholiken zu verhandeln, durchgedrungen. Zudem wurde diese Maßnahme so dargestellt, als ob der Vatikan sie selbst heraufbeschworen habe [88].

Das Auswärtige Amt beschloß, der Kurie über die Entscheidung keine schriftliche Mitteilung zukommen zu lassen, sondern sie dem Nuntius mündlich bekanntzugeben. Als Orsenigo am 25. Juni 1942 [89] in Angelegenheiten des Generalgouvernements bei Weizsäcker vorsprach, erläuterte dieser ihm, daß er nicht für dieses Gebiet zuständig sei, da die vatikanische Note vom 18. Januar 1942 zwischen Altreich und neuen Gebieten unterschieden habe. Orsenigo teilte diese Entscheidung dem Kardinalstaatssekretär mit und stellte die zukünftige Entwicklung klar dar: Es sei vorauszusehen, daß Noten, die sich auf die annektierten Gebiete beziehen, nicht mehr entgegengenommen würden [90].

ac) Der Brief vom 2. März 1943 [91]

Ein Schreiben Sapiehas vom 28. Februar 1942 [92] hatte im Vatikan solchen Eindruck hinterlassen, daß sogleich Maßnahmen geprüft wurden, wie den Polen zu helfen sei. Ausgangspunkt der Überlegungen bildete eine Aufzeichnung Tardinis, in der er die Möglichkeiten disku-

---

87) ADAP E III Nr. 24 vom 22. 6. 1942 S. 40–41 = D. Albrecht, Notenwechsel, Nr. 13* S. 230–231. Hiermit stimmen die Äußerungen Hitlers bei H. Picker S. 435–436 unter dem Datum vom 4. 7. 1942 überein. Zu der Entscheidung Hitlers vgl. G. O. Kent S. 72.

88) Vgl. einen Bericht Orsenigos: ADSS 3 S. 404 Anm. 1.

89) Zum Datum vgl. E. v. Weizsäcker S. 336.

90) „Si può prevedere che in futuro le richieste riferentesi ai nuovi territori del Reich o non saranno accettate, oppure avranno risposte evasive": ADSS 3 Nr. 390 vom 27. 6. 1942 S. 598. Vgl. Nr. 399 vom 31. 7. 1942 S. 615–616. Zu den Auswirkungen der deutschen Entscheidung vgl. D. Albrecht, Klausel, S. 821–823.

91) ADSS 3 Nr. 480 vom 2. 3. 1943 S. 742–752 = ADSS 7 Nr. 132 S. 257 — dort nur Hinweis auf ADSS 3 = D. Albrecht, Notenwechsel, Nr. 44 S. 135–149 mit deutscher Übersetzung S. 150–162 — mit Hinweisen auf weitere Publikationen. Einen polnischen Text bietet Cz. Pacuszka S. 23–35. Zu dem Brief vgl.: W. Adolph, Brief; ders., Schatten, S. 13–30; D. Albrecht, Klausel, S. 825–826; B. Schneider, Heilige Stuhl, S. 29–30; R. A. Graham, Pope, S. 56–60; M. Maccarrone S. 240–255; A. Martini, Silenzi, S. 243–245.

92) ADSS 3 Nr. 357 vom 28. 2. 1942 S. 539–541; siehe oben S. 58 f.

tierte, gegen die deutschen Ungerechtigkeiten zu protestieren und sie zu verurteilen [93]. Er sprach sich dabei gegen einen öffentlichen Protest aus, da dieser sicherlich von den kriegführenden Seiten zu politischen Zwecken ausgenutzt werden würde. Zudem gab es zwei praktische Gründe, die gegen eine derartige Maßnahme sprachen. Erstens war zu befürchten, daß die deutsche Regierung die Verfolgungen gegen die polnischen Katholiken verschärfen würde; zweitens würde wahrscheinlich jeder Kontakt des Heiligen Stuhles mit dem polnischen Episkopat und das karitative Wirken, so gering es auch war, völlig beendet werden [94].

Diese Nachteile, so glaubte Tardini, könnten durch eine diplomatische Note umgangen werden [95]. Er machte sich aber keinerlei Illusionen über die Erfolgsaussichten eines solchen Schrittes. Der Protest werde die Deutschen nicht stoppen; er könne aber die Festigkeit des Heiligen Stuhles zeigen, sollte sich die politische Situation einmal ändern und diese Note veröffentlicht werden. Eventuell bestehe auch die Möglichkeit, das Schreiben dem polnischen Episkopat zukommen zu lassen.

Tardinis Vorschlag fand die Zustimmung Pius XII. und Magliones. Im Vatikan begann die Sammlung von Dokumenten, die in der Note verarbeitet werden sollten. Die sich seit Oktober 1942 immer weiter zuspitzende Lage im Warthegau [96] bestärkte das Kardinalstaatssekretariat in seinem Plan [97].

Das Kernstück der Note bildete eine Aufzeichnung über den Warthegau, die Maglione am 26. Mai 1942 an den Nuntius in Vichy, Valerio

---

93) ADSS 3 Nr. 378 vom 18. 5. 1942 S. 569–571. A. Martini, Silenzi, S. 244 spricht von einer Aufzeichnung Tardinis vom 14. 5.; damit dürfte aber die hier erwähnte vom 18. 5. gemeint sein.

94) „Di più il Governo tedesco, sentendosi colpito, farebbe senza dubbio due[a] cose, cioè inasprirebbe[b] ancora la persecuzione contro il cattolicismo in Polonia ed impedirebbe[c] in tutti i modi che la S. Sede [d]avesse contatti[e], comunque, con l'episcopato polacco ed esercitasse quell'opera caritativa, che ora — per quanto in forma ridotta — può compiere. Sicché, in definitiva, una pubblica dichiarazione della S. Sede verrebbe ad essere snaturata[f] in se stessa e sfruttata[g] a finalità persecutrici": ADSS 3 ebd. S. 570 (a–g im Original kursiv). — Zu den Vorarbeiten Tardinis vgl. F. Cavalli, Tardini, S. 374.

95) „. . . una bella[a] Nota diplomatica, . . . bella[b], si vuol dire [c]alta, nobile, delicata[d] nella forma, per quanto terribile[e] nella sostanza cioè nell'argomento": ADSS 3 ebd. S. 570 (a–e im Original kursiv).

96) Siehe oben S. 38–41; vgl.: ADSS 3 Nr. 424 vom 8. 10. 1942 S. 652–653; Nr. 431 vom 22. 10. 1942 S. 660–661; Nr. 432 vom 23. 10. 1942 S. 661–664; Nr. 433 vom 23. 10. 1942 S. 665–666. Siehe ferner unten Anm. 97–99.

97) Maglione führte dies in einem Begleitschreiben an Orsenigo aus, das er ihm mit dem Brief an Ribbentrop übersandte: ADSS 3 Nr. 481 vom 2. 3. 1943 S. 754; vgl. A. Martini, Cardinale, S. 115.

Valeri, gesandt hatte, um Kardinal Hlond über die Lage in Polen zu informieren[98]. Diese Aufzeichnung, deren Text z. T. wörtlich übernommen wurde, war durch weitere Noten, die die Kurie während der Jahre 1942/1943 an die deutsche Adresse gerichtet hatte[99], ergänzt worden[100]. Die erste Redaktion war am 5. Dezember 1942 fertig[101]. Weitere Arbeiten folgten, ehe der endgültige Text in der Kongregation für außerordentliche kirchliche Angelegenheiten am 11. Februar 1943 diskutiert wurde. Pius XII. billigte am darauffolgenden Tag das Projekt. Der Vatikan wählte für den Protest die Form eines Briefes, um eine Zurückweisung der Note zu vermeiden, wie es durch Menshausen mit einem vatikanischen Schreiben im Oktober 1942 geschehen war[102]. Dadurch, daß das Schreiben in italienischer Sprache abgefaßt war, wollte das Kardinalstaatssekretariat ein intensiveres Studium des Textes herbeiführen.

Das Schreiben Magliones an Ribbentrop begann mit der Feststellung, daß der Heilige Stuhl, der die religiösen Interessen der Katholiken jeglicher Nationalität vertrete, sehr besorgt sei wegen der systematischen Einschränkungen der freien Religionsausübung in einigen Gebieten, die deutschen Behörden unterstellt waren[103]. Den größten Teil der Darlegungen nahm die Schilderung der Lage im Warthegau ein. Maglione beschrieb nacheinander die katastrophale Situation der Verwaltung und das Vorgehen gegen Welt- und Ordenspriester[104]. Er rügte die Schließung der Seminare und die ständig zunehmende Behinderung in der religiösen Unterweisung und beim Gottesdienstbesuch[105]. Anschließend ging er auf die Angriffe gegen weitere katholische Institutionen — wie die katholi-

---

98) ADSS 3 Nr. 381 vom 26. 5. 1942 mit Anhang II S. 579–584.

99) Siehe oben Anm. 96 sowie: ADSS 3 Nr. 443 vom 18. 11. 1942 S. 679–680; Nr. 451 vom 18. 12. 1942 S. 700–701; Nr. 462 vom 13. 1. 1943 S. 718.

100) Zu den wörtlichen Übereinstimmungen vgl. z. B. ADSS 3 Nr. 480 vom 2. 3. 1943 S. 747 — „Molte delle chiese ... contrattuali con gli Stati" — mit Nr. 381 vom 26. 5. 1942 S. 582–583 Punkt 12.

101) Vgl. dazu Tardinis Urteil: „Il progetto è chiaro, completo e, nel suo insieme, dà un'impressione veramente terrificante[a] della situazione del cattolicismo in Polonia. È la pura verità"; ADSS 3 S. 742 Anm. 1 (a im Original kursiv).

102) Siehe oben S. 81 f.

103) „La Santa Sede, cui spetta per divino mandato di provvedere agli interessi religiosi di tutti i cattolici, a qualunque nazionalità essi appartengano, non può non essere vivamente preoccupata delle gravi e sistematiche difficoltà, che, in alcuni territori sottoposti alle autorità del Reich, vengono frapposte alla libera professione della fede religiosa o all'esercizio del culto cattolico": ADSS 3 Nr. 480 vom 2. 3. 1943 S. 742.

104) Zur Lage der Verwaltung: ADSS ebd. S. 743–744; siehe unten S. 137–155. — Zum Vorgehen gegen die Priester: ADSS ebd. S. 744; siehe unten S. 156–159.

105) ADSS ebd. S. 745–746; siehe unten S. 155.

sche Aktion in Polen — und das kirchliche Eigentum ein[106]. Den Abschluß bildete eine Auseinandersetzung mit den Bestrebungen Greisers, die katholische Kirche im Warthegau zu einem Verein privaten Rechts herabzudrücken[107]. In kürzeren Abschnitten befaßte sich Maglione mit der Situation in den eingegliederten Ostgebieten und im Generalgouvernement, um abschließend einige Einzelprobleme aufzugreifen[108].

Maglione erinnerte Ribbentrop an seinen Besuch im Vatikan, bei dem er schon ähnliche Beschwerden erhoben hatte[109]. Er betonte, daß die Kurie ihr eigenes Vorgehen, das stets von Grundsätzen ausschließlich geistiger Art geleitet und nur auf das Wohl der Seelen bedacht sei, auf diplomatische Schritte beschränkt und sich somit bisher die größte Zurückhaltung auferlegt habe. Maglione gab ferner seiner Hoffnung Ausdruck, daß seine Darlegungen, die zwangsläufig wegen der erwähnten Einzelheiten die Aufmerksamkeit der Reichsregierung festhalten müßten, die unerfreuliche Lage in Polen beenden würden[110].

Der Brief Magliones war in erster Linie ein Protest gegen die Polenpolitik des Deutschen Reiches auf religiösem Gebiet; mit ihm stellte sich Maglione — und damit auch Pius XII. — schützend vor die verletzten Rechte des polnischen Volkes. Aber die Bedeutung des Schreibens ging darüber hinaus[111]. Die Religionspolitik der Nationalsozialisten in Polen sollte keinesfalls nur auf dieses Territorium beschränkt bleiben. Die Organisationsform für die Kirche, was Ausübung des Kultes, Erteilung des Religionsunterrichts, finanzielle Absicherung betraf, war in den Plänen Hitlers, Bormanns oder Himmlers bereits festgelegt. Für das Deutsche Reich hatten sich die Partei- und Reichsführer zu einer Art Waffenstillstand für die Kriegsdauer durchgerungen. In den polnischen Gebieten glaubten sie, mit der endgültigen Lösung der Kirchenfrage nicht

106) ADSS ebd. S. 746–748; siehe oben S. 78 ff.

107) ADSS ebd. S. 748–749; siehe oben S. 32–36.

108) Zu den eingegliederten Ostgebieten: ADSS ebd. S. 750; siehe oben S. 43–51. — Zum Generalgouvernement: ADSS ebd. S. 750–751; siehe oben S. 51–63. Maglione ging auf folgende Einzelprobleme ein: Priester in Dachau, Polen im Reich, mangelnde Informationsmöglichkeiten über Polen, Behinderung der karitativen Maßnahmen; ADSS ebd. S. 751–752.

109) Vgl. M. Clauss S. 60.

110) „Oggi ancora ... la Santa Sede vuole non deporre un sentimento di fiducia. Spera pertanto che la presente esposizione, come deve necessariamente — per la somma dei particolari in essa ricordati — fermare l'attenzione del Governo del Reich, così abbia ad indurlo a far mettere un termine alla situazione tanto penosa creata da disposizioni, che sono in contrasto con diritti naturali e divini": ADSS 3 Nr. 480 vom 2. 3. 1943 S. 752.

111) Vgl. W. Adolph, Brief, S. 5–7.

bis zum Kriegsende warten zu müssen[112]. Magliones Schreiben stellte somit eine Analyse der entscheidenden Phasen des Kirchenkampfes im Warthegau und den übrigen polnischen Gebieten dar. Deshalb war dieses Schreiben neben dem Protest über die verheerende Lage in Polen zugleich eine generelle Auseinandersetzung und Abrechnung mit der nationalsozialistischen Kirchenpolitik.

Maglione übermittelte seinen Brief am 2. März 1943 an Orsenigo und erklärte ihm, was den Heiligen Stuhl veranlaßt hatte, diese Form der Stellungnahme zu wählen. Maglione betonte dabei, wie wichtig es sei, daß der Brief den Reichsaußenminister erreiche. Die Art der Übergabe stellte er dem Nuntius frei[113].

Orsenigo übergab den Brief des Kardinalstaatssekretärs am 15. März in einem verschlossenen Umschlag an Weizsäcker mit der Bitte, diesen an Ribbentrop weiterzuleiten[114]. Noch am selben Abend überreichte Weizsäcker das Schriftstück dem Außenminister. Am darauffolgenden Tag wies dieser seinen Staatssekretär an, den Brief an Orsenigo zurückzugeben[115]. Weizsäcker sollte dabei dem Nuntius folgendes mitteilen: Da Ribbentrop zur Zeit nicht anwesend sei, habe er, Weizsäcker, den Brief nach Orsenigos Weggang geöffnet und dabei gesehen, daß er sich auf Verhältnisse des Warthegaus und des Generalgouvernements beziehe, wofür die Kurie aber gemäß der Mitteilung vom 25. Juni 1942[116] nicht zuständig sei[117].

Gemäß dieser Anweisung bat Weizsäcker den Nuntius am 17. März zu sich, um ihm das Schreiben wieder auszuhändigen. Über die Unterredung der beiden liegt jeweils eine Aufzeichnung des Nuntius und des deutschen Staatssekretärs vor[118].

Weizsäcker teilte dem Nuntius die eben geschilderte Begründung für

---

112) Vgl. W. Adolph, Ziel, S. 131–142.

113) ADSS 3 Nr. 481 vom 2. 3. 1943 S. 753–754.

114) ADSS 7 Nr. 145 vom 17. 3. 1943 S. 268.

115) Vgl. eine Anweisung Ribbentrops an Weizsäcker: abgedruckt bei W. Adolph, Brief, Dok. Nr. 7 vom 16. 3. 1943 S. 20.

116) Siehe oben S. 88.

117) W. Adolph, Brief, Dok. Nr. 7 vom 16. 3. 1943 S. 20. — Vgl. ADSS 7 Nr. 145 vom 17. 3. 1943 S. 268 und E. v. Weizsäcker S. 352: „Ich wurde veranlaßt, den Brief an Orsenigo zurückzugeben". Es ist somit klar, daß Ribbentrop das Schreiben gesehen hat. Dies beweist auch die bei den Akten des Auswärtigen Amtes liegende Übersetzung des Briefes, die in der vom Büro Ribbentrop verwendeten Schreibmaschinentype geschrieben ist: D. Albrecht, Notenwechsel, S. 149 Anm. 1.

118) Aufzeichnung Orsenigos: ADSS 7 Nr. 145 vom 17. 3. 1943 S. 268–270. — Aufzeichnung Weizsäckers: W. Adolph, Brief, Dok. Nr. 8 vom 17. 3. 1943 S. 20–21.

die Rückgabe mit. Orsenigo versuchte zwar, Weizsäcker umzustimmen oder wenigstens einen Begleitbrief für die Übergabe zu erhalten, nahm aber schließlich das Schreiben, ohne daß irgendetwas schriftlich fixiert worden war, wieder an sich[119].

Nachdem sich im Vatikan die Kongregation für außerordentliche kirchliche Angelegenheiten mit der durch die Rückgabe eingetretenen Situation befaßt hatte, beschloß sie, die Angelegenheit nicht auf sich beruhen zu lassen. Orsenigo, dessen Verhalten den Erfolg der Aktion erheblich beeinträchtigt hatte, beauftragte sie, dem deutschen Außenminister zweierlei mitzuteilen:

1) Der Heilige Stuhl betrachte das Vorgehen des Reichsaußenministers als einen unfreundlichen Akt.

2) Die Kurie gehe davon aus, daß das Schreiben beim Adressaten eingetroffen sei[120]. Orsenigo fügte in seinem Schreiben diesen beiden Punkten noch hinzu: „Ich darf auch wohl noch darauf hinweisen, und Euere Exzellenz [d. h. Ribbentrop] werden es ebenfalls einsehen, daß eine derartige Behandlung der Dokumente des Heiligen Stuhles diesem die Erfüllung seiner gottgegebenen Aufgaben, zu der auch der Schutz der religiösen Rechte aller Katholiken gehört, ungemein erschwert, wenn nicht ge-

---

119) Orsenigo wußte zweifellos, daß dies keinesfalls im Sinne der Absichten Magliones war. Er äußerte daher auch gegenüber Weizsäcker, daß die Rückgabe des Briefes eine persönliche Brüskierung bedeute. Bei seinem Abschied machte er Andeutungen, als ob seine Tage in Berlin gezählt seien: Weizsäckers Notizen (siehe oben Anm. 118) S. 21. Auch aus dem Brief des Nuntius an Maglione geht hervor, daß er sich bei dem Vorgang nicht wohl fühlte; denn er sprach in seinem Schreiben nicht explizit aus, daß er den Brief zurückgenommen hatte. Erst auf eine gesonderte Anfrage Tardinis hin gab er dies zu: ADSS 7 Nr. 149 vom 24. 3. 1943 S. 277 und Nr. 155 vom 31. 3. 1943 S. 287. — Als Antwort darauf, weshalb Orsenigo den Brief wieder entgegennahm, bietet sein Bericht an Maglione einen Hinweis. Er schrieb folgendes: „Rievocò [d. h. Weizsäcker] i suoi buoni sentimenti sempre nutriti verso la Santa Sede (ciò che io non posso negare) e mi assicurò che, lasciando rientrare in silenzio e senza altri scritti questa lettera, che da parte sua è stata tenuta nel più rigoroso segreto, è tanto di guadagnato, poiché egli si disse certo che tirando innanzi, sia pure fra enormi difficoltà, verrà giorno che tutto si appianerà tranquillamente", ADSS 7 Nr. 145 vom 17. 3. 1943 S. 269–270. Der Abschnitt zeigt, daß Orsenigo möglicherweise auf ein Entgegenkommen deutscherseits hoffte. Er beweist gleichzeitig die Naivität, mit der der Nuntius immer noch der Diplomatie der Reichsregierung gegenüberstand.

120) „Che il gesto compiuto da codesto Ministero degli Affari Esteri non è amichevole nei riguardi della Santa Sede. Che la medesima Santa Sede, tenendo conto del modo con cui s'è svolta la consegna della menzionata lettera e dei giorni durante i quali è stata trattenuta, considera tale documento come pervenuto a destinazione": ADSS 7 Nr. 171 vom 17. 4. 1943 S. 304–305.

radezu unmöglich macht" [121]. In seiner Antwort vom 25. Mai 1943 [122] rechtfertigte Ribbentrop die Rückgabe des Schreibens durch Weizsäcker. Die Politik Magliones bezeichnete er als „mit den diplomatischen Gepflogenheiten nur schwer zu vereinbaren" [123]. Die Tatsache, daß Ribbentrop antwortete, zeigte, daß der Brief Magliones zur Kenntnis der Reichsregierung gelangt war [124]. Es genügte dem Heiligen Stuhl, den Beweis dafür zu haben, daß die deutsche Regierung offiziell auf die katastrophale Lage in Polen hingewiesen worden war.

Nach dem ausführlichen Schreiben Magliones und der Reaktion der deutschen Regierung stellten das Kardinalstaatssekretariat und die Nuntiatur ihre Proteste immer mehr ein. Erst die Verhaftung Kardinal Hlonds am 3. Februar 1944 in der Abtei Hautecombe in Frankreich durch die Gestapo veranlaßte Maglione nochmals zu einem parallelen Vorgehen bei der deutschen Vertretung beim Vatikan und in Berlin. Während Orsenigo beauftragt wurde, sich bei dem Außenminister um die Freilassung des Kardinals zu bemühen [125], bereitete der Vatikan eine Note an den deutschen Botschafter vor [126]. Maglione entschloß sich aber zu einem persönlichen Gespräch mit Weizsäcker, ein Weg, den die Kurie in der Zeit, als Weizsäcker deutscher Botschafter beim Vatikan war, öfters beschritt [127]. Erst als keinerlei Reaktion auf die Unterredung eintrat, intervenierte der Heilige Stuhl schriftlich bei der deutschen Botschaft [128]. Als Hlond über Paris und Bar-le-Duc nach Wiedenbrück bei Paderborn gebracht wurde [129], protestierte das Kardinalstaatssekretariat erneut [130]. In der Antwort auf

---

121) ADSS 7 Nr. 179 vom 8. 5. 1943 S. 315–316. Die oben zitierten Worte waren eher dazu bestimmt, bei der Kurie den Eindruck von Stärke zu erwecken, als der Versuch, Rippentrop Achtung einzuflößen.

122) ADSS 7 Nr. 224 vom 1. 6. 1943 S. 394–396 = D. Albrecht, Notenwechsel, Nr. 15* S. 235–237 = W. Adolph, Brief, Dok. Nr. 10 S. 22–24.

123) ADSS ebd. S. 395.

124) ADSS 7 Nr. 304 vom 20. 7. 1943 S. 504–505; dieses Schreiben ist auszugsweise in deutscher Übersetzung bei W. Adolph, Brief, Dok. Nr. 11 S. 24, abgedruckt.

125) ADSS 3 Nr. 554 vom 14. 2. 1944 S. 854 und Nr. 558 vom 18. 2. 1944 S. 860.

126) ADSS 3 S. 854 Anm. 1.

127) Vgl. ADSS 7, Introduction, S. 59–66.

128) ADSS 3 Nr. 561 vom 8. 3. 1944 S. 862–863 = D. Albrecht, Notenwechsel, Nr. 63 S. 178–179.

129) Vgl. ADSS 3 Nr. 577 vom 13. 9. 1944 S. 877. — Frank ließ bereits Anfang März 1944 Sapieha mitteilen, er habe beim Reichsführer SS, Himmler, die Freilassung Kardinal Hlonds erreicht, womit er offenbar die Überführung des polnischen Primas ins Reich meinte; Diensttagebuch vom 6. 3. 1944 S. 812, polnisch: Okupacja 2 Nr. 190 S. 422.

130) ADSS 3 Nr. 579 vom 18. 9. 1944 S. 877–878 = D. Albrecht, Notenwechsel, Nr. 78 S. 192–193.

diese letztgenannte Note bestätigten die deutschen Stellen, „daß für den Kardinal und seine Begleitung durch Vermittlung seiner Eminenz des Kardinalerzbischofs Bertram und seiner Exzellenz des Erzbischofs Jaeger Räume in einem religiösen Heim in der Erzdiözese Paderborn zur Verfügung gestellt worden sind“ [131]. Auch in diesem Fall waren die Bemühungen der Kurie erfolglos; Hlond wurde erst am 2. April 1945 durch amerikanische Truppen befreit [132].

b) Proteste der deutschen Regierung

Die Noten, die von deutscher Seite an die Adresse des Vatikans gerichtet waren, beinhalteten in der Regel Beschwerden. Interveniert wurde gegen Berichte im Vatikansender, wenn sie Polen betrafen [133]. Im Zusammenhang mit diesen Protesten war auch ein Schritt der deutschen Botschaft beim Vatikan vom Dezember 1939 zu sehen. Menshausen sprach bei Tardini vor und beklagte sich über die Parteilichkeit des Heiligen Stuhles bei der Berichterstattung über Polen [134]. Menshausen kritisierte, daß die Kurie nicht den geringsten Ausdruck des Bedauerns über die Grausamkeiten ausgesprochen habe, welche die Polen gegen Deutsche begangen hätten. Nach seiner Ansicht werde das Schweigen des Papstes als stilles Einverständnis mit diesem polnischen Vorgehen gedeutet. Gegenüber einem solchen Vorwurf war jede sachliche Argumentation zwecklos [135]. Eine Beschwerde der deutschen Botschaft vom Januar 1940, die sich gegen Radioberichte über die Lage der Kirche in Polen richtete [136],

131) ADSS 3 Nr. 581 vom 2. 10. 1944 S. 878–879 = D. Albrecht, Notenwechsel, Nr. 81 S. 195

132) ADSS 3 Nr. 595 vom 9. 4. 1945 S. 899–900; Nr. 596 vom 12. 4. 1945 S. 900; Nr. 597 vom 13. 4. 1945 S. 900–901.

133) Vgl. A. Martini, Santa Sede, S. 13–15.

134) ADSS 6 S. 210 Anm. 5.

135) Tardini bemerkte zu diesem Vortrag des deutschen Botschaftsrates: „... è meglio rimangano in silenzio“; ebd.

136) Eine deutliche Stellungnahme zur deutschen Polenpolitik stellte ein Rundfunkkommentar vom 21. 1. 1940 dar, der ursprünglich für die USA bestimmt war und an den folgenden Tagen — leicht geändert — in anderen Sprachen (deutsch. spanisch, portugiesisch usw.) wiederholt wurde. Der englische Text enthielt folgende Passage: „This persecution [d. h. in Polen] is not confined to the sections of the country under Russian occupation, heartrending as news from that quarter has been. Even more violent and persistent is the assault upon elementary justice and decency in that part of prostrate Poland which has fallen to German administration. The richest part of Western Poland is being unceremoniously stolen from the Poles and deeded over to the Germans, as the real proprietors are packed off in foulsmelling trains to the war-torn region of Warsaw which the Holy Father only last week

hatte die Einstellung derartiger Nachrichten zur Folge [137]. Es wurden Konsequenzen von den Deutschen angedroht, wenn sich solche Berichte wiederholen sollten. Als eine Folge dieser Drohung wurde im Sommer 1940 das Ausreiseverbot für Geistliche aus dem Generalgouvernement damit begründet, daß „die deutschfeindliche Haltung der Presse und des Rundfunks des Vatikan" nicht aufgehört hätten [138]. Diese Argumentation hielt die deutsche Regierung auch später bei, obwohl ihr nachgewiesen werden konnte, daß von ihr beanstandete Passagen in den Berichten nicht vorgekommen waren [139].

In einer dem Heiligen Stuhl nicht amtlich zugestellten Note [140] der

described as ‚a desert where once the smiling harvest waved"; The German New Order, Appendix I, S. 395. Vgl. ADSS 8 S. 515 Anm. 1 und W. Święcicki S. 19–20.

137) Vgl. eine Notiz Montinis über die Unterredung mit Menshausen: ADSS 3 Nr. 108 vom 27. 1. 1940 S. 208–209. Menshausen deutete bei dem Gespräch an, daß weitere Meldungen über Polen im Vatikansender, die dann von der internationalen Presse aufgegriffen würden, „potrebbe avere a sua volta ripercussioni spiacevoli sia nella stampa tedesca, sia nelle autorità germaniche": ebd. S. 208. Am 29. 1. 1940 notierte Montini: „Detto al sig. Menshausen che S. E. il card. Segretario ha pregato la Direzione Radio di sospendere le trasmissioni iniziate su le tristi condizioni della Polonia"; ebd. S. 209. Am 31. 1. 1940 hielt Tardini eine Anordnung des Papstes fest: „Il Santo Padre mi dice che ha disposto di sospendere, per il momento, le trasmissioni"; ebd. Siehe unten S. 175 f.

138) ADSS 3 Nr. 152 vom 16. 6. 1940 S. 256 = D. Albrecht, Notenwechsel, Nr. 33 S. 99–100.

139) Vgl. ADSS 3 Nr. 172 vom 13. 7. 1940 S. 272–273 und Nr. 184 vom 1. 8. 1940 S. 281.

140) Eine Notiz zu dieser Note, die kein Datum trägt, führt aus, wie sie in die Hände des Kardinalstaatssekretariats kam: „Die anliegende Note wurde dem Hl. Stuhl nie amtlich zugestellt, sondern nur vertraulich einem Privaten (keinem Herrn des Staatssekretariats oder einer anderen päpstlichen Behörde) zur Gegenäußerung ausgehändigt. Die Gegenäußerung geschah in vertraulicher mündlicher Besprechung. Daraufhin ist ein weiterer Schritt der Botschaft nicht erfolgt"; ADSS 4 S. 576 Anm. 1. Zur Erläuterung dieses Vorgangs kann ein Schreiben Bergens an Weizsäcker angeführt werden. Bergen schrieb darin: „Die unerfreuliche und störrische Haltung des Vatikansenders hat mich veranlaßt, dem Papst die in der Anlage enthaltenen ‚privaten Betrachtungen' zugehen zu lassen"; ADAP D XII 2 Nr. 674 vom 22. 6. 1941 S. 903–904. Bergen fuhr dann fort: „Der dem Papst genehme private Gedankenaustausch vollzieht sich auf privatem Wege unter Umgehung der amtlichen Stellen ... Die Antwort auf die Anlage [die nicht abgedruckt ist] wurde mir dieser Tage mündlich übermittelt"; ADAP ebd. S. 904. — Es bestehen keine Zweifel, in der im Vatikan eingegangenen Note die ‚privaten Betrachtungen' des deutschen Botschafters zu sehen. Da mehrere Bemerkungen eines Schreibens des Kardinalstaatssekretariats an die Vertretung Großbritanniens — ADSS 4 Nr. 431 vom 28. 6. 1941 S. 583–585 — durch die Note der deutschen Botschaft angeregt sind, hat es Kenntnis von ihr gehabt. Die Herausgeber der ADSS vermuten, daß die Note Pater Leiber überreicht worden ist, der keine offizielle Stellung im Vatikan innehatte: ADSS 4 S. 576 Anm. 1.

deutschen Botschaft vom Juni 1941 [141] wurde zu den vatikanischen Meldungen über Polen generell festgestellt: Deutschland führt nach dem Polenfeldzug einen Existenzkampf gegen zwei Großmächte, deshalb muß in Polen Ruhe herrschen. Der polnische Klerus hat gegen Deutschland gearbeitet, daher mußte gegen diese Personen vorgegangen werden. Gerade diese Note ist im Vergleich mit dem Brief des Kardinalstaatssekretärs an Ribbentrop ein beredtes Zeugnis für die Uminterpretation historischer Tatsachen, wie sie damals in der nationalsozialistischen Diplomatie üblich waren. Als den Nachrichten des Vatikansenders auch die letzten Andeutungen über die Situation der Kirche in Polen genommen waren [142], fand die deutsche Seite andere Vorwände, um antikirchliche Aktionen zu rechtfertigen: z. B. Briefe Kardinal Hlonds nach England [143] und den USA [144] sowie Schreiben des Papstes selbst [145].

Vielfach trat die deutsche Regierung mit Wünschen an den Vatikan heran, die die Kurie dazu bewegen sollten, die Veränderungen in Polen anzuerkennen. War deutscherseits die Ernennung des Danziger Bischofs Splett zum Apostolischen Administrator von Kulm wohlwollend aufgenommen worden, so mißfiel die vatikanische Praxis, diese Ernennungen ohne Kontakt mit den Besatzungsbehörden durchzuführen [146]. Auch mit Änderungswünschen für das Annuario Pontificio oder für die Grenzen der Diözese Danzig sollte der Vatikan zu einer Anerkennung der Lage in Polen veranlaßt werden [147].

In den Beziehungen des Vatikans zum Deutschen Reich, die die polnischen Angelegenheiten betrafen, lassen sich drei Phasen unterscheiden. In den ersten Wochen und Monaten nach Kriegsbeginn versuchte die Kurie hauptsächlich über die Nuntiatur in Berlin, etwas für die Polen zu erreichen. Orsenigo sprach in dieser Zeit mehrmals wöchentlich im Auswärtigen Amt vor.

Die zweite Phase seit Sommer 1941 war geprägt von einem lebhaften

141) ADSS 4 Nr. 430 vom Juni 1941 S. 576–583 = D. Albrecht, Notenwechsel, Nr. 36 S. 103–109.

142) Vgl. ADSS 5 Nr. 456 vom 1. 9. 1942 S. 663—664.

143) ADSS 3 Nr. 215 vom 20. 10. 1940 S. 315–316.

144) ADSS 3 Nr. 292 vom 21. 8. 1941 S. 429–430.

145) ADSS 3 Nr. 342 vom 19. 12. 1941 S. 511–512 = 5 Nr. 167 S. 333–334 = D. Albrecht, Notenwechsel, Nr. 39 S. 16. Das Dokument ist, was Albrecht entging, in den ADSS 5 nochmals abgedruckt; allerdings findet sich hier kein Hinweis auf ADSS 3.

146) Siehe unten S. 143.

147) Annuario Pontificio: siehe unten S. 154. — Änderung der Diözese Danzig: ADSS 5 Nr. 343 vom 14. 4. 1942 S. 537 und Nr. 355 vom 28. 4. 1942 S. 554–557.

Notenaustausch, bei dem der Heilige Stuhl gegen die verschiedensten Behinderungen und Eingriffe in das kirchliche Leben in Polen protestierte. Den Höhepunkt stellte das Schreiben Magliones an Ribbentrop vom 2. März 1943 dar. Der Erfolg gerade dieses so sorgfältig vorbereiteten Schrittes wurde durch das Verhalten Orsenigos erheblich beeinträchtigt.

Es war für die deutsch-vatikanischen Beziehungen zweifellos von Bedeutung, daß der Heilige Stuhl durch Orsenigo in Berlin mit einem Nuntius vertreten war, der seinen Verhandlungspartnern gegenüber oft zu nachgiebig war. In ihren Notizen vermerkten die Mitarbeiter Pius XII. daher des öfteren, daß sie mit dem Verhalten Orsenigos nicht einverstanden waren. Auch beim polnischen Episkopat genoß der Nuntius kein Vertrauen. Sapieha beklagte sich im Vatikan über Orsenigo, dessen allzu große Nachgiebigkeit ihm keinesfalls zusagte. Der Erzbischof von Krakau hielt es für gefährlich, den Zustand in Polen als definitiv anzusehen, wie es seiner Ansicht nach Orsenigo tat. Dies sei lediglich dazu angetan, die Gläubigen der Kirche zu entfremden [148]. Sapieha warf dem Nuntius ferner vor, sich nicht genügend für die Polen einzusetzen, bzw. den Polen nicht sehr gewogen zu sein [149]. Der Bischof von Berlin, Konrad von Preysing, stand ebenfalls im Gegensatz zum Vorgehen Orsenigos. Aus diesem Grund stellte er Anfang 1943 in einem Schreiben an Pius XII. diesem die Frage, ob es möglich sei, daß der „Nuntius einen längeren Urlaub anträte" [150]. Die Frage, weshalb die Kurie trotz dieser Unzulänglichkeiten den Nuntius nicht abberief, ist klar zu beantworten. Es war mit Sicherheit zu erwarten, daß die deutsche Regierung nach einer Ablösung Orsenigos keinen Nachfolger mehr akkreditiert hätte [151]. Auf einen Nuntius in Berlin wollte Rom aber nicht verzichten, da durch ihn immer noch ein — wenngleich geringer — Kontakt zu Polen aufrechterhalten wurde. Außerdem

148) „S. Ecc. [d. h. Sapieha] anzitutto ritiene che sia molto pericoloso, per il bene della Chiesa, di considerare lo stato presente come definitivo. Egli dice che l'Ecc.mo Nunzio di Berlino pare che vada tutto in questa direzione, mentre l'esperienza ha mostrato che ciò serve soltanto ad esasperare il buon popolo cattolico e ad allontanarlo dalla Chiesa": ADSS 3 Nr. 201 vom 3. 9. 1940 S. 295.

149) „Pare, che egli [d. h. Orsenigo] non è ben disposto per noi, ciò che cagiona molte chiacchiere": ADSS 3 Nr. 454 vom 3. 1. 1943 S. 705. Vgl. O. Halecki, Holy See, S. 397–399.

150) ADSS 9 Nr. 26 vom 23. 1. 1943 S. 93–94. Der Papst antwortete am 30. 4. 1943 auf den Brief Preysings (ADSS 2 Nr. 105 S. 318–327 = B. Schneider, Briefe, Nr. 105 S. 232–245), ohne in diesem umfangreichen Schreiben auf dessen Klagen über Orsenigo einzugehen.

151) Vgl.: W. Adolph, Gestalten, S. 31; O. Chadwick S. 77; P. J. Corish S. 94; R. Haas S. 188.

war die Nuntiatur allgemein als Nachrichtensammelstelle und Postleitstelle unersetzlich.

Die dritte Phase, die die letzten beiden Kriegsjahre umfaßte, war von der Resignation der Kurie geprägt, da nahezu alle bisherigen Versuche, auf diplomatischem Wege etwas für Polen zu tun, gescheitert waren. In dieser Zeit ging das Kardinalstaatssekretariat öfter dazu über, durch Gespräche mit dem neuen deutschen Botschafter beim Vatikan, Weizsäcker, etwas zu erreichen. Bezeichnend für dieses Vorgehen war, daß der Vatikan gegen allen Brauch die Ansprache Pius XII. an Weizsäcker, als dieser sein Beglaubigungsschreiben überreichte, nicht veröffentlichte [152].

R. A. Graham schrieb über die Erfolge des Heiligen Stuhles gegenüber dem Deutschen Reich, daß er nur eine Konzession erreichen konnte: Es war das Versprechen, daß alle inhaftierten Priester zusammen in ein Konzentrationslager, nach Dachau, gebracht würden, wo sie die Messe feiern konnten [153]. In der Tat bestanden die ‚Erfolge' des Vatikans für Polen hauptsächlich darin, deutschen Forderungen nach einem noch weitergehenden Zurückdrängen polnischer Institutionen und Interessen begegnet zu sein.

2. Die Verhandlungen mit der polnischen Exilregierung

Es war den deutschen Truppen bei der Eroberung Polens nicht gelungen, die polnische Regierung gefangenzusetzen. Bevor diese am 17. September in Kuty die Grenze nach Rumänien überschritt, ernannte Präsident Ignacy Mościcki Władysław Raczkiewicz zu seinem eventuellen Nachfolger. Seinen Rücktritt erklärte er aber erst am 30. September. Die erste Amtshandlung Raczkiewiczs war die Entlassung des Kabinetts und die Gründung eines Ministeriums für Einigung und nationale Verteidigung unter Władysław Sikorski. Die neue Regierung residierte zunächst in Paris. Einer ihrer ersten Beschlüsse war die Bestätigung Kazimierz Papées als Botschafter beim Heiligen Stuhl.

---

152) ADSS 7 Nr. 278 vom 5. 7. 1943 S. 467–468 mit Anm. 2. Vgl. E. v. Weizsäcker S. 355. Zu dieser dritten Phase: R. Lill, Akten II, S. 573, 578–579.

153) „This was the promise ... that the Polish and other priests who had been arrested would be grouped together in one single concentration camp, Dachau, where they would be allotted light work and be able to hear mass": R. A. Graham, Pope, S. 22.

Der offizielle Kontakt zwischen dem Vatikan und Polen blieb also während der Kriegszeit erhalten. Der Nuntius in Warschau war zwar mit der Regierung geflohen und bis zum März 1940 in Rumänien geblieben, aber Alfredo Pacini vertrat die Kurie als Beauftragter bei der polnischen Exilregierung während ihres kurzen Aufenthaltes in Frankreich. Nach der Übersiedlung der Polen aus Paris nach Angers, unmittelbar nach Beginn der deutschen Großoffensive auf Frankreich und dem darauffolgenden Durcheinander, verlor Pacini den Kontakt zu der polnischen Regierung, die nach London ging [154]. Daher blieb er zunächst bei der Nuntiatur in Frankreich.

Die Beziehungen zwischen dem Heiligen Stuhl und Polen waren während der Kriegszeit auf wenige Punkte beschränkt. Darunter fielen Glückwunschschreiben des polnischen Präsidenten Raczkiewicz an Pius XII. zu verschiedenen Anlässen [155]. Diese Schreiben waren zunächst in herzlichem Ton gehalten, wobei Raczkiewicz dem Papst die Zuneigung des polnischen Volkes versicherte [156]. Pius XII. betonte demgegenüber, daß er alles versuche, um dem unterdrückten polnischen Volk zu helfen.

Zu dem Notenwechsel in den Jahren 1940/1941 gehörten einige Schreiben der polnischen Botschaft beim Vatikan, in denen sie diesen über die Lage in Polen unterrichtete [157] und den Papst mehrmals bat, öffentlich zu den Vorgängen in dem besetzten Land Stellung zu nehmen [158].

Die polnische Regierung bemühte sich in der Kriegszeit, die Rechte und Pflichten, die sich für sie aus dem Konkordat ergaben, zu erfüllen. In diesem Zusammenhang führte sie Zahlungen, die sie gemäß Artikel 24

---

154) Pacini berichtete ausführlich über seine Versuche, der polnischen Regierung in Frankreich zu folgen: ADSS 4 Nr. 18 vom 8. 7. 1940 S. 77–81; vgl. ADSS 1 Nr. 262 vom 13. 3. 1940 S. 396 und ADSS 9 Nr. 235 vom 20. 6. 1943 S. 347–350. Da Pacini schon in Frankreich den Kontakt zu den Polen verlor, konnte er dem Auftrag Magliones, sich ebenfalls nach London zu begeben, nicht nachkommen: ADSS 4 Nr. 8 vom 19. 6. 1940 S. 69 und Nr. 9 vom 20. 6. 1940 S. 69.

155) Schreiben Raczkiewiczs an Pius XII. zu Weihnachten 1940: ADSS 4 Nr. 218 vom 31. 12. 1940 S. 320–321. Antwort des Papstes vom 3. 1. 1941: vgl. S. 321 Anm. 1. — Schreiben Raczkiewiczs anläßlich des zweiten Jahrestages der Papstkrönung: Nr. 284 vom 11. 3. 1941 S. 414–415. Pius XII. dankte am 14. 3. 1941: vgl. S. 415 Anm. 1 und Nr. 421 vom 25. 6. 1941 S. 569–571. — Wünsche Raczkiewiczs für 1942: ADSS 5 Nr. 179 vom 30. 12. 1941 S. 354–355. Die Erwiderung des Papstes: Nr. 186 vom 3. 1. 1942 S. 359. — Siehe unten Anm. 213 und 214.

156) Vgl. ebenfalls ein Schreiben Sikorskis an Pius XII.: ADSS 5 Nr. 304 vom 19. 3. 1942 S. 493–494.

157) ADSS 4 Nr. 299 vom 26. 3. 1941 S. 427.

158) ADSS 4 Nr. 312 vom 6. 4. 1941 S. 442–446 und Nr. 394 vom 9. 6. 1941 S. 538–539. Siehe unten S. 106 ff. und 176–181.

des Konkordates zu leisten hatte[159], an den Heiligen Stuhl aus, als sie nicht mehr direkt nach Polen zahlen konnte[160]. Sie vertrat ferner ihre Rechte, wenn sie diese durch vatikanische Verwaltungsregelungen für polnische Diözesen in Gefahr sah. So kritisierte sie, im Falle Wilnas sei der Geist des Konkordates verletzt worden[161], und protestierte energisch bei anderen Gelegenheiten wie gegen die Ernennung Bischof Spletts zum Apostolischen Administrator von Kulm[162] oder diejenige von Dymek und Breitinger im Warthegau[163].

Die polnische Botschaft versuchte 1941 mehrmals, die Kurie dazu zu bewegen, Kardinal Hlond in die Vereinigten Staaten zu senden[164]. Hlond sollte dort Hilfe für die Polen in den russisch besetzten Gebieten organisieren[165]. Obgleich Botschafter Papée betonte, die Reise werde einen rein karitativen Zweck haben, lehnte Montini den Vorschlag ab. Er fürchtete, die Reise könne zu leicht für die politische Propaganda der kriegführenden Seiten ausgenutzt werden; die Verantwortung dafür werde dann dem Heiligen Stuhl zugeschoben[166].

---

159) Artikel 24 des Konkordats behandelte in § 3 und Anhang A die finanziellen Regelungen: AAS 17 (1925), S. 281–283, 285–286.

160) Vgl. ADSS 3 Nr. 127 vom 27. 3. 1940 S. 230–231.

161) Dabei ging es um die Ernennung Mieczysław Reinys zum Weihbischof in Wilna: ADSS 3 Nr. 185 vom 2. 8. 1940 S. 282; Nr. 189 vom 8. 8. 1940 S. 285–286; Nr. 198 vom 30. 8. 1940 S. 293.

162) Siehe unten S. 141 ff.

163) ADSS 3 Nr. 426 vom 9. 10. 1942 S. 656–657; Nr. 428 vom 19. 10. 1942 S. 657–658 und dazu Nr. 452 vom 20. 12. 1942 S. 702. — Siehe unten S. 148 f. und den Protest gegen die geplante Ernennung Cortesis zum päpstlichen Delegierten für das von Deutschland besetzte Polen: oben S. 74 f. — Zu der Haltung der polnischen Exilregierung vgl. den 1942 erschienenen Artikel: Z. Nowakowski, Watykan. Der Artikel von Nowakowski wurde 1943 zusammen mit anderen — siehe unten S. 184 Anm. 87 und 185 Anm. 93 — von der Publikationsstelle in Berlin-Dahlem für den Dienstgebrauch übersetzt. Ein Exemplar dieser Übersetzung befindet sich unter der Nr. 32 VII N 348 in der Bibliothek des Herder-Instituts in Marburg.

164) Papée äußerte diesen Wunsch gegenüber Montini während einer Unterredung am 28. 3. 1941; dieser lehnte den Vorschlag ab. Am 31. 3. hieß Pius XII. die Entscheidung Montinis gut: ADSS 5 S. 251 Anm. 3. — Zu einem weiteren Versuch vgl.: ADSS 3 Nr. 281 vom 2. 7. 1941 S. 413 mit Anm. 1; Nr. 337 vom 7. 12. 1941 S. 504–506; Nr. 346 vom 14. 1. 1942 S. 516–517; ADSS 5 Nr. 356 vom 30. 4. 1942 S. 557.

165) ADSS 5 Nr. 101 vom 26. 9. 1941 S. 250–251.

166) Gerüchte über diese Pläne waren schon bis in die Vereinigten Staaten gedrungen, so daß sich Cicognani aus Washington bei Maglione über die Reise Hlonds erkundigte: ADSS 5 Nr. 116 vom 11. 10. 1941 S. 264. Maglione teilte ihm daraufhin mit, Hlond habe zwar viele Einladungen aus den USA erhalten, wolle sich aber nicht so weit von seiner Heimat entfernen und keine Vorwände für irgendwelche

Kurze Zeit später informierte Papée die Kurie über die Veränderungen in der Regierung; dabei versicherte er dem Vatikan, daß auch die neue Regierung seine Hilfe für die polnischen Flüchtlinge anerkenne[167].

Ab Juli 1942 kam es zu einer Abkühlung in den Beziehungen zwischen dem Heiligen Stuhl und der polnischen Exilregierung. Einen Grund bildeten die Differenzen zwischen der Kurie und Großbritannien um den vatikanischen Vertreter bei der polnischen Regierung in London[168]. Wie oben erwähnt[169], war Pacini bei dem Überwechseln der Polen nach London in Frankreich geblieben. Da die polnische Regierung aber wiederholt um einen Vertreter des Vatikans in ihrer Nähe gebeten hatte[170], wollte Maglione Pacini, der sich im Juli 1942 in Vichy aufhielt, nach London senden. Er bat daher den Apostolischen Delegierten in London, William Godfrey, bei der britischen Regierung anzufragen, ob sie Pacini die diplomatischen Vorrechte gewähren werde[171]. Die Antwort der britischen Regierung ließ lange auf sich warten[172]. Erst am 31. Juli konnte Godfrey sie übermitteln: Die Regierung Großbritanniens wolle sich zwar nicht in die diplomatischen Beziehungen zwischen dem Heiligen Stuhl und Polen einmischen, da die polnische Regierung sich aber auf englischem Territorium befinde, könne sie die diplomatischen Vorrechte keiner Person italienischer oder feindlicher Nationalität gewähren[173].

Diese Antwort löste im Vatikan Erstaunen aus. Tardinis Notizen geben

---

Propaganda liefern: Nr. 118 vom 15. 10. 1941 S. 267 und ADSS 3 Nr. 303 vom 4. 9. 1941 S. 454. Vgl. ADSS 8 Nr. 123 vom 31. 7. 1941 S. 236–238.

167) ADSS 5 Nr. 119 vom 15. 10. 1941 S. 268–270. Vgl. ADSS 8 Nr. 49 vom 19. 3. 1941 S. 144 und Nr. 76 vom 1. 5. 1941 S. 179.

168) Vgl. S. Camerani, La S. Sede, S. 69. C. Falconi S. 181 widmet den im folgenden geschilderten Ereignissen nur einen Satz. — In einem Schreiben an Maglione vom 30. 9. 1942 führte der Apostolische Delegierte in Bagdad, Georges de Jonghe, aus, daß sich Vertreter der polnischen Botschaft in Ankara bei ihm über den Heiligen Stuhl beklagt hätten; ADSS 8 Nr. 494 S. 666–667.

169) Siehe oben S. 100.

170) ADSS 5 Nr. 438 vom 17. 8. 1942 S. 646.

171) ADSS 5 Nr. 406 vom 1. 7. 1942 S. 607.

172) Bereits am 20. 7. 1942 telegraphierte Godfrey nach Rom, daß er trotz aller Bemühungen noch keine Antwort der britischen Regierung erhalten habe: ADSS 5 S. 628 Anm. 2.

173) „Governo Inglese ha risposto oggi che benché non vorrebbe intromettersi nei rapporti diplomatici fra Santa Sede e Polonia, nondimeno essendo Governo Polacco nel territorio inglese Governo inglese non potrà concedere prerogative diplomatiche alle persone di nazionalità italiana o nemica tanto più a causa delle difficoltà già accennate“: ADSS 5 Nr. 423 vom 31. 7. 1942 S. 628. Die letzte Bemerkung spielte offenbar auf die vatikanisch-britischen Streitigkeiten ähnlicher Art an; siehe unten Anm. 176.

Aufschluß über die Überlegungen, die die Kurie anstellte, um dem Schritt der britischen Regierung zu begegnen[174]. Ein päpstlicher Gesandter war allein deshalb abgelehnt worden, weil er italienischer Nationalität und daher für die Briten ein Feind war. Damit war die Neutralität des Heiligen Stuhles und die Tatsache, daß seine Vertreter vatikanische Staatsbürger waren, völlig übergangen worden; dies schuf einen gefährlichen Präzedenzfall. Unmittelbar vorher hatte es zudem aus ähnlichen Gründen Schwierigkeiten wegen des Nuntius in La Paz gegeben[175]. Was würde geschehen, wenn auf alle italienischen Nuntien in Nord- und Südamerika das gleiche Prinzip angewendet würde? Außerdem gab es seit längerer Zeit Kontroversen zwischen dem Heiligen Stuhl und der britischen Regierung um vatikanische Vertreter in verschiedenen Gebieten des Nahen Ostens und Afrikas.

Tardini schlug in dieser Situation folgende Schritte vor:

1) Der Heilige Stuhl solle sich an Godfrey, Osborne und die Regierung der Vereinigten Staaten wenden und ihnen mitteilen, daß die von der Regierung Großbritanniens eingeschlagene Linie eine Kränkung für den Heiligen Stuhl darstelle und schädlich für die katholische Kirche sei.

2) Der Vatikan solle hart bleiben und keinen anderen Repräsentanten wählen[176]. Schließlich habe Frankreich Pacini keinerlei Schwierigkeiten bereitet, selbst dann nicht, als es mit Italien im Krieg stand[177].

Die Antwort der Kurie fiel den Vorüberlegungen Tardinis entsprechend deutlich aus. Maglione wies Godfrey an, der britischen Regierung dreierlei mitzuteilen:

1) Die päpstlichen Vertreter sind vatikanische Staatsbürger.

2) Pacini war seit mehreren Jahren bei der polnischen Regierung zu aller — auch der Franzosen — Zufriedenheit tätig.

3) England handelte in letzter Zeit mehrfach gegen die Interessen der katholischen Kirche. Das Schreiben endete mit einer klaren Drohung, daß eine solche Haltung Großbritanniens der katholischen Welt nicht mehr lange unbekannt bleiben könne[178]. Gleichzeitig informierte das Kardinal-

---

174) ADSS 5 Nr. 424 vom 2. 8. 1942 S. 628–630.

175) Vgl. ADSS 5 Nr. 340 vom 14. 4. 1942 S. 530–531; Nr. 347 vom 17. 4. 1942 S. 545; Nr. 408 vom 8. 7. 1942 S. 609.

176) Diese Empfehlung war aus den Schwierigkeiten mit der Regierung Großbritanniens zu verstehen, die bereits mehrfach die Ersetzung ihr nicht genehmer kirchlicher Personen gefordert hatte; vgl. ADSS 5, Introduction, S. 26–33.

177) ADSS 5 Nr. 424 vom 2. 8. 1942 S. 629.

178) „È bene a questo riguardo considerare che il moltiplicarsi di tali episodi

staatssekretariat die Vertretung Großbritanniens über den Vorgang und legte seine Position nochmals fest [179].

In einem Gespräch zwischen Tardini und dem britischen Vertreter beim Heiligen Stuhl, Godolphin F. Osborne, das wenige Tage später stattfand, bezeichnete dieser das vatikanische Vorgehen als glatte Erpressung [180]. Gleichzeitig gab er aber zu, daß seine Regierung im Falle Pacinis einen Fehler begangen habe; er sehe ein, daß der Heilige Stuhl aus prinzipiellen Erwägungen heraus jetzt nicht nachgeben könne. Osborne schlug folgende Antwort auf die vatikanische Anfrage wegen Pacini vor: Es gebe in England keinen päpstlichen Diplomaten und Großbritannien wolle auch keinen haben. Diese Antwort sei zwar nicht freundlich, verletze aber keine vatikanischen Prinzipien. Entgegen diesen Äußerungen Osbornes gab das offizielle Antwortschreiben Großbritanniens „original enemy nationality" als Grund für die Ablehnung Pacinis an [181]. Zugleich wurde dem Heiligen Stuhl im Namen der polnischen Regierung vorgeschlagen, einen anderen Diplomaten zu benennen oder Godfrey mit der Aufgabe zu betrauen. Tardini vertrat Osborne gegenüber nochmals den vatikanischen Standpunkt, und Pius XII. ordnete an, daß die Kurie nicht nachgeben solle [182]. Gemäß Tardinis Vorschlag informierte Maglione die USA über den Vorgang [183]. Die in der Folgezeit gewechselten Noten brachten keine neuen Aspekte [184].

---

potrebbe — non ostante il riserbo della S. Sede — non rimanere a lungo ignoto al mondo cattolico": ADSS 5 Nr. 426 vom 5. 8. 1942 S. 631.

179) Auch dieses Schreiben schloß mit einer Drohung: „Il n'est pas à exclure que, malgré la réserve du Saint Siège, ces faits ne tardent pas longtemps à venir à la connaissance du monde catholique, ce qui n'irait pas sans le surprendre et l'émouvoir"; ADSS 5 Nr. 438 vom 17. 8. 1942 S. 647.

180) „... è un ricatto": ADSS 5 Nr. 442 vom 21. 8. 1942 S. 651.

181) ADSS 5 Nr. 470 vom 17. 9. 1942 S. 678.

182) Ebd. S. 679.

183) ADSS 5 Nr. 495 vom 1. 10. 1942 S. 734.

184) Mitte Oktober 1942 berichtete Godfrey an Maglione, daß Großbritannien auf seinen Vorstellungen beharre: ADSS 5 Nr. 502 vom 16. 10. 1942 S. 744. Maglione bekräftigte seinerseits die Haltung des Vatikans, wobei er nochmals auf das allgemeine Problem der Neutralität des Heiligen Stuhles einging: ADSS 7 Nr. 10 vom 11. 11. 1942 S. 84–87. In diesem Zusammenhang stand in dem Entwurf des Schreibens an Godfrey, dessen Inhalt dieser natürlich der britischen Regierung weiterleiten sollte, folgendes: „Eppure è facile immaginare come il solo fatto della presenza del Ministro inglese in Vaticano sia per la Santa Sede fonte di difficoltà e d'imbarazzi. Nemmeno sono mancati, fuori del Vaticano, sospetti e insinuazioni che il Ministro inglese, trovandosi circondato a breve distanza dal territorio di una nazione nemica, possa svolgere attività dannose alla medesima. Peraltro la Santa Sede, non solo non ha mai tenuto conto di simili voci, ma non prenderebbe in esame se non fatti posi-

Ein halbes Jahr später fiel eine Entscheidung in der Angelegenheit. Der Vatikan entschloß sich, dem Drängen der Exilregierung nachzugeben, und ernannte Godfrey zum Beauftragten bei der polnischen Regierung in London [185]. Gleichzeitig betonte der Vatikan, daß Cortesi, der sich seit März 1940 in Rom aufhielt, weiterhin Nuntius bleibe. Über diese Regelung wurden Godfrey und der polnische Außenminister Edward Raczyński informiert [186].

Zwei Monate später machte Maglione Godfrey mit seinen Aufgaben vertraut [187]. Er schilderte kurz das Verhältnis des Vatikans zu Polen bis zum Ausbruch des II. Weltkrieges. Maglione war der Ansicht, daß nicht alle Mitglieder des polnischen Nationalrates dem Heiligen Stuhl wohlgesonnen seien. Die Aktivitäten der Kurie für Polen würden oft nicht anerkannt. Gleichzeitig stellte Maglione Godfrey Material zur Verfügung, damit er die Hilfsleistungen für Polen der Öffentlichkeit bekanntmachen könne [188]. Er erwähnte dabei Ansprachen des Papstes und dessen Brief an die polnischen Bischöfe.

Wenn Maglione in diesem Schreiben auf Mißverständnisse bei der polnischen Regierung hinwies, was die Maßnahmen des Heiligen Stuhles für Polen anging, dann sprach er damit die Meinungsverschiedenheiten zwi-

---

tivamente provati, che è sicura, del resto, non si verificheranno giammai"; vgl. S. 86 Anm. 6. Der Abschnitt wurde von Tardini abgeändert: „Eppure è facile ... fonte di difficoltà talora non lievi: difficoltà che la Santa Sede affronta ben volentieri, non solo perché ritiene suo diritto e dovere tutelare i diplomatici presso di Lei accreditati, ma altresì per mostrare anche in tal modo le sue buone disposizioni verso cotesto nobile Paese"; ebd. S. 86. Trotz der Abschwächung war die am Schluß angefügte Warnung in Zusammenhang mit den eben zitierten Sätzen deutlich genug: „Per concludere, torno a pregare l'Eccellenza Vostra [d. h. Godfrey] di voler illustrare nuovamente, nelle conversazioni che avrà con codesto Governo, il punto di vista della Santa Sede, valendosi degli argomenti sopra riferiti, nella speranza che il Governo inglese voglia in avvenire evitare un'attitudine che possa non apparire ispirata a quei sentimenti di fiducia e di riguardo, che la Santa Sede non ha mai mancato di dimonstrargli; ebd. S. 87.

185) Vgl. ADSS 7 Nr. 161 vom 5. und 6. 4. 1943 S. 292–295.

186) Godfrey: ADSS 7 Nr. 191 vom 14. 5. 1943 S. 336 und Nr. 198 vom 17. 5. 1943 S. 347. — Raczyński: Nr. 192 vom 14. 5. 1943 S. 336–337 und Nr. 262 vom 23. 6. 1943 S. 448. — Schon vorher hatte Papée im Namen der polnischen Regierung gedankt: Nr. 180 vom 8. 5. 1943 S. 317–318. Vgl. ein Schreiben Hlonds: ADSS 3 Nr. 513 vom 4. 6. 1943 S. 804.

187) ADSS 7 Nr. 238 vom 8. 6. 1943 S. 410–413. — Weitere Instruktionen: ADSS 3 Nr. 548 vom 24. 11. 1943 S. 847–848.

188) Leider ist dieses Material bisher nicht publiziert worden; vgl. ADSS 7 S. 412 Anm. 4.

schen der Kurie und der Exilregierung an, die den zweiten Grund der Abkühlung in den beiderseitigen Beziehungen darstellten.

Eine Serie von Noten und mündlichen Vorstellungen wegen der Haltung des Vatikans zu Polen setzte zu der Zeit ein, als die Ernennung Pacinis zum päpstlichen Vertreter bei der Exilregierung das Klima der Beziehungen der Kurie zur polnischen Regierung indirekt belastete. Vom 20. Juli 1942 ab wurden die Vertreter Polens, Großbritanniens und Brasiliens im Vatikan vorstellig und baten den Papst um eine öffentliche Stellungnahme zu der Lage in Polen. Als erster traf Papée an diesem Tag mit Tardini zusammen und sprach sich — zum soundsovielten Mal, wie Tardini schrieb [189] — für einen Protest gegen die Verfolgungen in Polen aus. Tardini erklärte ihm — ebenfalls zum soundsovielten Mal —, daß die Hilfe des Heiligen Stuhles für Polen nicht gefährdet werden dürfe: Der Vatikan führt eine diskrete, aber kontinuierliche und wirksame Hilfe durch [190]. Öffentliche Erklärungen schadeten lediglich dieser Aktivität [191].

Am 21. Juli kam der Vertreter Großbritanniens, um — mehr oder weniger — das gleiche vorzutragen [191]. Wie sehr sich die Kurie durch derartige Unternehmungen in ihren Handlungen gestört sah, beweist der Kommentar Tardinis zum Besuch Osbornes, in dem er die Koalition von Diplomaten, die dem Vatikan entgegenstand, bedauerte [193]. Drei Tage später, am 24. Juli, erschien der brasilianische Botschafter und trug Tardini das gleiche Anliegen vor wie sein polnischer und englischer Kollege. Er hatte kurz vorher ein Promemoria der polnischen Botschaft erhalten, dessen Inhalt ihn zu seinem Besuch im Vatikan veranlaßte. Es war somit klar, daß es sich bei dem Vorgehen der drei Botschafter um ein abgesprochenes Unternehmen handelte [194].

---

189) ADSS 5 Nr. 414 vom 20. 7. 1942 S. 615; eine Notiz Tardinis, in der er die Formulierung „per l'ennesima volta" zweimal verwandte. Maglione hatte bereits 1941 zu den Appellen des polnischen Botschafters notiert: „L'Ambasciata di Polonia domanderà in saecula saeculorum che la S. Sede protesti"; ADSS 8 Nr. 58 vom 30. 3. 1941 S. 155.

190) „La S. Sede compie un'azione discreta, nascosta, ma continua ed efficace": ADSS 5 ebd.

191) Vgl. eine Notiz Magliones: „Le proteste fanno a quella povera gente [d. h. das polnische] più male che bene"; ADSS 8 Nr. 58 vom 30. 3. 1941 S. 155.

192) ADSS 5 Nr. 414 vom 20. 7. 1942 S. 615.

193) „È però desolante vedere questa coalizione di diplomatici che sono ospiti della S. Sede, che son trattati benissimo, che possono constatare giorno per giorno la superiorità dell'azione della S. Sede — tutti d'accordo e tutti ostinati in una persuasione e in un atteggiamento falsi quanto offensivi per chi è con loro così buono e così gentile": ebd.

194) Tardini notierte dies ebenfalls: „Tutto ciò dimostra che è il polacco a mettere

Zu einer ähnlichen Aktion kam es im September des gleichen Jahres. Sie begann mit einer gemeinsamen Note des polnischen und belgischen Botschafters an Maglione. Darin hieß es, daß mehrere Regierungen [195] die Lage geprüft hätten, die durch die Rechtsverletzungen in den besetzten Gebieten entstanden sei [196]. Die Botschafter fügten einen Bericht über die unter deutscher Besatzung stehenden Gebiete bei [197]. Zwei Tage später trafen im Vatikan Schreiben des brasilianischen Botschafters, des britischen Gesandten und des amerikanischen Geschäftsträgers ein [198].

Eine direkte Antwort der Kurie erfolgte nicht; den Quellen ist auch keinerlei Hinweis auf die Reaktion des Kardinalstaatssekretariats zu entnehmen. Es läßt sich aber denken, daß die Aktion, die wiederum von der polnischen Regierung ausging, die schon erwähnte Reserve bei den vatikanischen Stellen gegenüber solchem Drängen noch mehr verstärkte [199].

In die Zeit dieser Mißstimmung zwischen der Kurie und der polnischen Regierung fiel der scharfe Protest der polnischen Botschaft gegen die Ernennung Breitingers zum Apostolischen Administrator der deutschen Katholiken im Warthegau [200]. In diesem Schreiben findet sich die Warnung der polnischen Botschaft, daß nur eine öffentliche Verurteilung der

---

su la macchina"; ebd. Ein weiterer Appell erfolgte von Papée: ADSS 5 Nr. 449 vom 27. 8. 1942 S. 657–659.

195) Die hier genannten Staaten — siehe unten Anm. 196 — hatten am 13. 1. 1942 in London eine Erklärung gegen Kriegsverbrechen unterzeichnet, vgl. FRUS 1942 I vom 14. 1. 1942 S. 45–47.

196) „Le Gouvernement belge, le Gouvernement luxembourgeois, le Comité national français, le Gouvernement norvégien, le Gouvernement des Pays-Bas, le Gouvernement polonais, le Gouvernement tchécoslovaque et le Gouvernement yougoslave viennent d'examiner en commun la situation que crée actuellement la recrudescence des violations du droit international, et notamment des actes d'oppression et de terreur, dans les territoires occupés par leurs ennemis": ADSS 5 Nr. 465 vom 12. 9. 1942 S. 672. Vgl. J. S. Crehan, Diplomacy, S. 220—221.

197) Vgl. ebd. S. 672 Anm. 4 und S. 673 Anm. 5.

198) Schreiben des brasilianischen Botschafters. ADSS 5 Nr. 466 vom 14. 9. 1942 S. 673–675. — Schreiben des britischen Gesandten: Nr. 467 vom 14. 9. 1942 S. 675–676. — Schreiben des amerikanischen Geschäftsträgers: Nr. 468 vom 14. 9. 1942 S. 677 = FRUS 1942 III S. 774. An der Demarche beteiligten sich ferner Peru, Kuba und Uruguay, deren Noten die ADSS nicht erwähnen; vgl. FRUS ebd. S. 773–778. Zu dem gesamten Vorgang: W. A. Purdy S. 272—273. — Parallel mit diesem Schritt, der die Verurteilung der Nationalsozialisten zum Ziel hatte, lief ein Versuch des deutschen Botschafters, Bergen, der den Heiligen Stuhl zu einer Intervention gegen die Bombardierung der Städte und der Zivilbevölkerung in Deutschland bewegen wollte: ADSS 5 Nr. 471 vom 18. 9. 1942 S. 679–680. Auch hierauf reagierte die Kurie nicht.

199) Zu der gesamten Problematik siehe unten S. 172–188.

200) Siehe oben S. 101.

Deutschen durch den Heiligen Stuhl diesem die Zuneigung des polnischen Volkes bewahren könne [201]. Das Antwortschreiben Magliones wies den Protest mit aller Deutlichkeit zurück [202].

Wie wenig Verständnis die polnische Regierung auf der einen Seite für das Verhalten des Vatikans und dieser wiederum für die Regierung in London aufbrachte, verdeutlicht ein Schriftwechsel Raczkiewiczs mit Pius XII. Anfang 1943 [203]. Raczkiewicz schilderte erneut den über Polen hereingebrochenen Terror und beschwor den Papst festzustellen, wo das Böse liege, da das göttliche Recht keinen Kompromiß zulasse [204]. Raczkiewicz erinnerte daran, daß früher, als Polen keineswegs so sehr wie jetzt in Bedrängnis gewesen war, die großen Vorgänger des Papstes gesprochen hätten [205].

Maglione teilte einen Monat später Godfrey mit, wie die Kurie das Schreiben einschätzte. Er beschwerte sich über die Undankbarkeit der polnischen Regierung: Der Brief enthält keinerlei Ausdruck des Dankes für das, was Pius XII. für die Polen getan hat; es fehlt sogar jedes Wort der Anerkennung für die päpstlichen Bemühungen [206]. In seiner offiziel-

---

201) „Il est également persuadé qu'une protestation publique et formelle pourrait seule préserver ces principes [d. h. der Universalität der Kirche] et garder en même temps au Saint Siège les sentiments que lui ont toujours témoignés les catholiques polonais": ADSS 3 Nr. 439 vom 12. 11. 1942 S. 673.

202) ADSS 3 Nr. 452 vom 20. 12. 1942 S. 702.

203) Schreiben Raczkiewiczs: ADSS 7 Nr. 82 vom 2. 1. 1943 S. 179–180; das Schreiben wurde am 22. 1. 1943 von Papée überreicht. Vgl. J. Lukacs S. 277. — Antwort des Papstes: siehe unten Anm. 207.

204) „Le peuple polonais croit fermement que le droit divin n'admet pas de compromis, et qu'il est au-dessus des considérations humaines et passagères": ADSS ebd. S. 180.

205) Die scharfe Reaktion des Vatikans ist verständlich, da gerade zu dieser Zeit die Note vom 2. 3. 1943 an Ribbentrop — siehe oben S. 88–95 — vorbereitet wurde.

206) „Il messaggio non contiene — non ostante che l'occasione fosse ben propizia per farlo — espressioni di gratitudine per quello che il Santo Padre ha finora fatto per i polacchi, in patria o in esilio, per tutte le premure, per l'assistenza varia e molteplice esplicata per iniziativa della Santa Sede a loro vantaggio; non solo, ma il ricordato messaggio neppure ha una parola di semplice riconoscimento, o un accenno che renda testimonianza alla benevolenza dimostrata dall'Augusto Pontefice verso la Polonia": ADSS 7 Nr. 101 vom 3. 2. 1943 S. 216 = ADSS 3 Nr. 473 S. 732. Zu der Publikation der ADSS sind hier einige kritische Anmerkungen zu machen. In den ADSS 7 fehlt der Hinweis auf ADSS 3. Das Schreiben Magliones nimmt Bezug auf einen Bericht Godfreys. Er ist in den ADSS 3 nicht abgedruckt; dort findet sich der Hinweis: „réservé à autre volume". In den ADSS 7 ist zu dem Schreiben Godfreys bemerkt: „non publié".

len Antwort wies Pius XII. darauf hin, daß der Heilige Stuhl ununterbrochen bemüht sei, den Polen zu helfen [207].

Die deutlichen Worte Magliones hatten die Exilregierung aufgeschreckt; dies zeigt ein Brief Papées an den Kardinalstaatssekretär [208]. Indem die polnische Regierung auf die Weihnachtsansprache des Papstes von 1942 einging, bestätigte sie ihm, daß er die Grausamkeiten der Deutschen verurteilt habe. Gleichzeitig bedankte sie sich für alles, was der Papst für Polen bereits getan habe. Dieses Schreiben war vom 10. Februar 1943 datiert [209], wurde aber erst am 20. Februar von Papée der Kurie zugestellt. Offensichtlich war der Brief erst nach dem Schreiben Magliones an Godfrey — vom 3. Februar [210] — abgefaßt worden, um die darin geäußerten Vorwürfe abzuschwächen. Die Feststellung, daß die polnische Regierung ihre diplomatischen Vertreter angewiesen habe, den Aktivitäten des Papstes Rechnung zu tragen [211], wurde dementsprechend vom Kardinalstaatssekretariat aufgefaßt. Da das Schreiben also lediglich eine Reaktion auf die Vorhaltungen Magliones war, beschloß dieser, Papée nur kurz den Erhalt der Note zu bestätigen [212]. Nach diesem Zwischenfall wurde der Notenwechsel zwischen der Exilregierung und dem Vatikan noch mehr eingeschränkt. So fiel der Glückwunsch Raczkiewiczs an Pius XII. zum vierten Jahrestag seiner Papstkrönung gegenüber den früheren äußerst knapp aus [213]; der Dank des Papstes war noch kürzer [214].

3. Die Hilfsmaßnahmen des Vatikans

Im folgenden soll ein Einblick in die Hilfsmaßnahmen des Heiligen Stuhles für Polen während des zweiten Weltkrieges gegeben und dabei exemplarisch die wichtigsten Stationen des vatikanischen Hilfsprogramms vorgestellt werden [215].

---

207) ADSS 7 Nr. 120 vom 19. 2. 1943 S. 235–236.

208) ADSS 7 Nr. 123 vom 20. 2. 1943 S. 237–238.

209) Ebd. S. 237.

210) Siehe oben S. 108 mit Anm. 206.

211) „Le Gouvernement Polonais a recommandé à ses représentants diplomatiques de tenir compte, dans leur activité, de l'enseignement du Pape": ADSS 7 Nr. 123 vom 20. 2. 1943 S. 238.

212) Ebd. S. 239.

213) ADSS 7 Nr. 139 vom 10. 3. 1943 S. 263.

214) ADSS 7 Nr. 142 vom 13. 3. 1943 S. 265.

215) Bisher sind in der Reihe der ADSS drei Bände der Abteilung ‚Le Saint Siège et les victimes de la guerre' — Nr. 6, 8 und 9 der Gesamtreihe — erschienen, die

a) Die Hilfe für die besetzten polnischen Gebiete

aa) Über die deutsche Besatzungsmacht

Mit dem Eintreffen der alarmierenden Nachrichten über das Elend der polnischen Bevölkerung, besonders in den großen Städten, wo die Not durch die Zerstörungen des Krieges und die Requirierungen am größten war, begann das Kardinalstaatssekretariat mit seinen Anstrengungen, von der Reichsregierung die Erlaubnis zu erhalten, karitativ in Polen — hauptsächlich im Generalgouvernement — tätig werden zu können. Die Haltung der deutschen Regierung zu der Frage stellte den entscheidenden Punkt für das Inkrafttreten einer wirksamen Hilfe dar [216]. Maglione beauftragte den Nuntius in Berlin, die für Polen wichtige Angelegenheit der Hilfsmöglichkeiten zu prüfen [217].

Bereits die erste Antwort, die Orsenigo auf seine Anfrage erhalten hatte, die von der Schweizer Regierung unterstützt worden war [218], fiel wenig ermutigend aus. Es lasse sich nicht verheimlichen, daß die Reichsregierung Hilfsmaßnahmen, die aus dem Ausland kämen, große Schwierigkeiten mache, schrieb der Nuntius [219]. Orsenigo schlug dann vor, die Hilfsleistungen nicht direkt der deutschen Regierung anzubieten, sondern sie an die Kriegswinterhilfe oder das Rote Kreuz in Genf anzuschließen, um die Regierung nicht zu provozieren. Sie sah nämlich in solchen Angeboten die Bestätigung der Ansicht, daß Deutschland selbst nicht in der Lage sei, die Versorgung in den eroberten Gebieten aufrechtzuerhalten. Maglione teilte die Ansicht des Nuntius nicht, sondern beauf-

---

sich mit den Hilfsmaßnahmen des Heiligen Stuhles befassen. Sie enthalten Dokumente der Zeit von März 1939 bis Dezember 1943. — Literatur zu der Problematik: L. E. Hill S. 152–157; I. Giordani, Vita, S. 142–143 bringt knappe Informationen über die Hilfe für Polen. — Eine Zusammenfassung der vatikanischen Aktivitäten bietet ein umfangreicher Bericht Magliones an Godfrey: ADSS 8 Nr. 73 vom 29. 4. 1941 S. 170–176.

216) Maglione schrieb an Orsenigo: „Il nodo della questione consiste nell'atteggiamento che prenderà a questo riguardo il Governo tedesco"; ADSS 6 Nr. 104 vom 8. 11. 1939 S. 184.

217) Orsenigo sollte dabei mit folgenden zwei Fragen an die Reichsregierung herantreten: „1) Per far accettare dal Governo tedesco la prestazione dei soccorsi destinati esclusivamente, s'intende, alle popolazioni polacche dei territori sopraccennati [d. h. die von Deutschland besetzten Gebiete]. 2) Per organizzare secondo le necessità del momento l'invio e la distribuzione dei soccorsi medesimi"; ebd. S. 185.

218) ADSS 6 Nr. 107 vom 18. 11. 1939 S. 188.

219) „Non posso dissimulare però anch'io le gravi difficoltà, per far accettare al Governo tedesco la prestazione di soccorsi che vengono dall'estero": ADSS 6 Nr. 114 vom 25. 11. 1939 S. 199–200.

tragte ihn erneut, bei den Deutschen anzufragen, ob der Heilige Stuhl in seinem eigenen Namen den Polen helfen könne [220].

Orsenigo sprach wenige Tage später, am 29. November 1939, im Auswärtigen Amt vor und erhielt eine ausweichende Antwort [221]. Mit dem gleichen Ergebnis verliefen Gespräche, die er am 7. und — auf nochmaliges Drängen von Maglione [222] — am 14. und 19. Dezember mit dem Ministerialdirektor Ernst Woermann führte [223]. In diesen Unterredungen wies Woermann den Nuntius mehrmals darauf hin, daß die Reichsregierung bereits mit den Amerikanern wegen Hilfsmaßnahmen verhandele [224].

Am 20. Dezember erhielt die Nuntiatur in Berlin endlich eine schriftliche Antwort des Auswärtigen Amtes: „Die Deutsche Regierung hat grundsätzlich keine Bedenken dagegen, daß der Heilige Stuhl ein Hilfswerk zu Gunsten von polnischen Volksangehörigen, die sich im Gebiet des Generalgouvernements der besetzten polnischen Gebiete in Not befinden, einleitet. In Anbetracht der gegenwärtigen Verhältnisse, insbesondere der noch bestehenden Schwierigkeiten im Verkehrswesen, werden die Einzelheiten über die Durchführung des Hilfswerks im Benehmen mit den zuständigen deutschen Behörden ... festgelegt werden müssen“ [225]. Mündlich wurde — parallel zu dieser Note — dem Botschaftsrat Carlo Colli erläutert, die „Schwierigkeiten im Verkehrswesen“ beständen darin, daß die Eisenbahn in Polen noch nicht wieder in vollem Umfang in Betrieb sei und auch der Paketdienst im Argen liege [226]. Tardini stand der deutschen Antwort mit Skepsis gegenüber und glaubte nicht, daß es möglich sein werde, ein Hilfswerk in größerem Umfang für die Polen zu errichten [227]. Diese Skepsis rührte sicher z. T. daher, daß am gleichen Tag, als das Auswärtige Amt dem Berliner Nuntius die Note übermittelte, der vatikanische Botschaftsrat Menshausen den Heiligen Stuhl der Parteilichkeit zugunsten der Polen angeklagt hatte [228].

Um keine Zeit zu verlieren, schlug Maglione vor, zunächst einmal Geld

220) ADSS 6 Nr. 115 vom 26. 11. 1939 S. 200.
221) ADSS 6 Nr. 116 vom 29. 11. 1939 S. 201.
222) ADSS 6 Nr. 119 vom 13. 12. 1939 S. 205.
223) ADSS 6 S. 201 Anm. 2.
224) Vgl. z. B. den Bericht Orsenigos: ADSS 6 Nr. 121 vom 14. 12. 1939 S. 206.
225) ADSS 6 Nr. 124 vom 23. 12. 1939 S. 209.
226) Ebd.
227) „Mi sembra che la risposta del governo sia tardiva, dilatoria e non certo amichevole verso la S. Sede“: ebd. in einer Notiz zu dem Bericht Orsenigos.
228) Siehe oben S. 95.

über Berlin an die Bischöfe des Generalgouvernements zu senden. Orsenigo warnte allerdings vor einem solchen Vorhaben ohne Zustimmung der Regierung [229]. Die Lage änderte sich auch in den folgenden Jahren in dieser Hinsicht nicht, so daß ein im März 1943 diskutiertes Projekt, regelmäßige monatliche Zuwendungen an die polnischen Diözesen zu senden, nicht über das Stadium der Planung hinauskam [230]. In der Zeit bis Ende 1943 schickte die Kurie daher nur wenige Geldsendungen direkt nach Polen, die sie stets Vertrauenspersonen übergab, die in das Land reisten [231]. In dieser schwierigen Situation genehmigte das Kardinalstaatssekretariat den polnischen Bischöfen, den Peterspfennig einzubehalten, damit sie das Geld für karitative Zwecke verwenden konnten. Bischof Adamski von Kattowitz hatte den Vorschlag über Orsenigo an die Kurie herangetragen und diese war bereitwillig darauf eingegangen [232]. Mit diesen Mitteln war es den Bischöfen möglich, polnischen Organisationen Geld zuzuwenden [233]. Am 23. Januar 1940 erhielt das Kardinalstaatssekretariat eine Note der deutschen Botschaft beim Vatikan, die sinngemäß das Schreiben des Auswärtigen Amtes an Orsenigo wiederholte [234]. Die Botschaft stellte darin fest, daß die deutsche Regierung erst vom Heiligen Stuhl Mitteilung darüber erhalten müsse, welche Arten von Spenden er zu senden beabsichtige. Deshalb müsse die Kurie auch erst

---

229) Anfrage Magliones bei Orsenigo mit dessen Antwort: ADSS 6 Nr. 132 vom 14. 1. 1940 S. 220 mit Anm. 4. Vgl. dazu ein Schreiben Orsenigos vom April 1940: Nr. 195 vom 20. 4. 1940 S. 295–296.

230) ADSS 9 Nr. 93 vom 13. 3. 1943 S. 183—184.

231) Vgl. ADSS 6 Nr. 206 vom 17. 5. 1940 S. 311 und ADSS 9 Nr. 216 vom 3. 6. 1943 S. 328–329. Geldzuwendungen erhielten auf diese Weise Splett: ADSS 3 Nr. 96 vom 14. 1. 1940 S. 196 und Nr. 111 vom 6. 2. 1940 S. 213. — Gall: Nr. 221 vom 1. 11. 1940 S. 325; Nr. 276 vom 5. 6. 1941 S. 408; ADSS 9 Nr. 216 vom 3. 6. 1943 S. 328–329; siehe unten S. 117 Anm. 263. — Sapieha: ADSS 3 Nr. 264 vom 19. 3. 1941 S. 386–387; Nr. 277 vom 5. 6. 1941 S. 408–409; ADSS 9 Nr. 216 vom 3. 6. 1943 S. 328–329. — Szeptyckyj: ADSS 9 ebd. und ADSS 3 Nr. 521 vom 12. 6. 1943 S. 811. — Twardowski: ADSS 9 Nr. 216 vom 3. 6. 1943 S. 328–329. — Die gleichen Schwierigkeiten traten auf, als die Kurie 1943 versuchte, für in Polen internierte Italiener Geldmittel bereitzustellen: ADSS 9 Nr. 489 vom 29. 12. 1943 S. 632–633.

232) ADSS 6 Nr. 210 vom 22. 5. 1940 S. 315–316. Orsenigo bestätigte, daß er die Anweisung weitergegeben hatte und fügte ein Dankschreiben Adamskis an ihn vom 21. 5. 1940 bei: ADSS 6 Nr. 217 vom 25. 5. 1940 S. 324. Vgl. Nr. 253 vom 11. 7. 1940 S. 360.

233) Vgl. einen Brief des Kapitularvikars von Warschau, Stanisław Gall, an die ‚Rada Głowna Opiekuńka — siehe unten S. 113: ADSS 6 Nr. 385 vom 30. 11. 1940 S. 487.

234) ADSS 6 Nr. 136 vom 23. 1. 1940 S. 223–224.

an das Deutsche Rote Kreuz herantreten und ihm ihre Vorschläge unterbreiten.

Als sich die durch einen Bericht in der im Generalgouvernement erscheinenden ‚Warschauer Zeitung‘ [235] hervorgerufene Hoffnung, daß die deutsche Regierung eine weniger rigorose Haltung gegenüber den vatikanischen Plänen einnehme [236], nicht erfüllte, ging die Kurie dazu über, ihre Hilfsleistungen an andere Organisationen anzubinden.

ab) Über polnische Organisationen

Im Februar 1940 traf im Vatikan ein Brief des Erzbischofs von Krakau, Sapieha, ein, in dem dieser Montini über eine polnische Hilfsorganisation in Kenntnis setzte [237]. Die ‚Rada Głowna Opiekuńka‘ war eine von den deutschen Behörden gebilligte Institution, die sich die Aufgabe gestellt hatte, den Polen im eigenen Land zu helfen; ihr Präsident war Adam Ronikier [238]. Er hatte von den deutschen Behörden über das Rote Kreuz die Bestätigung erhalten, daß Hilfssendungen an die polnische Bevölkerung von seiner Organisation unter der Überwachung der Deutschen verteilt werden konnten. Sapieha sah in dieser Organisation eine Möglichkeit für den Heiligen Stuhl, Polen direkt zu helfen. Er bemerkte weiter, daß die Kurie die Tätigkeit Ronikiers erleichtern könne, wenn sie ihre Aktion unter den gleichen Bedingungen wie das amerikanische und belgische Rote Kreuz durchführen würde [239].

235) Die ‚Warschauer Zeitung‘ hatte am 22. 1. 1940 ein Kommuniqué des Generalgouverneurs veröffentlicht. Darin hatte Frank der Quäkerorganisation, der vom amerikanischen Roten Kreuz beauftragten Institution zur Verteilung von Lebensmitteln im besetzten polnischen Gebiet erklärt, daß er ihr die zur Durchführung ihrer Aufgabe erforderliche Bewegungsfreiheit ermöglichen werde. Weiter hieß es: „Das Presseamt des Generalgouverneurs ist bei dieser Gelegenheit auch in der Lage mitzuteilen, daß der Generalgouverneur eine Spende des Papstes für bedürftige Polen katholischen Glaubensbekenntnisses unter amtlicher Mitwirkung der Behörden des Generalgouvernements zur Verteilung gelangen läßt, und daß die hierzu erforderlichen Ausfuhrungsbestimmungen bereits an die Distrikte ausgegeben worden sind“; der Text ist abgedruckt: ADSS 6 S. 229 Anm. 1. Montini hatte sich über diesen Erlaß mit Botschafter Bergen unterhalten, der beim Auswärtigen Amt um eine Bestätigung des Sachverhalts nachkam. Er erhielt die Auskunft, daß die veröffentlichte Meldung unrichtig sei.

236) Vgl. eine Notiz des Chefs des vatikanischen Informationsbüros, Alexandre Evreinoff, die seine Hoffnung über eine Verbesserung der Hilfsleistungen zum Ausdruck bringt: ADSS 6 Nr. 140 vom 30. 1. 1940 S. 228–229.

237) ADSS 6 Nr. 152 vom 18. 2. 1940 S. 240–241.

238) Zur Person Ronikiers und zur ‚Rada Głowna Opiekuńka‘ vgl. Encyclopedia 9, S. 650–651, und 10, S. 67 und Okupacja 2 S. 183 Anm. 1.

239) „Le condizioni che la Santa Sede vorrebbe bene apporre a questa azione, ana-

Die Aussicht, auf diese Weise etwas für die polnische Bevölkerung tun zu können, nachdem bisher alle anderen Versuche des Heiligen Stuhles gescheitert waren [240], löste im Vatikan sofort lebhafte Aktivität aus. Maglione erkundigte sich zunächst bei Sapieha nach den Modalitäten für die Hilfsleistung [241]. Gleichzeitig beauftragte er den Nuntius in Berlin, sich ebenfalls über diesen Weg der Hilfe zu informieren [242]. Orsenigo sollte weiter ermitteln, welche Bedingungen es waren, unter denen das amerikanische [243] und das belgische Rote Kreuz [244] ihre Aktionen durchführten. Maglione unterrichtete ferner den Jesuitengeneral, Włodzimierz Ledóchowski, von der Aussicht, Polen zu helfen; jetzt sah er auch die Gelegenheit gekommen, den Jesuiten in Polen Unterstützung zukommen zu lassen [245]. Später bat Maglione noch den Nuntius in Budapest, sich mit Ronikier in Verbindung zu setzen [246].

Ende März lagen durch Erzbischof Sapieha nähere Angaben vor, wie die Hilfsleistungen durchgeführt werden konnten [247]. Das polnische Komitee schlug vor, Geldmittel auf einer Schweizer Bank zu deponieren, Lebensmittel, Kleider und andere Waren in Ungarn und Jugoslawien zu kaufen und nach Polen weiterzuleiten. Sapieha riet Maglione noch, einen Repräsentanten des Heiligen Stuhles bei dem Komitee zu ernennen, da die Lage in Polen immer schwieriger werde und die Hilfe besser aus der Nähe zu leiten sei. Sapieha teilte diese Modalitäten auch Orsenigo mit [248]

logicamente a quelle apposte dalla Croce Rossa Americana e quella del Belgio, faciliterebbero il compito del Comitato polacco": ADSS 6 Nr. 152 vom 18. 2. 1940 S. 240–241.

240) Vgl. ein Schreiben Magliones an den Jesuitengeneral, Włodzimierz Ledóchowski: „A queste difficoltà [d. h. den Polen zu helfen], che si è sempre sperato di superare, facevano aperta allusione anche le parole del Santo Padre nel Suo discorso del 24 dicembre. Non è stato finora possibile conseguire alcun pratico risultato"; ADSS 6 Nr. 166 vom 6. 3. 1940 S. 257.

241) ADSS 6 Nr. 165 vom 6. 3. 1940 S. 254–255.

242) Vgl. den Anhang zu dem Schreiben an Sapieha — siehe oben Anm. 241 — S. 255–256.

243) Maglione zog über den vatikanischen Vertreter in Washington, Cicognani, Erkundigungen über die Arbeit des amerikanischen Roten Kreuzes in Polen ein: ADSS 6 Nr. 167 vom 7. 3. 1940 S. 258.

244) Wegen der belgischen Hilfe in Polen hatte Maglione Orsenigo eingeschaltet. Dieser teilte mit, daß das belgische Rote Kreuz nur den in Polen lebenden Belgiern helfe: ADSS 6 Nr. 178 vom 29. 3. 1940 S. 275.

245) ADSS 6 Nr. 166 vom 6. 3. 1940 S. 256–257.

246) ADSS 6 Nr. 171 vom 18. 3. 1940 S. 265. Vgl. auch die Bemühungen des Vatikans, Informationen über Ronikier und seine Organisation zu erhalten: ebd. Anm. 1.

247) ADSS 6 Nr. 176 vom 27. 3. 1940 S. 270.

248) ADSS 6 Nr. 185 vom 6. 4. 1940 S. 286–287.

und bat den Nuntius, sich mit der deutschen Regierung in Verbindung zu setzen, die alle Maßnahmen genehmigen mußte.

Als über Pacini aus Paris von der polnischen Exilregierung die Bestätigung im Kardinalstaatssekretariat eintraf, daß das Hilfskomitee eine seriöse Organisation sei, beschloß Maglione, der wegen der deutschen Beteiligung dem Unternehmen skeptisch gegenüberstand, versuchsweise eine erste Geldsumme bereitzustellen[249]. Am 6. Mai 1940 teilte er Orsenigo mit, für die Rada Głowna Opiekuńka seien folgende Mittel überwiesen worden: 1 000 Dollar für Janusz Radziwiłł, Warschau, auf ein Konto der ‚Crédit Suisse' in Zürich und 40 000 Lire für Adam Ronikier, Krakau, auf ein Konto der ‚Banco di Roma' in Rom. Orsenigo sollte Sapieha darüber verständigen, damit dieser die beiden Polen informieren konnte[250].

Es verging fast ein Monat, bis ein Schreiben Ronikiers an Orsenigo im Vatikan eintraf[251]. Ronikier wies in diesem Brief darauf hin, daß der vom Vatikan gewählte Weg nicht gangbar sei. Da Ronikier und Radziwiłł die Beträge bei der Regierung des Generalgouvernements anmelden müßten, würde bei ihrer Überführung in das Generalgouvernement durch den offiziellen Wechselkurs fast der gesamte Betrag verloren gehen. Ronikier erinnerte erneut daran, daß alle ausländischen Hilfsaktionen über das Deutsche Rote Kreuz geleitet werden müßten. Er betonte aber: „Es ist durchaus gewährleistet, daß auf diesem Wege alle dem Polnischen Hauptfhilfsausschuß [d. h. der Rada Głowna Opiekuńka] zur Verfügung gestellten Spenden dasselbe richtig und ohne Kürzung erreichen"[252]. Ronikier schlug vor, durch einen Vertrauensmann des Heiligen Stuhles Lebensmittel im neutralen Ausland, z. B. Dosenmilch in der Schweiz, einzukaufen und diese dann über das Deutsche Rote Kreuz, bzw. dessen Beauftragten in Krakau, an die Rada Głowna Opiekuńka gelangen zu lassen. Dieser Weg habe den Vorteil, daß beim Transport durch das Reichsgebiet Frachtfreiheit und bei der Einfuhr in das Generalgouvernement

249) ADSS 6 Nr. 198 vom 28. 4. 1940 S. 301.

250) ADSS 6 Nr. 200 vom 6. 5. 1940 S. 302–303. Am 1. 6. 1940 teilte Orsenigo mit, daß er noch keine Antwort von Sapieha erhalten habe: Nr. 222 vom 1. 6. 1940 S. 326–327. Offenbar hatte Orsenigo auch ein Schreiben Ronikiers — siehe unten Anm. 251 — noch nicht in Händen. Der Weg der Information vom Vatikan zu den Polen und zurück war stets kompliziert und langwierig, da kein direkter Kontakt möglich war. Siehe auch oben S. 64 mit Anm. 227.

251) ADSS 6 Nr. 214 vom 23. 5. 1940 S. 320–321. Orsenigo übermittelte den Brief am 4. 6. 1940 an Montini: Nr. 231 vom 15. 6. 1940 S. 332.

252) ADSS 6 Nr. 214 vom 23. 5. 1940 S. 320.

Zollfreiheit gewährt werde. Ronikier bat den Nuntius, sich so schnell wie möglich mit dem Präsidium des Deutschen Roten Kreuzes in Verbindung zu setzen, da schon viel Zeit verloren gegangen sei [253].

Der Heilige Stuhl beschritt aufgrund dieses Schreibens den von Ronikier vorgeschlagenen Weg [254]. Er stellte Geldbeträge für die Nuntien in Bern und Budapest bereit. Bei ihnen sollte die Rada Głowna Opiekuńka Lebensmittel, Kleider und Arzneien anfordern und angeben, wohin die Güter zu senden seien. Orsenigo wurde angewiesen, mit dem Deutschen Roten Kreuz Kontakt aufzunehmen [255]. Ende August gingen die Aufträge bei Filippo Bernardini in Bern und Angelo Rotta in Budapest ein [256]. Beide Nuntien sollten zunächst Lebensmittel einkaufen. Gelang das Experiment, so bezeichnete Maglione diese erste Aktion [257], dann sollten bald darauf die von Ronikier gewünschten Kleidungsstücke folgen [258].

Zunächst erlitt das ‚Experiment' Magliones einen Rückschlag. Nuntius Rotta konnte den ihm gestellten Auftrag nicht ausführen, da das Deutsche Rote Kreuz nur mit Personen zu verhandeln bereit war, die in Deutschland lebten oder in ständigem Kontakt mit ihm standen [259]. So führte auch diese Hilfe wiederum über die deutschen Organisationen und hatte damit die gleichen Schwierigkeiten zu überwinden wie der direkte Versuch des Vatikans.

Ronikier, der bis Februar 1941 nichts mehr von den Spenden des Vatikans erfahren hatte, bat Montini darum, Orangen und Zitronen in Italien einzukaufen und sie an die Adresse des Deutschen Roten Kreuzes in Krakau zu schicken [260]. Montini wandte sich aber an den Nuntius in Bern mit dem Auftrag, in der Schweiz Marmelade einzukaufen und sie nach Polen zu senden [261]. Die Arbeit des polnischen Komitees ging, wie Orsenigo meldete [262], nur langsam voran, aber auch Bernardini hatte Schwierig-

253) Orsenigo bestätigte bald darauf, daß jede Hilfe für Polen über das Deutsche Rote Kreuz abgewickelt werden müsse: ADSS 6 Nr. 241 vom 29. 6. 1940 S. 342.

254) ADSS 6 Nr. 231 vom 15. 6. 1940 S. 332.

255) Ebd. — Orsenigo teilte die vatikanischen Maßnahmen Sapieha mit: Nr. 248 vom 7. 7. 1940 S. 349.

256) ADSS 6 S. 393 Anm. 2.

257) „Riuscito questo esperimento . . .": ADSS 6 Nr. 289 vom 19. 8. 1940 S. 393.

258) Zu diesem Wunsch Ronikiers vgl. sein Schreiben an Orsenigo: ADSS 6 Nr. 262 vom 22. 7. 1940 S. 369.

259) ADSS 6 Nr. 311 vom 14. 9. 1940 S. 414–415.

260) ADSS 8 Nr. 35 vom 28. 2. 1941 S. 123.

261) ADSS 8 Nr. 59 vom 30. 3. 1941 S. 155–156.

262) ADSS 8 Nr. 94 vom 6. 6. 1941 S. 205–206.

keiten beim Kauf der Waren in der Schweiz[263]. Die im Sommer 1940 von Maglione angeforderten Lebensmittel konnte der Berner Nuntius erst am 15. November 1941 nach Polen absenden; sie trafen am 2. Februar 1942 in Krakau ein[264]. Die in der Schweiz gekaufte Marmelade war dagegen bereits im September 1941 in Krakau[265]. Im Verlauf des Jahres 1942 gingen weitere Spenden in ähnlichem Umfang, Bücher- und Medikamentensendungen nach Polen[266].

ac) Über amerikanische Organisationen

Als sich herausstellte, daß die deutsche Regierung dem Heiligen Stuhl keine direkte Hilfe in seinem eigenen Namen in Polen erlauben würde, sah dieser sich nach anderen Möglichkeiten um[267]. Neben dem Weg über die Rada Głowna Opiekuńka boten sich amerikanische Hilfsorganisationen an. Bereits im Januar 1940 traf eine erste Geldspende des ‚Bishops' Committee for Polish Relief' im Vatikan ein[268]. Der vatikanische Beauftragte in den USA, Amleto Giovanni Cicognani, hatte das Geld in Empfang genommen und nach Rom weitergeleitet. Im Februar und März folgten erneut hohe Beträge[269]. Neben den jeweiligen Dankschreiben lobte

---

263) „Data la situazione alimentare della Svizzera mi sarà molto difficile ottenere il permesso di esportazione per i generi domandati": ADSS 8 S. 206 Anm. 3. — Ähnlich lange dauerte es, Geld nach Polen zu überweisen. Für Gall wurde im Februar 1941 ein Betrag überwiesen, der erst im November 1942 in Warschau eintraf: Nr. 13 vom Januar 1941 S. 90 mit Anm. 6.

264) ADSS 8 S. 124 Anm. 2; vgl. W. Święcicki S. 13.

265) Vgl. Sapiehas Dankschreiben: ADSS 8 Nr. 156 vom 19. 9. 1941 S. 287–288.

266) ADSS 8 Nr. 161 vom 27. 9. 1941 S. 292–293. Vgl. dazu die Dankschreiben von Sapieha: Nr. 285 vom 17. 2. 1942 S. 438–439, und Gall: Nr. 292 vom 26. 2. 1942 S. 445–446. — Zu Medikamentensendungen: Nr. 310 vom 18. 3. 1942 S. 463; Nr. 405 vom 23. 6. 1942 S. 567; Nr. 436 vom 24. 7. 1942 S. 605–606. — Zu Büchersendungen: ADSS 8 Nr. 13 vom Januar 1941 S. 90, dazu ADSS 3 Nr. 278 vom 22. 6. 1941 S. 409; ADSS 3 Nr. 282 vom 8. 7. 1941 S. 413–414 und Nr. 284 vom 13. 7. 1941 S. 415. Ferner Nr. 330 vom 30. 11. 1941 S. 498 und Nr. 356 vom 15. 2. 1942 S. 537.

267) Vgl. ein Schreiben des Kardinalstaatssekretärs an den Repräsentanten des amerikanischen Präsidenten, Myron C. Taylor: ADSS 6 Nr. 196 vom 26. 4. 1940 S. 297.

268) Es handelte sich dabei um 10 000 Dollar: ADSS 6 Nr. 139 vom 29. 1. 1940 S. 227–228. Vgl. auch Magliones Dankschreiben: Nr. 172 vom 21. 3. 1940 S. 265-266.

269) Im Februar sandte Kardinal Francis Spellman von New York 800 000 Lire: ADSS 6 Nr. 149 vom 14. 2. 1940 S. 238. Maglione schrieb Cicognani daraufhin, die amerikanischen Spender darum zu bitten, das Geld in Dollarbeträgen zu überweisen: ebd. S. 238 Anm. 2. Im März ging ein Betrag von 146 324,31 Dollar ein: Nr. 169 vom 15. 3. 1940 S. 260–264. Der Betrag setzte sich aus 100 000 Dollar des Bishops'

Pius XII. in einem Brief an Maglione vom 21. Dezember 1940, der einen Tag später im ‚Osservatore Romano' veröffentlicht wurde, die Hilfsbereitschaft des amerikanischen Episkopats und der Gläubigen [270].

Nach Berichten aus den Vereinigten Staaten, die von Orsenigo bestätigt wurden [271], hatte die ‚Commission for Polish Relief' [272] von der Reichsregierung die Erlaubnis erhalten, Medikamente für Polen zur Verfügung zu stellen [273]. Die Reichsregierung garantierte der amerikanischen Organisation, daß ihre Spenden durch die Kriegswinterhilfe unter Aufsicht amerikanischer Repräsentanten in Polen verteilt werden konnten. Es wurde ferner sichergestellt, daß die Mittel nicht an deutsche Soldaten gingen. Die amerikanischen Vertreter konnten sich allerdings nur in Polen aufhalten, wenn gerade Hilfsgüter ankamen; ein längerfristiger Aufenthalt war ihnen verwehrt [274]. Cicognani schlug vor, daß sich der Heilige Stuhl über die amerikanische Organisation an der Hilfe für Polen beteiligen solle [275]. Er bat Maglione, das Bishops' Committee for Polish Relief zu ermächtigen, einen Teil der dem Vatikan zur Verfügung gestellten Summe an die Commission for Polish Relief zu übergeben, die dafür Hilfsgüter nach Polen senden könne. Maglione hieß den Vorschlag gut und stellte zunächst eine Summe von 50 000 Dollar zur Verfügung [256]. Um die Wirksamkeit der Maßnahmen zu erhöhen, schaltete das Kardinalstaatssekretariat den persönlichen Repräsentanten des amerikanischen Präsidenten, Myron C. Taylor, ein und bat ihn und damit Präsident Roosevelt, die Maßnahmen der amerikanischen Institutionen zu unter-

---

Committee for Polish Relief und 46 324,31 Dollar, die aus einer Kollekte der Erzdiözese Newark stammten, zusammen. Zu weiteren Spenden aus den USA: ADSS 8 Nr. 38 vom 6. 3. 1941 S. 127–131; Nr. 237 vom 18. 12. 1941 S. 388–389; ADSS 9 Nr. 68 vom 1. 3. 1943 S. 146. — Die Gesamtsumme belief sich zu diesem Zeitpunkt auf 444.324 Dollar.

270) ADSS 6 Nr. 411 vom 21. 12. 1940 S. 517. Zu dem Plan eines solchen Appells vom August 1940: Nr. 292 vom 23. 8. 1940 S. 396–397. Es läßt sich nicht ermitteln, weshalb das Projekt im August fallengelassen wurde.

271) ADSS 6 Nr. 178 vom 29. 3. 1940 S. 276.

272) Der Botschafter der USA in Italien hatte den polnischen Vertreter beim Heiligen Stuhl durch ein Schreiben vom 14. 11. 1939 über die Commission for Polish Relief unterrichtet. Papée hatte eine Kopie dieses Briefes Maglione zukommen lassen: ADSS 6 S. 200 Anm. 3.

273) Zu der Information durch Cicognani: ADSS 6 S. 261 Anm. 3 und die Zusammenfassung in einer Notiz des Kardinalstaatssekretariats: Nr. 177 vom 28. 3. 1940 S. 271. — Siehe oben S. 117.

274) Die Commission for Polish Relief hatte von England und Frankreich die Bestätigung erhalten, daß ihre Schiffe mit Gütern für Polen nicht angegriffen würden.

275) ADSS 6 Nr. 169 vom 15. 3. 1940 S. 264.

276) ADSS 6 Nr. 182 vom 4. 4. 1940 S. 281.

stützen[277]. Im Laufe der nächsten Monate wurden weitere Beträge bereitgestellt[278]. Später verwandte Maglione einen Teil dieser Gelder für polnische Flüchtlinge in verschiedenen Staaten Europas[279], da ihm noch keine ausreichende Sicherheit gegeben schien, daß die Hilfsleistungen auch tatsächlich den Polen zugute kamen[280].

b) Die Hilfe für polnische Kriegsgefangene[281]

ba) In Deutschland

Zu den Polen außerhalb ihres Landes, denen der Heilige Stuhl helfen wollte, gehörten die rund 399 000 polnischen Kriegsgefangenen in deutschen Lagern[282]. Im Februar 1940 erfuhr das Kardinalstaatssekretariat, daß die polnische Botschaft beim Heiligen Stuhl mit dem polnischen Roten Kreuz ein Hilfswerk für die Gefangenen in Deutschland aufbauen wollte[283]. Papée bat die Kurie um ihre Unterstützung. Maglione war bereit, diese in Zusammenarbeit mit dem Nuntius in Italien, Francesco Borgongini Duca, zu gewähren, der eng mit dem polnischen Roten Kreuz in Italien zusammenarbeiten sollte[284]. Die Hilfe, die hauptsächlich in der Sendung von Paketen bestand, lief sehr langsam an. Leonard Kociemski, der Delegierte des polnischen Roten Kreuzes in Italien, wies Borgongini Duca darauf hin, daß es nahezu unmöglich sei, Pakete von der italienischen Nuntiatur aus zu verschicken, da die deutschen Behörden nur die Sendung von 60 Stück pro Woche zuließen und diese Zahl bereits von seiner Organisation erreicht werde[285]. Borgongini Duca erstattete Ko-

---

277) ADSS 6 Nr. 196 vom 26. 4. 1940 S. 296–298. Dieser Brief wurde u. a. von einer Note der polnischen Botschaft angeregt: Nr. 192 vom 15. 4. 1940 S. 292–293. Die Antwort Taylors besagte, daß die Regierung der USA gegenüber allen derartigen Organisationen neutral sei und sie daher keine besonders unterstützen könne: Nr. 257 vom 15. 7. 1940 S. 364–365.

278) ADSS 6 Nr. 223 vom 2. 6. 1940 S. 327.

279) ADSS 6 Nr. 380 vom 25. 11. 1940 S. 483.

280) Maglione schrieb an Cicognani: „Mancano ancora assicurazioni precise circa effettiva e regolare distribuzione soccorsi destinati ai polacchi“; ADSS 6 Nr. 226 vom 6. 6. 1940 S. 329. Die deutschen Stellen ließen auch nicht zu, daß die Empfänger der Sendungen es erfuhren, wenn die Spenden vom Vatikan kamen: ADSS 8 Nr. 3 vom 11. 1. 1941 S. 74.

281) Vgl. J. Giordani, Vita, S. 87–108.

282) Zu der Zahl der polnischen Kriegsgefangenen: ADSS 6 Nr. 143 vom 6. 2. 1940 S. 232–233.

283) Ebd.

284) ADSS 6 Nr. 290 vom 20. 8. 1940 S. 394.

285) ADSS 6 Nr. 301 vom 3. 9. 1940 S. 406–407.

ciemski stattdessen die für die Pakete aufgewandte Summe aus Mitteln des Heiligen Stuhles.

Maglione bekräftigte gegenüber dem Nuntius im Herbst 1940 nochmals die Bedingungen, unter denen die Kurie bereit war zu helfen. Es sollte auf jeden Fall herausgestellt werden, von wem die Hilfe ausging, falls die Sendungen nicht direkt von kirchlichen Stellen verteilt werden konnten. Das Kardinalstaatssekretariat wollte ebenfalls, daß die Nuntiatur die Kontrolle über die Sendungen erhielt [286]. Bald darauf stand aber fest, daß die Paketsendungen aus Italien an polnische Kriegsgefangene in Deutschland immer stärker eingeschränkt werden mußten, da das Deutsche Rote Kreuz Schwierigkeiten machte [287]. Offenbar sah auch Kociemski keine Chance mehr, die Sendungen fortzusetzen, und dankte Pius XII. im Namen der Gefangenen für seine Unterstützung [288]. Borgongini Duca schlug daraufhin vor, in Zukunft Pakete an die Nuntiatur in Berlin zu schicken, damit diese sie an polnische Gefangene verteilen konnte [289].

Die Berliner Nuntiatur war seit längerer Zeit in diesem Sinne aktiv geworden. Als es dem Internationalen Roten Kreuz gelungen war, in Deutschland Hilfe zu leisten, indem es Pakete über die Schweiz an Kriegsgefangene sandte [290], sah sich auch Orsenigo nach Möglichkeiten um, damit der Heilige Stuhl ähnliche Maßnahmen, eventuell unter Mithilfe deutscher katholischer Organisationen, durchführen konnte [291]. Diese Maßnahmen hätten in Deutschland wirksamer eingesetzt werden können als diejenigen, die über Italien liefen [292].

Orsenigo schien zunächst Erfolg zu verzeichnen. Das allgemeine Wehrmachtsamt beim Oberkommando der Wehrmacht hatte seinen Plan, Kriegsgefangenen Pakete zu senden, begrüßt [293]. Für diese Sendungen

---

286) ADSS 6 Nr. 315 vom 20. 9. 1940 S. 417.

287) ADSS 6 Nr. 319 vom 27. 9. 1940 S. 420.

288) Kociemski schrieb an Montini und fügte einen Brief an Pius XII. bei: ADSS 6 Nr. 324 vom 1. 10. 1940 S. 424–426.

289) ADSS 6 Nr. 319 vom 27. 9. 1940 S. 420.

290) Maglione hatte durch Bernardini Erkundigungen über Ronikier einziehen lassen — siehe oben S. 113–117. In seiner Antwort wies der Berner Nuntius auf die Möglichkeit hin, über das Internationale Rote Kreuz Hilfe in Deutschland zu leisten: ADSS 6 Nr. 236 vom 24. 6. 1940 S. 336–337. Bernardini übermittelte Montini ein Schreiben des Roten Kreuzes in Genf an die Nuntiatur in Bern, in dem erläutert wurde, daß die Kurie sich an Paketsendungen beteiligen könne: Nr. 239 vom 26. 6. 1940 S. 339–341.

291) ADSS 6 Nr. 232 vom 18. 6. 1940 S. 333.

292) ADSS 6 Nr. 315 vom 20. 9. 1940 S. 417.

293) ADSS 6 Nr. 291 vom 21. 8. 1940 S. 395–396.

sollten folgende Bedingungen gelten: Es konnten Lebensmittel und Kleidungsstücke geschickt werden; als Kleidungsstücke war aber nur Unterwäsche zugelassen. Eine Kontrolle bei der Verteilung war der Nuntiatur nicht gestattet. Orsenigo teilte im August 1940 weiter mit, daß die Zahl der polnischen Kriegsgefangenen inzwischen rapide abgenommen habe, da die meisten in Arbeitslager überführt worden waren [294].

Aufgrund dieser Nachrichten erhielt Orsenigo die Genehmigung des Kardinalstaatssekretariats, Pakete an polnische und französische Kriegsgefangene in Deutschland in dem Umfang zu versenden, den der Nuntius für sinnvoll hielt [295]. In der Praxis konnte dieser Plan nicht ausgeführt werden; es erwies sich ebenso als unmöglich, die Kriegsgefangenen mit religiösem Schrifttum zu versorgen [296]. Auch das Einschalten des Nuntius in Frankreich blieb ohne Erfolg [297].

bb) In der Sowjetunion

War die Zusammenarbeit mit den deutschen Behörden langwierig und kaum erfolgreich, so blieben die Versuche des Kardinalstaatssekretariats, Informationen über die russisch besetzten Gebiete zu erhalten — geschweige denn Hilfsmaßnahmen in die Wege zu leiten —, allesamt erfolglos. Die auf mehrfachen Wunsch der polnischen Regierung [298] eingeschalteten Vertreter des Vatikans in Rumänien, Ungarn und in anderen Staaten konnten ebensowenig wie die Regierungen Italiens und der Vereinigten Staaten erreichen [299]. Maglione hatte auch den vatikanischen Vertreter in der Schweiz um Hilfe gebeten. Bernardini sollte über das Inter-

294) „Devo aggiungere che i prigionieri di guerra polacchi sono molti pochi; essendo quasi tutti già liberati e addetti a lavori rurali in Germania“: ebd. S. 396.

295) ADSS 6 Nr. 317 vom 23. 9. 1940 S. 418.

296) Pius XII. wollte den Gefangenen zu Weihnachten ein Geschenk senden. Maglione beauftragte Orsenigo damit, einen Plan zu erarbeiten, wie dies zu realisieren sei: ADSS 8 Nr. 7 vom 22. 1. 1941 S. 81 und Nr. 225 vom 10. 12. 1941 S. 378. Zu der negativen Antwort vgl. ebd. S. 378 Anm. 2 und ADSS 9 Nr. 32 vom 25. 1. 1943 S. 103–104.

297) ADSS 9 Nr. 10 vom 8. 1. 1943 S. 73 und Nr. 27 vom 24. 1. 1943 S. 94—95.

298) ADSS 6 Nr. 340 vom 15. 10. 1940 S. 436; Nr. 352 vom 24. 10. 1940 S. 452–453; ADSS 8 Nr. 11 vom 30. 1. 1941 S. 86–88, vgl. dazu Nr. 57 vom 28. 3. 1941 S. 153. — Siehe unten Anm. 304 und 305.

299) Rumänien: ADSS 6 Nr. 82 vom 3. 10. 1939 S. 157. — Ungarn: Nr. 295 vom 30. 8. 1940 S. 400 und ADSS 8 S. 87 Anm. 4. — Andere Staaten: siehe unten Anm. 308. — Italien: ADSS 6 Nr. 306 vom 9. 9. 1940 S. 411 und Nr. 417 vom 24. 12. 1940 S. 520–521. — USA: Nr. 225 vom 5. 6. 1940 S. 328 und Nr. 332 vom 6. 10. 1940 S. 431. Vgl. ADSS 8 Nr. 36 vom 11. 2. 1941 S. 125 und Nr. 80 vom 10. 5. 1941 S. 184–186.

nationale Rote Kreuz Erkundigungen einziehen. Auch seine Antwort war negativ: Bisher sei von den Russen nicht die geringste Information über polnische Kriegsgefangene zu erhalten [300].

Während eines Besuchs des japanischen Außenministers, Yosuke Matsuoka, im Vatikan brachte Maglione das Gespräch auf die Polen, die nach Rußland deportiert worden waren [301]; es handelte sich seiner Meinung nach um 500 000 Personen [302]. Maglione bat seinen Besucher, das japanische Rote Kreuz für das Schicksal dieser Leute zu interessieren. Der Außenminister versprach dieses, gab aber zu bedenken, daß es äußerst schwierig sei, mit den Russen zu verhandeln. Zur gleichen Zeit schaltete der Heilige Stuhl seinen Vertreter in Japan in diese Bemühungen ein [303]. Paolo Marella konnte ebenfalls nur melden, daß die Sowjets keine Hilfe gestatteten, keinen Beobachter in ihr Land ließen und sogar die Anwesenheit von polnischen Gefangenen in Sibirien leugneten [304].

Papée schrieb im September 1941, daß das polnisch-russische Abkommen vom 30. Juli 1941 in London die Lage geändert habe. Jetzt könne den Polen in Rußland geholfen werden; die polnische Botschaft bat daher erneut den Vatikan um seine Mitarbeit [305]. Wieder schaltete die Kurie die Vereinigten Staaten ein [306], wieder war es vergeblich. Die amerikanische Regierung könne absolut nichts ausrichten, schrieb Cicognani aus Washington [307]. Die Bemühungen des Vatikans gingen nach diesem neuer-

300) „Non è stato possibile fino ad ora ottenere dalla Russia . . . la benché minima informazione circa i prigionieri polacchi“: ADSS 6 Nr. 98 vom 29. 10. 1939 S. 175. — Vgl. einen weiteren Versuch: ADSS 8 Nr. 99 vom 19. 6. 1941 S. 212–213 und Nr. 262 vom 25. 1. 1942 S. 417–418. Das Ergebnis war wiederum negativ: ADSS 8 S. 418 Anm. 2.

301) ADSS 4 Nr. 305 vom 2. 4. 1941 S. 436.

302) Die polnische Regierung wandte sich auch an die USA mit der Bitte, sich um ihre Landsleute in Rußland zu kümmern: FRUS 1941 I S. 225 vom 8. 12. 1940. In diesem Schreiben war von 1 000 000 Deportierten die Rede.

303) Vgl. eine Anfrage des Kardinalstaatssekretariats an Marella vom 8. 2. 1941: ADSS 8 S. 88 Anm. 5.

304) ADSS 8 Nr. 19 vom 11. 2. 1941 S. 98. Auf erneute Bitte der polnischen Botschaft nochmals eingeschaltet — Nr. 60 vom 30. 3. 1941 S. 156 —, konnte Marella keine Veränderung der Situation melden: ADSS 4 Nr. 409 vom 17. 6. 1941 S. 555; vgl. ADSS 8 Nr. 98 vom 17. 6. 1941 S. 212. Maglione bat den Nuntius, sich weiterhin zu bemühen: ADSS 8 Nr. 100 vom 19. 6. 1942 S. 213.

305) ADSS 8 Nr. 154 vom 18. 9. 1941 S. 285–286; siehe oben Anm. 298.

306) ADSS 8 Nr. 159 vom 25. 9. 1941 S. 291 und Nr. 164 vom 29. 9. 1941 S. 294-295.

307) „Governo Americano dichiara non poter fare assolutamente nulla“: ADSS 8 Nr. 242 vom 22. 12. 1941 S. 392; vgl. Nr. 211 vom 26. 11. 1941 S. 361–362. Zu einem Fall, in dem die Intervention der USA bei den Sowjets Erfolg hatte, siehe oben S. 73 Anm. 274.

lichen Fehlschlag weiter, ohne daß sich bis Ende 1943 neue Aspekte auftaten [308].

c) Die Hilfe für polnische Arbeiter im Deutschen Reich

Neben den polnischen Kriegsgefangenen [309] wurden während des II. Weltkrieges ständig Polen aus den besetzten Gebieten als Arbeitskräfte in das Reich gebracht [310]. Nicht nur die allgemeinen Lebensbedingungen interessierten den Heiligen Stuhl, sondern vor allem die religiöse Betreuung dieser Personen, deren Zahl zeitweise eine Million überstieg [311].

Die seelsorgliche Betreuung wurde von den Behörden sofort eingeschränkt. Eine Verordnung des Kirchenministeriums vom 13. Juni 1940 legte fest, daß die polnischen katholischen Arbeiter im Reich an Sonn- und Feiertagen zur Messe gehen durften, allerdings nur zu Gottesdiensten, die ausschließlich für Polen abgehalten wurden. Wo sich dies nicht einrichten ließ, durften sie mit den deutschen Gläubigen — deutlich sichtbar abgetrennt von diesen — der Meßfeier beiwohnen [312]. Die Bischöfe konnten Priester für die Gottesdienste für Polen bereitstellen [313]. Maglione hoffte, daß diejenigen deutschen Bischöfe, in deren Diözesen es polnisch sprechende Geistliche gab, Priester für die Seelsorge im Reich abstellen könnten. Er dachte dabei an die Erzdiözese Breslau, die Diözesen Erm-

308) ADSS 8 Nr. 355 vom 20. 4. 1942 S. 512. In einer Notiz des Kardinalstaatssekretariats und einem Schreiben an die italienische Regierung sind die Bemühungen des Vatikans um die Gefangenen in Rußland zusammengefaßt: Nr. 480 vom 19. 9. 1942 S. 647—655 und Nr. 553 vom 26. 11. 1942 S. 728—732; vgl. ADSS 7 Nr. 138 vom 8. 3. 1943 S. 262–263. — Zu dem Plan, mit Hilfe der USA einen päpstlichen Beobachter nach Polen zu senden, siehe oben S. 73. — Weitere Versuche, etwas über deutsche und italienische Kriegsgefangene in der Sowjetunion zu erfahren, waren ebenso erfolglos. Die ADSS 9 verzeichnen zu diesem Problemkreis mehr als 25 Aktenstücke; vgl. u. a. Nr. 68 vom 1. 3. 1943 S. 149–153; Nr. 165 vom 29. 4. 1943 S. 266–267, Nr. 280 vom Juli 1943 S. 415–416.

309) Siehe oben S. 121.

310) Zu den polnischen Zivilarbeitern im Reich vgl.: Cz. Łuczak, W. Rusiński und E. L. Homze; Homze behandelt S. 267–271 die Lebensbedingungen der Polen und geht kurz auf ihre religiöse Lage ein. — Zur Polenseelsorge vor 1939 vgl. J. Liszka.

311) Vgl. ADSS 3 Nr. 491 vom 31. 3. 1943 S. 773.

312) Die Polen durften der deutschen Meßfeier beiwohnen, wenn sie in geschlossener Gruppe zur Kirche marschierten und diese nicht weiter als fünf Kilometer vom Arbeitslager entfernt war. Aus Berichten des Sicherheitsdienstes geht hervor, daß die deutschen Priester diese Vorschrift oft umgingen; vgl. D. D. Wall S. 445.

313) ADSS 3 Nr. 447 vom 7. 12. 1942 S. 691.

314) ADSS 6 Nr. 148 vom 13. 2. 1940 S. 237.

land und Danzig und die Prälatur Schneidemühl. Die Kurie ihrerseits war bereit, dieses Unternehmen finanziell zu unterstützen [314].

Den schwerwiegendsten Eingriff in die Seelsorge stellte das Verbot dar, die Beichte in polnischer Sprache abzunehmen [315]. Maglione bat Orsenigo, sich beim Auswärtigen Amt und beim Kirchenministerium für die polnischen Arbeiter einzusetzen, sein Vorgehen aber mit demjenigen der deutschen Bischöfe zu koordinieren. Für diese verhandelte der Kommissar der Fuldaer Bischofskonferenz, Weihbischof Heinrich Wienken, mit dem Auswärtigen Amt; mit ihm nahm Orsenigo Kontakt auf [316]. Orsenigo und Wienken wollten erreichen, daß den polnischen Arbeitern wenigstens das Beichten in ihrer Muttersprache erlaubt würde. Dies war auch für Pius XII. das vorrangige Ziel. An den Berliner Bischof, Konrad v. Preysing, schrieb er: „Was die Seelsorge für die im Reiche eingesetzten Zivilarbeiter- und Arbeiterinnen polnischen Volkstums anbelangt, so wird man verschiedene wenn auch recht fühlbare Härten der staatlichen Verordnung vorübergehend in Kauf nehmen müssen, um die genannte Seelsorge im Ganzen nicht zu gefährden. Was aber erstrebt werden müßte, ist die Aufhebung des Verbots, die Beichte in polnischer Sprache abzunehmen" [317]. Es war, wie der Papst weiter ausführte, nicht ersichtlich, weshalb bei einer in deutscher Sprache durchgeführten Beichte eine bessere Kontrolle möglich sei als bei einer Beichte in polnischer Sprache [318]. Pius XII. war sich zweifellos darüber im klaren, daß die deutschen Behörden die Seelsorge generell einschränken wollten, um sie nach und nach völlig zu beseitigen.

So wurde am 15. Juli 1941 die oben geschilderte Regelung der sonntäglichen Meßfeier zurückgenommen [319]. Am 2. September 1942 erging eine Verordnung des Kirchenministeriums, die nach Ansicht Orsenigos auf Drängen des Chefs der deutschen Polizei, Heinrich Himmler, zustandegekommen war. Polnische Arbeiter durften nur noch einmal im Monat zur Messe gehen; alle religiösen Funktionen in polnischer Sprache wurden endgültig verboten [320].

---

315) Siehe unten S. 162–165.

316) ADSS 6 Nr. 238 vom 25. 6. 1940 S. 338–339 mit Anm. 1 S. 338. — Zu Wienkens Amt vgl. W. Adolph, Gestalten, S. 134.

317) ADSS 2 Nr. 51 vom 21. 7. 1940 S. 152 = B. Schneider, Briefe, Nr. 51 S. 82.

318) Die Behörden lehnten die polnische Beichte mit der Begründung ab, die Gefahr des Mißbrauchs und der Spionage sei zu groß: ADSS 3 S. 309 Anm. 3.

319) ADSS 3 Nr. 447 vom 7. 12. 1942 S. 691.

320) ADSS 3 Nr. 416 vom 24. 9. 1942 S. 642–644 und Nr. 447 vom 7. 12. 1942

Maglione wandte sich an Kardinal Bertram mit der Bitte, sich nochmals für die polnischen Katholiken im Reich einzusetzen, und informierte darüber Orsenigo [321]. Der Protest der deutschen Bischöfe bei der Reichsregierung war allerdings ebenso erfolglos wie derjenige der Bischöfe des Generalgouvernements [322]. Erzbischof Sapieha bat deshalb den Papst erneut um seine Unterstützung. Maglione schrieb am 30. April 1943 an Orsenigo, er solle sich weiter für die Polen im Reich einsetzen [323]. Am gleichen Tag bat Pius XII. Bischof Preysing um Mithilfe [324]; aber weder der Berliner Nuntius noch die deutschen Bischöfe hatten Erfolg [325]. Es blieb weiterhin bei der unbefriedigenden Lage für die polnischen Zivilarbeiter in Deutschland, deren Schicksal u. a. auch von französischen und litauischen Arbeitern geteilt wurde [326].

d) Die Hilfe für Exilpolen

Die Hilfe für die polnischen Flüchtlinge in den verschiedenen Staaten Europas war relativ einfach durchzuführen [327]. Diese Äußerung Magliones, der damit die Hilfsleistungen für die Exilpolen in Beziehung zu denjenigen für die Polen in ihrem besetzten Land bzw. in Deutschland und der Sowjetunion setzte, läßt sich an den Zeugnissen für die Jahre 1939 bis 1943 belegen.

S. 691; vgl. R. A. Graham, Pope, S. 20—21. Der Text der Verordnung erschien am 25. 10. 1942 in italienischer Übersetzung im Osservatore Romano.

321) Schreiben an Bertram: ADSS 3 Nr. 441 vom 18. 11. 1942 S. 675–677; polnischer Text bei Cz. Pacuszka S. 33–35. Vgl. R. A. Graham, Pope, S. 24. — Schreiben an Orsenigo: ADSS 3 Nr. 442 vom 18. 11. 1942 S. 677–678.

322) Deutsche Bischöfe: ADSS 3 Nr. 447 vom 7. 12. 1942 S. 688–693. — Polnische Bischöfe: ADSS 3 Nr. 491 vom 31. 3. 1943 S. 773. — Vgl. ADSS 9 Nr. 50 vom 13. 2. 1943 S. 125–126; Nr. 84 vom 6. 3. 1943 S. 171–175 mit mehreren Verbalnoten der Berliner Nuntiatur an das Auswärtige Amt; Nr. 161 vom 23. 4. 1943 S. 262–263.

323) ADSS 3 Nr. 498 vom 30. 4. 1943 S. 782.

324) ADSS 2 Nr. 105 vom 30. 4. 1943 S. 324–325 = B. Schneider, Briefe, Nr. 105 S. 240–241.

325) Vgl. Schreiben Magliones an Sapieha: ADSS 3 Nr. 499 vom 2. 5. 1943 S. 783–785 und Orsenigo. ADSS 9 Nr. 470 vom 18. 12. 1943 S. 607–608 mit Anm. 5.

326) ADSS 9 Nr. 185 vom 11. 5. 1943 S. 293–294.

327) „Relativamente più facile è stato l'invio dei soccorsi ai profughi polacchi nelle diverse nazioni di Europa": ADSS 6 Nr. 390 vom 1. 12. 1940 S. 493. Vgl. A. Pincherle, S. Sede, S. 597.

da) In Rumänien

Zu den Gebieten, in denen die Hilfe des Vatikans für Polen als erste einsetzen konnte, gehörte Rumänien. Als der Angriff der deutschen Truppen auf Polen noch in vollem Gange war, berieten Montini und der Botschafter Rumäniens beim Heiligen Stuhl, Nicolas Petresu Comnène, bereits über Hilfsmaßnahmen für polnische Flüchtlinge [328]. Sie erwarteten, daß auch Teile des polnischen Heeres und die Regierung nach Rumänien fliehen würden. Bereits am 16. September 1939 wurde der Nuntius in Bukarest, Andrea Cassulo, beauftragt festzustellen, ob er Arzneimittel nach Polen senden könne [329]. Maglione autorisierte ihn gleichzeitig, für diesen Zweck 400 000 Lei zur Verfügung zu stellen. Doch der Zusammenbruch des polnischen Staates geschah schneller als erwartet und der Strom der Flüchtlinge nach Rumänien hatte bereits eingesetzt. Das für Polen bereitgestellte Geld sollte daher den polnischen Flüchtlingen in Rumänien zugute kommen [330]. Am 26. September folgte eine weitere Geldsumme für den gleichen Zweck [331]. Der Warschauer Nuntius Cortesi, der Polen ebenfalls verlassen hatte, wurde gebeten, die Betreuung der Polen in Rumänien zu übernehmen [332]. Cortesi und Cassulo berichteten bald darauf, daß die Hilfsmaßnahmen — in materieller und seelsorgerischer Hinsicht — anliefen [333]. Die Zahl der polnischen Flüchtlinge hatte Anfang Oktober 1939 schon 30 000 erreicht. Maglione schaltete deshalb auch den Nuntius in Budapest ein, damit dieser ebenfalls Güter nach Rumänien sandte [334]. Der Heilige Stuhl selbst stellte im Sommer 1940 nochmals eine größere Geldsumme zur Verfügung [335].

---

328) ADSS 6 Nr. 63 vom 13. 9. 1939 S. 142.

329) ADSS 6 Nr. 67 vom 16. 9. 1939 S. 146.

330) ADSS 6 Nr. 69 vom 19. 9. 1939 S. 147–148.

331) Es handelte sich um 2 020 Dollar: ADSS 6 Nr. 77 vom 26. 9. 1939 S. 153. Zu diesen Hilfsmaßnahmen: OR vom 2. – 3. 10. 1939 S. 1.

332) ADSS 6 Nr. 69 vom 19. 9. 1939 S. 148.

333) Cortesis Bericht: ADSS 6 Nr. 81 vom 29. 9. 1939 S. 156. — Cassulos Bericht: Nr. 85 vom 7. 10. 1939 S. 159–161.

334) ADSS 6 Nr. 84 vom 7. 10. 1939 S. 159. Die Aufgabe erwies sich für den Nuntius in Budapest aus politischen Gründen als unlösbar: ebd. Anm. 4. Zu den Differenzen Ungarns und Rumäniens vgl. Nr. 333 vom 9. 10. 1940 S. 432. — Die Zahl der Flüchtlinge war bis März 1940 auf 18 000 gesunken: Nr. 175 vom 27. 3. 1940 S. 269.

335) ADSS 6 Nr. 245 vom 4. 7. 1940 S. 346. Zu den insgesamt bis Sommer 1940 in Rumänien bereitgestellten Mitteln des Vatikans von über 1 000 000 Lei vgl. Nr. 177 vom 28. 3. 1940 S. 273 und Nr. 206 vom 17. 5. 1940 S. 310. — Zu weiteren Spenden: Nr. 380 vom 25. 11. 1940 S. 483 und ADSS 8 Nr. 72 vom 27. 4. 1941 S. 169.

Für die polnischen Flüchtlinge in Rumänien ergab sich Anfang 1941 ein neues Problem, als sie vor der Gefahr standen, nach Deutschland ausgeliefert zu werden, eine Folge des rumänischen Beitritts zum Dreimächtepakt am 23. November 1940. Nuntius Cassulo setzte sich sofort mit der rumänischen Regierung in Verbindung, um dafür einzutreten, daß die Flüchtlinge in Rumänien bleiben durften [336]. So konnte Maglione auf eine entsprechende Bitte der polnischen Botschaft antworten, daß Cassulo bereits von sich aus tätig geworden war [337]. Dem Nuntius gelang es, folgende Garantien der rumänischen Regierung zu erhalten:

1) Mitglieder der polnischen Regierung, die in Rumänien waren, erhielten weiterhin volles Asylrecht.

2) Militärpersonen, die nach Deutschland überführt worden waren, erhielten dort die gleiche Behandlung zugesichert wie vorher in Rumänien.

3) Zivilpersonen, die nach Deutschland gegangen waren, hatten dies freiwillig getan; wer wollte, konnte im Lande bleiben [338].

Ein erneutes Auslieferungsbegehren der deutschen Regierung an Rumänien erfolgte im Sommer 1943. Diesmal betraf es einige polnische Spezialarbeiter und solche Polen, die eine feindliche Haltung gegenüber Deutschland gezeigt haben sollten oder jüdischer Abstammung waren [339]. Für die polnischen Geistlichen bestätigte Cassulo bald darauf, daß sie im Lande bleiben durften; den übrigen drohte seiner Meinung nach ebenfalls keine Gefahr [340].

db) In Ungarn

Wie bereits erwähnt, war der Nuntius in Budapest, Angelo Rotta, aufgefordert worden, den polnischen Flüchtlingen in Rumänien zu helfen [341]. Aber es waren in Ungarn selbst Hilfsleistungen für Polen notwendig,

---

336) Cassulo berichtete Maglione über seine Verhandlungen: ADSS 8 Nr. 21 vom 12. 2. 1941 S. 100–101. Maglione hatte das Anliegen der Flüchtlinge bereits am 16. 11. 1940 dem rumänischen Staatsführer, Ion Antonescu, gegenüber vorgebracht, als dieser zu einem Besuch im Vatikan war: ADSS 4 S. 302. Vgl. ferner ADSS 6 Nr. 351 vom 23. 10. 1940 S. 449—452.

337) Bitte der polnischen Botschaft: ADSS 8 Nr. 50 vom 21. 3. 1941 S. 144–145. — Antwort Magliones: Nr. 58 vom 30. 3. 1941 S. 154–155; siehe oben S. 106 Anm. 189.

338) ADSS 8 Nr. 65 vom 2. 4. 1941 S. 164.

339) Vgl. ein Schreiben der polnischen Botschaft an das Kardinalstaatssekretariat: ADSS 9 S. 375 Anm. 1.

340) ADSS 9 Nr. 262 vom 14. 7. 1943 S. 391. Vgl. ferner Nr. 375 vom 16. 9. 1943 S. 479–480 und Nr. 445 vom 27. 11. 1943 S. 581.

341) Siehe oben S. 126 mit Anm. 334.

deren Zahl sich bald auf 140 000 belief [342]. Bischof Karol Radoński von Włocławek, der über Bukarest nach Budapest gekommen war, leitete bis Juli 1940 die seelsorgliche Betreuung der polnischen Katholiken. Dafür standen ihm zunächst 20 Priester zur Verfügung, deren Zahl auf 55 anstieg [343]. Der Heilige Stuhl versorgte sie mit Brevieren, während er für die übrigen Flüchtlinge Gebetbücher in polnischer Sprache bereitstellte [344]. Die Nuntiatur in Budapest erhielt ferner Geldanweisungen [345]. Die Unterstützung durch auswärtige Hilfsquellen war in Ungarn allerdings nicht so notwendig wie in vielen anderen Ländern, da sich die ungarische Regierung tatkräftig der Polen annahm [346].

Als die Zahl der Flüchtlinge in Ungarn abnahm [347] und Bischof Radoński das Land verlassen mußte [348], übernahm Nuntius Rotta die Leitung ihrer Betreuung [349]. Die finanzielle Hilfe des Vatikans wurde fortgesetzt [350].

dc) In Italien

Gleich anderen Organisationen wandte sich auch das polnische Rote Kreuz in Italien nicht vergebens an Pius XII., als es um die Unterstützung für polnische Flüchtlinge in diesem Land bat [351]. Im Zusammen-

---

342) Zu den polnischen Flüchtlingen in Ungarn: G. Adriányi S. 96–97 — dort auch zu den Zahlenangaben — und W. Biegański.

343) ADSS 3 Nr. 23 vom 9. 10. 1939 S. 91 und ADSS 6 Nr. 127 vom 4. 1. 1940 S. 215.

344) ADSS 6 Nr. 180 vom 2. 4. 1940 S. 279.

345) ADSS 6 Nr. 177 vom 28. 3. 1940 S. 273.

346) Vgl. einen Bericht Rottas, der mitteilte, daß er erst einen kleinen Teil der Beträge aufgebraucht hatte: ADSS 6 Nr. 180 vom 2. 4. 1940 S. 278–280.

347) In den Notizen des Kardinalstaatssekretariats vom März 1940 wurde sie nur noch mit 48 000 angegeben: ADSS 6 Nr. 175 vom 27. 3. 1940 S. 269–270.

348) ADSS 3 Nr. 163 vom 1. 7. 1940 S. 263–265. Radoński unterrichtete Pius XII. von seinem Plan, nach Jerusalem zu gehen. Er wurde kurzzeitig in Ungarn interniert — Nr. 197 vom 23. 8. 1940 S. 291–292 —, ging nach seiner Freilassung nach Jugoslawien und von dort nach Jerusalem: Nr. 213 vom 17. 10. 1940 S. 311–312; vgl. ADSS 8 Nr. 9 vom 28. 1. 1941 S. 83.

349) Vgl. hierzu einen Bericht des deutschen Botschaftsrats in Budapest, Franz Werkmeister, an das Auswärtige Amt vom 7. 10. 1943, in dem er über Besuche des Nuntius in jüdischen und polnischen Internierungslagern berichtete: abgedruckt bei G. Adriányi Dok. Nr. 23 S. 166.

350) ADSS 6 Nr. 380 vom 25. 11. 1940 S. 483 und Nr. 412 vom 22. 12. 1940 S. 518.

351) Maglione überwies 100 000 Lire: ADSS 6 Nr. 246 vom 4. 7. 1940 S. 346. — Zu früheren Zuwendungen vgl. Nr. 177 vom 28. 3. 1940 S. 273. Siehe auch oben S. 119 f.

hang mit dieser Hilfsleistung ist etwas darüber zu erfahren, wofür die Gelder im einzelnen ausgegeben wurden. Der Nuntius in Italien, Borgongini Duca, ließ sich darüber von dem Delegierten des polnischen Roten Kreuzes in Italien, Kociemski, unterrichten [352]. Die Organisatoren des Roten Kreuzes zeigten sich dabei meist genau über jeden Einzelfall orientiert. Sie zahlten das Geld teils direkt an Hilfsbedürftige, teils verwandten sie es für Miete der in Italien lebenden Polen. Auch die Kosten für Reisen in andere Staaten wurden ausgelegt, obwohl diese Möglichkeit seit dem Eintritt Italiens in den Krieg im Juni 1940 immer seltener eintrat [353]. Wie groß der Anteil des Heiligen Stuhles an den Aufwendungen für das polnische Rote Kreuz in Italien war, zeigt die Tatsache, daß die Spende des Vatikans die Ausgaben der Organisation übertraf [354]. Als Ende 1943 mehrere Polen in Rom von den Deutschen verhaftet worden waren, u. a. auch Kociemski, setzte sich die Kurie bei der deutschen Vatikanbotschaft erfolgreich für deren Freilassung ein [355].

dd) In Spanien

Nach dem Waffenstillstand zwischen Deutschland und Frankreich waren eine Reihe von Polen, die sich in Frankreich aufgehalten hatten, nach Spanien geflohen. Da sie keine Einreisegenehmigung der spanischen Behörden hatten, waren sie inhaftiert und in ein Konzentrationslager bei Miranda del Ebro geschickt worden. Die polnische Botschaft beim Heiligen Stuhl wandte sich Ende 1941 mehrmals an den Vatikan mit der Bitte, sich bei der spanischen Regierung für die Flüchtlinge einzusetzen [356]. Maglione betraute den Nuntius in Madrid, Gaetano Cicognani, mit der Aufgabe [357]; dieser trat in Verhandlungen mit der spanischen Regierung. Im Frühjahr 1942 entstand für die Polen eine neue Gefahr, da die

---

352) ADSS 6 Nr. 247 vom 6. 7. 1940 S. 347–348.

353) Siehe unten S. 130.

354) Maglione hatte im Juli 1940 100 000 Lire überwiesen: siehe oben Anm. 351. Davon gab Kociemski in neun Monaten 60 000 Lire aus. — Weitere Geldzuwendungen: ADSS 6 Nr. 399 vom 6. 12. 1940 S. 507; ADSS 8 Nr. 252 vom 3. 1. 1942 S. 408 mit Anm. 4; ADSS 9 Nr. 38 vom 31. 1. 1943 S. 110; Nr. 154 vom 16. 4. 1943 S. 257.

355) ADSS 9 Nr. 423 vom 12. 11. 1943 S. 554–555. Zu dem erfolgreichen Ausgang vgl. ebd. S. 555 Anm. 7.

356) ADSS 8 Nr. 143 vom 7. 9. 1941 S. 265–266 und Nr. 172 vom 12. 10. 1941 S. 307–308.

357) Maglione informierte den Nuntius erstmalig am 27. 9. 1941; vgl. ADSS 8 S. 266 Anm. 3 und Nr. 190 vom 31. 10. 1941 S. 334–335.

deutsche Regierung bei den spanischen Behörden ihre Auslieferung beantragt hatte. Cicognani, der den Polen auch materielle Hilfe zukommen ließ, wandte sich erneut an die Regierung[358]. Im Sommer trat die polnische Botschaft an das Kardinalstaatssekretariat heran, damit es sich bei der spanischen Regierung um eine Ausreisemöglichkeit für die Polen bemühe[359]. Maglione teilte dies Cicognani mit[360] und sprach selbst mit dem spanischen Außenminister, Serrano Suñer, bei dessen Besuch im Vatikan im Juni 1942. Dieser versprach Hilfe, gab aber gleichzeitig zu verstehen, daß Spanien erst mit Deutschland verhandeln müsse[361]. Die nächste Bitte der Polen, die von der Vertretung Großbritanniens unterstützt wurde[362], betraf Verhandlungen mit der argentinischen Regierung, damit sie den Polen die Einreise gestatte. Der Heilige Stuhl sollte seine Beziehungen zu Argentinien einsetzen. Cicognani verhandelte in Madrid mit dem spanischen Außenminister, dem argentinischen und chilenischen Botschafter, ohne zunächst konkrete Ergebnisse zu erzielen[363]. Erst im März 1943 konnte er nach Rom berichten, daß die Polen frei seien[364].

de) In Portugal und anderen Staaten

Nach dem Eintritt Italiens in den Krieg gab es für polnische Flüchtlinge praktisch nur noch zwei Länder in Europa, die bereit waren, sie aufzunehmen: Portugal und die Türkei[365]. Viele der Polen, die in Portugal Aufnahme gefunden hatten, wollten schon 1940 wieder in die Nachbar-

---

358) Schreiben der polnischen Botschaft: ADSS 8 Nr. 297 vom 7. 3. 1942 S. 452 und Nr. 311 vom 18. 3. 1942 S. 464. Maglione informierte Cicognani: Nr. 309 vom 17. 3. 1942 S. 463; dessen Antwort teilte er Papée mit: Nr. 330 vom 26. 3. 1942 S. 482–483.

359) ADSS 8 Nr. 366 vom 5. 5. 1942 S. 526.

360) Vgl. ADSS 8 Nr. 380 vom 22. 5. 1942 S. 539–540.

361) Vgl. Magliones Notiz: ADSS 8 Nr. 404 vom 23. 6. 1942 S. 566–567 sowie ADSS 4 S. 562.

362) Schreiben der Vertretung Großbritanniens: ADSS 8 Nr. 451 vom 19. 8. 1942 S. 623. — Schreiben Osbornes: Nr. 455 vom 27. 8. 1942 S. 627–628. — Brief Papées an Montini: Nr. 459 vom 31. 8. 1942 S. 631.

363) ADSS 8 Nr. 464 vom 5. 9. 1942 S. 636. Nach nochmaliger Intervention Godfreys — Nr. 491 vom 26. 9. 1942 S. 663 — unternahm Cicognani weitere Schritte: ADSS 9 Nr. 12 vom 12. 1. 1943 S. 75–76; vgl. dazu FRUS 1943 I vom 4. 1. 1943 S. 250.

364) Eine erste Gruppe erhielt Ende Januar 1943 die Freiheit: ADSS 9 Nr. 44 vom 8. 2. 1943 S. 119. Zu der Freilassung aller Polen: Nr. 110 vom 22. 3. 1943 S. 201 und Nr. 149 vom 12. 4. 1943 S. 252.

365) ADSS 6 Nr. 247 vom 6. 7. 1940 S. 347.

staaten Polens zurück, da sie dort z. T. Verwandte hatten, über Geldmittel verfügten oder generell ihrer Heimat näher sein wollten. Um ihnen die Durchreise durch Italien zu ermöglichen, wandte sich der polnische Botschafter an das Kardinalstaatssekretariat mit der Bitte um Vermittlung bei den italienischen Behörden[366]. Die Bemühungen der Kurie blieben aber erfolglos[367].

Die Polen in Portugal wurden ebenfalls vom Vatikan unterstützt[368]. Bei der Verteilung der Gelder gab es zeitweise Schwierigkeiten, als der dortige polnische Botschafter eine Kontrolle über den Hilfsfonds der Nuntiatur ausüben wollte[369]. Ansonsten konnte der Heilige Stuhl seine Hilfstätigkeit ungestört ausüben.

Weitere Hilfe durch den Vatikan wurde während des Krieges den polnischen Flüchtlingen in Algerien[370], Argentinien[371], Brasilien[372], Bulgarien[373], Estland[374], Frankreich[375], Griechenland[376], Großbritannien[377],

---

366) ADSS 6 Nr. 264 vom 23. 7. 1940 S. 370.

367) ADSS 6 Nr. 348 vom 22. 10. 1940 S. 445.

368) ADSS 6 Nr. 269 vom 30. 7. 1940 S. 374. Der Nuntius in Lissabon, Pietro Ciriaci, bat Maglione, aus den Mitteln für polnische Flüchtlinge in Portugal Geld für andere Hilfsbedürftige verwenden zu dürfen; Maglione stimmte dem zu. Vgl. Nr. 380 vom 25. 11. 1940 S. 483; Nr. 401 vom 12. 12. 1940 S. 508; ADSS 9 Nr. 154 vom 16. 4. 1943 S. 257.

369) Maglione klärte in einem Telegramm an Ciriaci den Sachverhalt: ADSS 6 Nr. 288 vom 18. 8. 1940 S. 392. Offenbar hatte der polnische Botschafter über das Geld verfügen wollen, weil es vom Bishops' Committee for Polish Relief kam; vgl. ebd. Anm. 3. Der Überblick über die Lage in Portugal wurde dadurch erschwert, daß dort viele Katholiken auf ein Visa warteten, um nach Amerika zu kommen; diese wurden ebenfalls von dem amerikanischen Komitee unterstützt. Vgl. Nr. 279 vom 7. 8. 1940 S. 383 und Nr. 338 vom 12. 10. 1940 S. 435.

370) ADSS 6 Nr. 363 vom 7. 11. 1940 S. 466–467 und ADSS 8 Nr. 73 vom 29. 4. 1941 S. 173.

371) ADSS 6 Nr. 88 vom 13. 10. 1939 S. 164.

372) ADSS 8 Nr. 73 vom 29. 4. 1941 S. 173.

373) Ebd. S. 173.

374) ADSS 6 Nr. 206 vom 17. 5. 1940 S. 310.

375) Eine ausführliche Zusammenfassung bietet ein Bericht Pacinis an Maglione: ADSS 9 Nr. 235 vom 20. 6. 1943 S. 346–355. Vgl. ferner: ADSS 3 Nr. 13 vom 22. 9. 1939 S. 78; ADSS 6 Nr. 206 vom 17. 5. 1940 S. 310; Nr. 380 vom 25. 11. 1940 S. 483; Nr. 405 vom 18. 12. 1940 S. 512; ADSS 9 Nr. 24 vom 23. 1. 1943 S. 91; Nr. 491 vom 31. 12. 1943 S. 636–637.

376) Siehe oben Anm. 373.

377) ADSS 6 Nr. 99 vom 3. 11. 1939 S. 177; Nr. 380 vom 25. 11. 1940 S. 483; Nr. 383 vom 29. 11. 1940 S. 485.

Irak [378], Iran [379], Japan [380], Jugoslawien [381], Kroatien [382], Lettland [383], Litauen [384], Niederlande [385], Schweden [386], Schweiz [387] und der Türkei [388] zuteil.

e) Das vatikanische Informationsbüro

Zu den umfassenden Hilfsmaßnahmen des Vatikans gehörte die Schaffung eines Informationsbüros, um dort Nachrichten über Kriegsgefangene, Verwundete und Vermißte zusammenzutragen [389]. Um dieses Büro funktionsfähig zu machen, bedurfte der Vatikan der Mitarbeit der kriegführenden Staaten. Als ersten beauftragte Maglione den Nuntius in Deutschland, bei der Reichsregierung anzufragen, ob sie bereit sei, während des Krieges die Listen der Kriegsgefangenen an den Vatikan weiterzuleiten [390]. Weizsäcker begrüßte in einer Unterredung mit dem Nuntius die vatikanische Initiative, betonte aber, daß derartige Informationen bereits dem Internationalen Roten Kreuz zugesagt seien [391]. Er

378) ADSS 8 Nr. 367 vom 6. 5. 1942 S. 527; Nr. 370 vom 8. 5. 1942 S. 531; ADSS 9 Nr. 5 vom 4. 1. 1943 S. 68–69.

379) ADSS 8 Nr. 215 vom 3. 12. 1941 S. 366–368; Nr. 333 vom 28. 3. 1942 S. 485–486; Nr. 336 vom 2. 4. 1942 S. 490–492; Nr. 367 vom 6. 5. 1942 S. 527; Nr. 370 vom 8. 5. 1942 S. 531; ADSS 3 Nr. 384 vom 30. 5. 1942 S. 588; ADSS 8 Nr. 424 vom 10. 7. 1942 S. 590–595; ADSS 3 Nr. 423 vom 3. 10. 1942 S. 651–652; ADSS 7 Nr. 253 vom 17. 6. 1943 S. 435–436.

380) Es handelte sich dabei um Polen, die im Laufe des Kriegsgeschehens im Pazifik in den japanischen Machtbereich gelangt und in Shanghai zusammengebracht worden waren: ADSS 9 Nr. 345 vom 23. 9. 1943 S. 488; Nr. 366 vom 15. 10. 1943 S. 503; Nr. 427 vom 15. 11. 1943 S. 559–560; Nr. 478 vom 21. 12. 1943 S. 618.

381) ADSS 8 Nr. 38 vom 6. 3. 1941 S. 129.

382) ADSS 9 Nr. 302 vom 21. 8. 1943 S. 439.

383) ADSS 6 Nr. 177 vom 28. 3. 1940 S. 273; Nr. 189 vom 11. 4. 1940 S. 289; Nr. 206 vom 17. 5. 1940 S. 310.

384) Siehe oben Anm. 383 und ADSS 6 Nr. 204 vom 12. 5. 1940 S. 306.

385) Siehe oben Anm. 373.

386) Siehe oben Anm. 373.

387) ADSS 6 Nr. 380 vom 25. 11. 1940 S. 483; ADSS 3 Nr. 384 vom 30. 5. 1942 S. 588; ADSS 9 Nr. 154 vom 16. 4. 1943 S. 257.

388) ADSS 8 Nr. 9 vom 28. 1. 1941 S. 83–84.

389) Vgl. Aperçu, wo Aufbau — S. 11–15 — und Arbeit des Büros — S. 16–33 — ausführlich behandelt sind. Zu den Informationen über Polen vgl. S. 48. — Zu den Vorüberlegungen im Vatikan vgl. eine Notiz Tardinis: ADSS 6 Nr. 73 vom 22. 9. 1939 S. 150. Einen Vorschlag in dieser Richtung machte auch der Botschafter Rumäniens beim Heiligen Stuhl: Nr. 63 vom 13. 9. 1939 S. 142. — Einen Überblick über die Bemühungen der Kurie gibt eine Notiz des Kardinalstaatssekretariats: Nr. 206 vom 17. 5. 1940 S. 308–311. Vgl. ADSS 9 Nr. 177 vom 8. 5. 1943 S. 277–280.

390) ADSS 6 Nr. 68 vom 17. 9. 1939 S. 147.

391) ADSS 6 Nr. 74 vom 22. 9. 1939 S. 151–152.

ließ gleichzeitig über Botschafter Bergen die Kurie bitten, der Reichsregierung „zu gegebener Zeit Näheres über [die] geplante Organisation" mitzuteilen [392].

Da die Antwort für eine weitere Zusammenarbeit mit den deutschen Behörden günstig klang, informierte Maglione wenige Tage später die Nuntiaturen in Bukarest, Budapest, Kaunas und Riga über die vatikanischen Pläne und bat sie, ebenfalls bei den betreffenden Regierungen nachzufragen, ob sie dem Heiligen Stuhl Nachrichten über Kriegsgefangene und Flüchtlinge übergeben würden [393]. Am gleichen Tag ließ er eine Depesche an diese Nuntiaturen und diejenige in Berlin folgen [394]. Maglione betonte darin die Dringlichkeit der Angelegenheit, da bei der Kurie bereits Anfragen von verschiedenen Seiten über das Schicksal polnischer Flüchtlinge und Gefangener eingetroffen seien. Bevor die Antworten aus Rumänien, Ungarn, Litauen und Lettland eintrafen, galt es, auf die Argumente der Reichsregierung einzugehen. Maglione fragte bei Orsenigo an, ob es möglich sei, in der Nuntiatur selbst einen Informationsdienst aufzubauen [395].

Ferner schaltete Maglione den Nuntius in Bern ein, damit dieser Kontakt mit dem Roten Kreuz in Genf aufnehme [396]. Bernardini sollte in Erfahrung bringen, wie weit der Heilige Stuhl das Rote Kreuz unterstützen könne und wie überhaupt eine Zusammenarbeit herzustellen sei. Maglione wies darauf hin, daß der Heilige Stuhl während der letzten beiden Konferenzen des Internationalen Roten Kreuzes 1934 und 1938 durch Beobachter vertreten gewesen war [397]. Dies habe gezeigt, wie sehr der Vatikan die Arbeit des Roten Kreuzes würdige. Parallel liefen Gespräche zwischen der Katholischen Mission der Schweiz und dem Kardinalstaatssekretariat über Wege der Zusammenarbeit. Der Bischof von Lausanne, Genf und Fribourg, Mario Besson, der Vorsitzende der Katholischen Mission, die 1914 zu Beginn des I. Weltkrieges ins Leben gerufen worden war, wandte sich an Maglione [398] und bot ihm Unterstützung

392) Telegramm Weizsäckers an Bergen: ADSS 6 S. 151 Anm. 2.

393) ADSS 6 Nr. 76 vom 26. 9. 1939 S. 152–153.

394) ADSS 6 Nr. 78 vom 26. 9. 1939 S. 153–154.

395) ADSS 6 Nr. 80 vom 29. 9. 1939 S. 155.

396) ADSS 6 Nr. 90 vom 15. 10. 1939 S. 165–166.

397) Ebd. S. 166 mit Anm. 5; vgl. ferner Nr. 102 vom 7. 11. 1939 S. 181.

398) Maglione hatte gute Kontakte zur Schweiz. Er war 1918 zum Beauftragten des Vatikans in Bern ernannt worden und war von 1920 bis 1926 Nuntius für die Schweiz.

an [399]. Bischof Besson wurde daher ebenfalls in die Verhandlungen mit dem Roten Kreuz eingeschaltet [400].

Bernardini hatte bald darauf eine Unterredung mit dem Präsidenten des Internationalen Roten Kreuzes, Max Huber, der ihm die Pläne seiner Organisation erläuterte [401]. Nach diesem Gespräch sah Bernardini folgende Möglichkeit der Zusammenarbeit: Der Heilige Stuhl solle Kontakt mit dem Roten Kreuz aufnehmen, da dieses über bessere Möglichkeiten verfüge, um den Kriegsgefangenen und Internierten zu helfen. Listen, die die kriegführenden Staaten dem Roten Kreuz übermittelten, könne dieses aber nicht an den Vatikan weiterleiten [402]. Um die Unabhängigkeit der Maßnahmen des Vatikans zu wahren, sollte der Kontakt zwischen der Kurie und dem Roten Kreuz nicht direkt, sondern über eine Zwischeninstanz erfolgen. Bernardini schlug dafür die Katholische Mission der Schweiz vor. Die Verbindung zur Katholischen Mission wiederum könne über die Berner Nuntiatur aufgenommen werden. Maglione, der den Vorschlägen des Nuntius zustimmte [403], machte Bischof Besson mit dieser Aufgabe vertraut [404].

Nachdem die Zusammenarbeit mit dem Roten Kreuz gesichert war, wandte sich Maglione an die Vertreter des Vatikans in Berlin, Paris und London, damit diese die notwendigen Schritte einleiteten, um Listen von Kriegsgefangenen zusammenzustellen und um die Regierungen mit dem Hilfswerk, das der Vatikan einrichten wollte, vertraut zu machen [405]. Dem für alle drei vatikanischen Vertreter gleichlautenden Schreiben fügte er einen Zusatz für den Berliner Nuntius bei, in dem er darauf hinwies, daß die Antworten der deutschen Regierung auf die vatikanischen Anfragen bisher sehr allgemein ausgefallen seien. Er bat den Nuntius daher, sich um konkrete Zusagen der Deutschen zu bemühen [406]. Bereits zwei

---

399) ADSS 6 Nr. 59 vom 5. 9. 1939 S. 136.

400) ADSS 6 Nr. 90 vom 15. 10. 1939 S. 166; siehe unten S. 135.

401) Bernardini berichtete über die Unterredung an Maglione: ADSS 6 Nr. 98 vom 29. 10. 1939 S. 173–176.

402) „Le liste però compilate dai governi belligeranti non sono trasmissibili“: ebd. S. 176.

403) ADSS 6 Nr. 100 vom 6. 11. 1939 S. 178.

404) ADSS 6 Nr. 102 vom 7. 11. 1939 S. 180–182. Zu der zustimmenden Antwort von Besson vgl. ebd. S. 182 Anm. 5 und ein Schreiben Bernardinis an Besson: Nr. 109 vom 19. 11. 1939 S. 192.

405) ADSS 6 Nr. 103 vom 8. 11. 1939 S. 182–193. Zu den Reaktionen aus Paris und London vgl. eine Notiz des Kardinalstaatssekretariats: Nr. 206 vom 17. 5. 1940 — zum Datum vgl. S. 308 Anm. 1 — S. 308–311.

406) ADSS 6 Nr. 103 vom 8. 11. 1939 S. 183.

Tage später war klar, daß der Heilige Stuhl nicht mit der Zusammenarbeit der Reichsregierung rechnen konnte. Am 10. November 1939 erkundigte sich Tardini bei dem deutschen Botschaftsrat, Fritz Menshausen, ob der Vatikan die gewünschten Listen erhalten könne[407]. Menshausen antwortete, daß Deutschland diese Listen an das Rote Kreuz gebe, von dort könne sie sich der Heilige Stuhl beschaffen. Gerade das aber ging nicht. Orsenigo bestätigte später die Auskunft Menshausens[408].

Die Möglichkeiten des päpstlichen Informationsbüros waren damit erheblich eingeschränkt, da Deutschland allein Kenntnis von der Zahl und dem Schicksal der polnischen Kriegsgefangenen hatte. Informationen aus dem russisch besetzten Teil Polens waren ebenfalls nicht zu erhalten[409].

Die deutschen Behörden behinderten nicht nur die Arbeit des vatikanischen Büros, sondern auch diejenige der Schweizer Katholischen Mission, indem sie es ablehnten, Geistlichen aus der Schweiz die Erlaubnis zum Besuch der Kriegsgefangenen zu gewähren[410]. Es wurde immer deutlicher, daß nur das Internationale Rote Kreuz mit Erfolgen in Deutschland und Rußland rechnen konnte. Alle Initiativen, die mit einer katholischen Organisation in Verbindung standen, hatten im Zusammenhang mit deutschen Stellen so gut wie keine Aussicht auf Erfolg[411].

Zahlreiche Dokumente der Jahre 1939 bis 1943 belegen die vielfältigen

---

407) Notizen Tardinis: ADSS 6 Nr. 105 vom 10. 11. 1939 S. 185–186.

408) ADSS 6 Nr. 113 vom 25. 11. 1939 S. 197–198. — Vgl. ADSS 8 Nr. 18 vom 7. 2. 1941 S. 97–98; Nr. 325 vom 24. 3. 1942 S. 476–478 und besonders Nr. 524 vom 23. 10. 1942 S. 691–696, eine Notiz des Kardinalstaatssekretariats mit einer Zusammenfassung aller Bemühungen bei den deutschen Stellen um Informationen seit Februar 1941.

409) Siehe oben S. 121 ff.

410) ADSS 6 Nr. 117 vom 7. 12. 1939 S. 202–203; vgl. ADSS 8 Nr. 45 vom 12. 3. 1941 S. 140–141. Der Kontakt des Heiligen Stuhles mit der Schweizer Katholischen Mission wurde auch in den folgenden Jahren aufrechterhalten; vgl. dazu: ADSS 9 Nr. 101 vom 16. 3. 1943 S. 191–192; Nr. 243 vom 27. 6. 1943 S. 363–364; Nr. 252 vom Juni 1943 S. 373–374; Nr. 288 vom 10. 8. 1943 S. 423; Nr. 367 vom 15. 10. 1943 S. 505. Es ging dabei vor allem darum, den in Deutschland inhaftierten Geistlichen, meist Polen, zu helfen.

411) „L'expérience de ces derniers jours montre que c'est encore par la Croix-Rouge que nous pouvons le plus facilement obtenir des résultats . . . En Russie, en Allemagne, en Pologne, où l'influence de ces deux pays [d. h. Deutschland und Sowjetunion] est la seule qui puisse s'exercer, des initiatives ayant des attaches avec une œuvre catholique risquent d'avoir bien peu de succès“: ADSS 6 Nr. 117 vom 7. 12. 1939 S. 203. Zu der Zusammenarbeit des Vatikans mit dem Internationalen Roten Kreuz vgl. ADSS 9 Nr. 13 vom 13. 1. 1943 S. 76–80. — Diese Ausführungen über die Tätigkeit des Informationsbüros sollen hier genügen. Zu der gesamten Arbeit des Büros vgl. ADSS 6, Introduction, S. 31–35; ADSS 8, Introduction, S. 4–16; ADSS 9, Introduction, S. 5–22; siehe oben Anm. 389.

Bemühungen des Heiligen Stuhles auf karitativem Gebiet, der Katastrophe des II. Weltkrieges zu begegnen, sei es durch Geld- oder Sachmittel, durch seelsorgerische Betreuung von Flüchtlingen und Kriegsgefangenen oder durch den Informationsdienst. Dabei versuchte der Vatikan allerdings stets — wie andere Organisationen auch — eine Kontrolle über die Hilfsmaßnahmen auszuüben, um jeden Mißbrauch, den er am meisten bei den deutschen Stellen befürchtete, auszuschalten. Der Einsatz der Hilfe geschah dort, wo er nötig und möglich war. Daß letztlich der Umfang der Leistungen und ihr Erfolg nicht so groß waren, wie es Pius XII. sich gewünscht hatte, lag hauptsächlich an der deutschen Regierung. Die Reichsregierung mußte gefragt werden, als der Vatikan direkt in Polen tätig werden wollte, sie mußte gefragt werden, als er den Polen im Reich helfen wollte; von ihrer Bereitschaft hing ein erheblicher Teil des Erfolgs des Informationsbüros ab. Auf allen drei Gebieten hat sie die Arbeit des Heiligen Stuhles behindert und eingeschränkt.

Diesen relativ geringen Erfolgen standen ungleich größere bei dem Einsatz für die Exilpolen gegenüber. Hier konnten die Maßnahmen des Heiligen Stuhles wirksam werden, und es war auch auf diplomatischem Wege — wie in Italien, Spanien und Rumänien — möglich, internierte Polen freizubekommen oder vor größeren Übeln zu bewahren.

IV. DIE HAUPTPROBLEME DES POLNISCHEN KATHOLIZISMUS

1. Die Verwaltung der Bistümer[1]

Im Jahre 1939 umfaßte die polnische Kirche 25 Diözesen, die in fünf Kirchenprovinzen des lateinischen Ritus — Gnesen/Posen, Krakau, Wilna, Warschau, Lemberg — und eine des orientalischen Ritus — Lemberg — zusammengefaßt waren; dazu kam eine Diözese des armenischen Ritus — Lemberg. Von den Bischofsstühlen waren zu Beginn des II. Weltkrieges vier nicht besetzt, da ihre Inhaber kurz vorher verstorben waren: Warschau, Siedlce, Tarnów und Sandomierz[2].

In einer der ersten Noten nach Kriegsanfang teilte die deutsche Botschaft beim Heiligen Stuhl diesem im Namen der Reichsregierung folgendes mit: „Irgendwelche Eingriffe in kirchliches Leben Bevölkerung besetzten Gebietes sind nicht beabsichtigt. Soweit in späterem Zeitpunkt etwaige durch Besetzung ehemaligen Polens erforderliche Änderungen der Organisation und Neubesetzung einzelner Stellen in der katholischen Kirche vorgenommen werden sollten, werden wir uns dabei mit dem Vatikan in Verbindung setzen"[3]. Dieser, schon als zynisch zu bezeichnenden Versicherung[4], widersprach die Praxis völlig. Einer der Hauptzielpunkte antikirchlicher Aktionen in den von den Deutschen besetzten polnischen Gebieten waren die Bischöfe und ihre Stellvertreter[5]. So be-

---

1) Zu den kirchlichen Verwaltungsregelungen in den eingegliederten Ostgebieten vgl. K. Śmigiel, Władze, S. 151–165. — Die Arbeit von Jan Sziling, Hierarchia kościoła rzymsko-katolickiego na ziemiach polskich wcielonych do Rzeszy w latach 1939–1945, in: Acta Universitatis N. Copernici, Hist. 9 (1973), S. 279–288, war mir leider nicht zugänglich.

2) Vgl. hierzu Notizen des Kardinalstaatssekretariats: ADSS 3 Nr. 505 vom 19. 3. 1943 S. 792–793.

3) ADSS 3 Nr. 24 vom 9. 10. 1939 S. 92 = D. Albrecht, Notenwechsel, Nr. 29 S. 95. Der Text dieser Mitteilung war bereits am 22. 9. 1939 vom Auswärtigen Amt der deutschen Vatikanbotschaft übermittelt worden; vgl. M. Broszat S.164 Anm. 2.

4) So G. Reifferscheid, Vatikan, S. 429.

5) Einen Überblick über die Verwaltung der polnischen Diözesen bietet die Tabelle im Anhang — unten S. 189–195. Angaben, die sich aus diesem Überblick ergeben, werden im folgenden nicht mehr belegt.

schlagnahmten die Behörden nicht nur die bischöflichen Palais, zogen Akten und Kassen ein, sondern versuchten auch, die Bischöfe selbst aus der Verwaltung der Diözesen auszuschließen.

Am vollständigsten gelang dies den Deutschen im Warthegau. Ihr Vorhaben wurde dadurch erleichtert, daß die Bischöfe von Gnesen/Posen und Włocławek, August Hlond und Karol Radoński, im Warthegau sowie Stanisław Wojciech Okoniewski von Kulm beim Vormarsch der deutschen Truppen ihre Diözesen verlassen hatten. Ihnen verweigerte das Auswärtige Amt kategorisch die Rückkehr, da ihre „deutschfeindliche Haltung" bekannt sei [6].

In Kulm konnte auch der Weihbischof seit November 1939 sein Amt nicht mehr ausüben; Konstanty Dominik erkrankte und wohnte seit seiner Genesung in Danzig, wo er 1942 verstarb. Gleichzeitig mit ihm wurde in Włocławek Michał Kozal verhaftet; er starb 1943 im Konzentrationslager Dachau [7]. Als im Mai 1941 auch Bischof und Weihbischof in Lodsch vertrieben wurden — Włodzimierz Jasiński und Kazimierz Tomczak —, war im Warthegau nur noch der Weihbischof von Posen, Walenty Dymek, im Amt. Ihm war es allerdings kaum möglich von seiner Freiheit Gebrauch zu machen, da er seit dem Einmarsch der Deutschen unter Hausarrest stand.

Ebenso konsequent wie im Warthegau waren die deutschen Behörden in den übrigen eingegliederten polnischen Gebieten. Die Lage im Reichsgau Danzig-Westpreußen, zu dem hauptsächlich Kulm gehörte, ist oben beschrieben [8]. Im polnischen Teil Ostpreußens, d. h. im wesentlichen in Płock, wurde Bischof Antoni Julian Nowowiejski zunächst in seiner Wohnung festgesetzt, später zusammen mit seinem Weihbischof, Leon Wetmański, verhaftet und in Mühlental in seiner Diözese interniert. Er starb im Mai 1941 im Lager Soldau, Wetmański im Oktober des gleichen Jahres im Konzentrationslager Auschwitz. Die Bischöfe in der Provinz Oberschlesien, Stanisław Adamski und Weihbischof Juliusz Bieniek in Kattowitz, wurden Anfang 1941 aus ihrer Diözese vertrieben und ins General-

6) Zu Kardinal Hlond und Bischof Okoniewski vgl. eine Mitteilung der deutschen Vatikanbotschaft: ADSS 3 Nr. 31 vom 17. 10. 1939 S. 101. Als Vorwand dafür, daß Okoniewski nicht mehr zurückkehren durfte, wurde u. a. ein Schreiben des Bischofs an seinen Klerus angeführt, in dem Okoniewski die Priester aufgefordert hatte, die deutschen Truppen im Falle einer Invasion reserviert und ohne Begeisterung zu empfangen: Nr. 51 vom 25. 11. 1939 S. 133. — Zu Bischof Radoński vgl. einen Bericht von Orsenigo: Nr. 56 vom 30. 11. 1939 S. 138.

7) Zu seinem Schicksal siehe unten S. 150 ff.

8) Siehe oben S. 44 ff.

gouvernement gebracht. Ihnen verweigerten die Behörden wie allen anderen ausgewiesenen oder geflohenen Bischöfen die Rückkehr. So war letztlich im Sommer 1941 in den Diözesen, die in den von den Deutschen eingegliederten polnischen Gebieten lagen — Gnesen/Posen, Włocławek, Lodsch, Kulm-Pelplin, Płock und Kattowitz —, allein Dymek auf seinem Posten.

Besser erging es den Bischöfen im Generalgouvernement. Zwar waren hier von den acht Bischofsstühlen nur vier besetzt, aber die übrigen Bischöfe wurden mit einer Ausnahme kaum behelligt. Bereits im November 1939 wurden in Lublin Bischof Marian Leon Fulman und Weihbischof Władysław Goral verhaftet und bald darauf wegen unerlaubten Waffenbesitzes von einem Standgericht in Lublin zum Tode verurteilt. Der Generalgouverneur Frank begnadigte beide, da sich der Vertreter des Auswärtigen Amts beim Generalgouverneur, Johann von Wühlisch, für sie verwandt hatte [9]; sie blieben aber weiterhin in Haft. Bischof Fulman überlebte die Inhaftierung in Neusandez, Weihbischof Goral starb um die Wende der Jahre 1944/1945 im Konzentrationslager Oranienburg-Sachsenhausen. Kurze Zeit inhaftiert war auch der Kapitularvikar von Siedlce, Czesław Sokołowski, der bald wieder freigelassen wurde.

Im großen und ganzen unbehelligt blieben die Bischöfe in den russisch besetzten Gebieten, so daß hier die Verwaltung der Diözesen weitergehen konnte. Einige wurden allerdings auch in diesen Gebieten für kurze Zeit verhaftet, wie Bischof Adolf Szelążek in Łuck 1944 und der Kapitularvikar der armenischen Diözese von Lemberg, Denis Kajetanovicz, 1943, dieser allerdings von der deutschen Polizei. Beide erlangten später ihre Freiheit zurück. In Lemberg setzten die Russen den Bischof der lateinischen Diözese und den Weihbischof, Bolesław Twardowski und Eugeniusz Baziak, zeitweise unter Hausarrest. In Pińsk war die Verwaltung unterbrochen, da Bischof Kazimierz Bukraba Ende 1939 erkrankte und nach seiner Genesung in Warschau von den deutschen Behörden ebensowenig die Genehmigung zur Rückkehr in seine Diözese erhielt wie der Anfang 1940 nach Warschau geflohene Weihbischof Karol Niemira.

Wo bei den deutschen Behörden der klare Plan zu erkennen war, die kirchliche Hierarchie zu zerschlagen, als Programm im Warthegau sogar ausgesprochen, da verzichteten die Sowjets während der Kriegszeit auf

9) Vgl. M. Broszat S. 159 Anm. 7.

solche spektakulären Angriffe gegen die Kirche, um zunächst gegen einzelne Pfarrer oder Gläubige vorzugehen.

Die eben beschriebenen Unterbrechungen in der Verwaltung der Diözesen wurden von Rom aus und, wo das noch möglich war, von den vertriebenen Bischöfen, überbrückt. Die erste Maßnahme des Vatikans war es, für diejenigen Gebiete die Verwaltung zu sichern, die von dem deutsch-russischen Teilungsvertrag betroffen waren: Lemberg, Łomża und Przemyśl. Da die jeweiligen Ordinarien in dem russisch besetzten Teil ihrer Diözese verblieben waren [10], wies die Kurie die unter deutscher Besatzung stehenden Pfarreien provisorisch „donec aliter disponatur et ad beneplacitum Sanctae Sedis“ den Bischöfen der angrenzenden Diözesen zu; diese verwalteten die Gebiete mit Befugnissen von Residentialbischöfen [11]. Diese Art der Verwaltung ließ sich in den erwähnten Diözesen durchführen, da die betroffenen Gebiete klein waren.

Schwieriger war das Problem dort, wo es sich um die Neuregelung für eine Gesamtdiözese handelte und es nicht möglich schien, jemanden in der Diözese selbst zu finden. Die deutsche Regierung hatte dem Vatikan im Oktober 1939 einen Vorschlag zur Verwaltung vakanter Diözesen gemacht [12]. Die Kurie sollte polnische Diözesen durch deutsche Bischöfe verwalten lassen [13]. Der Heilige Stuhl sah es allerdings zu diesem Zeitpunkt nicht als opportun an, eine solche Regelung in Erwägung zu ziehen [14]. Gleichzeitig erfolgte von der deutschen Regierung ein konkreter Vorschlag für die Verwaltung der Diözesen Gnesen/Posen, Kulm-Pelplin und Kattowitz: „Seitens der Reichsregierung würden keine Bedenken bestehen, wenn vorläufig die kirchliche Verwaltung des Erzbistums Gnesen-Posen dem Prälat Hartz in Schneidemühl [15], die des Bistums Kulm-

10) Eine Ausnahme bildete Bischof Franciszek Barda von Przemyśl, der im Generalgouvernement war. Als dies im Vatikan bekannt wurde, nahm Maglione die oben geschilderte Anordnung zurück.

11) ADSS 3 Nr. 27 vom 13. 10. 1939 S. 95.

12) ADSS 3 Nr. 30 vom 17. 10. 1939 S. 100.

13) Als Muster einer solchen Regelung, wie sie die Reichsregierung wünschte, gab Botschafter Bergen Maglione den Fall des Bistums Gurk in Österreich an, das nach der Resignation von Bischof Adam Hefter im Juli 1939 durch Weihbischof Andreas Rohracher als Kapitularvikar verwaltet wurde; ebd. Vgl. W. Borowski, Duchowieństwo.

14) Dies war das Ergebnis einer Unterredung zwischen Pius XII., Maglione und Tardini, die letzterer in einer Notiz zu den Aufzeichnungen Magliones über das Gespräch mit Bergen festhielt; ADSS 3 Nr. 30 vom 17. 10. 1939. S. 101.

15) Franz Hartz war seit dem 21. 2. 1931 Prälat von Schneidemühl. Die praelatura nullius von Schneidemühl war am 13. 8. 1930 durch die Apostolische Konstitution ‚Pastoralis Officii‘ eingerichtet worden: AAS 23 (1931), S. 34–41. Sie um-

Pelplin dem Bischof Splett in Danzig und die des Bistums Kattowitz dem Erzbischof von Breslau, Kardinal Bertram, anvertraut würde“ [16]. Für Kattowitz entfiel vorläufig eine solche Regelung, da Bischof Adamski nicht geflohen war, wie die deutschen Stellen irrtümlich annahmen. In Gnesen/Posen residierte — wie oben beschrieben [17] — Weihbischof Dymek. Es galt also nur, eine Regelung für die Diözese Kulm zu finden; hier sollte der Vatikan bald von dem eben beschriebenen Prinzip [18] abweichen [19], keine polnischen Diözesen durch deutsche Bischöfe zu verwalten.

Den Ausschlag zu einer derartigen Maßnahme gab ein Bericht des Berliner Nuntius über die Diözese Kulm, in dem er die dortigen chaotischen Zustände beschrieb [20]. Der Bischof war geflohen; der Weihbischof lag im Krankenhaus. Hinzu kam, daß von dem gesamten Domkapitel nur noch ein Kanoniker am Leben war, Franciszek Sawicki [21]. Orsenigo schlug wie vorher die deutsche Regierung dem Heiligen Stuhl vor, den Bischof von Danzig, Carl Maria Splett, mit der Verwaltung von Kulm zu betrauen. Der Nuntius betonte ausdrücklich, daß die deutschen Behörden alles tun würden, um die alte Hierarchie zu zerstören. Dieser Bericht vom 25. No-

---

faßte die nach dem I. Weltkrieg deutsch gebliebenen Teile des Erzbistums Gnesen/Posen und des Bistums Kulm sowie einige kleinere Gebiete. — Eine „vom Vatikan empfohlene Berufung des ehem(aligen) Danziger Bischofs O’Rourke, eines Iren, auf den verwaisten Bischofsstuhl von Posen“ — M. Broszat S. 165 — läßt sich in den vatikanischen Akten nicht nachweisen. Sie ist in anbetracht der übrigen Verwaltungsregelungen auszuschließen.

16) ADSS 3 Nr. 31 vom 17. 10. 1939 S. 102 = D. Albrecht, Notenwechsel, Nr. 30 S. 96; vgl. W. Borowski, Obowiązek, S. 70–81 — besonders S. 72 — und Dok. Nr. 5. — Noch weiterführende Pläne gehen aus einem Schreiben des Reichsministers für kirchliche Angelegenheiten, Hanns Kerrl, an den Reichsminister des Innern, Wilhelm Frick, hervor, in dem deutsche Kandidaten für die Verwaltung der Diözesen Kulm, Pelplin, Włocławek, Gnesen und Kattowitz genannt wurden: W. Borowski ebd. Dok. Nr. 6 vom 11. 10. 1939 und ders., Duchowieństwo, S. 96–97.

17) Siehe oben S. 138.

18) Siehe oben S. 140.

19) An dieser Stelle ist der Hinweis angebracht, daß Danzig vom Heiligen Stuhl als völkerrechtlich selbständig, also weder zum Deutschen Reich noch zu Polen zugehörig, betrachtet wurde; vgl. Annuario S. 1023.

20) ADSS 3 Nr. 51 vom 25. 11. 1939 S. 132–133. F. J. Wothe S. 109–110 beschreibt, auf welche Weise Orsenigo über die Situation in Kulm informiert worden ist. Zur Lage dort siehe oben S. 44 ff.

21) „Il vescovo [d. h. Okoniewski] si è allontanato, il vicario generale, Sua Eccellenza Monsignor Costantino Dominik, vescovo titolare di Atribi, seriamente ammalato, è ricoverato in un ospedale in Pelplin, il Capitolo cattedrale è scomparso, non resta che un solo canonico, il rev.mo prof. Sawicki, il quale sarebbe, giuridicamente, il vero ed unico incaricato del governo della diocesi“: ebd. S. 132. — Zum ‚Sacco di Pelplin‘ siehe oben S. 44.

vember 1939 wurde dem Papst vorgelegt; am 29. November sprach sich Pius XII. dafür aus, den Bischof von Danzig zum Apostolischen Administrator für Kulm zu ernennen. Gleichzeitig ordnete der Papst an, den Polen klarzumachen, daß es sich um eine provisorische Maßnahme handele, die durch die extrem schwierige Lage in Kulm erklärt werde [22]. Bei dieser Regelung überrascht im Vergleich zu anderen die Eile, in der sie durchgeführt wurde. Bereits am 1. Dezember beauftragte Maglione den Nuntius in Berlin, Splett zum Apostolischen Administrator zu ernennen; wiederum wurde die Maßnahme als vorübergehend und wegen der besonderen Umstände notwendig geschildert [23].

Der in den Akten mehrmals erscheinende Hinweis, daß den Polen diese Regelung verständlich gemacht werden müsse, zeigt, daß die Kurie mit Schwierigkeiten von polnischer Seite rechnete. Orsenigos Mitteilung, daß Klerus und Volk in Polen keine Einwände gegen die Ernennung Spletts hätten, war nur eine Floskel [24]. Bald darauf teilte er mit, daß die deutsche Regierung die Ernennung wohlwollend aufgenommen habe [25]; dies wundert nicht, da sie ihren Vorstellungen entsprach. Orsenigo betonte weiterhin, wie wichtig es in der augenblicklichen Situation in Polen sei, daß Bischöfe die Diözesen verwalteten, die nicht im Gegensatz zu den politischen Autoritäten in ihrem Gebiet ständen. Zugleich deutete er an, daß eine Regelung wie für Kulm auch für Włocławek wünschenswert sei.

So wohlwollend die deutsche Regierung die Ernennung Spletts aufgenommen hatte, so wenig erfreut zeigten sich die Polen. Dies sah Maglione voraus. Bezeichnenderweise sandte das Kardinalstaatssekretariat die Benachrichtigung über die Verwaltungsregelung nicht an Bischof Okoniewski, sondern an Kardinal Hlond. Die Begründung, die der Minutant auf dem Entwurf des Briefes notierte, lautete, die Anschrift Okoniewskis sei nicht bekannt und Kardinal Hlond zudem Metropolit von Kulm [26].

---

22) „Sembra opportuno di nominare amministratore apostolico ad nutum S. Sedis per la diocesi di Culma il vescovo di Danzica, spiegando eventualmente ai Polacchi che si tratterebbe di provvedimento provvisorio in caso di estrema necessità, quale dal rapporto del Nunzio pare essere l'attuale": ADSS 3 Nr. 51 vom 25. 11. 1939 S. 134.

23) „Eventualmente bisognerebbe spiegare ai Polacchi che trattasi di provvedimento provvisorio in caso di estrema necessità": ADSS 3 Nr. 57 vom 1. 12. 1939 S. 139. — Die Ernennungsurkunde für Splett ist abgedruckt: W. Borowski, Obowiązek, Dok. Nr. 13.

24) ADSS 3 Nr. 58 vom 2. 12. 1939 S. 139.

25) ADSS 3 Nr. 62 vom 7. 12. 1939 S. 143.

26) ADSS 3 Nr. 67 vom 15. 12. 1939 S. 148. — Es war im Vatikan aber bekannt,

Der Protest der polnischen Regierung blieb nicht lange aus [27]. In einem Aide-Mémoire wandte sich die polnische Vatikanbotschaft gegen die Regelung, da sie dem Artikel 9 des Konkordates zwischen dem Heiligen Stuhl und Polen zuwiderhandle [28]. Sie wies zugleich auf den unerwünschten und peinlichen Eindruck hin, den dieser Schritt für die gesamte polnische Nation habe [29]. Maglione betonte in der Unterredung mit dem Botschafter, Papée, die Notwendigkeit der Maßnahme mit der sicherlich nicht glücklichen Begründung, er hätte sofort einen polnischen Prälaten mit der Verwaltung von Kulm betraut, wenn er einen gefunden hätte [30].

Zwei Lehren zog der Heilige Stuhl aus dem ‚Fall Kulm'. In Zukunft verzichtete er auf derartige Regelungen und teilte die Namen der mit der Verwaltung polnischer Diözesen beauftragten Personen nicht mehr der deutschen Regierung mit, wie er es noch im Falle Kulms getan hatte [31].

Wie bereits erwähnt [32], hätte die deutsche Regierung es auch im Falle von Kattowitz gern gesehen, wenn die Diözese von einem deutschen Bischof verwaltet worden wäre. In einem Schreiben Bertrams an Orsenigo [33] wies der Breslauer Kardinal darauf hin, daß für die mißliche Situation in den Diözesen Gnesen/Posen, Kattowitz und Kulm Abhilfe von den deutschen Nachbarbischöfen erwartet werde [34]. Dabei hätten mehrere Personen an ihn das Ersuchen gestellt, er solle „die Administration der ganzen Diözese Kattowitz übernehmen, die in ihrem größten

---

daß sich Bischof Okoniewski in Budapest aufhielt: vgl. ADSS 3 Nr. 23 vom 9. 10. 1939 S. 91.

27) ADSS 3 Nr. 71 vom 18. 12. 1939 S. 155—156.

28) „Une telle solution serait contraire à l'article IX du Concordat entre le Saint-Siège et la Pologne": ebd. S. 156. — Der Anfang des Artikels 9 des Konkordates lautet: „Aucune partie de la République de Pologne ne dépendra d'un évêque dont le siège se trouverait en dehors des frontières de l'État polonais": AAS 17 (1925), S. 275.

29) „La soumission du diocèse de Chelmno à un évêque, dont le siège se trouve en dehors de l'État polonais, évoquerait dans toute la nation polonaise une impression des plus pénibles et indésirables": ADSS 3 Nr. 71 vom 18. 12. 1939 S. 156. Dieser Abschnitt war eng an den Wortlaut des Konkordates — siehe oben Anm. 28 — angeglichen.

30) „Si sarebbe nominato amministratore un prelato polacco, se si fosse potuto trovarlo": ADSS ebd.

31) Vgl. ADSS 3 Nr. 58 vom 2. 12. 1939 S. 139 und Nr. 59 vom 4. 12. 1939 S. 140.

32) Siehe oben S. 141.

33) ADSS 3 Nr. 68 vom 15. 12. 1939 S. 149–152; Orsenigo sandte eine Abschrift des Briefes nach Rom.

34) Die inhaltliche Parallele zu dem Schreiben der deutschen Botschaft — siehe oben Anm. 16 — ist auffallend.

Teile jahrhundertelang zur Diözese Breslau gehört hat" [35]. Diese Andeutung Bertrams wurde in Rom ebenso ignoriert wie wenig später eine Bemerkung Menshausens. Dieser wies in einem Gespräch mit Montini darauf hin, es sei gut, bei zukünftigen Regelungen der vakanten Bischofsstühle in Polen vorher die deutsche Regierung zu benachrichtigen, um mögliche Konflikte zu vermeiden [36]. Eine Notiz über diesen Vorschlag des deutschen Botschaftsrats veranlaßte Tardini zu der Randbemerkung: Welch eine Unverschämtheit! Sie wollen den Fall Kulm wiederholen [37]. Schließlich ging der Vatikan auch nicht auf eine Verbalnote des deutschen Auswärtigen Amtes ein, in der die Ersetzung von Bischof Adamski durch Kardinal Bertram gewünscht wurde [38].

Abschließend sind in diesem Zusammenhang noch Bestrebungen Orsenigos zu erwähnen, der gleichfalls polnische Diözesen durch deutsche Geistliche verwaltet wissen wollte. Im Januar 1940 wiederholte er seinen Vorschlag [39], für Włocławek einen Apostolischen Administrator — und zwar einen Geistlichen aus Oberschlesien — zu ernennen [40]. Aber diese Ratschläge des Berliner Nuntius ließ die Kurie unbeachtet [41].

Ein letztes Problem gleicher Art, wenn auch in einem viel kleinerem Umfang, trat im Herbst 1942 auf. Orsenigo berichtete über die religiöse Lage in Südostpreußen [42]. Dort hatten die deutschen Behörden eine rigorose Trennung von deutschen und polnischen Katholiken durchgeführt [43]. Dadurch fehlten Priester für die deutschen Gläubigen, da aus dem Altreich keine abgeordnet werden durften. Maglione schlug vor, daß Prie-

---

35) ADSS 3 Nr. 68 vom 15. 12. 1939 S. 151. — Tatsächlich hat sich Bertram von jeder Einmischung in die Diözese Kattowitz ferngehalten; dazu K. Engelbert S. 36.

36) ADSS 3 Nr. 92 vom 9. 1. 1940 S. 190–191; siehe oben S. 85.

37) „Che sfacciato! Vorrebbero ripetere il caso di Culma": ebd. S. 191; vgl. D. Albrecht, Klausel, S. 804.

38) Orsenigo berichtete über diese Note in einem Schreiben an Maglione vom 18. 8. 1941; vgl. ADSS 3 S. 410 Anm. 2. Tardini bemerkte zu dieser Note: „Dilata". Die Verbalnote ist abgedruckt bei W. Borowski, Obowiązek, Dok. Nr. 20/II vom 12. 8. 1941. — C. Falconi S. 185 führt als Beispiel für die Nachgiebigkeit des Vatikans gegenüber den Deutschen u. a. an, daß Bertram Kattowitz mitverwaltete, ein charakteristisches Beispiel für seine Arbeitsweise.

39) Siehe oben S. 142.

40) ADSS 3 Nr. 94 vom 13. 1. 1940 S. 192.

41) In der Antwort auf das eben genannte Schreiben Orsenigos ging Maglione mit keinem Wort auf den Vorschlag ein: ADSS 3 Nr. 103 vom 19. 1. 1940 S. 204. — Siehe auch unten S. 149, einen noch weitergehenden Vorschlag des Apostolischen Administrators für die deutschen Katholiken im Warthegau, Breitinger.

42) Der Bericht stammte vom 25. 9. 1942: ADSS 3 S. 670 Anm. 1. Vgl. G. Reifferscheid, Vatikan, S. 432–433.

43) Siehe oben S. 49.

ster der Diözese Ermland diese seelsorgliche Aufgabe durch regelmäßige Besuche übernehmen sollten, wenn sie für diese Tätigkeit von den polnischen Bischöfen beauftragt würden. Bischof Maximilian Kaller von Ermland sandte bereits in unregelmäßigen Abständen Priester nach Südostpreußen — als Missionare getarnt [44] —, die Messen lasen und Sakramente spendeten. Kaller war bereit, dieses Verfahren zur Dauerregelung zu machen; dazu war die Genehmigung durch die deutsche Polizei notwendig. Er befürchtete allerdings, daß dadurch die Polizei erst aufmerksam gemacht und sicherlich ein Verbot aussprechen werde [45]. Maglione verlangte aber, daß Kaller für die Seelsorge der deutschen Katholiken in Südostpreußen die Zustimmung der zuständigen polnischen Ordinarien einhole [46].

Maglione beauftragte deshalb den Berliner Nuntius, sich bei Generalvikar Stanisław Figielski in Płock dafür einzusetzen, daß der Bischof von Ermland Vollmachten für die Seelsorge in dem Teil der Diözese erhalte, die zum Regierungsbezirk Südostpreußen gehörte. Da dieser Regierungsbezirk ebenfalls kleinere Gebiete der Diözesen Warschau und Łomża umfaßte, sollte Orsenigo auch bei deren Bischöfen Vollmachten einholen [47]. Bald darauf mußte Bischof Kaller melden, daß eine Genehmigung der polnischen Bischöfe nichts nütze. Die deutschen Behörden wüßten, daß er keine Befugnisse für das Gebiet habe, das nicht zu seiner Diözese gehöre; eine Vollmacht der polnischen Bischöfe würden sie nicht akzeptieren [48]. Um die Schwierigkeiten zu umgehen, schlug Kaller vor, der Heilige Stuhl solle ihm ein Dokument ausstellen, in dem bestätigt werde, daß der Vatikan selbst ihn mit der Seelsorge der deutschen Katholiken in dem betreffenden Gebiet betraue [49]. Obwohl auch Orsenigo den Plan befürwortete, lautete die Entscheidung des Papstes: „Dilata“ [50]. Die

44) „... a guisa di missionario“: ADSS 3 Nr. 438 vom 3. 11. 1942 S. 671.

45) Vgl. G. Reifferscheid, Ermland, S. 225–229 und 234–243.

46) Die Antwort Magliones vom 24. 11. 1942 auf den eben erwähnten Bericht Orsenigos ist zwar nicht abgedruckt — vgl. ADSS 3 S. 697 Anm. 1 —, sein Inhalt läßt sich aber einem Schreiben Orsenigos entnehmen: ADSS 3 Nr. 449 vom 13. 12. 1942 S. 697.

47) ADSS 3 Nr. 456 vom 6. 1. 1943 S. 707. Orsenigo sollte seine Aufgabe „con il tatto che La distingue ed il caso richiede“ ausführen.

48) Kaller hatte dies schon vorausgesehen. Vgl. ADSS 3 Nr. 449 vom 13. 12. 1942 S. 697.

49) ADSS 3 Nr. 464 vom 15. 1. 1943 S. 721.

50) Ebd. Anm. 2. — Maglione schrieb zu dieser Entscheidung an Orsenigo: „Vostra Eccellenza non si nasconde la delicatezza della questione, anzi Ella stessa

Vorsicht und Rücksichtnahme auf die polnischen Belange in dieser Angelegenheit waren eine Lehre der vatikanischen Stellen aus dem ‚Fall Kulm‘.

Nicht nur die deutsche Regierung äußerte den Wunsch, in dem von ihr okkupierten Gebiet eigene Bischöfe anstelle der polnischen einzusetzen. Dies wurde nach der Besetzung Wilnas durch Litauen deutlich.

Durch den russisch-litauischen Vertrag vom 10. Oktober 1939 waren Stadt und Umgebung von Wilna an Litauen gefallen. Bald darauf begann eine Kampagne gegen Erzbischof Romuald Jałbrzykowski, über die der Beauftragte des Vatikans in Kaunas, Giuseppe Burzio, Maglione auf dem laufenden hielt. Zu den gemäßigten Vorwürfen gegen Jałbrzykowski gehörte die Behauptung, er sei ein Instrument der Politik Polens [51]. Die rasch aufeinanderfolgenden Berichte von Burzio vom 8., 13., 14., 20., 21. und 22. November 1939 [52] zeigen, wie schnell sich die Situation in Wilna um Erzbischof Jałbrzykowski zuspitzte. Hohe litauische Regierungsbeamte bezeichneten den Erzbischof in einem Gespräch mit Burzio als einen der aktivsten Anhänger der Polnisierung Wilnas [53]. Viele der Anschuldigungen waren aus propagandistischen Gründen übertrieben, jedoch machte Jałbrzykowski zunächst keinen Versuch, den Schwierigkeiten, die es um seine Person gab, durch kluges Agieren entgegenzutreten; er tat sogar das Gegenteil. So verbot er z. B., beim Einmarsch der litauischen Truppen Glocken läuten zu lassen und am Bischofspalast die litauische Fahne zu hissen — beim Einmarsch der Russen hatte der Bischofspalast dagegen die rote Fahne gezeigt [54]; er bereitete der Betreuung litauischer Zivilisten und Soldaten in Wilna Schwierigkeiten und verweigerte religiösen Institutionen die Errichtung litauischer Schulen. Stattdessen ließ er in allen Kirchen Wilnas die polnische Nationalhymne

---

rileva che non è facile prevedere quali sviluppi potrebbero provocare da questo primo passo le locali autorità tedesche. Attese pertanto le condizioni presenti sembrerebbe più opportuno soprassedere e rimandere la decisione a quando si avranno più completi elementi di giudizio, secondo le informazioni che Vostra Eccellenza potrà eventualmente fornire“; ADSS 3 Nr. 470 vom 29. 1. 1943 S. 727.

51) „I più moderati lo accusano di essere stato compiacente strumento della politica di Varsavia“; Burzio berichtete dies an Maglione: ADSS 3 Nr. 41 vom 8. 11. 1939 S. 119.

52) ADSS 3 Nr. 41 vom 8. 11. 1939 S. 119–120; Nr. 43 vom 13. 11. 1939 S. 120–121; Nr. 44 vom 14. 11. 1939 S. 121–125; Nr. 46 vom 20. 11. 1939 S. 127; Nr. 47 vom 21. 11. 1939 S. 128; Nr. 48 vom 22. 11. 1939 S. 129–130.

53) Zu den schon lange bestehenden polnisch-litauischen Differenzen vgl. Question.

54) ADSS 3 Nr. 47 vom 21. 11. 1939 S. 128.

singen, was bis dahin nur in einer geschehen war [55]. Der Protestaktion gegen Jałbrzykowski schloß sich sogar der litauische Klerus an [56].

Anfang Dezember 1939 sprach der Botschafter Litauens beim Vatikan, Stanislas Girdvainis, bei Tardini vor und erläuterte die Klagen seiner Regierung über die Lage in Wilna [57]. Girdvainis verlangte einen Apostolischen Administrator für Wilna, der die Fähigkeiten habe, der neuen Lage Rechnung zu tragen. Tardini wies den Botschafter allerdings mit aller Deutlichkeit darauf hin, daß der Heilige Stuhl den Erzbischof nicht entfernen könne, nur weil die Regierung es wolle; dies wäre ein zu gefährlicher Präzedenzfall. Der Vatikan ermahnte Jałbrzykowski aber zur Mäßigung [58]. Wie notwendig diese Mahnungen waren, zeigten neue Nachrichten von Burzio [59]. In dem Konkordat zwischen Litauen und dem Heiligen Stuhl war ein Gebet für die Republik verankert worden [60]. Die litauische Regierung trat daraufhin im Dezember 1939 an Jałbrzykowski mit der Bitte heran, dies auch in Wilna durchzuführen. Der Erzbischof lehnte es mit der Begründung ab, dem ständen Instruktionen des Heiligen Stuhles entgegen [61]; solche Instruktionen gab es aber nicht [62]. Um die Jahreswende 1939/1940 unternahm die Regierung Litauens weitere Versuche, Jałbrzykowski von seinem Erzbischofsstuhl zu entfernen. In einem Promemoria der litauischen Botschaft beim Vatikan schlug sie dem Heiligen Stuhl eine „retraite honorable" für den Erzbischof vor [63]. Am 4. Januar

---

55) ADSS 3 Nr. 44 vom 14. 11. 1939 S. 123–124.

56) ADSS 3 Nr. 46 vom 20. 11. 1939 S. 127. Maglione beauftragte Burzio, energisch dafür zu sorgen, daß der Klerus sich aus der Auseinandersetzung heraushalte.

57) ADSS 3 Nr. 61 vom 5. 12. 1939 S. 142.

58) „È tuttavia della massima importanza che l'atteggiamento del su nominato Mons. Arcivescovo, nelle attuali difficili circostanze, si mantenga sommamente corretto nei confronti dell'elemento lituano"; diese Mahnung erging über Burzio an den Erzbischof. ADSS 3 Nr. 70 vom 16. 12. 1939 S. 155.

59) ADSS 3 Nr. 73 vom 21. 12. 1939 S. 158–161; Nr. 78 vom 25. 12. 1939 S. 167; Nr. 81 vom 29. 12. 1939 S. 175.

60) Das Konkordat zwischen dem Heiligen Stuhl und der Republik Litauen, am 27. 9. 1927 unterzeichnet und am 10. 12. 1927 ratifiziert, bestimmte in Artikel 8: „Les dimanches et le jour de la fête nationale de l'indépendance, les prêtres officiants réciteront une prière liturgique pour la prospérité de la République de Lithuanie et de son Président"; AAS 19 (1927), S. 427.

61) ADSS 3 Nr. 78 vom 25. 12. 1939 S. 167.

62) Tardini notierte zu dem Bericht Burzios, der die Behauptung Jałbrzykowskis referierte: „Le asserite istruzioni non esistono"; ebd.

63) „Inoltre, data l'età avanzata di Sua Eccellenza l'arcivescovo di Vilnius, le condizioni di Sua salute e la conseguente difficoltà per lui di adattarsi alla nuova situazione determinatasi nella diocesi, la Legazione di Lituania si permette di sottoporre l'opinione del Governo lituano circa l'eventualità di una „retraite hono-

1940 sprach Girdvainis erneut im Vatikan vor. Er wies darauf hin, daß entgegen dem Konkordat der Erzbischof von Wilna Pole und nicht Litauer sei. Die Antwort Magliones war deutlich genug: Die Regierung in Kaunas müsse sich darüber im klaren sein, daß der Heilige Stuhl nicht hinter den Truppen herlaufen könne, um die Bischöfe auszuwechseln, wenn die Truppen Territorien fremder Nationalität eroberten[64]. Jałbrzykowski blieb trotz aller Schwierigkeiten im Amt[65], auch als die Russen am 15. Juni 1940 in Wilna einmarschierten. Erst im Frühjahr 1942, nach der Besetzung durch die Deutschen, wurde er vertrieben[66].

Für den Vatikan ergaben sich durch die Trennung von deutscher und polnischer Kirche im Warthegau ähnliche Schwierigkeiten wie in den bisher behandelten Fällen. Um überhaupt Verhandlungen mit den deutschen Behörden führen zu können, war es notwendig, einen Apostolischen Administrator für die deutschen Katholiken zu ernennen. Obwohl wenig später auch ein solcher für die polnischen Katholiken benannt wurde und die betroffenen polnischen Bischöfe unverzüglich informiert worden waren, blieb auch bei diesem Vorgehen die Kritik nicht aus.

Bischof Radoński schrieb aus seinem Exil in London zu dieser Regelung, durch die er ebenfalls betroffen war, daß niemand, der nicht Pole sei, sich vorstellen könne, welchen Schmerz und welche Verwirrung eine solche Maßnahme bei den Gläubigen hervorrufe[67]. Gerade wegen solcher

---

rable" di Sua Eccellenza l'arcivescovo di Vilnius e la nomina di un amministratore apostolico in contatto con lo stesso Governo lituano": ADSS 3 Nr. 72 vom 20. 12. 1939 S. 157.

64) „Doveva il Governo di Kaunas rendersi conto che la S. Sede non può correre dietro gli eserciti e cambiare i vescovi a misura che le truppe combattenti occupano territori nuovi appartenenti a nazionalità diverse dalla loro": ADSS 3 Nr. 86 vom 4. 1. 1940 S. 183.

65) Zur Verbesserung der Lage in Litauen trug einmal das Verhalten des Erzbischofs selbst bei, der nach einiger Zeit den Appellen des Heiligen Stuhles Folge leistete. Zum anderen verbesserte die Ernennung eines Nuntius für Litauen das Verhältnis des Staates zur Kirche. Die Beziehungen zwischen dem Heiligen Stuhl und Litauen hatten sich schon bald nach Abschluß des Konkordats 1927 verschlechtert — vgl. ADSS 3 S. 182 Anm. 2. Deshalb war für Litauen kein Nuntius ernannt worden, sondern Antonio Arata war 1931 Beauftragter des Heiligen Stuhles geworden; 1935 wurde er zugleich Apostolischer Nuntius in Lettland und Estland. 1938 waren die Verhandlungen wieder aufgenommen worden und Litauen hatte seinen Beauftragten beim Vatikan durch einen Botschafter ersetzt. Gleichzeitig gab die litauische Regierung ihrem Wunsch Ausdruck, einen Nuntius für ihr Land allein zu erhalten. Am 11. 2. 1940 ernannte Pius XII. Luigi Centoz zum Nuntius für Litauen.

66) Orsenigo berichtete über diese Vorgänge: ADSS 3 Nr. 376 vom 27. 4. 1942 S. 568; vgl. V. Pavalkis, Attitude, S. 132.

67) „Nullus nisi Polonus, sentire potest, qualem dolorem, quantam indignationem,

Vorwürfe und der schlechten Erfahrungen mit der Regelung von Kulm ließ der Vatikan einen Vorschlag des Apostolischen Administrators Breitinger unberücksichtigt, der das gesamte Gebiet des Warthegaus in seiner kirchlichen Verwaltung an einen Metropolitanverband im Altreich angegliedert sehen wollte [68]. Ein solcher Schritt wäre sicherlich von den deutschen Behörden und den polnischen Bischöfen aufs schärfste abgelehnt worden. Es gab aber in Polen Bischöfe, die dem Problem der Einsetzung deutscher Geistlicher zur Verwaltung polnischer Gebiete nüchterner gegenüberstanden als der im Exil lebende Bischof Radoński. Weihbischof Dymek war durch die dauernde Auseinandersetzung mit den deutschen Behörden mit den Zuständen im Warthegau bestens vertraut. Die Ernennung eines deutschen Geistlichen für die Verwaltung polnischer Diözesen hielt er nicht für ausgeschlossen und ernannte einen deutschen Priester, Albert Steuer, zum Vikar, der ihm im Falle seines Todes nachfolgen sollte [69].

Zu der Hilfe, die bei der Aufrechterhaltung einer geregelten Verwaltung der Diözesen von Rom aus gegeben werden konnte, gehörte die Ermächtigung einzelner Bischöfe, die Vollmachten des Kanon 429 § 1 und 2 des CIC auszunutzen [70]. Die Kurie erteilte sie besonders für diejenigen Diözesen, bei denen zu befürchten war, daß in Zukunft kaum noch ein Kontakt mit Rom möglich sein würde [71].

Wegen dieses z. T. nicht mehr vorhandenen Kontaktes, besonders mit den von Rußland besetzten Gebieten, geschah es manchmal, daß einzelne Regelungen des Vatikans in den Diözesen zu spät bekannt wurden; da-

---

qualem irritationem atque offensionem tale decretum in animis fidelium provocaturum sit": ADSS 3 Nr. 410 vom 14. 9. 1942 S. 634; vgl. R. A. Graham, Pope, S. 41–42. Radoński wußte offenbar nicht, daß Breitinger nur für die deutschen Katholiken ernannt worden war. Er nahm stattdessen an, er sei für die gesamte Diözese ernannt, da er als Beispiel anführte, Pius X. habe die Diözese Gnesen acht Jahre lang — nämlich von 1906–1914 — vakant gelassen, obwohl die deutsche Regierung damals einen deutschen Bischof gefordert habe; vgl. dazu B. Stasiewski, Katholizismus, S. 185.

68) ADSS 3 Nr. 444 vom 23. 11. 1942 S. 684; siehe oben S. 40.

69) ADSS 3 Nr. 305 vom 14. 9. 1941 S. 457.

70) CIC, can. 429 § 1: „Sede per Episcopi captivitatem, relegationem, exsilium, aut inhabilitatem ita impedita, ut ne per litteras quidem cum dioecesanis communicare ipse possit, dioecesis regimen, nisi Sancta Sedes aliter providerit, penes Episcopi Vicarium Generalem vel alium virum ecclesiasticum ab Episcopo delegatum esto". — § 2: „Potest in casu Episcopus, gravi de causa, plures delegare, qui sibi invicem in munere succedant".

71) Vgl. ADSS 3 Nr. 55 vom 28. 11. 1939 S. 137. Maglione übermittelte die Vollmachten an Bischof Franciszek Barda von Przemyśl, der um sie gebeten hatte: Nr. 40 vom 4. 11. 1939 S. 118. Vgl. Nr. 83 vom 30. 12. 1939 S. 177.

durch kam es zu widersprüchlichen Maßnahmen. Eine der ersten Regelungen war die Verwaltung der Gebiete polnischer Diözesen gewesen, die von der Teilung des Landes betroffen und deren Bischöfe im russischen Teil verblieben waren; für den deutsch besetzten Teil der Diözese Łomża war so der Bischof von Płock zuständig geworden [72]. Da aber Bischof Stanisław Łukomski, in Unkenntnis der vatikanischen Entscheidung, einen Generalvikar für dieses Gebiet ernannt hatte, gab es zwei Verwalter, und der Vatikan zog seine Anordnung zurück. Rom wollte nur dort in die Verwaltung polnischer Diözesen eingreifen, wo dem polnischen Episkopat diese Möglichkeit genommen war.

In einem Falle versuchte der Vatikan durch eine Verwaltungsregelung die Freilassung eines polnischen Bischofs zu erreichen. Michał Kozal, unmittelbar vor Kriegsbeginn zum Weihbischof von Włocławek ernannt [73], verwaltete seit der Vertreibung des Bischofs Radoński die Diözese [74]. Sein Leidensweg begann mit seiner Verhaftung am Abend des 7. November 1939 durch den ‚Selbstschutz' des Regierungsbezirks Hohensalza [75]. Um seine Freilassung zu erwirken, schlug Orsenigo im Januar 1940 vor, Kozal zum Apostolischen Administrator von Lublin zu ernennen [76]; außerdem wäre dadurch die Verwaltung dieser Diözese geregelt worden [77]. Nachdem Pius XII. kurz darauf Kozal ernannt hatte [78], konnte Maglione den Nuntius in Berlin damit beauftragen, sich um die Freilassung Kozals zu bemühen und es ihm zu ermöglichen, sich nach Lublin zu begeben. Zunächst war es Orsenigo nicht möglich, überhaupt in Kontakt mit Kozal zu treten [79], der inzwischen mit anderen, ebenfalls verhafteten Geistlichen, nach Ląd gebracht worden war [80]. Der Berliner Nuntius setzte während des Jahres 1940 die Versuche fort, in Erfahrung zu bringen, weshalb Kozal verhaftet und interniert worden war [81]. Die einzige Möglich-

---

72) ADSS 3 Nr. 27 vom 13. 10. 1939 S. 95; siehe oben S. 140.

73) Die Ernennung erfolgte am 10. 6. 1939; vgl. ADSS 3 Nr. 8 vom 18. 8. 1939 S. 73.

74) ADSS 3 Nr. 13 vom 22. 9. 1939 S. 76.

75) ADSS 3 Nr. 62 vom 7. 12. 1939 S. 143; vgl. D. Albrecht, Notenwechsel, S. 137 Anm. 3.

76) ADSS 3 Nr. 94 vom 13. 1. 1940 S. 193.

77) Zur Situation in der Diözese Lublin siehe oben S. 139.

78) ADSS 3 Nr. 103 vom 13. 1. 1940 S. 204.

79) ADSS 3 Nr. 122 vom 8. 3. 1940 S. 226 und Nr. 124 vom 9. 3. 1940 S. 228.

80) ADSS 3 Nr. 140 vom 24. 5. 1940 S. 244 und Nr. 273 vom 5. 6. 1941 S. 406.

81) Vgl. ADSS 3 S. 297 Anm. 2.

keit, mit dem Weihbischof in Kontakt zu treten, ergab sich durch zwei Patres Mitte Mai 1940, während Kozals Aufenthalt in Ląd [82].

Weshalb diese Unterredung den von Orsenigo geschilderten ungünstigen Ausgang nahm, läßt sich nicht völlig klären. Vielleicht veranlaßte die Tatsache, daß beide Patres Deutsche waren oder ihre fehlende offizielle Beglaubigung als Abgesandte des Nuntius in Berlin, Kozal zu seiner Reaktion. Auf die Frage nach der Lage in seiner Diözese antwortete er, er habe dem Nuntius nichts mitzuteilen. Gefragt, ob er seiner Versetzung als Apostolischer Administrator in eine weiter östlich liegende Diözese Polens zustimmen würde, antwortete Kozal mit ‚Nein', um dann einzuschränken, nur wenn der Papst es verlange. Offensichtlich hat Kozal nie erfahren, daß hinter seiner Abordnung nach Lublin der Wunsch des Papstes stand, ihn zu befreien. Seine Reaktion war sicherlich auch eine Folge der Isolierung der Polen und zeigt die Schwierigkeiten, die Lage der Kirche einzuschätzen. Kozal nahm an, daß er irgendwie zum Helfeshelfer der Deutschen werden sollte; deshalb schloß er die Unterhaltung mit den beiden Patres mit den Worten: Sagen sie dem Nuntius, daß ich Bischof bin, polnischer Bischof [83].

Von Ląd aus führte Kozals Weg über das Lager Hohensalza nach Dachau [84]. Orsenigo erfuhr dies durch eine Verbalnote des Auswärtigen Amtes in Berlin, in der ihm gleichfalls mitgeteilt wurde, Kozal sei aus Gründen der öffentlichen Sicherheit festgenommen worden [85]. Nach über einem halben Jahr war dann von den deutschen Behörden zu erfahren, daß Weihbischof Kozal sich „politisch in deutschfeindlichem Sinne betätigt" habe und es daher „aus präventiv-polizeilichen Gründen" nicht möglich sei, ihn in Freiheit zu setzen [86]. In der Folgezeit konnte die Kurie für Kozal ebensowenig erreichen wie der von Maglione eingeschaltete Kardi-

---

82) Anläßlich einer Reise von Pater Eberhard Wigge, S. V. D., nach Polen hatte Orsenigo ihn beauftragt, Kozal aufzusuchen und ihm seine Ernennung zum Apostolischen Administrator von Lublin vorzuschlagen. Wigge unternahm den Besuch bei Kozal dann mit Breitinger zusammen.

83) Orsenigo berichtete über die Unterredung der Patres an Maglione: ADSS 3 Nr. 140 vom 24. 5. 1940 S. 244. — In polnischen Kreisen wurde damals angenommen, bei dem Besuch der Patres bei Kozal und bei ihrem Vorschlag handele es sich um eine Falle der Gestapo. Vielleicht teilte Kozal diesen Verdacht; vgl. St. Biskupski, Évêque, S. 37–39. Möglicherweise ist Kozals Antwort auch als Ablehnung des Berliner Nuntius zu werten; so G. Reifferscheid, Vatikan, S. 427.

84) ADSS 3 Nr. 286 vom 20. 7. 1941 S. 418. Vgl. J. Domagała S. 144 Nr. 713 und E. Weiler S. 957–961. Eine umfassende Darstellung der Geschichte des Konzentrationslagers Dachau bietet T. Musioł.

85) ADSS 3 Nr. 325 vom 20. 11. 1941 S. 494; vgl. J. M. Lenz S. 252–254.

86) ADSS 3 Nr. 371 vom 28. 3. 1942 S. 560–561.

nal Bertram von Breslau [87]. Kozals Tod wurde zunächst voreilig Ende 1942 gemeldet [88]. Nach seinem wirklichen Tod im Konzentrationslager Dachau am 26. Januar 1943 dauerte es dann fast zwei Jahre, bis eine offizielle Bestätigung in Rom eintraf [89]. Michał Kozal starb, ohne daß der gutgemeinte Plan, ihn zum Apostolischen Administrator von Lublin zu ernennen, an seinem Schicksal etwas ändern konnte.

Abschließend ist noch über die Verwaltung zweier Gebiete zu berichten, die keine oder nur wenig Schwierigkeiten bereitete. Es handelte sich dabei um das Olsa-Gebiet und einige Pfarreien der Diözesen Krakau und Tarnów.

Nach dem I. Weltkrieg war das ehemals schlesische Herzogtum Teschen und die Stadt selbst in zwei Teile geteilt worden. Stadt und Gebiet rechts der Olsa — ein rechter Nebenfluß der oberen Oder — kamen zu Polen und dem 1925 errichteten Bistum Kattowitz; Stadt und Gebiet links der Olsa fielen an die Tschechoslowakei, blieben aber beim Bistum Breslau [90]. Im Einvernehmen mit Bischof Adamski bat Bertram nach Beendigung des Polenfeldzugs den Berliner Nuntius darum, die bisherige Regelung rückgängig zu machen und die Pfarreien wieder der Administration seiner Erzdiözese zu unterstellen [91]. Der Heilige Stuhl stimmte dieser Änderung zu [92].

Bei dem zweiten Gebiet handelte es sich um einige tschechische Pfarreien, die nach dem Münchener Abkommen von Polen annektiert worden waren. Ein Dekret des Nuntius in Warschau hatte die Gebiete den Bischöfen von Krakau und Tarnów unterstellt [93]. Durch ein Abkom-

---

87) ADSS 3 Nr. 441 vom 18. 11. 1942 S. 677.

88) Bischof Adamski und Kardinal Hlond berichteten vom Ableben Kozals: ADSS 3 Nr. 413 vom 18. 9. 1942 S. 640 und Nr. 414 vom 19. 9. 1942 S. 641. Maglione beauftragte daraufhin den Berliner Nuntius, bei der deutschen Regierung eine Bestätigung dieser Nachricht einzuholen: Nr. 415 vom 24. 9. 1942 S. 642. Die Mitteilung des Auswärtigen Amtes, daß Kozal noch lebe, leitete Orsenigo an Maglione weiter: Nr. 427 vom 15. 10. 1942 S. 657; vgl. ADSS 7 Nr. 11 vom 11. 11. 1942 S. 87–88.

89) Es war wiederum Adamski, der nach Rom berichtete, Kozal sei in Dachau verstorben: ADSS 3 Nr. 472 von Ende Januar 1943 S. 731. Die Bestätigung erhielt Orsenigo erst nach mehreren Anfragen: Nr. 587 vom 6. 12. 1944 S. 890; vgl. ebd. Anm. 1.

90) Kattowitz: Am 4. 11. 1938 hatte der Heilige Stuhl die Verwaltung durch Kattowitz verfügt; vgl. J. Gottschalk S. 298–299 und 302–304. — Breslau: vgl. J. Kaps S. 280–283.

91) ADSS 3 Nr. 68 vom 15. 12. 1939 S. 149–150.

92) Maglione berichtete über diese Verwaltungsregelungen an den Nuntius für Polen, Cortesi, der sich in Bukarest aufhielt: ADSS 3 Nr. 85 vom 3. 1. 1940 S. 181.

93) ADSS 3 S. 74 Anm. 1.

men mit dem Außenministerium in Berlin hatte die Tschechoslowakei das Territorium 1939 zurückerhalten. Der Bischof von Spiš, Jan Vojtaššák, teilte dem Vatikan bald darauf mit, daß die polnischen Priester geflohen seien; er bat Orsenigo, das Gebiet seiner Verwaltung zu unterstellen, was dieser zusagte. Pius XII. hieß die Regelung ebenfalls gut [94].

Wenige Tage später fragte Vojtaššák an, ob er außerdem die Verwaltung zweier Dekanate übernehmen könne, die im November 1925 an Polen gegangen waren [95]. Auch hierzu gab der Papst die Zustimmung [96].

Es zeigte sich bald, daß Vojtaššák, wie Orsenigo schrieb, nicht nur von kirchlichen, sondern auch von nationalistischen Motiven geleitet war [97]. Er sah, im Gegensatz zum Vatikan, den Kriegszustand zwischen Deutschland und Polen als beendet an; daher gehe es nicht an, daß die polnischen Bischöfe die Jurisdiktion weiter ausübten. Eine endgültige Entscheidung fiel, als Orsenigo genaue Angaben über die betreffenden Gebiete machen konnte [98]. Diejenigen Pfarreien, die von Krakau und Tarnów verwaltet worden waren [99], hatten provisorisch zu Polen gehört; sie gingen jetzt 1939 voll in die Verwaltung von Spiš über. Die zwei Dekanate, die Vojtaššák ebenfalls seiner Jurisdiktion unterstellen wollte, fielen nur provisorisch an Spiš [100].

Die Frage der Verwaltung dieser Gebiete wurde nochmals durch die Weigerung des Bischofs aufgeworfen, einen Teil der Pfarreien nur provisorisch zu übernehmen. Er fürchtete, wie er Orsenigo schrieb, Rückwirkungen auf Klerus und Volk, die wie alle Bewohner der kleinen Natio-

94) ADSS 3 Nr. 10 vom 18. 9. 1939 S. 74.

95) ADSS 3 Nr. 11 vom 20. 9. 1939 S. 75. Es handelte sich um zwei Dekanate, die nach der Neugründung Polens 1919 zu diesem Land kamen und 1925 ebenfalls der Diözese Krakau zugeteilt worden waren. Auch diese Gebiete hatte die Slowakei zurückerhalten: Nr. 19 vom 3. 10. 1939 S. 87.

96) ADSS 3 Nr. 12 vom 22. 9. 1939 S. 75.

97) „Come l'E. V. [d. h. Maglione] rileverà, alcune espressioni contenute in detto scritto [d. h. ein Schreiben Vojtaššáks an Orsenigo] ingenerano il dubbio che quell'Ecc.mo Prelato, nell'avanzare le note richieste, sia stato spinto non soltanto da motivi di ordine spirituale, ma anche da qualche preoccupazione nazionalistica": ADSS 3 Nr. 20 vom 5. 10. 1939 S. 88.

98) ADSS 3 Nr. 60 vom 1. 12. 1939 S. 140–141. — Inzwischen hatte sich der Bischof von Nitra, Karel Kmetko, an Orsenigo gewandt. Polen hatte 1938 einen Teil der Diözese Nitra okkupiert; er war am 10. 1. 1939 vom Heiligen Stuhl provisorisch der Verwaltung von Kattowitz unterstellt worden. Dieses Gebiet war in der Zwischenzeit wieder an die Tschechoslowakei zurückgekommen, und Kmetko wollte es — was ihm zugestanden wurde — übernehmen; ebd.

99) Siehe oben Anm. 93.

100) Siehe oben Anm. 95. — Maglione teilte diese Regelung Orsenigo mit: ADSS 3 Nr. 69 vom 16. 12. 1939 S. 152–154.

nen um das Deutsche Reich herum in ständiger Aufregung lebten [101]. Orsenigo sah sich nicht in der Lage, eine Entscheidung zu fällen, und gab die Angelegenheit an das Kardinalstaatssekretariat weiter. Maglione bekräftigte die bereits erlassene Anordnung. Der augenblickliche Kriegszustand lasse keine definitiven Entscheidungen zu; außerdem, so wurde dem Bischof von Spiš klargemacht, werde die Regelung dem Wohl der Seelen durchaus gerecht [102].

Die Bemühungen des Vatikans hinsichtlich der Verwaltung der polnischen Diözesen dienten alle dem Ziel, diese Verwaltung möglichst reibungslos fortzuführen, wenn die polnischen Bischöfe dies, aus welchen Gründen auch immer, nicht mehr konnten. Die Aufgabe wurde einmal durch die Bestrebungen der deutschen Besatzungsmacht erschwert, die eben diese Verwaltung unterbrechen wollte; weiterhin bildete der teilweise immer seltener werdende Kontakt mit einzelnen Gebieten — besonders im sowjetisch besetzten Teil Polens — ein Hindernis. Zudem mußte Rom die Interessen der polnischen Hierarchie gegenüber den Versuchen der deutschen Behörden verteidigen, polnische Bischöfe durch deutsche zu ersetzen. In dieser Hinsicht vertrat Rom, nach den schlechten Erfahrungen, die der Vatikan mit dem ‚Fall Kulm' gemacht hatte [103], einen rigoros ablehnenden Kurs. Auch der Wunsch der deutschen Regierung nach Änderungen im Annuario Pontificio fanden keinerlei Beachtung [104].

Lediglich dort, wo nur durch deutsche Geistliche als Vertreter der deutschen Katholiken in Polen ein Minimum an Seelsorge zu gewährleisten war, setzte der Heilige Stuhl vorübergehend deutsche Apostolische Administratoren ein, allerdings stets im Einverständnis mit den polni-

---

101) ADSS 3 Nr. 87 vom 5. 1. 1940 S. 184–185.

102) „D'altra parte sembra sufficientemente provveduto al bene delle anime affidando l'amministrazione dei due menzionati decanati all'Ecc. mo Vescovo di Scepusio": ADSS 3 Nr. 104 vom 19. 1. 1940 S. 205; siehe oben S. 86 und 148. — Später machte Vojtaššák über den tschechischen Botschafter beim Heiligen Stuhl, Karel Sidor, erneut den Versuch, die Regelung zu revidieren. Auch damit hatte er keinen Erfolg: ADSS 3 Nr. 320 vom 21. 10. 1941 S. 486.

103) Siehe oben S. 141 ff.

104) Am 11. 12. 1941 war der Sekretär der deutschen Botschaft beim Heiligen Stuhl, Kurt Tannstein, im Kardinalstaatssekretariat erschienen. Er hatte dort ein Blatt — „un foglio" — vorgelegt, auf dem die deutschen Änderungswünsche verzeichnet waren; sie betrafen die Diözesen Kulm, Danzig, Gnesen und Luxemburg. Da sein Gesprächspartner, dessen Name die Aufzeichnung nicht vermerkt, sich aber nach einem kurzen Blick auf das Blatt weigerte, es entgegenzunehmen, nahm Tannstein es wieder an sich: ADSS 3 Nr. 341 vom 12. 12. 1941 S. 511. Später kam die Reichsregierung nicht mehr auf dieses Ansinnen zurück.

schen Bischöfen, zumindest mit denjenigen, die in Polen selbst waren und daher die dortige Lage kannten [105]. Schließlich gelang es mit Hilfe der oben beschriebenen Maßnahmen, die Verwaltung der polnischen Diözesen durch die Kriegszeit hindurch im großen und ganzen zu gewährleisten und damit eine wichtige Voraussetzung für die Seelsorge zu erhalten.

2. Die Priester und die Seelsorge

a) Überblick über die bedrängte Lage

Aus den bisher geschilderten Zuständen in den verschiedenen Teilen des polnischen Staates geht hervor, daß das tägliche religiöse Leben, der Gottesdienst und Sakramentenempfang, die Seelsorge der breiten Masse der katholischen Bevölkerung stark zu leiden hatte. Das war einmal auf den großen Verlust an Priestern zurückzuführen, außerdem auf die zahlreichen anderen Behinderungen, auf direkte lokale Eingriffe der Behörden und der Polizei, sowie auf generelle Regelungen der Besatzungsmächte wie das Verbot des Gebrauchs der polnischen Sprache in einigen Teilen Polens [106]. Gotteshäuser waren geschlossen oder ihr Besuch für polnische Katholiken verboten [107]; teilweise waren die Kirchen nur für zwei Stunden in der Woche für die Gläubigen geöffnet [108]. In vielen Diözesen durften die Priester keine Krankenbesuche oder Versehgänge durchführen [109]. Der Apostolische Administrator für die deutschen Katholiken im Warthegau, Breitinger, berichtete, daß es zudem für die deutschen Geistlichen in Polen schwierig sei, sich mit den Problemen der polnischen Bevölkerung zu befassen, da für jeden, der es tue, die Gefahr bestehe, der Polenfreundschaft und damit der Staatsfeindlichkeit bezichtigt zu werden [110].

Die radikale Haltung der Deutschen in Fragen der religiösen Betreuung der Polen fiel auch den italienischen Soldaten auf, die an dem

105) K. Śmigiel, Władze, S. 166,. faßt die Verwaltungsregelungen wie folgt zusammen: „Faktorami zmian były w pierwszym rzędzie centralne i lokalne władze państwowe, ordynariusze i Stolica Apostolska. Watykan akomodował zmiany organizacyjne do sytuacji polityczno-kościelnej“

106) Siehe unten S. 159–165.

107) Vgl. ADSS 3 S. 217 Anm. 1; The German New Order S. 369–376; siehe oben S. 31.

108) The Persecution S. 7, 13, 29, 32.

109) Siehe oben S. 65 f.

110) ADSS 3 Nr. 398 vom 28. 7. 1942 S. 612.

Rußlandfeldzug teilnahmen. So schrieb der Kommandant des italienischen Expeditionskorps in der Sowjetunion, Giovanni Messe, in einem Bericht an Mussolini, die deutschen Handlungen seien — was den religiösen Bereich betreffe — von einem permanenten Mißtrauen gegen die Römische Kirche geprägt. Es sei den italienischen Militärgeistlichen z. B. die seelsorgerische Betreuung von Zivilpersonen verboten [111]. In den besetzten Ostgebieten durften aus dem gleichen Grund die Wehrmachtsgottesdienste nur als Feldgottesdienste — also nicht in den örtlichen Kirchen — abgehalten werden. Die Zivilbevölkerung durfte an diesen Meßfeiern nicht teilnehmen. Es war dem Militär ebenfalls verboten, zerstörte Gotteshäuser wieder aufzubauen [112].

Die Hauptursache für die katastrophale Lage der Seelsorge in Polen bildete zweifellos der Aderlaß, der die polnische Geistlichkeit traf. In den ADSS finden sich hin und wieder Berichte, in denen der große Mangel an Priestern beschrieben wird [113], aber keine umfassenden Angaben über die Zahl der deportierten, gefangenen und ermordeten Geistlichen. Eine Bitte Magliones an Erzbischof Sapieha von Krakau, eine Statistik für seine Diözese und die übrigen des Generalgouvernements anzufertigen, konnte von ihm offenbar nicht erfüllt werden [114].

Zwar liegen noch nicht für alle Diözesen umfassende Untersuchungen vor — wie z. B. für Posen [115] — aber die Berichte zeigen, daß von einem

---

111) „Sul terreno religiose, infina, l'azione tedesca si era ispirata ad una costante diffidenza verso la Chiesa di Roma, come risulta evidente dal divieto posto ai nostri cappellani militari di estendere alle popolazioni civili il loro ministero e dal divieto opposto all'invio nei territori occupati di religiosi appositamente preparati dal Vaticano": G. Messe S. 97–98.

112) Vgl. einen Befehl Hitlers vom 6. 8. 1941, zitiert bei K. Steuber S. 11; vgl. R. A. Graham, Hitler, S. 249–250. Dazu: ADAP D XIII 1 Nr. 114 vom 16. 7. 1941 S. 127–131; 2 Nr. 340 vom 19. 9. 1941 S. 437–438; 2 Nr. 542 vom 4. 12. 1941 S. 774–775; A. Dallin S. 486–506; M. Messerschmidt, Militärseelsorgepolitik I, S. 102–105 und II, S. 82–85.

113) Zu dem Priestermangel in Kulm siehe oben S. 45. — Erzbischof Sapieha schrieb im November 1941, daß etwa 2 500 Priester in Konzentrationslagern seien: ADSS 3 Nr. 323 vom 3. 11. 1941 S. 489. — Vgl. den Bericht Magliones für Hlond über die Lage der Kirche in Polen: Nr. 381 vom 26. 5. 1942 Anhang II S. 580–581.

114) Maglione bat Sapieha 1943 um diese Statistiken: ADSS 3 Nr. 468 vom 28. 1. 1943 S. 725. Mitte März schrieb Sapieha, daß noch nicht alle Bischöfe geantwortet hätten: Nr. 488 vom 23. 3. 1943 S. 769. Dann ist nichts mehr über das Vorhaben zu erfahren.

115) Für Posen liegt ein kirchlicher Bericht vom 1. 10. 1941 über 681 Welt- und 147 Ordenspriester vor; vgl. B. Stasiewski, Kirchenpolitik, S. 65. Von ihnen waren 451 im Gefängnis oder im Konzentrationslager, 120 ins Generalgouvernement evakuiert worden, 74 tot, 12 vermißt und 22 hatten keine Seelsorgeerlaubnis. Nach

systematischen Vorgehen bei den Verhaftungen der Geistlichen gesprochen werden kann[116]. Die Angaben, die vorhanden sind, können sicherlich als repräsentativ für die betreffenden größeren Gebiete gelten[117]. Ein Überblick über die Zahl der nach den Verfolgungen noch tätigen Priester der Erzdiözese Gnesen — aufgeschlüsselt für den Warthegau und den Gau Danzig-Westpreußen — ist charakteristisch für das unterschiedliche Schicksal der Geistlichen in den beiden Gauen[118].

	Warthegau	Gau Danzig-Westpreußen
1940	121	37
1941	63	36
1942—1945	11	25

Insgesamt waren während des II. Weltkrieges von 10 017 polnischen Priestern 3 647 in Konzentrationslagern, von ihnen kamen 1 996 ums Leben[119]; Polen büßte in dieser Zeit 2 647 Priester ein[120]. Die Angriffe gegen den Klerus waren die Konsequenz der deutschen Politik, für die

St. Biskupski, Danina, S. 93, kamen während des gesamten Kriegszeitraums von den 681 Weltpriestern 212 ums Leben. — In der Erzdiözese Gnesen wurden nach Biskupski von 369 Geistlichen 17 ermordet und 163 starben in Konzentrationslagern, d. h. fast die Hälfte aller Priester kam ums Leben; siehe unten Anm. 116 und 118.

116) Bischof Konrad v. Preysing von Berlin berichtete über die Erzdiözese Gnesen: „Es geht wieder eine Welle scharfer Maßnahmen gegen den Klerus durch die Erzdiözese"; ADSS 3 Nr. 209 vom 4. 10. 1940 S. 305. Siehe oben S. 26.

117) Listen der während des Krieges inhaftierten und umgekommenen Geistlichen liegen für folgende Diözesen vor: Gnesen: siehe oben Anm. 115 und unten Anm. 118. — Posen: siehe oben Anm. 115. — Włocławek: E. Weiler S. 90–91. — Lublin: R. Moszyński — L. Policha S. 102–104. — Łomża: S. J. Borowczyk S. 38–39 und W. Jemielity, Martyrologium, S. 42–60.

118) Liste bei K. Śmigiel, Walka, S. 269; ausführlich behandelt er die Verhaftungen S. 252–254 und 268–275. Vgl. J. Sziling, Polityka, S. 234–270. — Im Generalgouvernement waren bis zum Oktober 1940 826 Priester verhaftet worden; 523 waren bis zu diesem Zeitpunkt wieder frei, 263 saßen noch in Haft, 40 waren umgekommen: The Nazi Kultur S. 22. Vgl. B. Stasiewski, Tausend Jahre, S. 63.

119) V. Conzemius, Églises, S. 480. — Die meisten Priester waren in Dachau untergebracht, nämlich 1 773. Von ihnen kamen zwei Drittel in zwei großen Transporten am 14. 12. 1940 (697) und am 30. 10. 1941 (480) in das Konzentrationslager: R. Schnabel S. 96.

120) Vgl. eine Statistik über polnische Verluste im II. Weltkrieg, die das Amt für Kriegsreparationen beim Präsidium des Ministerrats der Volksrepublik Polen herausgab; auszugsweise abgedruckt bei C. Falconi S. 239. Diese Zahl entspricht der Angabe, die am 3. 4. 1966 im ‚Wrocławski Tygodnik Katolików' veröffentlicht wurde. Demnach kamen in Polen — gemessen am Stand vom 1. 9. 1939 — 27,2 % aller Geistlichen ums Leben: Le Martyre S. 48; vgl. E. Męclewski S. 4 Tabelle 3.

die katholische Kirche als „Hort des Chauvinismus“ galt [121]. Die Priester schienen als intellektuelle Führer der Polen daher besonders gefährlich, da sie großen Einfluß auf das Volk hatten [122]. Vielfach war die ‚polnische Gesinnung‘ des Betreffenden der einzige Grund für seine Inhaftierung [123]. Ein anderer Grund lag z. B. in Lodsch vor, wo alle Priester unter 40 Jahren interniert wurden, um sie an der Flucht zu hindern [124]. In den eingegliederten Ostgebieten wurden polnische Priester häufig deportiert, damit deutsche Geistliche in ihre Stellen eingesetzt werden konnten [125].

In den allgemeinen Problemkreis Seelsorge gehörte ein Gesuch des Bischofs von Kattowitz, Adamski, an die Kongregation für Sakramente [126], in dem er um die Erlaubnis für die Priester bat, die Heilige Messe auch in Privathäusern feiern zu dürfen [127]. Gerade in den Gebieten, die in das Deutsche Reich eingegliedert waren, hatten sich viele polnische Priester aus Angst vor Repressalien versteckt und wurden von Privatpersonen versorgt. Sie fürchteten sich, öffentlich in der Kirche die Messe zu lesen. Pius XII. gewährte die gewünschte Erlaubnis für das gesamte polnische Gebiet [128].

Mit einem ähnlichen Gesuch trat Sapieha im Herbst 1941 an die Kurie heran, als der Generalgouverneur mehrere kirchliche Feiertage aufgehoben hatte [129]. Sapieha bat darum, eine Dispenz von den im Kanon 1248

---

121) Vgl. C. Kleßmann, Kirchenpolitik, S. 580, und einen Bericht des Gauamtes für Volkstumsfragen im Warthegau über die Aufgaben des Amtes: „Der Pole ist in seinem konfessionellen Denken immer chauvinistisch gewesen“; DOT 4 S. 295 vom 20. 3. 1943. Vgl. G. Rhode, Polentum, S. 88.

122) Vgl. eine Rede des Gauleiters Greiser vom 20. 3. 1943 DOT 4 S. 252; dazu A. Hohenstein S. 186.

123) Kardinal Adolf Bertram von Breslau hatte Orsenigo über die Lage in den Breslau benachbarten Diözesen informiert: „Die Zustände des kirchlichen Lebens in den Diözesen Posen-Gnesen, Kattowitz und Culm ... gehen in Folge der Ausweisung und Verhaftung polnisch gesinnter Priester ... einer Anarchie entgegen“; ADSS 3 Nr. 68 vom 15. 12. 1939 S. 150–151.

124) Vgl. ADSS 3 S. 217 Anm. 1.

125) Orsenigo schrieb an Maglione: „Io temo che questa decisa esclusione anche dell'alto clero entri nel programma generale di germanizzare completamente la popolazione“; ADSS 3 Nr. 56 vom 30. 11. 1939 S. 138. — Vgl. Nr. 207 vom 1. 10. 1940 S. 300–301; Nr. 208 vom 2. 10. 1940 S. 302–305; T. Cyprian — J. Sawicki S. 78–91; R. Jeske.

126) Die ungünstige Quellenlage für derartige Fragen ergibt sich z. T. daraus, daß Akten dieser Kongregation nur in wenigen Ausnahmefällen veröffentlicht sind.

127) ADSS 3 Nr. 100 vom 17. 1. 1940 S. 202–203.

128) ADSS 3 Nr. 107 vom 27. 1. 1940 S. 207–208; vgl. Nr. 111 vom 6. 2. 1940 S. 213.

129) Siehe oben S. 57.

des CIC [25] angeführten Vorschriften zu gewähren [130]. Maglione bezog sich in seiner Antwort auf vergleichbare Regelungen im Deutschen Reich und wies Sapieha für die Lage im Generalgouvernement auf die allgemeinen Prinzipien der Moraltheologie, die Angelegenheit betreffend, hin [131].

Als die Schwierigkeiten, einen geregelten Gottesdienst durchzuführen, immer größer wurden, bat Sapieha im Oktober 1942 erneut um Sondervollmachten; so z. B. um die Erlaubnis für die Priester, sonntags drei Messen lesen zu dürfen [132]. Maglione bestätigte dem Erzbischof auch in diesem Fall die Genehmigung des Papstes und übersandte ihm ein Schreiben mit außergewöhnlichen Vollmachten nicht nur für das Generalgouvernement, sondern für alle Ordinarien der lateinischen Kirchenprovinzen in Polen [134]. Sapieha sollte wie Orsenigo [135] versuchen, diese Vollmachten seinen Amtsbrüdern bekanntzugeben [136].

Diese wenigen Beispiele können zweifellos nur einen flüchtigen Eindruck der seelsorgerischen Probleme in Polen vermitteln. Der Vatikan konnte allerdings auf diesem Gebiet wenig für die polnischen Katholiken tun. Hier lag die gesamte Last auf den Schultern des polnischen Episkopats.

b) Sprachenproblem

Bereits vor Kriegsausbruch schlug sich das Problem der deutschen Minderheit in Polen bzw. der polnischen in Deutschland in der kirchlichen Sphäre nieder [137]. Mitteilungen über Schwierigkeiten der Deutschen in

130) CIC, can. 1248: „Festis de praecepto diebus Missa audienda est; et abstinendum ab operibus servilibus, actibus forensibus, itemque, nisi aliud ferant legitimae consuetudines aut peculiaria indulta, publico mercatu, nundinis, aliisque publicis emptionibus et venditionibus".

131) ADSS 3 Nr. 321 vom 26. 10. 1941 S. 487.

132) ADSS 3 Nr. 326 vom 25. 11. 1941 S. 494–495

133) Vgl. ADSS 3 Nr. 450 vom 16. 12. 1942 S. 698 mit Anm. 1.

134) Ebd. S. 698–699.

135) ADSS 3 Nr. 453 vom 23. 12. 1942 S. 703–704.

136) ADSS 3 Nr. 454 vom 3. 1. 1943 S. 705. — Diese Vollmachten sind mit der Zeit bei den einzelnen Bischöfen eingetroffen. Vgl. ein Schreiben Bischof Bolesław Twardowskis von Lemberg an Pius XII.: Nr. 482 vom 7. 3. 1943 S. 759. — Zu den wenigen hier erläuterten Beispielen gehört auch eine Anfrage des Bischofs von Łomża, Stanisław Łukomski, der um die Erlaubnis bat, „di consacrare i Sacri Olii in altro giorno, anziché nel Giovedì Santo": Nr. 362 vom 10. 3. 1942 S. 546.

137) Zu der deutschen Minderheit in Polen: T. Bierschenk S. 341–342; R. Breyer S. 220–272; M. M. Drozdowski; S. Horak, Poland, S. 94–96 und 126–141 — für die Zeit vor Kriegsausbruch bes. S. 134–135; W. Kuhn S. 144–152; S. Potocki.

Polen trafen Ende Juni 1939 aus Berlin ein [138]. Orsenigo berichtete von einigen Übergriffen gegen Deutsche in Thorn [139]. Neben solchen Tätlichkeiten wurden auf beiden Seiten Verbote für die Sprache der jeweiligen Minderheit erlassen [140].

Da in Gnesen, Posen, Kulm und Kattowitz deutsche Gemeinden existierten, hatten dort stets Singmessen, Predigten usw. in deutscher Sprache stattgefunden [141]. Mit den im Sommer 1939 immer stärker zutage tretenden Spannungen zwischen Deutschland und Polen begannen die Schwierigkeiten und Repressalien. Nachdem Bischof Adamski mit einem Pastoralschreiben, in dem er energisch zum Frieden mahnte, dem Übel nicht steuern konnte, berief er am 22. Juni eine Versammlung von Dekanen seiner Diözese nach Kattowitz. Hierbei gab er ihnen die mündliche Anordnung, alle religiösen Funktionen in deutscher Sprache zu beenden. Adamski nannte drei Gründe für seine Entscheidung:

1) Der Klerus hat Schwierigkeiten mit der deutschen Sprache.

2) Protestanten und andere, die nur die polnische Sprache verwenden, richten sich als Patrioten gegen die Katholiken.

3) Die politischen und nationalistischen Vereinigungen verlangen den ausschließlichen Gebrauch des Polnischen; anderenfalls werden sie, wie bereits geschehen, Unruhen gegen die Kirche in Szene setzen.

Von diesen Punkten deuten die beiden letztgenannten die eigentlichen Ursachen des Verbots an: Es waren politische Gründe, die Adamski zu seinem Schritt veranlaßten; er mußte dem Druck der nationalistischen Kräfte nachgeben [142]. Die Aufforderung wurde anschließend — wenngleich inoffiziell — dem Klerus der Diözese schriftlich mitgeteilt.

Kurze Zeit später ging bei Bischof Adamski eine Anfrage von Kardinal Bertram ein, der sich erkundigte, ob seine Information über das Verbot

---

138) ADSS 1 Nr. 70 vom 23. 6. 1939 S. 185–186.

139) Das Deutsche Nachrichtenbüro hatte von Angriffen gegen Deutsche berichtet, bei denen in Thorn drei Männer überfallen und entmannt worden waren. Angeblich war diese Notiz nicht an die Presse übergeben worden, weil Hitler dies ausdrücklich befohlen habe. Von diesen Nachrichten angeregt, warnte der britische Botschafter in Berlin, Nevile Henderson, seine Regierung vor einem provozierenden Verhalten der Polen: „Unwelcome though I feel that my warnings are in London about Polish provocations, I cannot help it, for it is my duty to repeat to you that they consistitute a serious danger"; DBFP III 6 Nr. 161 vom 28. 6. 1939 S. 184–185.

140) Vgl. St. Golachowski.

141) Zum folgenden vgl. ADSS 1 Nr. 88 vom 10. 7. 1939 S. 204–206.

142) Dies bestätigte auch Bertram in einem Schreiben an den Oberpräsidenten und Gauleiter, Josef Wagner, in Breslau: Kardynał S. 7–9 vom 4. 6. 1939.

der deutschen Sprache zutreffend sei [143]. Am 27. Juni mußte auch Bertram dem Druck der staatlichen Behörden nachgeben [144] und im Gegenzug in seiner Erzdiözese den Gebrauch des Polnischen aufheben [145]. Daraufhin wurde in Polen an Hlond die Forderung herangetragen, das Deutsche auch in seiner Erzdiözese abzuschaffen. Pacini bescheinigte Hlond aber, daß er sich die Entscheidung nicht aus der Hand nehmen lasse und die Ruhe bewahre [146].

Die Reaktion des Vatikans auf diese Berichte war gemäßigt, wird sie mit der während des Krieges gegenüber Splett vertretenen verglichen [147]. Maglione beließ es bei einer allgemeinen Mahnung zur Ruhe, damit ein weiteres Anwachsen der Spannungen zwischen den beiden Staaten verhindert werde [148]. Die Lage der deutschen Minderheit in Polen wurde zwar in mehreren Gesprächen und Schreiben als Hauptanlaß für Deutschland geschildert, gegen Polen vorzugehen [149], aber der Vatikan blieb in diesem Punkt beobachtend, obwohl er in anderen Fällen mit zahlreichen Mahnungen und Vorschlägen gerade an die polnische Seite herantrat [150].

In einem Pastoralschreiben vom 10. September 1939 rief Adamski die eben erwähnte Anordnung zurück [151] und erlaubte darüberhinaus seinem Klerus, die deutsche Sprache überall dort einzuführen, wo deutsche Truppen stationiert waren. Bald darauf erklärten die Behörden die deutsche Sprache zur offiziellen Sprache der bischöflichen Kurie und der Kirche, wie Deutsch die Amtssprache in dem gesamten eingegliederten polnischen Gebiet war [152]. Adamski beantragte bei den Behörden, wenigstens für die Anfänge des Katechismusunterrichts, speziell zur Vorbereitung auf die erste Beichte und die Erstkommunion, die polnische Sprache verwen-

143) ADSS 1 Nr. 88 vom 10. 7. 1939 S. 205.

144) Zu den Verhandlungen zwischen Bertram und den Regierungsstellen vgl. A. Triller S. 362–365.

145) ADSS 1 Nr. 88 vom 10. 7. 1939 S. 205–206; vgl. R. Breyer S. 272–296.

146) ADSS ebd. S. 206.

147) Siehe unten S. 163.

148) ADSS 1 Nr. 92 vom 22. 7. 1939 S. 212–213.

149) Vgl. ADSS 1 Nr. 101 vom 17. 8. 1939 S. 219–220 und Nr. 117 vom 24. 8. 1939 S. 240–241.

150) Siehe oben S. 6, 10 f., 13. — Am 31. 8. 1939 wurde Nuntius Cortesi beauftragt, der polnischen Regierung eine internationale Kontrolle des Minderheitenproblems vorzuschlagen: ADSS 1 Nr. 167 S. 275. Wie viele andere Vorschläge blieb auch dieser wegen des Kriegsausbruchs unbeantwortet.

151) ADSS 3 Nr. 37 vom 3. 11. 1939 S. 115; siehe oben S. 160. Vgl. zum folgenden: J. Sziling, Polityka, S. 122–137.

152) ADSS 3 Nr. 100 vom 17. 1. 1940 S. 201; siehe oben S. 48 mit Anm. 142. — Zur Problematik vgl. die Dokumentation von St. Golachowski.

den zu dürfen [153]. Gleichzeitig ermahnte er den Klerus, Deutsch zu lernen, um somit die pastoralen Aufgaben, besonders bei der Beichte, erfüllen zu können [154]. Nachdem sich in einer Abstimmung 90 % aller Katholiken der Diözese Kattowitz als ‚Volksdeutsche' erklärt hatten, verstärkten die Behörden den Druck auf den Bischof immer mehr [155]. Adamski ordnete deshalb den Gebrauch der deutschen Sprache für nahezu alle religiösen Funktionen — mit Ausnahme der Beichte — an. Diese Anordnung akzeptierten die Priester der Diözese ohne großen Widerstand, da sie anderweitig Repressalien befürchteten [156]. Orsenigo hielt in diesem Fall einen Protest bei der Reichsregierung für zwecklos, da das Sprachverbot — wenigstens nach außen hin — vom Bischof ausgegangen war [157].

Der Gebrauch des Polnischen wurde wie in Kattowitz in den Diözesen Danzig und Kulm verboten [158]. Eine Bemerkung Orsenigos in einem Bericht vom 19. Juli 1940, in dem er schrieb, daß in Kulm offenbar auch die Beichte in polnisch aufgehoben sei [159], veranlaßte Maglione, von dem Berliner Nuntius einen genauen Bericht anzufordern [160]. Orsenigo bestätigte daraufhin im Oktober seine Mitteilung: Splett habe, durch den Gauleiter gezwungen, den Gebrauch der polnischen Sprache für die Beichte abgeschafft; Orsenigo hatte den Bischof daraufhin nach Berlin gerufen und sich über den Vorgang erkundigt. Befragt, warum er gegen alle kirchliche Tradition eine solche Anordnung getroffen habe, hatte Splett darauf verwiesen, daß er die polnische Sprache nicht habe beibehalten können, da er sonst die Verhaftung zahlreicher Geistlicher heraufbeschworen hätte [161]. Orsenigo hielt auch in diesem Fall eine Intervention beim Auswärtigen Amt für sinnlos, da die Anordnung wiederum vom Bischof ausging.

---

153) ADSS 3 Nr. 109 vom 27. 1. 1940 S. 210.

154) ADSS 3 Nr. 118 vom 24. 2. 1940 S. 222. — Adamski kam damit einer Empfehlung des Sektionschefs für kirchliche Angelegenheiten für Oberschlesien, Otto Ulitz, nach, der in einem Gespräch mit Generalvikar Strzyż betont hatte, daß die Priester so schnell wie möglich Deutsch lernen sollten: Nr. 100 vom 17. 1. 1940 S. 201.

155 ADSS 3 Nr. 157 vom 22. 6. 1940 S. 260; siehe oben S. 46 mit Anm. 127.

156) ADSS 3 Nr. 280 vom Juni 1941 S. 411; Adamski berichtete aber von Schwierigkeiten bei der Bevölkerung.

157) ADSS 3 Nr. 157 vom 22. 6. 1940 S. 260.

158) ADSS 3 Nr. 211 vom 7. 10. 1940 S. 308. Vgl. K. Śmigiel, Walka, S. 313–322; er druckt S. 316 Anm. 369 eine entsprechende Anordnung des Kreisleiters und Stadtkommissars in Danzig, Wilhelm Kampe, vom 6. 10. 1939 an die Pfarrer ab.

159) ADSS 3 Nr. 211 vom 7. 10. 1940 S. 308 mit Anm. 2.

160) Ebd. mit Anm. 1.

161) Ebd. S. 309.

In seiner Antwort bezeichnete Maglione die Regelung If Spletts als mißbräuchlich, ungerecht und schädigend für die Würde des Sakraments [162]. Mißbräuchlich, da kein Bischof das Recht habe, den Gebrauch einer Sprache in einer privaten Unterredung zu verbieten; die Beichte sei aber die privateste Unterredung zwischen Menschen überhaupt. Die Regelung sei ungerecht, da das Naturrecht den Respekt der Nationalität fordere; die Sprache sei aber eines der wesentlichsten Elemente einer jeden Nationalität [163]. Da die Anordnung zudem die Beichte in vielen Fällen erschwere, schädige sie die Würde des Sakraments. Die scharfe Reaktion der Kurie auf das Sprachverbot in der Diözese Kulm resultierte zweifellos zu einem erheblichen Teil aus den negativen Erfahrungen mit dem ‚Fall Kulm' [164]. Maglione beauftragte Orsenigo, die angeführten Argumente gegenüber Splett zu vertreten; der Bischof solle das Verbot zurücknehmen. Diese Rücknahme sollte allerdings weder durch ein Schreiben noch durch eine öffentliche Erklärung geschehen, sondern durch private Gespräche, da sonst weitere Repressalien gegen die Kirche zu befürchten seien.

Der Berliner Nuntius unterrichtete Splett von den Vorwürfen Magliones [165]. Dies veranlaßte ihn, „die leidige Angelegenheit des Verbotes der polnischen Sprache" in einem längeren Schreiben an Orsenigo zu behandeln [166]. Splett erläuterte dem Nuntius, wie es zu dem Verbot gekommen war. Da das Vorgehen der deutschen Behörden in diesem Fall symptomatisch für das Vorgehen gegen die Kirche überhaupt war, ist es angebracht, die Ausführungen Spletts hier wiederzugeben.

Bereits im Oktober 1939 verboten örtliche Stellen der Gestapo in der Diözese Kulm den polnischen Pfarrern, die in ihren Stellen verblieben waren, den Gebrauch ihrer Muttersprache auch bei der Heiligen Beichte. Die Pfarrer verzichteten daher darauf, überhaupt Beichte zu hören, oder sie verkündeten von den Kanzeln, daß nicht polnisch gebeichtet werden dürfe. Als Splett die Verwaltung der Diözese übernahm, wies er darauf

162) „Infatti è ben chiaro che l'ordine dato dal menzionato Ecc. mo Presule [d. h. Splett] è abusivo, ingiusto e lesivo della dignità del sacramento": ADSS 3 Nr. 222 vom 12. 11. 1940 S. 326.

163) „Ingiusto, perché il diritto di natura esige il rispetto della nazionalità, e la lingua è uno degli elementi più importanti per una determinata nazionalità": ebd. S. 327.

164) Siehe oben S. 141 f. Vgl. V. Conzemius, Églises, S. 481.

165) ADSS 3 Nr. 233 vom 7. 12. 1940 S. 346.

166) ADSS 3 Nr. 229 vom 4. 12. 1940 S. 336–340; der zitierte Satz S. 336. Vgl. R. Stachnik S. 38–39.

hin, daß sich das Sprachverbot keinesfalls auf die Beichte erstrecken könne. Einige Geistliche, die danach wieder polnisch Beichte gehört hatten, waren verhaftet worden.

Im Februar 1940 trat die Gestapo in Danzig mündlich und schriftlich an den Bischof heran, um ihn dazu zu veranlassen, das Beichten in polnisch zu verbieten. Splett protestierte dagegen bei der Gestapo in Danzig und in Berlin, beim Reichsstatthalter und beim Reichskirchenministerium. Am 24. Mai 1940 [167] verhaftete die Gestapo in Kulm sechs Priester und brachte sie nach Danzig; sie hatten in polnisch Beichte gehört. Für den nächsten Tag waren vier Geistliche der Diözese Danzig auf die Dienststelle der Gestapo bestellt. Am 25. Mai teilte die Gestapo Splett diese Verhaftungen mit und drohte gleichzeitig, alle Geistlichen ungeachtet ihrer Nationalität festzunehmen, die die polnische Sprache in der Beichte gebrauchten. Einwände des Bischofs, der sich auf den Standpunkt der Kirche stellte, wies die Gestapo mit dem Hinweis auf eine Verordnung des erzbischöflichen Ordinariats in Salzburg zurück, das die Generalabsolution zugelassen hatte [168]. Splett, der die Drohung der Gestapo ernst nahm, sah seine Aufbauarbeit in der Diözese Kulm, die er als Apostolischer Administrator verwaltete, gefährdet und gab nach. Er erließ folgende Verordnung an die Geistlichen, deren Text er dem Vatikan sinngemäß mitteilte:

1) „Es ist verboten der Gebrauch der polnischen Sprache, auch bei der Beichte“.

2) „Um den Gläubigen Gelegenheit zum Beichten zu geben, ist von sofort an in allen Kirchen Beichtunterricht in deutscher Sprache auch für die Erwachsenen zu erteilen“.

3) „Im Notfall, wenn gar keine Verständigung möglich ist, kann die Generalabsolution erteilt werden“ [169].

Die zehn inhaftierten Priester wurden daraufhin freigelassen.

Splett versicherte in seinem Schreiben an Orsenigo, daß er sich von dem Gedanken habe leiten lassen, „für die Kirche zu erhalten, was noch zu erhalten ist“ [170]. Er wies ebenfalls darauf hin, daß Danzig der Anlaß zum Krieg gewesen war. Daher sei es gerade in diesem Gebiet noch nicht

---

167) Splett gab als Datum den Freitag nach Fronleichnam an: ADSS ebd. S. 337 Demnach wäre seine Verordnung am 26. 5. 1940 ergangen. Eine Kopie des Textes — siehe unten Anm. 169 — trägt aber das Datum vom 25. 5. 1940. — Vgl. J. Sziling, Polityka, S. 125.

168) Vgl. ADSS 3 Nr. 229 vom 4. 12. 1940 S. 338.

169) ADSS ebd. S. 338. — Eine Kopie des Originaltextes hat J. Sikora S. 120.

170) ADSS ebd. S. 339.

möglich, objektiv und ruhig über Nationalitätenfragen — zu denen das Sprachenproblem gehöre, wie Maglione unterstrichen habe — zu diskutieren. Er versicherte abschließend dem Heiligen Stuhl: „Ich benutze die Gelegenheit, Seiner Heiligkeit ... zu versichern, daß alle meine Bemühungen und Bestrebungen der Ehre der Kirche und dem Heil der mir anvertrauten unsterblichen Seelen gelten sollen“ [171].

Aufgrund dieses Berichts ließ die Kurie die Angelegenheit auf sich beruhen. Sicherlich spielte dabei auch eine Rolle, daß sie im Herbst 1939 nichts gegen die Verbote der polnischen Bischöfe in Bezug auf die deutsche Sprache unternommen hatte. Tardini notierte als Ergebnis einer Unterredung mit Pius XII. Ende des Jahres, daß der Papst sich mit der eben angeführten Erklärung Spletts zufrieden gebe [172].

In der Sprachenfrage trat in der Folgezeit keine Veränderung ein. In den eingegliederten Ostgebieten blieb der Gebrauch der polnischen Sprache in den Provinzen Oberschlesien, Südostpreußen und Danzig-Westpreußen — dort sogar für die Beichte — verboten. Im Warthegau war eine solche Lösung aus deutscher Sicht nicht notwendig, da dort praktisch die katholische Kirche in eine deutsche und eine polnische aufgeteilt war. Im Generalgouvernement und im russisch besetzten Gebiet stellte sich das Problem in der eben geschilderten Weise nicht. Da die Verbote des Gebrauchs der polnischen Sprache von den Bischöfen ausgesprochen worden waren, wenn auch auf Druck der deutschen Behörden, hatte der Vatikan keine Möglichkeit zu einem Protest bei der deutschen Regierung [173].

3. Der Priesternachwuchs

Zu den ersten Maßnahmen der Gegner der katholischen Kirche im aufgeteilten Polen gehörte das Vorgehen gegen Bischöfe und Priester; in diesem Zusammenhang wurden schon im Winter 1939 zahlreiche Prie-

---

171) Ebd. S. 340.

172) „Il Santo Padre si compiace delle assicurazioni che da — alla fine — mons. Splett“: ADSS 3 Nr. 233 vom 7. 12. 1940 S. 346. Maglione führte dies in einem Brief an Orsenigo noch aus: Nr. 239 vom 4. 1. 1941 S. 354. — Vgl. auch ein Schreiben Pius XII. an Splett: ADSS 2 Suppl. 7 vom 20. 3. 1941 S. 444–445.

173) In seinem Brief an Reichsaußenminister Ribbentrop kritisierte Maglione das Sprachverbot für die Polen, die sich als Zivilarbeiter im Reich befanden. Auch für sie war der Gebrauch der Muttersprache in der Beichte verboten: ADSS 3 Nr. 480 vom 2. 3. 1943 S. 751; siehe oben S. 91 mit Anm. 108.

sterseminare geschlossen. Im Oktober 1940 zog Orsenigo ein Resumée der Lage der Seminare: Danach standen sieben zu dieser Zeit noch bestehenden Seminaren 15 geschlossene gegenüber [174]:

offen	geschlossen
Krakau	Kattowitz
Warschau	Lublin
Kielce	Włocławek
Tarnów	Płock
Sandomierz	Pelplin
Siedlce	Gnesen
Tschenstochau	Posen
	Przemyśl
	Lemberg
	Wilna
	Łomża
	Pińsk
	Łuck
	Lodsch
	Stanisławów

Die Eingriffe in die Seminare verliefen in den von den Deutschen eingegliederten Ostgebieten überall auf die gleiche Art und Weise [175]. Nach dem Einrücken der deutschen Truppen schlossen die Behörden entweder sofort die Institute oder sie strichen zunächst die Geldzuwendungen an die Theologiestudenten wie in Kattowitz [176]. Bald darauf wurde das Seminar dieser Diözese, das sich in Krakau befand, besetzt. Die Studenten wurden zum großen Teil zum Militärdienst herangezogen [177], die übrigen konnten in Seminaren in Deutschland, Polen, Ungarn, Österreich und Italien weiterstudieren [178].

174) Orsenigo teilte diese Zusammenstellung in einem Überblick an Maglione mit: ADSS 3 Nr. 208 vom 2. 10. 1940 S. 304. Orsenigo führte unter den geschlossenen Seminaren nur 13 an. Zu den am Schluß der Liste genannten Seminaren in Lodsch und Stanisławów siehe unten Anm. 175 und 180. — Vgl. M. Pirożyński.

175) Zu der Schließung der Seminare im Warthegau: ADSS 3 Nr. 381 vom 26. 5. 1942 S. 581; K. Śmigiel, Dziejów, S. 77–81.

176) ADSS 3 Nr. 37 vom 3. 11. 1939 S. 116 und Nr. 68 vom 15. 12. 1939 S. 149.

177) ADSS 3 Nr. 100 vom 17. 1. 1940 S. 202.

178) ADSS 3 Nr. 208 vom 2. 10. 1940 S. 303. Von den Seminaristen aus Kattowitz kamen 19 nach Weidenau, einer nach Kielce, zwei nach Sandomierz, einer nach Eszter-

Geschlossen wurden auch sämtliche Seminare in den russisch besetzten Gebieten. Die Russen beschlagnahmten die Gebäude wie dasjenige in Lemberg, in dem sie eine neue ukrainische Universität errichten wollten [179], oder zerstörten sie wie in Pińsk und Stanisławów [180]. Ein Versuch Erzbischof Szeptyckyjs, das Seminar in Lemberg mit 30 Studenten wieder zu eröffnen, blieb ergebnislos [181]; es gelang allerdings, den Unterricht dieser Seminaristen in privatem Rahmen weiterzuführen [182].

Gemessen an der gesamten Entwicklung der Kirche in Polen verwundert es nicht, daß alle Seminare, die noch in Betrieb waren, im Generalgouvernement lagen [183]. Zwar löste Generalgouverneur Frank das Seminar in Krakau Anfang 1940 zeitweise auf, so daß der Unterricht der Studenten nur in internen Schulen weitergeführt werden konnte [184], später erlaubte er aber die Wiedereröffnung. Die Seminare im Generalgouvernement boten auch den Theologiestudenten anderer Diözesen die Möglichkeit, ihr Studium fortzusetzen. So konnten in Warschau und Kielce Studenten untergebracht werden, die von außerhalb des Generalgouvernements kamen [185].

Ein Bericht von Bischof Czesław Kaczmarek von Kielce gibt Auskunft darüber, unter welchen Bedingungen dieses Studium durchgeführt werden konnte [186]. Wegen des Kriegsausbruchs nahm das Seminar in Kielce die Studien im Winter 1939 mit Verspätung auf. Das Seminargebäude stand nicht mehr zur Verfügung, so daß mehrere Privathäuser gemietet werden mußten. Nachdem Teile des Gebäudes Ende 1939 wieder benutzbar waren, mußten sie einen Monat später endgültig geräumt werden. Dies zwang zu einer dreiwöchigen Unterbrechung des Lehrbetriebs, bis erneut Privathäuser gemietet waren. In Kielce standen alle Pro-

---

gom und einer nach Rom: Nr. 280 von Juni 1941 S. 412. Vgl. F. Wosnitza S. 222, der noch die Studienorte Breslau, Fulda, Linz und St. Pölten erwähnt.

179) ADSS 3 Nr. 79 vom 26. 12. 1939 S. 170.

180) Pińsk: ADSS 3 Nr. 134 vom 5. 5. 1940 S. 238. – Stanisławów: Nr. 289 vom 6. 8. 1941 S. 424. — Zum Seminar in Łomża vgl. W. Jemielity, Seminarium.

181) ADSS 3 Nr. 144 vom 1. 6. 1940 S. 247.

182) ADSS 3 Nr. 297 vom 30. 8. 1941 S. 440; vgl. ferner einen Bericht Bischof Twardowskis aus Lemberg über die Zeit der russischen Besetzung: Nr. 482 vom 7. 3. 1943 S. 761.

183) Zu dem Seminar in Lublin vgl. R. Moszyński — L. Policha S. 104–106.

184) „... scuole interne“: ADSS 3 Nr. 115 vom 17. 2. 1940 S. 219. — Zu den Verhaftungen der Professoren in Krakau siehe oben S. 55.

185) Warschau: ADSS 3 Nr. 208 vom 2. 10. 1940 S. 302. — Kielce: siehe oben Anm. 178.

186) Kaczmarek schilderte die Geschichte des Seminars seit September 1939: ADSS 3 Nr. 271 vom 26. 5. 1941 S. 402–404.

fessoren bis auf zwei wie vor dem Krieg zur Verfügung; es fehlte allerdings oft an den notwendigen Büchern [187].

Größere Schwierigkeiten begannen im Generalgouvernement mit einem Erlaß Franks vom 5. November 1940 [188]. Frank schloß die Seminare im Generalgouvernement mit Ausnahme derjenigen in Krakau und Sandomierz. Für diese galt die Regelung vom 5. November:

1) „Die begonnenen Kurse dürfen fortgesetzt werden".

2) „Neuaufnahmen sind insoweit zulässig, als die Schüler die Reifeprüfung einer anerkannten höheren Lehranstalt mit Erfolg abgelegt haben".

3) „Zöglinge aus den Diözesanseminaren in Warschau, Lublin, Kielce, Siedlce, Tarnow und Tschenstochau, die einstweilen nicht fortgesetzt werden dürfen, können aufgenommen werden".

4) „Die Lehrkräfte der geschlossenen Seminare dürfen nicht übernommen werden".

5) „Der Lehrplan ist zur Genehmigung einzureichen".

6) „Die Namen und Anschriften sämtlicher Dozenten sind hierher mitzuteilen" [189].

Diese Verfügung des Generalgouverneurs beschränkte nicht nur die Zahl der Seminare, sondern griff in den Punkten fünf und sechs erheblich in die internen Verhältnisse der Institute ein. Aufgrund dieser Anordnung fand am 14. November 1940 eine Zusammenkunft der Bischöfe des Generalgouvernements statt. Die Konferenz beschloß, die Ordinarien von Tschenstochau und Sandomierz zu Verhandlungen mit Unterstaatssekretär Ernst Kundt zu senden, der sie in Abwesenheit Franks empfing [190].

Für die Ablehnung der Verordnung führten die Bischöfe prinzipielle und lokale Gründe an. Die prinzipiellen Gründe waren folgende:

1) Punkt zwei der Verordnung Franks erkannte die Neuaufnahme nur insoweit als zulässig an, als die Schüler die Reifeprüfung einer anerkannten höheren Schule abgelegt hatten. Nach Kriegsbeginn hatte die Re-

---

187) Siehe oben S. 117 mit Anm. 266.

188) Erzbischof Sapieha informierte Pius XII. über diese Verordnung und fügte deren Text seinem Schreiben bei: ADSS 3 Nr. 224 vom 14. 11. 1940 S. 330–333. — Zu Vorüberlegungen des Generalgouverneurs vgl. Diensttagebuch S. 79 unter dem Datum vom 9. 12. 1939.

189) ADSS ebd. S. 333.

190) An dieser Versammlung nahmen die Bischöfe oder Weihbischöfe von Przemyśl, Tarnów, Sandomierz, Tschenstochau und Kielce sowie die Rektoren der Seminare von Warschau, Lublin und Siedlce teil, da die Bischöfe dieser Diözesen verhindert waren; den Vorsitz führte Erzbischof Sapieha: vgl. ADSS 3 S. 330 mit Anm. 2 und ADSS 6 Nr. 403 vom 13. 12. 1940 S. 510.

gierung aber alle mittleren und höheren Schulen aufgelöst und das Ablegen des Abiturs verboten. Sapieha stellte also völlig zu Recht fest, daß diese Bedingung mit der Zeit praktisch zu einem generellen Verbot der Aufnahme von Studenten führe [191].

2) Frank hatte in einem Schreiben an Sapieha angeordnet, daß in den Seminaren ausnahmslos Unterricht in der Liturgie und pastorale Studien [192] erlaubt seien. Dies schränkte die Möglichkeiten des Studiums erheblich ein.

3) Die in Punkt sechs erhobene Forderung bot Ansatzpunkte für weiteren Mißbrauch, falls die Regierung des Generalgouvernements Dozenten aus politischen Gründen entfernen wollte.

Gegen die Verordnung sprachen ferner folgende lokale Gründe:

1) Die Zusammenlegung der Seminare würde zur Folge haben, daß in jedem der beiden weiterbestehenden Institute 400 bis 500 Studenten aufgenommen und unterrichtet werden müßten. Dadurch würde es kaum möglich sein, die Seminaristen in der notwendigen Weise individuell zu betreuen.

2) Außerdem fehlte es sowohl in Krakau wie auch in Sandomierz an geeigneten Räumen, um alle Studenten aufzunehmen, zumal die ursprünglichen Seminargebäude von deutschen Truppen besetzt waren [193].

Die eben angesprochene Unterredung der Bischöfe mit Kundt blieb ohne Erfolg. Sapieha war bereit, eher die Schließung aller Seminare in Kauf zu nehmen, als die von Frank gestellten Bedingungen zu akzeptieren [194]. Der Erzbischof bat Pius XII., sich für die Erhaltung der Seminare einzusetzen.

Ungeachtet der bischöflichen Proteste begann der Generalgouverneur einzelne Seminare wie das in Kielce aufzulösen [195]. Die Lage der Kirche im Generalgouvernement und die der Seminare im besonderen veranlaßte das Kardinalstaatssekretariat Anfang des Jahres 1941 zu Überlegungen, wie es den Bitten Sapiehas nachkommen und etwas gegen die Verord-

191) „Praticamente dunque la condizione suaccennata si riduce col tempo a un divieto generale di ricevere alunni nel seminario“: ADSS 3 Nr. 224 vom 14. 11. 1940 S. 331.

192) „... pratici studi pastorali“: ebd.; vgl. ein Schreiben Hlonds an Maglione: ADSS 3 Nr. 264 vom 19. 3. 1941 S. 388.

193) ADSS 3 Nr. 224 vom 14. 11. 1940 S. 332.

194) „L'opinione commune dei vescovi presenti alla conferenza è che anche un' estremità, quale la chiusura di tutti i seminari per un certo periodo, sarebbe un male minore che l'acconsentimento alle condizioni imposte“: ebd.

195) Dies geht aus einem Bericht des Bischofs von Kattowitz hervor: ADSS 3 Nr. 231 vom 6. 12. 1940 S. 343–345.

nungen Franks unternehmen könne. Den Kern dieser Überlegungen bildeten die Argumente, die der Erzbischof von Krakau gegen die Schließungen der Seminare und gegen die Reglementierungen vorgebracht hatte [196]. Tardini riet, vor einem direkten Schritt bei der deutschen Regierung Orsenigo einzuschalten und ihn aufzufordern, die Ergebnisse seiner Bemühungen mitzuteilen [197]. Demzufolge informierte Maglione den Nuntius in Berlin kurz von den Überlegungen der Kurie und erbat seine Meinung darüber, was zugunsten der Seminare im Generalgouvernement zu tun sei [198].

Einige Monate später zeigten die Bemühungen der polnischen Bischöfe und des Nuntius einen kleinen Erfolg. Mit einem Dekret vom 13. Februar 1941 ließ der Generalgouverneur die Öffnung aller Seminare wieder zu [199]; allerdings verbot er gleichzeitig die Neuaufnahme von Studenten, so daß die Seminare praktisch nur noch eine begrenzte Zeit tätig sein konnten [200]. Dies geschah, wie er mitteilte, „aus grundsätzlichen Erwägungen" [201], ohne nähere Angabe von Gründen. Sapieha forderte Frank auf, seine Entscheidung nochmals zu überprüfen [202].

Auch Maglione versuchte erneut über den Berliner Nuntius auf das Geschehen im Generalgouvernement einzuwirken [203]. Orsenigo beauftragte den Vertrauensmann für kirchliche Angelegenheiten beim Generalgouverneur, den Franziskanerpater Odilo, mit Frank zu verhandeln [204]. Diese Verhandlungen konnten aber nicht erfolgreich abgeschlossen werden, da Pater Odilo Anfang 1942 ohne Bekanntgabe der Gründe verhaftet wurde [205]. Die Neuaufnahme von Studenten in die Priesterseminare im Generalgouvernement blieb weiterhin verboten. Der Unterricht in den

196) ADSS 3 Nr. 237 vom 2. 1. 1941 S. 351–353 und Nr. 238 vom 3. 1. 1941 S. 353–354.

197) Ebd. S. 354.

198) ADSS 3 Nr. 242 vom 10. 1. 1941 S. 358–359.

199) Sapieha berichtete darüber an Maglione: ADSS 3 Nr. 258 vom 10. 3. 1941 S. 380 und ADSS 8 Nr. 156 vom 19. 9. 1941 S. 287. Vgl. ein Schreiben des Apostolischen Administrators von Warschau, Stanisław Gall, an Orsenigo, von dem dieser den Kardinalstaatssekretär unterrichtete: ADSS 3 Nr. 266 vom 2. 4. 1941 S. 392. Gall datierte das Dekret Franks irrtümlich auf den 18. 2. 1941. — Zu den Verhandlungen zwischen Frank und Himmler vgl. St. Piotrowski S. 188.

200) ADSS 3 Nr. 285 vom 18. 7. 1941 S. 415–417; vgl. Nr. 523 vom 18. 6. 1943 S. 813 mit Anm. 3.

201) ADSS 3 Nr. 285 vom 18. 7. 1941 S. 416.

202) Ebd. S. 417.

203) ADSS 3 Nr. 294 vom 23. 8. 1941 S. 431–432.

204) ADSS 3 Nr. 309 vom 20. 9. 1941 S. 461.

205) Siehe oben S. 56.

Seminaren konnte allerdings nahezu ungestört weitergehen[206]. An der generellen Situation der Seminare änderte der Protest Magliones in seinem Schreiben an Reichsaußenminister Ribbentrop[207] ebensowenig wie weitere Beschwerden Erzbischof Sapiehas im Laufe des Jahres 1943[208].

Der Kampf gegen die Priesterseminare war kurz, aber gründlich. In Danzig-Westpreußen, Oberschlesien und Ostpreußen sowie im Warthegau wurden die Seminare aufgelöst, die Gebäude konfisziert. Die Russen verfuhren während der Zeit ihrer ersten Besetzung ebenso rigoros[209]. Eine Ausnahme bildete wie auf anderen Gebieten das Generalgouvernement, in dem die Seminare zwar behindert wurden, ebenfalls von der Schließung bedroht waren aber bestehen bleiben konnten. Nach der Angliederung Galiziens an das Generalgouvernement konnten auch in Lemberg die laufenden Seminarkurse weitergeführt werden[210]. Wenigstens in diesem Teil Polens hatten die Bemühungen der polnischen Bischöfe und des Vatikans einen — wenngleich geringen — Erfolg.

206) Bischof Kaczmarek berichtete aus Kielce: „L'administration de celui-ci [d. h. der gesamten Diözese] continue à s'effectuer plus ou moins normalement, autant que cela est possible dans des conditions de guerre"; ADSS 3 Nr. 348 vom 25. 1. 1942 S. 524.

207) Siehe oben S. 90.

208) ADSS 3 Nr. 523 vom 18. 6. 1943 S. 813; Sapiehas Protestschreiben ist ebd. Anm. 3 abgedruckt.

209) Zu der Lage der Seminare im russisch besetzten Teil Polens in der zweiten Phase der Besatzungszeit siehe oben S. 72.

210) Vgl. die Berichte Erzbischofs Slipyjs: ADSS 3 Nr. 375 vom 12. 4. 1942 S. 565 und 567, und Bischof Twardowskis: Nr. 529 vom 12. 7. 1943 S. 822–823 und Nr. 532 vom 16. 7. 1943 S. 826. Dies galt nicht für die Seminare des unierten Ritus: Nr. 406 vom 29. - 31. 8. 1942 S. 627.

SCHLUSS

Das ‚Schweigen' des Papstes

Noch vor Ausbruch des II. Weltkrieges hatte die französische Regierung von Pius XII. eine öffentliche Erklärung zugunsten des polnischen Volkes gefordert. Die Kurie lehnte dies mit der Begründung ab, daß eine solche offizielle Stellungnahme mit Rücksicht auf die Katholiken im Reich unterbleiben müsse [1]. Wenige Tage nach Kriegsbeginn wiederholte der französische Botschafter Charles-Roux den Vorschlag, Pius XII. solle den Ausbruch von Gewalt und Grausamkeit verurteilen [2].

Das ‚Schweigen des Papstes' ist nicht erst seit R. Hochhuths ‚Stellvertreter' eines der meist diskutierten Themen der neuesten Kirchengeschichte [3]. Schon 1940 warf Kardinal Tisserant dem Oberhaupt der Kirche vor, es beschäftige sich zu sehr damit, Rom vor Bombenangriffen zu bewahren, und zu wenig mit den wahren Problemen der Kirche [4]. Die Urteile darüber, was Pius XII. für die Opfer des Krieges tat, was er unternahm, um die Schuldigen zu verurteilen, umfassen die gesamte Bandbreite der Möglichkeiten: von Aussagen wie „Pius XII. ging an die Grenzen des Möglichen" [5] bis zu „Pius XII. hat nichts getan" [6].

Manche Kritiker stützten sich in ihren zum Teil heftigen Angriffen gegen den Papst hauptsächlich auf deutsche Berichte [7], die das Vorgehen des

---

1) ADSS 1 Nr. 144 vom 28. 8. 1939 S. 256–257; vgl. DBFP III 7 Nr. 611 vom 28. 8. 1939 S. 452–453. Siehe oben S. 21.

2) „... cette explosion de violence et de cruauté": ADSS 1 Nr. 198 vom 11. 9. 1939 S. 301; vgl. ADSS 3 Nr. 18 vom 2. 10. 1939 S. 83–86. — Zu dem französischen Vorgehen vgl. W. Schieder S. 350.

3) Zur Reaktion auf Hochhuths Werk vgl. u. a.: W. Adolph, Geschichte; A. Curvers; K. Epstein S. 89–94; R. Leiber, Andenken; A. Martini, Vicario; J. Nobécourt; P. Rassinier.

4) Tisserants Brief ist abgedruckt bei E. Jäckel S. 45–46. — Zum Problem ‚Rom — offene Stadt': F. Alessandrini; G. Castelli; F. Cavalli, L'attività; A. Giovannetti, Roma.

5) R. Leiber, Pius XII. †, S. 99.

6) T. Prittie S. 105.

7) So H. Abosch und S. Friedländer; vgl. dazu P. Blet.

Heiligen Stuhles oft verzerrt darstellten [8]. Im Zusammenhang mit dieser Arbeit interessieren primär die Zeugnisse, die sich auf die Lage in Polen beziehen; dies sind hauptsächlich vatikanische Dokumente, Äußerungen von Exilpolen sowie Stellungnahmen derjenigen Polen, die im Lande selbst waren. Eine Analyse dieser Dokumente macht verständlich, weshalb der Vatikan so gehandelt hat, wie er es während des II. Weltkrieges tat [9].

Die Haltung der Kurie schwankte in den ersten Kriegswochen zwischen vorsichtigem Abwarten und präzisen Äußerungen über die Lage in Polen. Deshalb legte sie dem polnischen Primas nahe, bei einer Audienz der Polen in Rom bei Pius XII. keine Ansprache zu halten [10]. Tardini sprach sich aus dem gleichen Grund dagegen aus, Briefe Hlonds an den Papst zu veröffentlichen [11]. Der Heilige Stuhl wollte nicht die Plattform für die Vorwürfe des Kardinals gegen die Deutschen abgeben. Auf der anderen Seite entschloß sich Pius XII., selbst zu dem Geschehen in Polen Stellung zu nehmen. Hlond hatte um ein Wort des Papstes zu dem polnischen Schicksal in seiner zu erwartenden Enzyklika gebeten [12]. Dies veranlaßte Montini, die Haltung des Papstes in einem Presseartikel klarzustellen [13]. Dieser Bericht, den Pius XII. guthieß, erschien am 15. Oktober 1939 im ‚Osservatore Romano' [14].

Der Artikel trat dem Vorwurf entgegen, der Heilige Stuhl stehe der polnischen Tragödie indifferent gegenüber. Es wurde betont, daß der Papst unter dem Schicksal einer katholischen Nation in Europa gelitten habe [15]. Der Artikel stellte Pius XII. gleichzeitig als die übergeordnete Stimme heraus, die aus einer unparteilichen Autorität hervorgehe und die im Namen der Wahrheit und Gerechtigkeit spreche. Der Papst könne

---

8) Vgl. z. B. R. A. Graham, Condotta, zu den Berichten Weizsäckers als deutscher Vatikanbotschafter.

9) Zu den Vorwürfen, der Heilige Stuhl habe der polnischen Tragödie unbeteiligt zugesehen, vgl. R. Darricau S. 176–180.

10) ADSS 3 Nr. 13 vom 22. 9. 1939 S. 80; vgl. W. Eborowicz S. 929–930.

11) ADSS 3 Nr. 25 vom 10. 10. 1939 S. 94.

12) ADSS 3 Nr. 21 vom 7. 10. 1939 S. 88–89.

13) ADSS 3 Nr. 22 vom 8. 10. 1939 S. 90. Vgl. auch den Leitartikel im OR vom 18. 9. 1939, der dem Argument vom ‚finis Poloniae' entgegentrat.

14) Der Artikel ist abgedruckt: ADSS 3 Nr. 28 vom 14. 10. 1939 S. 96–99 und L'Opera Nr. 81 S. 74–75. — Vgl. R. A. Graham, Pope, S. 31–32.

15) „Tutto ciò addolora profondamente quanti hanno avuto modo di seguire da vicino l'attività del Santo Padre in questi giorni di angoscia, ed hanno potuto raccogliere dalla viva voce di lui lo strazio arrecato al Suo cuore dalle sofferenze di una Nazione cattolica d'Europa": ADSS ebd. S. 97.

aber die Gefühle und Eindrücke, die die Zerstörung der heiligsten moralischen Werte hervorrufe, nicht so zum Ausdruck bringen wie die Gläubigen und Mitglieder der Hierarchie in den betroffenen Gebieten; hierbei spielte der Artikel auf die Äußerungen Kardinal Hlonds an [16]. Es folgten Hinweise auf die Ansprache des Papstes an die Polen in Rom [17] und an den polnischen Botschafter [18]. Der Schluß — „Così parla il Papa“ [19] — zeigte, daß die vorgetragenen Ansichten die Billigung Pius XII. besaßen.

Wichtig war, daß Pius XII. von Kriegsbeginn an die Unparteilichkeit des Heiligen Stuhles betonte [20]. Der Papst zog den Begriff ‚Unparteilichkeit‘ demjenigen der ‚Neutralität‘ vor. „Neutralität könnte im Sinne einer passiven Gleichgültigkeit verstanden werden, die dem Oberhaupt der Kirche einem solchen Geschehen gegenüber [d. h. dem II. Weltkrieg] nicht anstünde“ [21]. Diese Unparteilichkeit veranlaßte Pius XII., mit der deutschen Regierung allein auf diplomatischem Wege zu verhandeln [22]. E. Weinzierl gibt zu Bedenken, „ob die Anwendung der üblichen Mittel der kurialen Diplomatie, die Wahrung auch der verbalen Neutralität“, dieser Situation des II. Weltkrieges noch entsprach [23]. Der Papst hielt sich an die Regel Benedikts XV., allgemein gegen Ungerechtigkeit und Gewalt zu protestieren [24], was keineswegs einer Agonie gleichkam [25], denn er wollte nach dem Krieg für Friedensverhandlungen zur Verfügung stehen. Das war nur möglich, wenn er keine der kriegführenden Seiten öffentlich verurteilte [26].

---

16) Der Artikel fuhr fort: „Che se nel cuore di colui, che è Padre de tutte le genti, il dolore per la sciagura che si abbatte su di uno dei suoi prediletti figliuoli, è, e deve essere, più fortemente sentito, non ne segue che la reazione prodotta da questo dolore debba raggiungere delle forme che non si confanno alla Sua qualità di Padre comune“; ebd.

17) Vgl. ADSS 3 Nr. 15 vom 30. 9. 1939 S. 82 mit Hinweisen auf weitere Publikationen.

18) Discorsi I vom 25. 7. 1939 S. 281–284.

19) ADSS 3 Nr. 28 vom 14. 10. 1939 S. 99.

20) B. Schneider, Bischöfe, S. 260–263 und R. Devos S. 759.

21) ADSS 2 Nr. 96 vom 31. 1. 1943 S. 293 = B. Schneider, Briefe, Nr. 96 S. 215.

22) Vgl. R. Lill, Geschichte, S. 225. – Zu Pius XII. als Diplomat vgl. C. Coppini S. 19–21.

23) E. Weinzierl, Polen, S. 236 und dies., Selbstverständnis, S. 38. Ähnlich kritisch L. Papeleux S. 27–30.

24) Vgl. ADSS 2 Nr. 53 vom 6. 8. 1940 S. 165 = B. Schneider, Briefe, Nr. 53 S. 94 und dazu: J. Becker S. 316; R. Leiber, Pio XII, S. 453; G. Miccoli S. 320–322: D. Tardini S. 39. — Zu den Prinzipien Benedikts XV.: J. Leflon S. 53–63.

25) Gegen O. Chadwick S. 78.

26) Vgl. J. Becker S. 317, der zu Bedenken gibt, ob Pius XII. nicht die Möglichkeiten der vatikanischen Diplomatie überschätzte; J. S. Conway, Silence, S. 119;

Mit seiner ersten Enzyklika ‚Summi Pontificatus' vom 20. Oktober 1939 begann die Reihe derjenigen Ausführungen Pius XII., in denen er die Irrtümer seiner Zeit enthüllte und gleichzeitig Wege zu ihrer Überwindung aufwies [27]. Neben allgemeinen Erörterungen ging er auch konkret auf das Schicksal des polnischen Volkes ein: Das Blut unzähliger Menschen, auch von Zivilisten, erhebt trauervolle Klage über die geliebte polnische Nation, die das Recht auf das Mitgefühl der ganzen Welt hat und die die Stunde ihrer Wiederherstellung in Gerechtigkeit und Frieden erwartet [28].

Nach der Enzyklika, für die Hlond dem Papst im Namen der polnischen Katholiken dankte [29], trafen eine zeitlang keine Forderungen im Vatikan ein, etwas zu dem Schicksal der Polen zu sagen. Offensichtlich waren die Teile der Enzyklika, die sich mit dem polnischen Schicksal befaßten, als Stellungnahme des Papstes verstanden worden.

In den folgenden Monaten bis Ende Januar 1940 ging Radio Vatikan vereinzelt auf die Lage in Polen ein [30]. Ein Grund, weshalb nicht nur diese Radiosendungen fast völlig aufhörten, sondern auch weitere öffentliche Kundgebungen unterblieben, lag zweifellos in der Sorge des Vatikans begründet, daß Proteste gegen die Deutschen Repressalien gegenüber den Katholiken zur Folge hätten. Die Anzeichen dafür, daß die deutsche Regierung nicht bereit war, eine Einmischung des Vatikans in die polnischen Verhältnisse zu dulden, zeigten sich seit Anfang 1940 [31]. So teilte das Auswärtige Amt Nuntius Orsenigo mit, daß es keinen Sinn habe, wenn

P. Chiocchetta S. 460; P. Graf S. 479; F. Haffner S. 38. — R. Lill, Akten II, S. 581 weist zu Recht darauf hin, daß die vatikanische Neutralität im Lateranvertrag vorgeschrieben war; vgl. P. Duclos S. 22–25.

27) ADSS 1 Nr. 213 vom 20. 10. 1939 S. 315–323 (Auszüge). Der vollständige Text ist veröffentlicht: AAS 31 (1939), S. 413–453 — lateinischer Text —, S. 565–594 — deutscher Text. Vgl. O. Halecki, Pacelli, S. 118–137.

28) „I popoli, travolti nel tragico vortice della guerra, sono forse ancora soltanto agli initia dolorum . . . Il sangue di innumerevoli esseri umani, anche non combattenti, eleva un funebre straziante lamento sopra una diletta Nazione, quale è la Polonia, che, per la sua fedeltà verso la Chiesa . . . ha diritto alla simpatia umana e fraterna del mondo, e attende . . . l'ora della risurrezione nella giustizia e nella pace": ADSS ebd. S. 321.

29) ADSS 3 Nr. 36 vom 30. 10. 1939 S. 111–112; vgl. R. A. Graham, Pope, S. 32–34.

30) ADSS 3 Nr. 102 vom 19. 1. 1940 S. 204; The German New Order S. 322; The Persecution S. 115–118.

31) Vgl. B. Schneider, Heilige Stuhl, S. 26–27. — So betont auch V. Conzemius, Pius XII, S. 117, mit Recht: „These broadcasts were welcomed in the allied press where they received considerable publicity. But they had an adverse effect on the Germans".

er sich um die Freilassung von Verhafteten oder die Begnadigung von zum Tode Verurteilten bemühe, da er ihre Lage jeweils nur noch schlimmer mache [32]. Hierzu gehörte ferner, daß die Reichsregierung die Hilfsaktionen, die vom Vatikan ausgingen, erheblich behinderte [33]. Sie drohte Maßnahmen an, falls der Vatikansender seine Meldungen über Polen nicht einstelle [34]. Solche Radiosendungen führten dazu, daß Katholiken in Gefängnissen oder Konzentrationslagern härter als gewöhnlich behandelt wurden [35]. Die Gestapo in Berlin lud den Generalvikar der Diözese, Maximilian Prange, vor und teilte ihm mit, daß weitere Berichte im ‚Osservatore Romano' Folgen in Deutschland haben würden [36]. Für das Vorgehen der deutschen Behörden war die Art und Weise, wie gegenüber Splett das Verbot des Beichtens in polnischer Sprache durchgesetzt worden war, typisch [37]. In einem Gespräch mit dem italienischen Staatsminister Roberto Farinacci legte Hitler die ‚Grenzen' der vatikanischen Möglichkeiten fest. In Bezug auf die katholische Kirche und das Papsttum sagte er: „Wenn es nur einmal die Unvorsichtigkeit begehe und eine Äußerung gegen den Kampf des deutschen Volkes mache, so würde es vernichtet werden" [38].

Auch Hlond, der den Heiligen Stuhl später mehrmals um eine Stellungnahme zugunsten der Polen bat, war diese Argumentationsweise nicht fremd. Im Dezember 1939 berichtete er über die Lage in Polen, über Verhaftungen und Hinrichtungen. Dabei teilte er aber keine Namen mit, falls seine Ausführungen der Gestapo in die Hände fallen sollten; der Grund war die Furcht vor Racheakten [39].

Die gleiche Vorsicht prägte die Bemühungen des Kardinalstaatssekretariats bei den Erkundigungen oder Meldungen über polnische Priester. Der Tod Bischof Leon Wetmańskis [40] wurde zwar im ‚Osservatore Romano'

---

32) ADSS 3 Nr. 77 vom 23. 12. 1939 S. 166; siehe oben S. 77.

33) Siehe oben S. 110–113, 119 ff. und 136.

34) ADSS 3 Nr. 108 vom 27. 1. 1940 S. 208.

35) J. Warszawski, Autori, S. 542.

36) ADSS 2 Nr. 41 vom 7. 3. 1940 S. 130 mit Anm. 3 = B. Schneider, Briefe, Nr. 41 S. 64. Vgl. ADSS 3 Nr. 113 vom 10. 2. 1940 S. 216. — Zu den Repressalien gehörte auch das Ausreiseverbot für Priester aus dem Generalgouvernement; siehe oben S. 75.

37) ADSS 3 Nr. 229 vom 4. 12. 1940 S. 337–338; siehe oben S. 163 f.

38) A. Hillgruber Bd. 1 S. 228 — Gespräch vom 1. 10. 1940. — Vgl. auch ähnliche Drohungen Ribbentrops; siehe oben S. 83.

39) „... per paura di vendetta": ADSS 3 Nr. 74 vom 21. 12. 1939 S. 162. — Vgl. Hlonds Berichte, die in The Persecution S. 68–71 abgedruckt sind.

40) Siehe unten S. 193; vgl. ADSS 3 Nr. 369 vom 25. 3. 1942 S. 558–559.

angezeigt, nicht aber, wo er gestorben war, nämlich im Konzentrationslager Auschwitz. Als Maglione Orsenigo beauftragte, sich nach dem Schicksal der Priester in Kulm zu erkundigen, mahnte er den Nuntius zu größter Behutsamkeit, um die Geistlichen nicht noch mehr zu gefährden [41]. Aus diesem Grunde wagte Orsenigo auch nicht, sich im Auswärtigen Amt über das Frauenlager Ravensbrück zu erkundigen [42].

Es ist keine Frage, daß die Alternative für den Vatikan nicht darin bestand: Schweigen, d. h. keine Verfolgungen — Proteste, d. h. Verfolgungen. Die Proteste hatten verstärkte Repressalien zur Folge [43], während das Stillhalten keineswegs die Einstellung dieser Verfolgungen bewirkte [44]. Aber dieser Zustand garantierte einen status quo des religiösen Lebens in Polen, der immer noch akzeptabler war als dauernde Repressalien. Daß die Kurie in Polen — und natürlich auch im Reich — die Seelsorge aufrechterhalten wollte, ist nicht zu bestreiten [45]. Pius XII. erwartete die Repressalien in erster Linie von deutscher und sowjetischer Seite; das beweisen die Fälle, in denen der Vatikan — wie in der Slowakei, in Rumänien und Ungarn gegen die Vertreibung von Juden — protestiert hat [46]. Es dürfte dagegen nur von untergeordneter Bedeutung gewesen sein, daß Pius XII., weil er es Italien erleichtern wollte, nicht in den Krieg einzutreten, nichts gegen Deutschland unternahm [47]. Ebensowenig spielte es für die Haltung des Papstes zur Lage in Polen eine Rolle, daß er sich, wie manche Historiker glauben, vor der Wahl zwischen Nationalsozialismus und Bolschewismus befand [48].

Seit dem Frühjahr 1941 verstärkten sich die Aufforderungen, der Papst möge sprechen, immer mehr [49]. Kardinal Hlond gab eine Darstellung über

---

41) ADSS 8 Nr. 93 vom 4. 6. 1941 S. 204–205.

42) ADSS 3 Nr. 522 vom 15. 6. 1943 S. 812. — Zum Lager Ravensbrück: I. Arndt.

43) Vgl. J. S. Conway, Silence, S. 119 zu dem Schicksal der Juden in Holland und J. J. Hughes S. 85.

44) Vgl. V. Conzemius, Églises, S. 182, der die Lage der polnischen Bischöfe wie folgt beschreibt: „Ils tombaient de Charybde en Scylle". Ähnlich B. Schneider, Pius XII., S. 53.

45) R. Lill, Geschichte, S. 233.

46) Slowakei: Vgl. F. Cavalli, Santa Sede. — Rumänien: A. Martini, Ebrei. — Ungarn: Geheime Reichssache. — Vgl. auch R. Leiber, Pio XII.

47) So J. Sigmann S. 854–859 und P. Chiocchetta S. 462–466; beide halten dies für den Hauptgrund der päpstlichen Rücksichtnahme gegenüber Deutschland.

48) So G. O. Kent S. 77–78 und K. Kupisch S. 429. — Nach R. Leiber, Vatikan, S. 298 sah Pius XII. im Bolschewismus die größere Gefahr; vgl. H. Stehle, Ostpolitik, S. 229–235 und 259–269. — Die vatikanischen Stellungnahmen zum Bolschewismus hat M. Mourin gesammelt.

49) Vgl. auch ADSS 3 Nr. 131 vom 5. 4. 1940 S. 234–235 und Nr. 132 vom 19. 4.

die Lage des Klerus in Polen. Er schrieb, er bezweifle, daß es der Wille Gottes sei, die Grausamkeiten, die Teile eines antichristlichen Programms seien, mit vollständigem Schweigen zu übergehen [50]. Er befürchtete, daß diese Haltung bei vielen einen falschen Eindruck erwecke. Diese Meinung teilten auch der polnische Präsident Raczkiewicz, der sich gegen ein Schweigen angesichts der Ausrottungspolitik der Deutschen aussprach, und Botschafter Papée [51]. Hlond schrieb aus dem gleichen Grund an Maglione, er bete darum, daß Pius XII. inspiriert werde, wie er die Kirche in Polen wirksam verteidigen könne [52].

Die Antwort Magliones wies bereits alle Grundzüge der zukünftigen Argumentationsweise auf. Er verwies auf die Versuche der Kurie, praktische Hilfe für die Polen zu leisten, auf Anstrengungen zugunsten der Geistlichen, der Seminare und auf die Hilfsaktionen des Heiligen Stuhles [53].

Ein weiteres Schreiben Hlonds setzte den Heiligen Stuhl in Alarm [54]. Der Kardinal berichtete darin, daß die Gläubigkeit in Polen zunehme, daß der Katholizismus noch mehr als bisher zur Stütze der unterdrückten Bevölkerung werde, deren Verehrung für Priester und Bischöfe ebenfalls gestiegen sei, daß er aber eine immer größer werdende Zurückhaltung dem Papst und dem Heiligen Stuhl gegenüber beobachte [55]. Schuld an dieser Entwicklung war eine seit längerer Zeit von Deutschland geführte Propaganda, deren Tenor es war, Pius XII. arbeite eng mit Hitler und Mussolini zusammen [56]. Taktik der Deutschen, die 1939 sofort alle polnischen Zeitungen beschlagnahmten, war es, über Pius XII. in der

---

1940 S. 235–236, zwei parallellaufende Appelle der polnischen Vatikanbotschaft und Hlonds.

50) „E mi soffermo con ansia sul dubbio, se sia proprio volontà di Dio, che si continui a coprire del velo di profondo silenzio queste nefandità, che pure sono pubblica documentazione e parte integrale del programma anticristiano di coloro, che vogliono divenire e rimanere i padroni del continente“: ADSS 3 Nr. 264 vom 19. 3. 1941 S. 387.

51) Raczkiewicz: ADSS 4 Nr. 312 vom 6. 4. 1941 S. 442–446. — Papée: Nr. 394 vom 9. 6. 1941 S. 538–539. — Vgl. ADSS 8 Nr. 13 vom Januar 1941 S. 89–90; Nr. 206 vom 21. 11. 1941 S. 352–353; J. Warszawski, Una prima tappa, S. 318–320.

52) „Tutti preghiamo San Giuseppe, che ispiri al Santo Padre la maniera di proteggere efficacemente la Chiesa in Polonia“: ADSS 3 Nr. 264 vom 19. 3. 1941 S. 388.

53) ADSS 3 Nr. 269 vom 20. 4. 1941 S. 399–400.

54) ADSS 3 Nr. 287 vom 2. 8. 1941 S. 418–422; vgl. S. Camerani, Pio XII, S. 257.

55) ADSS ebd. S. 419.

56) Dieses Vorgehen der deutschen Propaganda ist von Warszawski untersucht worden, deshalb sollen hier einige Beispiele genügen: J. Warszawski, Autori; ders., Una prima tappa; ders., Una tappa; ders., Akcja.

Regel nichts zu schreiben. Nur hin und wieder brachten sie vereinzelt verfängliche Nachrichten. Indem diese aus dem Zusammenhang gerissen wurden, erhielten sie eine der ursprünglichen Absicht entgegengesetzte Aussage. Der ‚Nowy Kurier Warszawski' meldete am 10. Dezember 1940, Pius XII. habe sich gegen eine ungerechte Verteilung der Güter der Welt ausgesprochen und für Maßnahmen, diese zu ändern. Für die Polen mußte diese isolierte Notiz als Bestätigung dessen gelten, was Hitler stets gefordert hatte [57]. Am 17. Dezember war in derselben Zeitung die Meldung zu lesen, daß in Italien der Marmorsarkophag für Pius X. bearbeitet werde. Die Polen mußten sich, da dies für längere Zeit der einzige Bericht über den Vatikan war, fragen, ob der Heilige Stuhl in dieser Lage wirklich nichts besseres zu tun habe [58].

Hlond sah in dieser Propaganda den Versuch, der auch auf anderen Gebieten unternommen wurde, die polnischen Katholiken von Rom zu trennen [59]. Er wies darauf hin, daß ein Schweigen des Papstes zu der Lage in Polen dieser Propaganda in die Hände arbeite; es könne fatale Folgen haben. Hlond und alle anderen, die Pius XII. in dieser Zeit zu Erklärungen drängten, machten sich keine Gedanken darüber, wie Äußerungen des Papstes in Polen — denn nur darauf kam es an — hätten verbreitet werden sollen, da gerade dort die Deutschen das gesamte Nachrichtenwesen kontrollierten. Der Kardinal erneuerte dessenungeachtet seine mehrfach geäußerte Ansicht, daß eine neue Botschaft Pius XII. das Prestige seines Pontifikats in Polen und in der ganzen Welt heben werde [60]. Was hätte dies aber den polnischen Katholiken genutzt?

Tardini notierte zu dem Schreiben Hlonds folgendes: Zunächst solle er alle falschen Nachrichten zurückweisen. Ferner habe der Papst bereits gesprochen und tue alles, um Polen zu helfen. Schließlich müsse es Pius XII. selbst überlassen bleiben — dies war eine Mahnung an den polnischen Primas —, wann und wie er sprechen wolle [61]. In einem Brief Magliones an den Nuntius in Vichy, Valeri, der Hlond unterrichten sollte,

---

57) J. Warszawski, Una prima tappa, S. 443.

58) Ebd. S. 444.

59) Vgl. die Entwicklung im Warthegau; siehe oben S. 40.

60) „Sono sicuro, che un nuovo messaggio pontificio alla nazione, la quale ha il triste primato della sofferenza ..., aumenterebbe mirabilmente il prestigio del tribolato Pontificato non solo presso i Polacchi, ma in tutto il mondo": ADSS 3 Nr. 287 vom 2. 8. 1941 S. 421.

61) Ebd.

wurden die Vorschläge Tardinis realisiert [62]. Die Bemühungen des Vatikans für die Polen wurden konkretisiert. Maglione verwies einmal auf die karitativen Maßnahmen des Heiligen Stuhles, zum anderen auf Ansprachen und Briefe Pius XII. an die polnischen Bischöfe und andere Persönlichkeiten [63]. In fast identischer Weise antwortete Maglione dem Erzbischof von Krakau, als dieser Anfang November 1941 um ein Wort gegen das Vorgehen der Deutschen in Polen bat [64].

Im Sommer 1942 stellte Tardini in einer Notiz zwei Gründe heraus, die den Heiligen Stuhl davon abhielten, den Forderungen Hlonds nachzugeben: Erstens sei zu befürchten, daß die Verfolgungen in Polen noch schlimmer, zweitens, daß die karitative Tätigkeit des Heiligen Stuhles, so gering sie auch war, beendet würde [65]. Als Folge dieses Verzichts auf einen öffentlichen Protest wurde der Brief Magliones an Reichsaußenminister Ribbentrop vom 2. März 1943 verfaßt [66].

Diese Entscheidung der Kurie, die — wie gezeigt — seit Anfang 1940 das vatikanische Handeln bestimmte, wurde nicht von allen geteilt. Den heftigsten Angriff gegen diesen Entschluß führte Bischof Radoński in einem Brief vom 14. September 1942 [67]. Dieses Schreiben bildet ein Glied in einer Reihe von Noten und Vorstellungen, die, von der polnischen Regierung initiiert, am selben Tag der Kurie übermittelt wurden [68].

Ausgehend von einer falschen Information über eine vatikanische Verwaltungsregelung [69] rechnete Radoński mit dem ‚Schweigen' des Papstes ab. Folgende Worte legte er einem Gläubigen in den Mund: Kirchen werden entweiht oder geschlossen, die Religion wird verachtet, der Gottesdienst hört auf, Bischöfe werden vertrieben, Hunderte von Priestern sind tot oder eingekerkert, Ordensfrauen sind in den Händen von verdorbe-

---

62) ADSS 3 Nr. 302 vom 3. 9. 1941 S. 450–451; vgl. Nr. 306 vom 15. 9. 1941 S. 457–460.

63) Vgl. die Aufzählung ebd. S. 452. Hlond gab sich mit der Antwort Magliones nicht zufrieden: ADSS 3 Nr. 338 vom 8. 12. 1941 S. 507–508.

64) Schreiben Sapiehas: ADSS 3 Nr. 323 vom 3. 11. 1941 S. 489–491. — Antwort Magliones: Nr. 329 vom 29. 11. 1941 S. 496–498.

65) ADSS 3 Nr. 378 vom 18. 5. 1942 S. 570; das Zitat siehe oben S. 89 Anm. 94.

66) Siehe oben S. 88–92.

67) ADSS 3 Nr. 410 vom 14. 9. 1942 S. 633–636; vgl. V. Conzemius, Pius XII, S. 99 und R. A. Graham, Pope, S. 41–42. — Der Brief traf erst Anfang Dezember 1942 in Rom ein — vgl. ADSS 3 S. 713 Anm. 1. Dies macht den zeitlichen Abstand zur Antwort, den Graham kritisiert, verständlich.

68) Siehe oben S. 107.

69) Radoński nahm an, Breitinger sei Apostolischer Administrator für alle Diözesen des Warthegaus; siehe dazu oben S. 35. Vgl. A. Martini, Appelli, S. 13.

nen Räubern, fast täglich werden unschuldige Geiseln vor den Augen von Kindern ermordet, die Menschen sterben vor Hunger, und der Papst schweigt, als ob ihn seine Herde nichts anginge [70]. Das gesamte Schreiben des Bischofs machte den Eindruck, daß die Ansichten, die er lediglich zu referieren vorgab, von ihm geteilt wurden. Radoński wies wie früher schon Hlond darauf hin, daß im polnischen Volk der Eindruck entstehe, den die Deutschen so oft wie möglich zu stärken versuchten, daß alles, was in Polen durch die Besatzungsmächte geschehe, im Einverständnis des Papstes erfolge. Der Behauptung der Deutschen, in Polen sei die katholische Kirche völlig frei, habe der Papst nie widersprochen, schrieb Hlond kurze Zeit später [71]. In diese Zeit gehört auch die Warnung der polnischen Botschaft beim Vatikan, daß nur ein öffentlicher Protest des Papstes gegen die deutsche Polenpolitik, Pius XII. die Sympathie des polnischen Volkes erhalten könne [72].

Zu den Briefen der im Exil lebenden Polen schreibt K. Kupisch: „Man muß einfach die bis zum bitteren Groll sich steigernden Briefe der im Exil lebenden Kardinäle und Bischöfe, die sich zu Sprechern ihres mundtot gemachten leidenden Volkes machten, lesen, dazu die Antworten, wenn sie überhaupt kamen, aus Rom, um die rätselhaft dunkle Verwirrung zu ermessen, die auf den Menschen jener Jahre lastete" [73]. Dazu ist zunächst zu sagen, daß die Kurie alle derartigen Schreiben beantwortete. Was aber wichtiger ist: Zweifellos war das polnische Volk mundtot gemacht worden, aber die in Polen selbst lebenden Bischöfe konnten, wenngleich unter schwierigen Bedingungen, über die Situation in ihrem Land berichten und ihre Ansichten über die Lage äußern. Auch sie kannten die Problematik, in der der Vatikan stand und sie nahmen dazu Stellung.

---

[70]) „En, dicunt, ecclesiae profanantur vel clauduntur, religio depopulatur, cultus desiit, episcopi eiciuntur, centenae sacerdotum interficiuntur vel incarcerantur, sanctimoniales virgines libidini depravatorum latronum obiciuntur, quotidie fere innocentes obsides prae oculis puerorum ad hoc spectaculum compulsorum necantur, populus omni substantia despoliatus fame perit — et Papa tacet, tamquamsi nihil eum interesset de ovibus": ADSS 3 Nr. 410 vom 14. 9. 1942 S. 634–635. — Weiter ließ er den Gläubigen sagen. „Per tot saecula fuimus Christianitatis propugnaculum, sanguini effundendo pro fide nunquam pepercimus, et nunc Pastor ovium nec ullum verbum invenit, quo sicarios istos eorumque crimina cotidiana damnet, sed siccis oculis spectat, cum filii eius in mortem rapiantur"; ebd. S. 635.

[71]) ADSS 3 Nr. 414 vom 19. 9. 1942 S. 641–642; vgl. dazu ADSS 5 Nr. 499 vom 8. 10. 1942 S. 738.

[72]) ADSS 3 Nr. 439 vom 12. 11. 1942 S. 673; das Zitat siehe oben S. 108 Anm. 201.

[73]) K. Kupisch S. 429.

War ihre Stimme nicht gewichtiger als die derjenigen Bischöfe, die im gesicherten Exil lebten?

Neben die Vorwürfe Radońskis, Hlonds und der polnischen Regierung traten gerade in den letzten Monaten des Jahres 1942 Schreiben von polnischen Bischöfen, die in Polen geblieben waren und die die vatikanische Haltung, nicht öffentlich zu protestieren, bekräftigten [74]. Erzbischof Sapieha bedankte sich bei Pius XII. für seine Hilfsleistungen für Polen und für die Briefe, in denen der Papst die polnischen Gläubigen ermutigt hatte. Er bedauerte zugleich, diese Schreiben nicht veröffentlichen zu können, da dies lediglich die Gelegenheit zu neuen Verfolgungen bieten werde [75]. In dieser Aussage liegt der Schlüssel zum Verständnis der Problematik [76]. Sapieha untermauerte mit diesem Schreiben voll und ganz die Auffassung des Kardinalstaatssekretariats. Kurze Zeit vorher war ein Brief Erzbischofs Szeptyckyjs an den Papst in Rom eingetroffen, in dem der Metropolit von Lemberg, in der ihm eigenen Ausdrucksweise, ähnliches feststellte; auch er wagte es nicht, einen Brief des Papstes zu veröffentlichen [77]. Ferner hatten auch die Umstände, unter denen ein Brief Sapiehas vom Februar 1942 nach Rom gekommen war, eine deutliche Sprache gesprochen. Sapieha hatte sein Schreiben bereits einem Boten übergeben, als er diesen einen Tag später bat, es zu verbrennen, damit es nicht in die Hände der Deutschen falle und Repressalien auslöse [78].

Den Forderungen Radońskis völlig entgegengesetzt waren schließlich

---

74) Vgl. A. Randall S. 33 und J. J. Hughes. — Z. Waszkiewicz S. 63–68 zitiert nur die Schreiben Hlonds, um den Protest der polnischen Bischöfe gegen Pius XII. zu dokumentieren.

75) „Similiter valde dolemus, quod fidelibus nostris Litteras Sanctitatis Vestrae publice communicare non possumus, quia hoc ad novas persecutiones ansam praeberet, et iam victimas habemus suspicionum quae contra nos de occulta cum Sede Apostolica communicatione moventur": ADSS 3 Nr. 437 vom 28. 10. 1942 S. 670. — Literatur zu diesem Schreiben siehe oben S. 60 Anm. 207. — Vgl. hierzu und zum folgenden G. Reifferscheid, Vatikan, S. 423–425.

76) „Ces lignes donnent, à n'en pas douter, la clé de la situation": V. Conzemius, Églises, S. 483.

77) „Cette lettre [d. h. Pius XII.] pleine de sages conseils, de vraies et sincères consolations dans les mauvais temps que nous passons, je n'ose pas la publier pour ne pas exposer un écrit du Vicaire du Christ à une confiscation officielle": ADSS 3 Nr. 409 vom 14. 9. 1942 S. 633; dazu A. Martini, Silenzi, S. 240. R. A. Graham, Pope, S. 47 führt das Schreiben irrtümlich unter dem 14. 11. 1942 an.

78) Siehe oben S. 58 f. — Einer der damaligen Kuriere des Vatikans war Quirino Paganuzzi; vgl. W. Pomykało S. 2. In einer geheimen Mission überbrachte er Sapieha ‚Propagandamaterial' über die Haltung des Papstes zu Polen. Sapieha verbrannte es, da er Konsequenzen fürchtete, falls es bei ihm gefunden werde; vgl. C. Falconi S. 167–169 und W. A. Purdy S. 273–274.

Bitten des Weihbischofs von Kaunas, Wincenty Brizgys. Der Jesuitenpater Karl Fulst schrieb in seinem Namen an Orsenigo, Brizgys bitte darum, Radio Vatikan möge seine Sendungen in litauischer Sprache einstellen, da sie nur Unglück brächten und nichts nützten. Vor allem solle keine antibolschewistische Propaganda mehr gebracht werden. „Solche Sendungen reizen nur die staatlichen Behörden hier und schaden der schon bedrängten Kirche in Litauen sehr, wie mehrfache traurige Erfahrungen gezeigt haben" [79].

Gestützt auf diese Briefe der polnischen Bischöfe machte Maglione der Verärgerung — um nicht zu sagen der Empörung — über das Schreiben Radońskis Luft [80]. Diese Verärgerung resultierte zum Teil auch daraus, daß Radoński, der seit einiger Zeit Mitglied des polnischen Nationalrats in London war [81], sich in die politischen Aktivitäten der Exilregierung hatte einspannen lassen, deren Beziehungen zum Vatikan unter anderem wegen solcher Appelle gerade zu dieser Zeit belastet waren [82]. Formulierungen wie die, daß es mehr als bedauerlich sei, wenn falsche Meldungen von Personen geglaubt würden, deren Pflicht es sei, die Wahrheit und den Heiligen Stuhl zu verteidigen, finden sich in keinem anderen Schreiben des Kardinalstaatssekretariats an einen polnischen Bischof [83]. Diese Worte waren nicht nur an den Bischof von Włocławek, sondern auch an das Mitglied des Nationalrats gerichtet. Gerade daß die karitative Bereitschaft des Papstes in Frage gestellt worden war, bürde, so Maglione, diesem ein Kreuz auf, das der Papst zu tragen nicht verdient habe. Wer die Sorge des Papstes für Polen in Frage stelle, vergewaltige die Wahrheit [84].

---

79) ADSS 4 Nr. 257 vom 7. 2. 1941 S. 379–380. Vgl. ein Schreiben Brizgys an Orsenigo: ADSS 3 Nr. 241 vom 9. 1. 1941 S. 355–358.

80) ADSS 3 Nr. 460 vom 9. 1. 1943 S. 713–717. Vgl. R. A. Graham, Pope, S. 42: „Cardinal Maglione's reply ... reflected the Vatican's annoyance at the tone, at least, of Bishop Radonski's letter". Auch V. Conzemius, Pius XII, S. 119, betont, daß sich der Papst an die polnischen Bischöfe hielt, die in Polen geblieben waren.

81) Radoński hatte darüber im Februar 1942 berichtet: ADSS 3 Nr. 356* vom 25. 2. 1942 S. 538. Die Kurie nahm in ihrer Antwort keinerlei Notiz von diesem Sachverhalt: ebd. Anm. 1.

82) Siehe oben S. 105–109.

83) „Quod autem haec, prorsus falsa, fidem nanciscantur apud viros, quorum est veritatem investigare ac defendere atque Apostolicam Sedem tueri, nemo, si sapiat, non videt, hoc esse quam maxime lacrimabile": ADSS 3 Nr. 460 vom 9. 1. 1943 S. 714. — Zu den von Radoński ungeprüft übernommenen Nachrichten gehörte die, daß der Preis für das Schweigen des Papstes die Möglichkeit der Auslieferung des OR und der AAS in Polen und Deutschland sei.

84) „Ii igitur, qui recte ponderant ac penitus norunt omnia quae Apostolica Sedes

Radoński unterwarf sich in einem Brief an Pius XII. den Weisungen des Papstes [85]. Gleichzeitig kritisierte er aber in einem Schreiben an Maglione, das er nur einen Tag später absandte, die Entscheidungen des Heiligen Stuhles aufs neue. So ging er mit denjenigen polnischen Bischöfen ins Gericht, die Pius XII. gegenüber die Unmöglichkeit geäußert hatten, seine Schreiben in Polen zu veröffentlichen [86]. Den heutigen Betrachter wiederum verwundert diese Stellungnahme des Bischofs von Włocławek. Es war erst knapp ein halbes Jahr seit einem Schreiben Radońskis an Pius XII. vergangen, in dem der Bischof erklärt hatte, er sei deshalb nicht in Kontakt mit seiner Diözese, weil er sie durch seine Briefe nicht in Gefahr bringen wolle [87]. Nichts anderes hatten Sapieha und Szeptyckyj an Pius XII. geschrieben. Demzufolge riet Tardini, sich nicht nochmals auf eine Diskussion mit Radoński einzulassen und sprach sich für eine kurze Antwort, wie sie dann erfolgte, aus [88].

Die Gefahr, daß die antipäpstliche Propaganda unter den Katholiken in Polen sich weiter ausbreitete, war Anfang 1943 gebannt. Bischof Adamski meldete, daß Dank der Berichte über die Tätigkeit des Heiligen Stuhles, die auf katholischer Seite durch eine rege Mund zu Mund Propaganda verbreitet wurden, viele dazu kamen, „in tiefster Dankbarkeit und Ehrfurcht sich dem hl. Vater wieder zuzuneigen“ [89]. Adamski selbst hatte an dieser Entwicklung großen Anteil [90]. Eine ähnliche Wende in der Einstellung der Katholiken beschrieb der Apostolische Administrator für die deutschen Katholiken im Warthegau, Breitinger [91]. Das Kardinalstaats-

---

pro Polonis egit, nequeunt non laudare; si vituperant, falsa fatentur et vera infiantur“: ADSS ebd.

85) „Tuum est, Beatissime Pater, viam monstrare — nostrum sequi Te et mandatis Tuis ac intentionibus respondere“: ADSS 3 Nr. 476 vom 14. 2. 1943 S. 735.

86) „Nescio, quinam fuerint praelati, qui rogabant Beatissimum Patrem, ut potius taceat. Non audeo iudicare, utrum faustum fuerit consilium. Juxta Eminentiae Vestrae verba fecerunt hoc veriti, ne aggravescat persecutio“: ADSS 3 Nr. 477 vom 15. 2. 1943 S. 738. Vgl. S. Camerani, Pio XII, S. 258.

87) „Scribere eis nolo, ne per litteras meas certae eos persecutioni obiciam“: ADSS 3 Nr. 392 vom 10. 7. 1942 S. 603. — Im Sommer 1942 hatte Radoński noch in einem Zeitungsartikel in London die Haltung des Papstes gegenüber einem Kritiker verteidigt: vgl. K. Radoński zu den Artikeln von Z. Nowakowski, Głos und ders., Watykan; siehe dazu oben S. 101 Anm. 163.

88) ADSS 3 Nr. 496 vom 20. 4. 1943 S. 779–780. — Zu der Bemerkung Tardinis: ebd. S. 779 Anm. 2.

89) ADSS 3 Nr. 472 von Ende Januar 1943 S. 731.

90) Vgl. seine Ausführungen über das ‚Schweigen des Papstes‘: J. Warszawski, Autori, S. 542.

91) ADSS 3 Nr. 481* vom 4. 3. 1943 S. 755–756. — Auch Breitinger hatte vorher

sekretariat bemühte sich ferner, papstfeindlicher Propaganda auch außerhalb Polens zu begegnen. So wurde der Vertreter des Heiligen Stuhles in den Vereinigten Staaten, Cicognani, mit Material versorgt, das die Bemühungen des Papstes verdeutlichen konnte, und das er ‚diskret' benutzen sollte [92]. Ähnliche Informationen erhielten Bernardini in Bern und Godfrey in London [93].

Maglione erkundigte sich im Februar 1943 nochmals bei Sapieha über die Möglichkeiten, päpstliche Schreiben an die polnischen Bischöfe zu veröffentlichen. Wenngleich dies in Polen nicht angebracht war, so wäre es möglich gewesen, sie in Rom zu publizieren [94]. Sapieha schlug in seiner Antwort einen anderen Weg vor. Anstatt die alten Briefe zu veröffentlichen, solle der Heilige Stuhl einen neuen verfassen, der die wesentlichen Aussagen der älteren beinhalte, aber neueren Datums sei. Dieses Schreiben könne in den ‚Acta Apostolicae Sedis' abgedruckt werden und Polen somit auf offiziellem Wege, kontrolliert von den deutschen Stellen, erreichen [95]. Maglione stimmte dem Vorschlag zu. Bis Ende Mai 1943 wurde daher ein Entwurf für das Schreiben an die polnischen Bischöfe vorbereitet [96]. Es wurde dann allerdings durch die Ansprache Pius XII. vom 2. Juni 1943, in der er auch auf die Lage in Polen einging, ersetzt. Weshalb Pius XII. den Weg einer Ansprache an Stelle eines Briefes wählte, ist nicht festzustellen. Möglicherweise wurde sein Entschluß durch die Ablehnung des Briefes vom 2. März 1943 angeregt [97].

In seiner Rede, aus der Passagen unter dem Titel ‚Grandezze, dolori e speranze del popolo polacco' im ‚Osservatore Romano' und in den ‚Acta Apostolicae Sedis' veröffentlicht wurden, ging Pius XII. erneut auf die

---

den Einfluß der antipäpstlichen Propaganda beschrieben: Nr. 398 vom 28. 7. 1942 S. 613 und Nr. 444 vom 23. 11. 1942 S. 683; dazu Nr. 467 vom 20. 1. 1943 S. 724.

92) „Vostra Eccellenza potrà farne un uso discreto": ADSS 7 Nr. 156 vom 2. 4. 1943 S. 289.

93) Bernardini: ADSS 3 Nr. 495 vom 8. 4. 1943 S. 777–778. — Godfrey: Nr. 459 vom 9. 1. 1943 S. 711–712 und Nr. 548 vom 24. 11. 1943 S. 847–848. Maglione bat Godfrey unter anderem, den polnischen Historiker Oscar Halecki dazu zu bewegen, etwas über die Bemühungen des Heiligen Stuhles für Polen zu schreiben; vgl. O. Halecki, Watykan; siehe dazu oben S. 101 Anm. 163.

94) ADSS 3 Nr. 474 vom 4. 2. 1943 S. 733.

95) „Di questa maniera si potrebbero evitare rispettivi sospetti o addebiti mossi contro di noi": ADSS 3 Nr. 488 vom 23. 3. 1943 S. 770.

96) ADSS 3 Nr. 509 vom 31. 5. 1943 S. 798–801 mit Anm. 1 S. 798. Vgl. B. Schneider, Heilige Stuhl, S. 30–31

97) Vgl. E. Weinzierl, Polen, S. 239; zu dem Brief siehe oben S. 92 ff. — Vielleicht hat auch ein Schreiben des Präfekten der päpstlichen Zeremonien, Carlo Respighi, Einfluß gehabt: ADSS 9 Nr. 184 vom 10. 5. 1943 S. 291–292.

Leiden des polnischen Volkes ein [98]. In Bezug auf die Art der Publikation beschritt die Kurie den von Sapieha vorgeschlagenen Weg. Der Papst sprach den Polen sein Mitgefühl aus und sagte ihnen die Wiedergeburt eines neuen polnischen Staates voraus. Trotz der Hinweise auf das harte Schicksal der Polen enthielt sich Pius XII. einer Verurteilung der Nationalsozialisten [99].

Den Text der Ansprache verschickte Maglione wenige Tage später an Sapieha, Szlagowski, Adamski und Twardowski [100]. Eine polnische Übersetzung wurde in 5 000 Exemplaren gedruckt und ebenfalls nach Polen gesandt [101].

Das Echo auf die Rede des Papstes war einhellig positiv. Hlond dankte Pius XII., der die Rechte eines kleinen Volkes angesichts seines grausamen Schicksals deutlich vertreten habe. Er habe damit zugleich die Propaganda der Feinde Polens, die behaupteten, der Heilige Stuhl stehe der Lage des Landes gleichgültig gegenüber, entlarvt [102]. Im gleichen Sinne war die Antwort Sapiehas gehalten [103]. Anerkennende Worte fand auch Raczkiewicz, trotz der Spannungen, die zwischen Kurie und Exilregierung bestanden [104]; ferner dankte General Sikorski im Namen des polnischen Volkes [105].

Es stimmt, daß der Papst getadelt wurde, wenn er sprach, und ebenso,

---

98) ADSS 3 Nr. 510 vom 31. 5. 1943 S. 801–802. Weitere Auszüge sind abgedruckt: ADSS 7 Nr. 225 vom 2. 6. 1943 S. 396–400. — Vollständiger Text: AAS 35 (1943), S. 165–171; eine polnische Übersetzung in Auszügen bietet Papież S. 41. — Zu der Ansprache vgl. W. Facchinetti S. 4 und A. Martini, Silenzi, S. 246–247.

99) Die Ansprache wurde wenige Wochen nach Bekanntwerden der Greuel von Katyn — deutsche Rundfunkmeldung vom 13. 4. 1943 — gehalten, so daß die Anklagen nicht ausschließlich auf Deutschland bezogen werden mußten.

100) Sapieha und Twardowski: ADSS 3 Nr. 511 vom 4. 6. 1943 S. 802. — Szlagowski und Adamski: Nr. 512 vom 4. 6. 1943 S. 803.

101) A. Martini, Silenzi, S. 247; vgl. ADSS 9 Nr. 216 vom 3. 6. 1943 S. 328.

102) ADSS 3 Nr. 520 vom 11. 6. 1943 S. 810–811; vgl. Nr. 519 vom 11. 6. 1943 S. 809–810.

103) ADSS 3 Nr. 523 vom 18. 6. 1943 S. 813–814; vgl. A. Martini, Silenzi, S. 248–249: „... le parole le più belle e più realistiche".

104) „La Nation Polonaise martyrisée, dont le rôle de défenseur de la Chrétienté a été si clairement souligné par Votre Sainteté, trouvera dans cette énonciation du Chef de l'Eglise Catholique et dans Sa Bénédiction un grand réconfort et un encouragement à persévérer dans la voie de défense de sa Foi, de son idéal et des droits de l'homme, de la nation et de l'état": ADSS 7 Nr. 268 vom 26. 6. 1943 S. 454. — Vgl. ein Schreiben Godfreys an Maglione, dem er in Abschrift eine Note der polnischen Botschaft an das Kardinalstaatssekretariat beifügte: Nr. 300 vom 18. 7. 1943 S. 497–499. Bei dem in den ADSS angegebenen Datum vom 8. 8. 1943 für diese Note dürfte es sich um ein Versehen handeln; sie ist vermutlich auf den 8. 7. 1943 zu datieren.

wenn er nicht sprach[106]. Beide kriegführenden Gruppen ersuchten den Papst, die andere Seite zu verurteilen. Selbst angeblich so „nichtssagende Telegramme" wie die an die Staatsoberhäupter von Belgien, Niederlande und Luxemburg[107], riefen den Protest der Achsenmächte hervor[108].

Es ist ferner richtig, daß es schwer war, Pius XII. zu einer öffentlichen Stellungnahme zu bewegen[109]. Der Papst machte sich seinen Entschluß aber nicht leicht. In vielen Gesprächen erläuterte Pius XII. seine Entscheidung. Als der Botschafter Italiens, Alfieri, sich in einer Audienz beim Papst über dessen Telegramme an Belgien, Niederlande und Luxemburg beschwerte, vertrat Pius XII. energisch sein Recht, öffentlich zu sprechen. Er ging dann auch auf Polen ein und sagte, daß es noch dringender sei, über das zu sprechen, was dort vor sich gehe, und er es nur deshalb nicht tue, um die Lebensbedingungen der Bewohner nicht zu verschlimmern[110]. Pius XII. hatte dabei ebenso das Schicksal der polnischen Katholiken wie das der deutschen vor Augen. Dies bezeugen zahlreiche Ausführungen in seinen Briefen an deutsche Bischöfe[111]. An Bischof Matthias Ehrenfried von Würzburg schrieb Pius XII.: „Wo der Papst laut rufen möchte, ist ihm leider manchmal abwartendes Schweigen, wo er handeln und helfen möchte, geduldiges Harren geboten" [112].

Obwohl es ihm unmöglich gewesen ist vorherzusagen, wie er der

105) ADSS 7 Nr. 276 vom 4. 7. 1943 S. 464–465.

106) „The pope and the Osservatore Romano and the Vatican radio were blamed if they spoke and blamed if they did not speak": O. Chadwick S. 231.

107) So K. Dobisch S. 341 zu: ADSS 1 Nr. 301 vom 10. 5. 1940 S. 444; Nr. 302 vom 10. 5. 1940 S. 444; Nr. 303 vom 10. 5. 1940 S. 445.

108) Vgl. eine Unterredung Alfieris mit Pius XII.: ADSS 1 Nr. 313 vom 13. 5. 1940 S. 453–455; dazu B. Schneider, Pius XII., S. 43 und N. Padellaro S. 414–416.

109) R. Leiber, Juden, S. 436.

110) „Noi dovremmo dire parole di fuoco contro simili cose [d. h. le orribili cose che avvengono in Polonia], e solo Ci trattiene dal farlo il sapere che renderemmo la condizione di quegli infelici, se parlassimo, ancora più dura": ADSS 1 Nr. 313 vom 13. 5. 1940 S. 455. — Vgl. dazu P. J. Corish S. 90: „That was the dilemma in its simplest terms". Ähnlich J. S. Conway, Kirchenkampf, S. 427. — Die Äußerung des Papstes interpretiert C. Falconi S. 99 unverständlicherweise als Bedauern, zu der Lage in Polen geschwiegen zu haben.

111) „Wenn wir gegen irgend ein Volk besondere Rücksicht walten ließen, dann war es gewiß auch das deutsche, und wir taten es im Rahmen des Verantwortbaren im Hinblick auf die heikle Lage der Kirche gerade im deutschen Machtraum": ADSS 2 Nr. 96 vom 31. 1. 1943 S. 294 — B. Schneider, Briefe, Nr. 96 S. 215; vgl. W. M. Harrigan. — Siehe unten Anm. 112.

112) ADSS 2 Nr. 66 vom 20. 2. 1941 S. 201 = B. Schneider, Briefe, Nr. 66 S. 125. — Vgl. ferner: Nr. 105 vom 30. 4. 1943 S. 318–327 = B. Schneider, Briefe, Nr. 105 S. 235–242; Nr. 119 vom 3. 3. 1944 S. 363–367 = B. Schneider, Briefe, Nr. 119 S. 279–282; W. Bussmann, Pius XII., S. 64.

Kirche und den Gläubigen in Polen am besten nutzen konnte [113], hat sich Pius XII. entscheiden müssen. Er stand vor der Wahl, der Welt die Wahrheit zu sagen, dabei aber verstärkte Repressalien gegen die Kirche heraufzubeschwören, oder den Weg der tätigen Hilfe zu wählen, ohne dabei jedoch die Wahrheit zu verschleiern [114]. Die Geschichte der katholischen Kirche in Polen macht die Entscheidung des Papstes verständlich.

113) Vgl. J. S. Conway, Silence, S. 119.

114) „Pris entre le souci d'affirmer la vérité à la face du monde, mais en risquant de provoquer des massacres redoublés, il [d. h. Pius XII.] préféra pratiquer la charité, sans pour autant dissimuler la vérité": R. Darricau S. 180. — Vgl. L. E. Hill S. 147 und V. Conzemius, Églises, S. 483.

ANHANG

Tabellarischer Überblick über die Verwaltung der polnischen Diözesen [1].

---

1) Im folgenden Überblick werden nur die für die Verwaltung wichtigen Angaben aufgeführt. Das Todesdatum der Bischöfe wird dann vermerkt, wenn sie während des Krieges verstarben; es ist ferner angegeben, wenn sie in einem Konzentrationslager ums Leben kamen.

Diözese	Bischof	Bemerkungen	Weihb.	Bemerkungen	Neuregelungen
Gnesen/ Posen	Hlond	verließ die Diözese beim Einrücken der deutschen Truppen; er durfte nicht zurückkehren [2].	Dymek (Posen)	stand seit dem 3. 10. 1939 unter Hausarrest [3].	Hlond ernannte am 3. 9. 1939 je zwei Generalvikare für Gnesen und Posen; als von ihnen zwei verhaftet wurden, ernannte er zwei neue, jeweils für beide Diözesen [4].
Kulm-Pelplin	Okoniewski	verließ die Diözese beim Einrücken der deutschen Truppen; er durfte nicht zurückkehren [5]. † 1. 5. 1944	Dominik	erkrankte Anfang November 1939 und wohnte nach seiner Genesung in Danzig [6]. † 7. 3. 1942	Die Verwaltung der Diözese wurde Bischof Splett von Danzig übertragen [7].
Włocławek	Radoński	verließ die Diözese beim Einrücken der deutschen Truppen; er durfte nicht zurückkehren [8].	Kozal	wurde am 7. 11. 1939 verhaftet [9]. † 26. 1. 1943 in Dachau	Kozal ernannte je einen Generalvikar für den nördlichen und südlichen Teil seiner Diözese [10].

[2]) Siehe oben S. 24 und 138; vgl. Polonius.

[3]) ADSS 3 Nr. 112 vom 8. 2. 1940 S. 215; Nr. 381 vom 26. 5. 1942 S. 580; The Persecution S. 32.

[4]) Die jeweils drei Generalvikare für Gnesen und Posen sollten sukzessive die Verwaltung übernehmen, falls die Verhaftungen weitergingen. Hlond teilte diese Regelung Maglione mit: ADSS 3 Nr. 90 vom 8. 1. 1940 S. 188–189.

[5]) Siehe oben S. 44 und 138; vgl. H. Jastak.

[6]) ADSS 3 Nr. 51 vom 25. 11. 1939 S. 132 und Nr. 239 vom 4. 1. 1941 S. 354.

[7]) Siehe oben S. 141 f. [8]) Siehe oben S. 138. [9]) Siehe oben S. 150 ff.

[10]) Als einer der beiden Generalvikare verhaftet wurde — er war nach einem Monat wieder frei: ADSS 3 Nr. 163 vom 1. 7. 1940 S. 264 —, ernannte Kozal sofort einen Nachfolger: Nr. 140 vom 24. 5. 1940 S. 244.

Diözese	Bischof	Bemerkungen	Weihb.	Bemerkungen	Neuregelungen
Krakau	Sapieha	.—.	Rospond	.—.	Sapieha ernannte einen Generalvikar für den zum Kattowitzer Regierungsbezirk gehörenden Teil der Diözese [11].
Tschenstochau	Kubina	.—	Zimniak Czajka	† 28. 1. 1943 .—.	Die Nachfolgeregelung beim Tode des Weihbischofs verlief reibungslos [12].
Kattowitz	Adamski	wurde am 28. 2. 1941 vertrieben [13].	Bieniek	wurde mit dem Bischof vertrieben.	Die Leitung der Diözese übernahm der Generalvikar [14].
Kielce	Kaczmarek	.—.	Sonik	.—.	.—.
Tarnów	.—.	.—.	Komar	Apostolischer Administrator † 29. 9. 1943 [15]	[16]

11) Der von Sapieha zuerst ernannte Generalvikar — ADSS 3 Nr. 143 vom 28. 5. 1940 S. 247 — war den deutschen Behörden nicht genehm: Nr. 231 vom 6. 12. 1940 S. 344.

12) Vgl. ADSS 3 Nr. 505 vom 19. 5. 1943 S. 793–794 und Nr. 541 vom 6. 11. 1943 S. 835.

13) Siehe oben S. 48. — Zu Adamski: A. Sabisch und F. Wosnitza S. 219–224.

14) ADSS 3 Nr. 280 von Juni 1941 S. 411 und The Persecution S. 44. — Zum Olsa-Gebiet siehe oben S. 152.

15) Komars Name erscheint in den ADSS nur einmal; selbst sein Tod bleibt in diesen Dokumenten unerwähnt.

16) Siehe unten S. 195 zu Przemyśl.

Diözese	Bischof	Bemerkungen	Weihb.	Bemerkungen	Neuregelungen
Warschau	.—.	.—.	Gall Szlagowski	† 11. 9. 1941 [17] .—.	Gall — ursprünglich Kapitularvikar — wurde am 15. 1. 1940 zum Apostolischen Administrator ernannt [18]. Szlagowski war Kapitularvikar [19].
Lodsch	Jasiński	wurde am 6. 5. 1941 vertrieben [20].	Tomczak	wurde wie Jasiński vertrieben [21].	Jasiński ernannte einen Generalvikar [22].
Lublin	Fulman	wurde am 27. 11. 1939 zum Tode verurteilt, dann begnadigt und interniert [23].	Goral	erlitt das gleiche Schicksal wie Fulman. † um die Jahreswende 1944/45 in Oranienburg	[24]

17) Das Todesdatum in ADSS 3 S. 629 ist zu berichtigen.

18) ADSS 3 Nr. 122 vom 8. 3. 1940 S. 225–226 mit Anm. 1.

19) ADSS 3 Nr. 435 vom 24. 10. 1942 S. 667–668; vgl. Nr. 407 vom 31. 8. 1942 S. 630–631. — Zu dem zu Südostpreußen gehörenden Teil der Diözese siehe oben S. 144 ff.

20) Vgl. ADSS 3 Nr. 117 vom 21. 2. 1940 S. 221–222; Nr. 283 vom 8. 7. 1941 S. 414–415; Nr. 286 vom 20. 7. 1941 S. 417–418; Nr. 312 vom 26. 9. 1941 S. 468–469. — Zu seiner Freilassung im November 1944: Nr. 585 vom 28. 11. 1944 S. 887–888.

21) ADSS 3 Nr. 286 vom 20. 7. 1941 S. 417; vgl. The German New Order S. 346–347.

22) ADSS ebd. S. 418 und Nr. 312 vom 26. 9. 1941 S. 469.

23) ADSS 3 Nr. 66 vom 14. 12. 1939 S. 147; Nr. 538 vom 7. 10. 1943 S. 832; The German New Order S. 328–330; R. Moszyński — L. Policha S. 98–99.

24) Siehe unten S. 194 zu Lemberg. — Zu der Ernennung Kozals zum Apostolischen Administrator von Lublin siehe oben S. 150 ff.

Diözese	Bischof	Bemerkungen	Weihb.	Bemerkungen	Neuregelungen
Płock	Nowowiejski	wurde zunächst unter Hausarrest gestellt, dann Anfang 1940 interniert [25]. † 28. 5. 1941 in Soldau	Wetmański	erlitt zunächst das gleiche Schicksal wie Nowowiejski. † 10. 10. 1941 in Auschwitz	Die Verwaltung der Diözese übernahm zunächst ein Pfarrer der Stadt Płock, dann ernannte Nowowiejski zwei Generalvikare [26].
Sandomierz	.—.	.—.	Lorek	Apostolischer Administrator	.—.
Siedlce	.—.	.—.	Sokołowski	wurde Ende 1939 für kurze Zeit inhaftiert [27].	Sokołowski wurde 1940 zum Apostolischen Administrator ernannt [28].
Wilna	Jałbrzykowski	wurde am 23. 3. 1942 vertrieben [29].	Michalkiewicz Reinys	† 16. 2. 1940 .—.	Die Nachfolgeregelung beim Tod des Weihbischofs verlief reibungslos [30].
Łomża	Łukomski	blieb im russischen Teil der Diözese [31].	Zakrzewski	blieb im russischen Teil der Diözese.	[32]

25) ADSS 3 Nr. 125 vom 16. 3. 1940 S. 229 und Nr. 150 vom 8. 6. 1940 S. 254. — Zum Schicksal des Bischofs bis zu seinem Tod: ebd. S. 406 Anm. 1. — Vgl. W. Jesusek.

26) ADSS 3 Nr. 150 vom 8. 6. 1940 S. 254 und Nr. 356 vom 15. 2. 1942 S. 537.

27) ADSS 3 Nr. 83 vom 30. 12. 1939 S. 176. 28) ADSS 3 S. 375 Anm. 1.

29) ADSS 3 Nr. 351 vom 2. 2. 1942 S. 527–528; vgl. V. Pavalkis, Attitude, S. 132.

30) ADSS 3 Nr. 170 vom 9. 7. 1940 S. 271; vgl. Nr. 169 vom 6. 7. 1940 S. 271.

31) ADSS 3 Nr. 177 vom 21. 7. 1940 S. 278; vgl. Wspomnienia.

32) Zur Verwaltung des von Deutschen besetzten Teils der Diözese siehe oben S. 140 und ADSS 3 Nr. 472 von Ende Januar 1943 S. 730.

Diözese	Bischof	Bemerkungen	Weihb.	Bemerkungen	Neuregelungen
Pińsk	Bukraba	erkrankte 1939. Nach seiner Genesung in Warschau durfte er nicht in die Diözese zurück [33].	Niemira	floh Anfang 1940 nach Warschau und durfte nicht in die Dözese zurück [34].	Die Generalvikare wurden 1942 erschossen [35]. Bukraba ernannte erneut Generalvikare [36]. Tomaka wurde 1944 Apostolischer Administrator für den russischen Teil [37].
Lemberg (lat.)	Twardowski	stand zeitweise unter Hausarrest [38]. † 22. 11. 1944	Baziak	stand zeitweise unter Hausarrest.	Der von den Deutschen besetzte Teil der Diözese wurde von Lublin verwaltet [39].
Łuck	Szełążek	wurde 1944 verhaftet und 1946 wieder entlassen [40].	Walczykiewicz Tomaka	† 1940 [41] .—.	Tomaka wurde Anfang 1944 zum Weihbischof ernannt [42].

33) ADSS 3 Nr. 89 vom 7. 1. 1940 S. 188; Nr. 380 vom 19. 5. 1942 S. 573–574; Nr. 472 von Ende Januar 1943 S. 729–730.
34) ADSS 3 Nr. 136 vom 8. 5. 1940 S. 239; Nr. 149 vom 6. 6. 1940 S. 252–253; Nr. 472 von Ende Januar 1943 S. 729.
35) ADSS 3 Nr. 134 vom 5. 5. 1940 S. 237; Nr. 149 vom 6. 6. 1940 S. 253; Nr. 472 von Ende Januar 1943 S. 730.
36) ADSS 3 Nr. 472 von Ende Januar 1943 S. 729.
37) ADSS 3 Nr. 549 vom 31. 1. 1944 S. 849; siehe auch Łuck und unten S. 195 zu Przemyśl.
38) ADSS 3 Nr. 482 vom 7. 3. 1943 S. 758.
39) ADSS 3 Nr. 27 vom 13. 10. 1939 S. 95.
40) ADSS 3 Nr. 537 vom 7. 10. 1943 S. 830 mit Anm. 1 und Nr. 605 vom 26. 5. 1946 S. 916–921.
41) ADSS 3 Nr. 549 vom 31. 1. 1944 S. 849 mit Anm. 1. In den ADDS findet sich kein genaues Todesdatum, ebensowenig in Listy S. 314.
42) ADSS 3 Nr. 549 vom 21. 1. 1944 S. 849.

Diözese	Bischof	Bemerkungen	Weihb.	Bemerkungen	Neuregelungen
Przemyśl (lat.)	Barda	hielt sich im deutschen Teil der Diözese auf [43].	Tomaka	hielt sich im russischen Teil der Diözese auf [44].	[45]
Lemberg (un.)	Szeptyckyj Slipyj	† 1. 11. 1944 [46]	Bučko	.—.	.—.
Przemyśl (un.)	Kocylovškyj	.—.	Lakota	.—.	.—.
Stanisławów	Chomyšyn	.—.	Latysevškyj	.—.	.—.
Łemkowszczyzna	.—.	.—.	Medweckyj Malynovškyj	† 10. 1. 1941 .—.	.—.
Lemberg (arm.)	.—.	.—.	Kajetanovicz	wurde am 13. 4. 1943 von den Deutschen verhaftet, dann wieder freigelassen [47].	.—.

43) ADSS 3 Nr. 54 vom 28. 11. 1939 S. 136. 44) Ebd.

45) Zu einer von Maglione geplanten Verwaltungsregelung siehe oben S. 140 mit Anm. 10. Vgl. ADSS 3 Nr. 27 vom 13. 10. 1939 S. 95 und Nr. 54 vom 28. 11. 1939 S. 136.

46) Zu seiner Weihe siehe oben S. 70.

47) ADSS 3 Nr. 507 vom 24. 5. 1943 S. 795 und Nr. 586 vom 19. 11. 1944 — zum Datum siehe oben S. 72 Anm. 266 — S. 889.

PERSONEN-, ORTS- UND SACHREGISTER

Die Zahlen mit * verweisen auf die Anmerkungen der betreffenden Seite.